Second Edition

CUSTOMER
SERVICE
고객서비스실무

박혜정 저

백산출판사

Preface

21세기 밀레니엄시대는 부가가치가 높고 고용창출에 기여하는 관광서비스산업의 중요성이 한층 고양되고 있다. 따라서 모든 산업이 서비스산업으로 인식되고, 모든 직업이 서비스업과 동일시되고 있으며 서비스인력의 수요도 점차 증대되고 있다.

기업 · 호텔 · 병원 · 음식점은 물론이고 관공서, 학교에서도 학생을 고객으로 인식하고 고객만족에 힘쓰고 있는 실정이다.

어느 기업이든 고객이 있게 마련이고 그 고객을 만족시켜야만 경쟁에서 살아남게 된다. 개인의 경우도 타인에 대한 서비스마인드를 가진 사람이 그가 속한 집단과 조직으로부터 호감을 얻고 인정받을 수 있다.

우리는 누구나 직장에서 서비스 제공자가 됨과 동시에, 일상생활 속에서 다양한 서비스를 받고 있으며, 서비스에 대해 나름대로 기대를 갖고 있고 평가할 수 있는 능력이 있다.

현대사회를 살아가는 사회구성원들에게는 지켜야 할 기본상식과 상대방을 배려하는 마음이 요구되고 있으며, 모든 서비스 자세와 태도는 다른 사람에 대한 기본적이고 긍정적인 태도를 말한다. 즉, 고객을 만족시키는 서비스의 기본은 스스로가 자신감을 느끼며 편안한 마음으로 서비스를 제공하는 바로 그 '서비스맨'에게 달려 있다고 할 수 있다. 또한 서비스의 시작은 서비스를 받게 되는 고객의 존재와 가치를 올바로 인식함에 있다.

본서는 향후 다양한 산업체 서비스현장에서 종사하게 될 학생들을 위해 실무감각에 맞게 구성한 고객서비스기법 지침서라고 할 수 있다.

전체적으로 강의진행을 위주로 구성하였으며 그 방법에 있어 '누가, 무엇을, 언제, 어디서, 왜, 어떻게'를 일컫는 육하원칙(5W1H)과 이미지메이킹 전략단계에 맞추어 서비스실무를 익혀가도록 다음과 같이 전개하였다.

Why / Who • Know Yourself	자신을 알라

자신이 왜 서비스맨이 되고자 하는지에 관한 근본적인 질문으로부터 출발하여, 자신에 대한 주관적이면서 객관적인 진단을 통해 서비스맨이 되기 위한 개선점들을 파악하도록 하였다.

| What • Develop Yourself | **자신을 계발하라** |

서비스의 이해 편에서는 고객서비스, 고객만족, 고객관계관리 및 고객만족경영에 관한 이론적 개념들을 다루었으며, 시대적 흐름에 부응하여 주로 감성적으로 접근하여 인적서비스의 개발과 향상을 위한 내용에 중점을 두었다.

학습동기유발을 위하여 학습 전 경험을 토대로 한 Warm-up을 활용하도록 하였으며, 학습 후 Review를 통해 스스로 점검하고 문제해결능력을 향상하도록 하였다.

아울러, 본문 학습 내용을 실제 경험사례에 적용시켜 이해하고 분석해 볼 수 있도록 하였다.

| How • Package Yourself | **자신을 포장하라** |

커뮤니케이션스킬훈련 편에서는 고객서비스능력을 향상시키고 실제 업무활용도를 높이기 위해 표정, 인사, 동작, 용모와 복장, 커뮤니케이션, 고객 응대요령 등 고객과의 상호작용기술 내용을 다루었으며, Exercise를 통해 자가학습의 기회를 제공하였다. 또한 실제 업무수행시 접하는 다양한 서비스기법 습득을 통해 서비스 분야의 문제해결능력을 향상시킬 수 있도록 하였다.

| Where • Be Yourself | **자신에게 진실하라** |

서비스맨의 내적인 자기관리를 위한 프로의식, 직장윤리와 인간관계, 시간관리, 스트레스관리 등 건강한 자기 경영에 관한 내용을 다루었다.

| When • Market Yourself | **자신을 마케팅하라** |

취업면접대비 이미지메이킹의 중요한 핵심사항들을 정리하였다.

이 책은 주로 관광계열 학생을 대상으로 집필하였지만, 그 내용은 고객이 있고 고객만족 경영을 하고자 하는 모든 조직의 서비스업무를 담당하는 사람들에게도 마찬가지로 적용될 수 있을 것이다.

모쪼록 본서를 통해 서비스의 중요성과 고객의 가치를 인식하고, 서비스 실무능력을 습득함으로써, 현장에서 서비스맨으로서의 역량을 한껏 발휘하길 바라는 바이다.

저자 씀

Contents

PART 3 커뮤니케이션스킬 훈련

PART 4 서비스맨의 자기경영

부록 : 면접 전략

PART

1

자기분석

✿ 고객서비스란 무엇이라고 생각하는가?

- 고객서비스란?(한 단어로 정의해 보시오.)

- 최고의 서비스 경험사례

- 최악의 서비스 경험사례

- 최고의 서비스맨 경험사례

- 최악의 서비스맨 경험사례

✪ 왜 서비스맨이 되고자 하는가?

- 서비스맨은 무슨 일을 하는 사람인가?

- 왜 서비스맨이 되고자 하는가?

- 서비스맨이라는 직업과 자신의 성격이 맞는다고 생각하는가?
  그 이유는 무엇인가?

- 서비스맨의 장점은 ?

- 서비스맨의 단점은 ?

- 서비스맨의 이미지는 무엇인가?

- 자신이 갖고 있는 서비스맨의 자질을 적어 보시오.

- 자신이 잘 할 수 있는 자신의 능력을 적어 보시오.

- 남들이 인정해 주고 평가해 주는 자신의 능력을 적어 보시오.

- 서비스맨이 되기 위한 요건 중 자신이 특히 노력해야 할 일은 무엇인가?

자기분석

자신이 내면에 아무리 서비스마인드와 자질을 지니고 있다 해도 그것이 드러나야만 타인에게 인식될 수 있다.

바람직한 서비스맨으로서의 이미지 연출이 필요하다면 '무엇'이 '왜' 필요한지에서 출발하여 주관적이면서 객관적인 판단을 통해 개선점을 파악하고 자신의 인생의 목표에 맞추어 발전할 수 있는 연출 방법을 좀 더 실제적인 측면에서 알아보는 것이 중요하다.

WHY·WHO **나는 서비스맨에 적합한 사람인가?**

우선 그 출발점은 '나 자신을 정확히 아는 일'이다. 먼저 퍼스널 브랜드인 자신에 대한 철저한 분석을 통해 자신의 강점과 단점을 발견해야 한다. 그래야만이 자신이 바라는 이미지와 비교하여 '어느 부문을 어떻게 향상시킬까' 하는 방법도 나오게 되며, 내 자신이 나의 이미지를 바람직한 방향으로 만들어 나갈 수 있다.

즉 '내 자신의 이미지는 과연 어떠한가'라는 인식은 나를 서비스맨으로 이미지메이킹을 하는 데 필수적인 출발점이다.

"나는 사교적이고 적극적이며 원만한 대인관계를 갖고 있다"라고 자신을 평한다면 이를 다 믿기는 어려운 일이다. 그러나 "사람들은 나를 보고 사교적이고 적극적이며 원만한 대인관계를 갖고 있다고 한다"면 설령 본인 자신은 그렇게 생각하지 않는다고 해도 그것은 사실일 것이다. 누군가가 나를 우유부단한 사람이라고 한다면 어떤 식으로든지 그런 면을 보여 주었거나 아니면 그렇게 보이는 것을 묵인한 채 넘어갔기 때문일 것이다.

간혹 본인은 웃고 있다고 생각하는데 상대방은 그렇게 느끼지 못하는 경우가 있다. 자신이 웃는다고 생각하는 것이 중요한 것이 아니라 보는 사람이 나의 얼굴을 보고 웃는다고 느껴야 하는 것이다.

항상 고객의 시선에 노출되어 고객을 응대하는, 서비스맨이 되고자 한다면 내가 나의 모습을 판단하는 것도 중요하지만 타인에게 내가 어떻게 비쳐질까 생각해 보는 것이 더 중요한 사항이 될 것이다. 그러므로 자신의 이미지메이킹을 성공적으로 실현하기 위해서는 무엇보다도 정확한 자기 인식과 자기 이미지의 객관화가 필요하다.

WHY·WHO   자신의 이미지 특성을 찾아라

멋진 모습을 연출하는 다음 단계는 자신의 이미지 특성을 찾아내는 것이다. 그 다음에 그에 어울리는 스타일을 연출하면, 가장 자연스러운 자신만의 모습을 표현할 수 있다. 이미지메이킹이란 자신만의 독특하고 창의적인 모습을 찾아가는 하나의 과정이기 때문이다.

이미지메이킹은 기존의 자신의 모습에서 장점과 잠재력을 끌어내는 것에 중점을 두는 것이다. 없던 것을 만들어 내는 메이킹 작업은 극히 적은 부분을 차지한다. 또한 자기 자신에 대해 부정적인 이미지를 갖고 있는 사람에게 자신 있는 태도와 행동을 기대할 수 없다. 내 스스로가 내 이미지에 만족할 때 다른 사람에게도 그렇게 보일 것이며 그에 맞게 행동할 것이다. 자신에게 스스로 관심이 있고 자신을 사랑하는 사람만이 이미지메이킹을 잘 할 수 있다.

성공적인 서비스맨의 이미지 창출을 위해서 무엇보다 중요한 것은 자신의 재능과 능력에 대한 정확한 인식과 그것에 대한 자부심이다.

"내가 너무 부족해서", "난 안될 것 같아", "난 만날 왜 이러지?" 이렇게 자신을 평가하고 있으면 상대방도 그렇게 평가하고 있다는 사실을 명심해야 한다. 나의 모든 것을 부정적인 눈으로만 바라보지 말고 새롭게 긍정적으로 바라볼 수 있어야 한다. 스스로를 사랑하며 자신감 있게 모든 일에 최선을 다하면서 긍정적으로 이미지를 전달하는 이미지메이킹을 위해 노력해야 한다.

- 먼저, 마음을 열어라.
- 자신의 매력을 과소평가하지 마라. 매력은 타고나는 것이 아니라 만들어 가는 것이다.
- 진정한 자기를 발견하라.
- 이미지 모델을 설정하고 행동하라.
- 끊임없이 목표에 맞게 자신을 이미지화 메이킹 하라.

고객과의 만남에서 고객에게 표현되는 다섯 가지 POINT(표정, 인사, 말씨, 자세와 동작, 용모와 복장)를 중심으로 다음에 나오는 이미지 분석 과정에 따라 자신의 이미지 분석을 천천히 그리고 성실히 해 보라.

서비스맨으로서의 나의 이미지 분석

• 이미지 분석 1-1 : 현재 내가 생각하는 나의 이미지는?
• 이미지 분석 1-2 : 내가 생각하기에 다른 사람이 내게 느끼고 있는 이미지는?
• 이미지 분석 1-3 : 객관적으로 본 나의 이미지는?

• 이미지 분석 2-1 : 자기의 외적 이미지 분석
• 이미지 분석 2-2 : 자기의 내적 이미지 분석
• 이미지 분석 2-3 : 나의 이미지 지수는?

• 이미지 분석 3-1 : 객관화시켜 본 나의 모습
• 이미지 분석 3-2 : 나의 전략적 이미지

이미지 분석 1-1 : 현재 내가 생각하는 나의 이미지는?

표정	• 평상시 나의 표정은 어떠한가? (무표정하지 않은가?) • 처음 만나는 사람에게 주로 어떤 표정을 하는가? • 나는 웃는 편인가? • 상대와 눈맞춤, 시선처리를 자연스럽게 하는가?	
인사	• 인사는 어떻게 하는가? • 인사는 먼저 하는가? • 처음 만나는 사람에게 주로 쓰는 인사말은 무엇인가?	
자세	• 나의 선 자세는 어떠한가? • 나의 앉은 자세는 어떠한가? • 나의 걸음걸이는 어떠한가? • 나의 손동작은 어떠한가?	
용모	• 외출할 때 나의 옷차림은? • 나의 화장법은? • 나의 헤어스타일은?	
대화	• 상대방의 이야기를 잘 듣는 편인가? • 내가 특히 습관적으로 잘 쓰는 단어나 구절들이 있는가? • 말할 때 나의 목소리, 톤, 어조, 음량, 발음은 어떠한가? • 경어를 항상 바르게 사용하는가? • 대화를 나눌 때 주로 상대방의 어디를 보는가? • 대화할 때 습관적으로 쓰는 제스처(손동작, 발동작 등)가 있는가?	

이미지 분석 1-2 : 내가 생각하기에 다른 사람이 내게 느끼고 있는 이미지는?

표정	• 평상시 나의 표정은 어떠한가? (무표정하지 않은가?) • 처음 만나는 사람에게 주로 어떤 표정을 하는가? • 나는 웃는 편인가? • 상대와 눈맞춤, 시선처리를 자연스럽게 하는가?	
인사	• 인사는 어떻게 하는가? • 인사는 먼저 하는가? • 처음 만나는 사람에게 주로 쓰는 인사말은 무엇인가?	
자세	• 나의 선 자세는 어떠한가? • 나의 앉은 자세는 어떠한가? • 나의 걸음걸이는 어떠한가? • 나의 손동작은 어떠한가?	
용모	• 외출할 때 나의 옷차림은? • 나의 화장법은? • 나의 헤어스타일은?	
대화	• 상대방의 이야기를 잘 듣는 편인가? • 내가 특히 습관적으로 잘 쓰는 단어나 구절들이 있는가? • 말할 때 나의 목소리, 톤, 어조, 음량, 발음은 어떠한가? • 경어를 항상 바르게 사용하는가? • 대화를 나눌 때 주로 상대방의 어디를 보는가? • 대화할 때 습관적으로 쓰는 제스쳐(손동작, 발동작 등)가 있는가?	

이미지 분석 1-3 : 객관적으로 본 나의 이미지는?

나의 이미지는 타인에게 어떻게 비춰질까? 가까운 사람에게 본인을 묘사해 보도록 하여 그 내용을 자신의 생각과 비교해 보라.

표정	• 평상시 나의 표정은 어떠한가? (무표정하지 않은가?) • 처음 만나는 사람에게 주로 어떤 표정을 하는가? • 나는 웃는 편인가? • 상대와 눈맞춤, 시선처리를 자연스럽게 하는가?	
인사	• 인사는 어떻게 하는가? • 인사는 먼저 하는가? • 처음 만나는 사람에게 주로 쓰는 인사말은 무엇인가?	
자세	• 나의 선 자세는 어떠한가? • 나의 앉은 자세는 어떠한가? • 나의 걸음걸이는 어떠한가? • 나의 손동작은 어떠한가?	
용모	• 외출할 때 나의 옷차림은? • 나의 화장법은? • 나의 헤어스타일은?	
대화	• 상대방의 이야기를 잘 듣는 편인가? • 내가 특히 습관적으로 잘 쓰는 단어나 구절들이 있는가? • 말할 때 나의 목소리, 톤, 어조, 음량, 발음은 어떠한가? • 경어를 항상 바르게 사용하는가? • 대화를 나눌 때 주로 상대방의 어디를 보는가? • 대화할 때 습관적으로 쓰는 제스처(손동작, 발동작 등)가 있는가?	

이미지 분석 2-1 : 나의 외적 이미지분석

- ‘현재 나의 외적 이미지는 어떠한가’라는 질문에 ‘나는 어떤 사람인가’ 짧은 문장 10가지를 적어 보라. 가능한 생각나는 대로 빠른 속도로 하라(표정, 제스처, 스타일, 의상, 자세, 동작 등을 포함시킨다).

    1.
    2.
    3.
    4.
    5.
    6.
    7.
    8.
    9.
    10.

- 자신의 강점(사소한 부분 모두)에 대해 적어 본다.

- 외모에 대해서 특히 신경 쓰고 있는 부분을 적어 본다.

■ 자신의 이미지에 문제가 있다면 그것은 무엇인가? 부족한 부분을 적어 본다.

■ 부족한 부분이 있다면 그 부분을 개선해 나가기 위해 노력하고 있는(노력해야 할) 부분을 적어 본다.

■ 그 과정에서 어려운 점은 무엇이라고 생각하는가?

■ 위에 모든 적은 내용을 종합하여 객관적으로 이미지를 형상화시켜 나의 이미지를 그림으로 그려 보시오.

이미지 분석 2-2 : 나의 내적 이미지분석

▪ '나는 누구인가'라는 질문에 '나는 어떤 사람인가'를 설명하는 짧은 문장 10가지를 적어
보라. 가능한 생각나는 대로 빠른 속도로 하라(성격이나 감정, 성향, 신념, 가치관, 희망,
관심사, 재능, 소질 등을 포함시킨다).

1.
2.
3.
4.
5.
6.
7.
8.
9.
10.

▪ 자신의 약점(단점)을 적어 본다.

▪ 나는 어떤 사람이기를 원하는가?

■ 나의 사회적 이미지는?

나의 대인관계는 원만하다.
나의 인간관계는 의미있고 보람된 것이다.
나는 쉽게 친구를 사귄다.
나와 인연을 맺은 사람은 나를 신뢰해도 좋다.
다른 사람들은 나와의 만남을 즐긴다.
다른 사람들로부터 인정을 받는 일이 내겐 중요하다.
나는 모든 사람을 평등하게 대하려고 노력한다.
나는 어떤 사람을 만나든지 그의 장점을 보고 그것을 배우려고 노력한다.
나는 리더십이 있다.

■ 나의 감정적 이미지는?

나는 차분하고 쉽게 흥분하지 않는다.
나는 다른 사람들에게 나의 감정을 잘 표현할 수 있다.
나는 앞날에 대한 걱정을 많이 한다.
나는 아침에 기분 좋게 하루를 시작하려고 노력한다.
나는 나 자신을 좋아한다.
나는 지금까지 성취한 것들을 자랑스럽게 생각한다.
나는 스트레스를 주는 상황 속에서도 유머감각을 발휘할 수 있다.
나는 내 자신과 일에 대해 승리자처럼 생각한다.
나는 건강하다.
나는 늘 에너지로 가득 차 있다.

■ 나의 지적 이미지는?

나는 합리적으로 사고할 수 있다.
나는 아이디어가 많다.
나는 아이디어가 생기면 곧 실행할 방법을 찾는다.
나는 문제를 해결해 나가는 추진력이 있다.
나는 내가 생각하는 것을 말로 잘 표현할 수 있다.
나는 내 장래에 필요한 전문지식과 능력을 계발하기 위해 노력한다.
다른 사람들은 내 능력을 인정하고 믿는다.
나는 주어진 일을 할 때 기본적인 것보다 더 좋은 방법이 없을까 연구한다.
나는 항상 '어떻게'보다 '왜'라는 질문을 한다.

이미지 분석 2-3 : 나의 이미지 지수는

■ 나의 이미지는?

상대의 마음을 열게 하는 온화한 이미지인가?
지적이면서도 기품 있는 세련된 이미지인가?
모든 것을 포용해 주는 편안한 이미지인가?
카리스마를 지닌 강한 이미지인가?
재치 있고 민첩한 센스 있는 이미지인가?
기타(   )

■ 나와 어울리는 계절은?

봄 : 밝고 경쾌하며 발랄한 이미지로 주위의 분위기를 살려 주는가?
여름 : 열정적이며 환희에 찬 이미지로 상대에게 호감을 주는가?
가을 : 단아하고 지적이며 만인에게 편안함을 주는 성숙한 이미지인가?
겨울 : 깔끔하고 단정한 인상으로 주위 사람들로부터 주목받는 커리어우먼 스타일인가?

■ 나의 감각적 이미지는?

나는 어떤 색깔의 사람인가?
  - 밝은 색인가, 어두운 색인가
나의 온도는?
  - 나는 따뜻한 느낌의 사람인가, 차가운 느낌의 사람인가
나의 무게는?
  - 나는 가벼운 느낌의 사람인가, 무게감이 느껴지는 사람인가
나의 향기는?
  - 나에게 어떤 향기가 날까
나의 소리는?
  - 나로부터 어떤 소리가 날까(둔탁함, 가벼움, 명랑함… 등 소리의 느낌을 적어 보라.)

이미지 분석 3-1 : 객관화시켜 본 나의 모습 - 나의 이미지를 내가 컨설팅한다

이미지 컨설팅은 철저히 객관적인 자가진단으로 시작한다.

평소의 모습을 촬영하여 꼼꼼히 분석하며, 본인도 모르고 있던 습관을 찾아내는 것이 중요하다. 누군가를 역할 모델 삼아 따라한다 해도 정작 본인에게 어울리지 않는 스타일이라면 좋은 이미지라고 할 수 없기 때문이다.

나의 장단점을 파악한 후에는 내가 염두에 두고 희망하는 이미지를 만드는 것이 좋다. 상황에 따라 옷과 말투, 자세 등을 바꿔 나가는 것이 올바른 이미지메이킹이라고 할 수 있다. 그저 '멋쟁이'가 아니라 어떤 자리에 가서도 인간적인 매력을 풍기는 사람을 만드는 것이 이미지 컨설팅의 목표이다.

- '1분 스피치'의 촬영을 통한 나의 이미지 진단으로 Self Image check와 Feed back을 해보자.

항 목	나의 플러스 & 마이너스 이미지 진단
표정과 시선	
메이크업 및 헤어	
옷차림(체형 및 얼굴형에 맞는 의상 스타일, 각종 소품류의 적절한 사용)	
선 자세, 인사동작	
스피치 전달 능력(발음, 음성, 톤 등)	

- 호감 가는 Image를 위한 개선점을 적어 보라.
  -
  -
  -
  -
  -

이미지 분석 3-2 : 나의 전략적 이미지

나의 목표는 무엇인가? 목표를 분명히 세우는 일이야말로 원하는 것을 얻을 수 있는 유일한 방법이다.

인생이나 직업에 관해 구체적인 목표를 세워 본 일이 없거나 이미 세워놓았다 해도 적어도 5년 후에 어떤 자리에서 어떤 일을 하고 있기를 원하는지 구체적인 목표를 세워 보자. 구체적인 목표를 세워 그것을 바람직한 상(역할 모델)으로 인식하고 있을 때라야 비로소 그에 걸맞는 성공적인 이미지를 창출할 수 있다.

■ 5년 후 나의 모습은?

● 신체적인 면

● 감정적인 면

● 사회적인 면

● 경제적인 면

■ 자신의 목표가 설정되었다면 이제 나의 비언어적·언어적 모습들을 다시 생각해 보고 서비스맨으로서 바람직한 긍정적인 이미지가 무엇인지, 자신이 만들고 싶은 이미지를 묘사해 보라. 그리고 나의 이미지를 평소 어떤 훈련과 연습으로 더욱 향상시킬 수 있을지 그 방안을 적어 보라.

항목	내가 바라는 나의 이미지	구체적인 나의 이미지 향상 방안
표정		
인사		
자세		
용모		
대화		

역할모델 찾기(Role modeling)

바람직한 서비스맨으로서의 이미지를 찾았다면 그것을 자신이 원하는 커리어에 투사해 보라.

학생들로부터 어느 특정 직업을 들어 "제 이미지로 그 직업을 가질 수 있을까요?" 하는 질문을 흔히 받는다. 물론 직업마다 요구되는 특정 이미지가 있을 것이다. 그러나 이미지는 결코 외모적인 것과 반드시 동일시되지 않는다는 점이다.

누구나 타인에게 전달하고 싶은 이미지를 선택하고 그것을 적절히 연출하는 법을 알아야 한다. 결국 어떤 이미지를 나타낼까 하는 것은 자신이 결정할 일이다.

이미지메이킹이란 궁극적으로 자신이 원하는 바람직한 상(역할모델)을 정해놓고 그 이미지를 현실화하기 위해 자신의 잠재능력을 최대한 발휘하여 자신이 원하는 가장 훌륭한 모습으로 만들어 가는 의도적인 변화과정이다. 그러므로 이미지메이킹은 자기 성장과 자기 혁신을 목표로 하는 이들의 평생과업이라고 할 수 있다.

결국은 외적 이미지가 아니라 내적 이미지가 역할모델을 주도한다. 성공적인 삶을 위해 생의 목표를 분명히 하고 그 목표를 달성하는데 필요한 이미지를 만들다 보면 누구든지 원하는 목표를 달성할 수 있을 것이라고 생각한다.

내가 벤치마킹하고 있는 대상이 있는가? 어떤 사람이라도 좋고, 어떤 직업이라도 좋다.

어떤 일이든 모방에서 시작해서 자기 것을 만들어 가는 것이므로, 그 벤치마킹 대상에 맞추고자 노력하고 있는 부분을 하나씩 적어 보고 실천할 방향을 잡도록 한다. 그저 생각만 하지 말고 자주 메모를 하는 것도 좋은 방법이다.

중요한 것은 앞에서 세운 목표를 꼭 달성하고야 말겠다는 열정과 흔들리지 않는 신념으로 무장하여 목표로 가는 과정에서 부딪힐 장애물을 두려움 없이 극복하겠다는 의지가 중요하다.

자신의 이미지에 대한 개인적인 비전을 갖고 그 이미지가 되어 가기로 결심하면서 그 이미지를 향해 다음의 질문에 스스로 답해 보라.

▪ 내가 하고 싶은 일은 무엇인가?

▪ 그 직업을 가진 사람들의 이미지는?

▪ 현재 그 이미지를 나와 비교, 분석해 보라(공통점과 차이점을 확인하라).

▪ 내가 보완해야 할 이미지는? (어떤 이미지로의 전환을 원하는가?)

▪ 나에게 맞는 전략적 이미지를 찾아라.

Role model과 자기분석(직업의 예 : 항공기 객실승무원

장래 객실승무원이 되고자 한다면 이제 자신의 가치를 발견하고 구체적인 인생의 목표를 설정한 것과 같다고 할 수 있다. 그렇다면 자신의 가치를 더욱 강화하고 그 목표를 의욕적으로 달성하기 위해 다음의 자기분석 프로그램을 통하여 현재 자신의 모습을 구체적으로 진단해 보고 목표달성을 위한 전략을 세워보도록 하라.

다음에 나오는 질문들은 설정한 목표를 달성하기 위해 필수적인 준비사항이다.

A. 다음에 나오는 질문을 읽고 '예', '아니요'로 신속하게 답하시오.

1. 나는 직업에 대해 명확히 소개할 수 있다.

2. 나는 서비스가 무엇인지 설명할 수 있다.

3. 나는 고객의 중요성에 대해 설명할 수 있다.

4. 나는 고객과 서비스맨의 관계에 있어서 가장 중요한 것이 무엇인지 설명할 수 있다.

5. 나는 서비스맨이 고객에게 진정한 관심을 표현할 수 있는 방법을 알고 있다.

6. 나는 평소 나의 건강을 위해 일정한 운동을 하고 있다.

7. 나는 매일 규칙적인 생활을 하고 있다.

8. 나는 특별히 체중 조절을 하지 않아도 일정 체중이 유지되고 있다.

9. 나는 몸과 마음이 모두 건강하다고 말할 수 있다.

10. 나는 나의 이미지메이킹이 취업 및 자기 계발에 중요하다고 생각한다.

11. 나는 평소 인간관계를 중히 여기고 있다.

12. 나는 여러 사람들과 개인적인 친분을 갖는 것이 좋다.

13. 나는 처음 본 사람이라도 어떠한 사람인지 대충은 알 것 같다.

14. 나는 처음 만난 사람과도 쉽게 친해지고 호감을 느끼게 한다.

15. 나는 여러 사람이 같이 있을 때 침묵이 흐르면 내가 먼저 말을 건다.

16. 나는 여러 사람들과 대화를 나누는 것이 즐겁다.

17. 나는 어떠한 집단에 속해도 잘 어울릴 수 있다.

18. 나는 일상 공동생활에서 내 자신보다 타인을 배려하려고 노력한다.

19. 나는 내 자신이 타인으로부터 어떻게 보여지는지 신경을 쓰는 편이다.

20. 나는 표정이야말로 전 세계의 모든 사람에게 통용되는 국제적인 언어라고 생각하며, 타인에게 긍정적으로 표현될 수 있는 표정관리에 유의하고 있다.

21. 나는 나의 감정이 얼굴에 나타나는 것을 절제할 수 있다.

22. 나는 상대방과 이야기할 때 이야기의 내용뿐 아니라 표정이나 태도에도 신경을 쓰는 편이다.

23. 나는 객실승무원에게 품위 있고 세련된 자세와 동작이 요구된다는 점을 잘 알고 있다.

24. 나는 외국인과 어느 곳에서 만나든지 바람직한 국제매너와 기본적인 회화로 응대할 수 있다.

25. 나는 서양의 식문화를 이해하고 서양식의 기본 코스 등을 알고 있다.

26. 나는 국제화시대에 부응하여 국제적인 승무원이 지녀야 할 기본 소양에 대해 알고 있다.

27. 나는 뉴스와 시사에 관심이 있으며, 즐겨 보는 특정 신문이 있다.

28. 나는 내 인생의 행복이 항상 가까이 있다고 생각하고 가까이서 찾으려고 한다.

29. 나는 내 인생의 뚜렷한 목표를 갖고 있으며, 그렇게 되도록 노력하고 있다.

30. 나는 살아오는 동안 내 능력 밖의 일이라 생각할 때도 쉽게 포기하지 않고 나의 잠재력을 믿고 도전해 보고 있다.

B. 이제 직업(객실승무원)에 맞추어 다음에 나오는 질문들에 답해 보시오.

1. 왜 객실승무원이 되기로 결심했나?

2. 객실승무원은 무슨 일을 하는 사람인가?

3. 직업의 장점은?

4. 직업의 단점은?

5. 희망하는 항공사와 그 이유는 무엇인가?

6. 객실승무원의 이미지는 무엇인가?

7. 승무원에게는 어떤 능력이 필요하다고 생각하는가?

8. 승무원으로서 필요한 자질 중 무엇이 가장 중요하다고 생각하는가?

9. 직업과 자신의 성격이 맞는다고 생각하는가? 그 이유는 무엇인가?

10. 객실승무원이 되기 위한 요건 중 특히 노력해야 할 일은 무엇인가?

11. 현재 경쟁하고 있는 사람들과 비교해 자신은 어떻다고 할 수 있는가?

12. 자신이 잘 할 수 있는 자신의 능력을 적어 보시오.

13. 남들이 인정해 주고 평가해 주는 자신의 능력을 적어 보시오.

14. 승무원이 되면 어떤 서비스를 할 것인가?

15. 어떤 승무원이 되고 싶은가?

16. 이 일을 통해 무엇을 달성하고 싶은가?

17. 5년 후 모습을 상상해 적어 보시오.

18. 10년 후 모습을 상상해 적어 보시오.

- A항의 질문들에 "예"라고 답한 문항은 모두 몇 개인가?

- B항의 질문들에는 모두 답하였는가?

자신이 설정한 목표가 항공기 객실승무원이라면⋯
지금부터 서비스이론지식 습득, 커뮤니케이션스킬 및 고객서비스응대 훈련 등을 통해
위의 모든 질문들에 자신있게 답할 수 있도록 노력해야 할 것이다.

고객 서비스의 이해

Chapter 01	고객서비스 (customer service)

✪ Warm-up

- 다음은 일상생활에서 흔히 사용되는 '서비스' 용어의 다양한 표현들이다. 각각의 '서비스'는 어떤 의미로 사용되었는지 생각해 보라.
  1. 고객이 제품을 산 후 "이거 포장해 주나요?"라고 물었을 때 "포장은 서비스로 해드립니다"라고 대답하는 직원
  2. 많은 제품을 산 고객이 조금만 깎아달라고 할 때 "서비스로 ○○원 깎아드릴게요"라고 말하는 대리점 사장
  3. 화장품 세트를 산 고객에게 립스틱을 하나 주면서 "서비스로 드리는 겁니다"라고 말하는 판매원
  4. 역시 가전제품은 ○○전자가 최고야. 서비스가 완벽하거든
  5. 오늘 하루는 내 가족을 위해 서비스해야지
  6. 저 식당 종업원은 서비스가 만점이야

- 자신이 알고 있는 대표적인 서비스업종 10가지를 적어 보라.
  그중 최근 몇 년간 가장 부각되고 있는 서비스업종은 무엇이라고 생각하는가?

- 자신이 현재 고객으로서 이용하고 있는 '서비스'를 모두 적어 보라.

1. 고객서비스의 이해

가. 패러다임(Paradigm)의 전환

시대가 새로운 고객서비스를 요구한다

21세기 밀레니엄 시대는 급속한 기술의 진보로 말미암아 세계의 사회체계와 가치관, 산업구조가 인간과 과학의 상호작용과 정보흐름의 촉진에 기반을 두고, 인간의 창의력을 높이는 방향으로 그 사회적인 틀이 개편되고 있다. 또한 산업 각 분야에 있어서 첨예화된 국제사회의 경쟁과 이에 따른 개개인의 라이프스타일 및 고객 니즈(needs)의 다양화는 생산라인에도 근본적인 변화를 가져왔으며, 산업사회의 상징이었던 대량 생산과 소비는 구시대의 상징이 되어 버렸고, 그보다 한 차원 진전된 '고객 맞춤'의 시대가 도래하게 되었다.

제조업에 의존하고 있던 산업경제가 이제는 적시에 질 높은 서비스를 제공하는 데 중점을 두는 것으로 상황이 바뀌었으며 이에 따라 경제학에서 비생산적 또는 비물질적 재화로 경시되어 온 '서비스'가 산업전반에 필수 불가결한 요소가 되었다. 또한 인간생활에 있어서 서비스의 역할이 증대됨에 따라서 서비스에 대한 인식이 근본적으로 변화하고 있으며, 앞으로도 변화해야 한다는 데 초점이 모아지고 있다.

흔히 '서비스' 하면 고객이 제품에 만족하지 못하고 반품이나 수리를 요구할 때 대응하는 사후조치 쯤으로 생각해 왔다. 그러나 고객의 눈높이와 서비스에 대한 기대치가 점차 높아지면서 한번 고객을 영원한 고객으로 만들기 위해 새로운 차원의 '서비스 철학'이 필요하게 되었다. 즉, '고객 중심', '인간 중심의 서비스'라는 패러다임으로 전환하고 있는 것이다.

인간 중심의 서비스란 고객의 행복을 추구하는 것이다. 서비스가 고객 중심이 되면 서비스맨은 더욱 진지해질 수밖에 없으며 더 열심히 고객의 얘기를 듣게 되고 고객에게 여러 가지 배려를 하게 된다. 따라서 이는 고객을 편안하게 해주고 결국 더 나은 서비스를 얻을 수 있게 한다.

시대의 흐름에 대처하라, 무엇이 달라졌나

"고객은 이제 상품이 아닌 서비스를 사는 시대가 왔다!"

소비자 고객이든 기업 고객이든 기업에게 중요한 사람은 바로 '고객'이다. 고객의 선호도에 따라 기업의 가치가 좌우된다. 고객은 이제 고객을 중요시하지 않는 기업에 등을 돌리고 거래를 거부한다.

이렇듯 과거에 비하여 고객의 영향력이 더 커진 것은 무슨 이유일까? 오늘날의 고객은 인터넷을 통하여 기업이나 제품에 대한 정보를 입수할 수 있다. 그들은 온라인으로 필요한 제품을 검색, 구매하고 서비스를 제공받기를 원하고 있으며, 많은 시간과 노력을 들이지 않고서도 제품과 서비스를 자신의 필요에 맞게 변형하고 맞춤화할 수 있기를 원한다. 또한 무선 이동 통신을 이용하여 계좌 조회나 배송 추적, 온라인 경매 등 여러 가지 편리한 서비스를 제공받는다. 고객은 하루 24시간 기업이나 단체와 온라인으로 통신하면서 갖가지 요구사항을 제시하고 있으며, 이러한 일상생활의 변화들은 고객의 기대를 점차 가속화시키고 있다.

고객은 기업이 정보 기술을 활용하여 자기의 삶을 보다 편리하게 만들어 주기를 기대하고 있다. 모든 산업계가 이제는 고객이 주도하는 변화를 맞게 되는 것이다.

다음은 어떠한 패러다임의 전환으로 고객이 비즈니스의 양상과 산업의 형태를 변화시키게 되는지 정리한 것이다.

제조업에서 서비스업으로의 경제적 변화 양상

■ 기술의 효율성 증가
과거에는 더 많은 제품을 생산하고 더 많은 기업과 거래하면 수익이 증가했지만, 이제는 컴퓨터와 기계의 발달로 기술을 관리할 서비스산업이 증가하게 되었다.

■ 경제의 세계화
세계시장에서 살아남기 위해 서비스 기술의 향상, 품질 강화의 필요성이 대두되었다.

■ **여가시간 증가와 활용의 욕구**

주 5일제 근무, 웰빙(well-being) 열풍 등으로 인한 여가활용 욕구 증가로 이와 관련된 서비스업이 증가하게 되었다.

■ **소비자 요구의 다양화 및 양질의 서비스기대 향상**

고객의 질적 서비스에 대한 기대 향상으로 모든 기업이 전사적으로 고객서비스지향적 경영을 하는 추세이다.

■ **온라인시장 활성화**

과거에는 판매자와 구매자가 효과적으로 서로를 발견하고 거래할 수 있는 온라인 시장이란 것은 상상에 불과했다. 그러나 이제는 여러 분야에서 그러한 전자 시장들이 증가하여, 고객의 요구가 기업들이 역동적인 전자 시장에서 경쟁하고 협조하게 만드는 역할을 하고 있다.

변화된 비즈니스의 양상과 산업의 형태

• 과거에는 제품을 만들어서 팔기만 하면 되었지만, 이제는 고객을 끌어들이고 유지해야 한다.
• 과거에는 수익의 증가나 이윤의 폭이 중요했지만, 이제는 그 외에도 고객 가치와 고객 수익의 증가가 중요해졌다.
• 과거에는 투자자들이 가격에 대한 통제력을 가지고 수직적으로 통합된 제품들을 생산하는 기업을 선호했지만, 이제는 다른 기업들과 제휴하여 값싸고 품질 좋은 제품을 개발하고 생산하는 기업을 선호한다.
• 과거에는 각각의 고객을 위한 제품을 만든다는 것은 말로만 가능했다. 이제는 개별 고객의 주문에 따른 제작이 불가피하게 되었다.
• 과거는 고객의 요청을 기다리거나 서비스에 문제가 발생한 후에야 복구를 위해 노력하는 반사적인 서비스 접근방식이었으나 이제는 고객요구를 예측하여 미리 반응하는 적극적인 서비스의 형태이다.

〈표 1-1〉 확장된 패러다임

항목	기존의 서비스	확장된 서비스
대상	눈앞의 고객	눈앞의 고객, 잠재적 고객
서비스 범위	명령받은 가시적 요구사항	가시적, 비가시적, 잠재적 요구사항
서비스 제공시간	현재	사전, 현재, 사후
핵심 요소	친절	친절, 신속, 정확 등 다양

나. 고객서비스의 중요성

세계화 시대에 생존할 수 있는 지혜이다

사회구조가 점차 선진화되고 세계 경제는 글로벌화되어 가고 있다. 고객의 요구 또한 다양해져 가고 있으며 경쟁구조도 치열해지고 있다. 고도 정보사회로 진입하면서 고객의 소비행태, 구매심리, 기대심리 등이 과거와는 사뭇 다른 양상으로 바뀌고 있다. 이제는 '서비스만이 살길'이라고 외쳐 대는 기업들이 늘고 있다. 상품만을 가지고는 고객만족은 물론 경쟁력이나 차별성을 부각시킬 수 없기 때문이다. 모든 업종이 서비스업으로 바뀌고 있는 요즘, 서비스에 대한 올바른 이해와 서비스 테크닉에 새롭게 도전함으로써 서비스 능력을 개발해야 한다.

서비스가 경쟁력의 관건이다

이미 시장은 '상품'에서 '서비스'로 비즈니스의 주도권이 넘어갔다. 그러나 단순한 서비스만으로는 더 이상 경쟁력을 확보하기 힘든 수준에 이르렀다. 치열한 시장 경쟁과 고객의 성향 변화, 기술 발전은 자연스럽게 시장의 주도권을 '체험'으로 넘어가도록 만들었기 때문이다. 판매에서부터 무형의 체험까지 하나의 완성된 과정에서 만족하지 않으면 고객은 그 제품에 대해 냉정하게 등을 돌릴 수밖에 없다. 즉 개별 고객을 상품의 제조와 판매는 물론, 사후 봉사의 전 과정에 적극 참여시켜 만족스런 체험으로 각인시키지 못한다면 더 이상 시장 경쟁에서 살아남기 힘들게 되었다.

기업은 완벽한 고객서비스를 위한 노력을 통해 세계화된 경제 안에서 살아남고 경쟁력을 갖게 된다. 이제 고객서비스와 만족은 기업이 시장점유율을 유지, 증가시키기 위해 적응해야만 하는 생활양식이다.

서비스는 돈을 모으는 유일한 수단이다

어떠한 서비스도 수익성과 연결되지 않으면 아무런 가치가 없다. 단순히 고객을 즐겁게, 행복하게 하는 데 목적이 있는 것이 아니라 얼마나 많은 수익과 부가가치를 창출할 수 있느냐의 여부가 서비스의 목표인 것이다.

고객서비스의 궁극적인 목표는 고객만족과 충성도 확보를 통해 이윤을 추구하는 데 있다. 기업이 존재할 수 있는 것은 고객이 존재함을 전제로 한다. 따라서 '서비스는 곧 돈'이란 개념이 강조되고 있다.

서비스는 고객을 행복하게 하는 방법이다

이제 단순히 고객을 만족시키는 시대는 지났다. 고객의 삶의 질을 향상시키고 고객을 행복하게 할 수 있는 기업만이 살아남을 수 있기 때문이다. 고객이 행복하면 기업이 행복하고, 기업이 행복하면 직원이 행복하다. 직원이 행복하면 가정이 행복하고, 가정이 행복하면 사회가 행복하다. 궁극적으로 고객을 행복하게 하는 일은 모든 이에게 유익한 일이 되는 것이다. 곧 고객 서비스의 가치는 무한한 것이다.

2. 서비스의 개념과 정의

가. 서비스의 개념

'서비스(service)'라고 하면, 값을 깎아준다, 덤을 준다, 혹은 돈을 받지 않고 무상으로 고객에게 노력을 제공한다 등의 의미를 연상시킨다. 여기서 다루고자 하는 서비스는 단순히 일상적으로 쓰이는 무상의 서비스가 아니라, 유상으로 제공되는 보다 넓은 의미의 경제활동으로서 운수, 통신, 금융, 보험, 매스미디어, 도·소매업, 여행, 호텔, 의료, 법률, 관광, 음식, 공무(행정) 등 많은 업종이 산출하는 서비스를 말한다.

서비스의 개념적인 특징은 상품, 재화와 달리 소유권이 이동하지 않고 고객에게 편익과 만족을 주는 무형의 활동이라는 것이다. 고객서비스는 시장 창조를 위해 중요한 기능이고 고객에게 만족을 주고 또 고객과 우호관계를 장기적으로 유지하면서 고객을 조직화하는 일련의 활동이다.

〈표 1-2〉 서비스 용어의 사용

서비스의 의미	용어의 사용
접객을 맡은 종사원, 기업 그 자체로서 고객을 응대하는 자세나 태도	• 그 점원은 친절하고 서비스가 만점이다. • 요즘 이 음식점의 서비스가 나빠졌다.
기업전체로서의 본연의 자세	• 우리 회사의 철학은 서비스정신에 투철한 것이다.
구체적 업무행위, 제도	• 백화점의 배달서비스, 추석선물 상담 서비스 • 서비스가 좋은 상점을 이용한다. • 내구소비재의 판매에서는 애프터서비스가 중요한 의미를 가지고 있다.
금융적 급부	• 지중해 유람선 상품은 무이자 할부판매 서비스를 이용하실 수 있습니다.
경제적 가치물(무형재의 의미)	• 호텔, 식당, 영화관 등은 서비스업에 포함된다.
기업의 희생적 저가, 무료 제공 행위	• 기내용 가방을 서비스해 드리겠습니다. • 오늘의 서비스 품목
애정, 우정, 의리, 교제, 호의	• 옛 친구에게 정성을 다해서 서비스를 했다.

나. 다양한 서비스의 정의들

경영학 및 마케팅에서는 서비스에 관한 연구가 1960년대 초부터 시작되어 제품과 서비스의 비교 형태로 전개되었고 1970년대 들어 서비스의 특성 및 현상에 대한 관심이 집중되었으며, 1980년대와 90년대에 와서 이론적 체계와 전략적 이슈를 다루게 되었다. 지금까지의 서비스에 대한 정의의 계보는 다음과 같이 활동적 정의, 속성론적 정의, 봉사론적 정의, 인간상호관계적 정의로 대별할 수 있다.

과거는 봉사, 친절, 사용자에게 예속된 상태의 의미였으나 현대적 의미로는 무형적인 특성을 가지고 있는 활동, 제공자를 위한 활동으로 동등한 상호관계, 행위의 주체성 강조, 자유와 평등, 개인별 경험과 만족을 제공하는 것을 일컫는다.

활동론적 정의

활동론적 정의는 서비스를 '활동'으로 보는 개념에 근거하고 있다. 미국 마케팅학회(American Marketing Association)에서는 '서비스란 판매 목적으로 제공되거나 또는 상품 판매와 연계해서 제공되는 제 활동, 편익, 만족'이라고 정의하고 있다. 그 예로는 오락서비스, 호텔서비스, 전력서비스, 수송서비스, 미용서비스, 신용서비스 등을 들고 있다.

속성론적 정의

서비스를 그 속성을 중심으로 보는 개념이다. 즉, 제품과의 다른 점을 지적하며 서비스를 파악하려고 한다. 라스멜(Rathmell)은 서비스를 '시장에서 판매되는 무형의 상품'으로 정의하고, 무형과 유형의 구분을 손으로 만질 수 있느냐의 여부에 따라 나누고 있다. 많은 마케팅 연구자들 및 경제학자들이 서비스를 무형재로 규정하는 정의를 사용하고 있으나 쇼스택(Shostack)은 서비스의 무형성은 하나의 상태와 일개 속성일 뿐이지 서비스 자체의 본질은 아니라고 반론을 제기한다.

봉사론적 정의

서비스를 주종관계에서와 같이 '인간의 인간에 대한 봉사'라고 보는 것이 기존의 통설이라고 전제하고, 현대적 서비스는 이런 전통적 발상에서 탈피해야 한다고 주장한다. 인간이 제공하는 봉사적 서비스를 인간으로부터 분리하여 인간 노동을 기계로 대치하여 서비스의 공업화(industrialization of service)를 통한 효율성 향상을 달성할 수 있다고 한다.

인간 상호관계론적 정의

서비스는 무형적 성격을 띠는 일련의 활동으로서 고객과 서비스 직원의 상호관계에서부터 발생하며 고객의 입장에서 고객의 문제를 해결해 주는 것이라는 개념이다.

대부분의 경우 서비스는 서비스 제공자와의 상호작용을 포함한다. 그러나 일견 상호작용이 없는 상황같이 보이지만 실제로는 상호작용이 존재하는 경우도 많다. 예를 들어 자동차에 문제가 생겨 정비소에서 수리를 받는 경우에는 고객이 없어도 되지만 정비소에 차를 맡기러 가고 찾으러 가는 중에 서비스제공자와 고객과의 상호작용이 존재하게 된다.

3. 서비스의 특성

제품과 서비스 사이에는 몇 가지 중요한 차이점이 있는데, 서비스의 일반적 특성과 각 특성이 갖는 문제점의 해결 방안은 다음과 같다.

가. 무형성(Intangibility) : 보거나 만질 수 없다

서비스는 기본적으로 가시적인 실체가 따로 없기 때문에 볼 수도 없고 만질 수도 없는 무형적인 것이다. 또한 객관성이 없으므로 주관적 의미가 강하다. 즉, 서비스는 어떤 객관적 실체가 아니라 하나의 경험이기 때문에 일률적인 품질규격을 정하기가 쉽지 않으며 견본 제시가 어려워 경험 전까지는 그 내용과 질을 판단하는 것이 매우 어렵다. 그러므로 사용자의 능력과 신뢰감이 중요한 요인이 된다.

이와 같은 특성을 보완하기 위해서는 물리적 단서를 강조하고 구전 활동을 적극 활용하여 기업이미지를 관리하고 구매 후 커뮤니케이션을 강화할 필요가 있다.

나. 비분리성/동시성(Inseparability) : 생산과 소비가 동시에 일어난다

대부분의 서비스는 생산과 소비를 따로 구분하여 생각하기 힘들다. 제품은 공장에서 만든 다음 고객에게 전달되지만, 서비스는 고객과 제공자 간의 직접 접촉을 통해서 전달되기 때문에 서비스는 생산과 동시에 소비된다고 볼 수 있다. 서비스는 제공자, 서비스 공간 및 시설, 사용자가 함께 참여해야만 발생하며 제공 당시의 분위기도 중요하다. 이같이 서비스 직원과 고객이 직접 접촉하여 상호작용이 이루어지므로 '공동생산(Coproduction)' 이라고도 한다. 즉 서비스를 이용하기 전에 테스트가 불가능하며 품질 통제의 어려움이 있다.

이와 같은 특성을 보완하기 위해서는 서비스 제공자의 선발과 교육을 중시하고 서비스 사용자를 계속 관리하고, 서비스 이용 가능 정보를 제공하며 다양한 입지에서 서비스 시설을 공급하는 방안이 있다.

다. 이질성(Heterogeneity) : 품질이 일정치 않다

서비스는 제공하는 사람이나 고객, 서비스 시간, 장소에 따라 즉 누가, 언제, 어떻게 제공하느냐에 따라 내용과 질에 차이가 발생하게 된다. 즉 개인적인 선호 성향을 기초로 기대감이 형성되며 개별적인 감성 차이 때문에 서비스의 품질에 대한 평가가 다르다.

또한 서비스는 변동성의 요인으로 내용과 질을 규격화, 표준화하는 것이 불가능하며 종류의 다양성과 복합성의 특징으로 동일한 효능표현이 어렵다.

은행 창구직원이나 항공기 객실승무원, 보험사 직원들이 고객을 응대하는 것은 공장에서 상품을 제조할 때와 같이 획일적인 표준화가 쉽지 않은 것이다.

이와 같은 특성을 보완하기 위해서는 서비스의 개별화로 서비스제공자가 서비스 내용을 개성화하여 다양한 요구에 대응하는 표준화 전략이 필요하다.

라. 소멸성(Perishability) : 판매되지 않은 서비스는 사라진다

서비스는 제품과 달리 일시적으로 제공되는 편익으로서 생산하여 그 성과를 저장하거나 다시 판매할 수 없다. 그러므로 과잉 생산에 따른 예산 손실과 과소 생산에 따른 이익 감소의 가능성이 있다. 이것은 서비스 수요의 충족을 위해서는 충분한 서비스능력의 보유와 관리가 필요하다는 것을 의미한다.

이와 같은 특성을 보완하기 위해서는 서비스의 수요와 공급 간의 조화를 위한 방안이 필요하며 철저한 고객관리와 여러 지역에 서비스망을 구축하는 것이 필요하다. 예를 들면 수요에 따른 생산 계획의 변화, 유휴 시설이나 장비에 대한 새로운 이용 방법 고안, 서비스 종사자의 직무 교육을 통해 필요시 서로 협조하는 방안 등이 있다.

〈표 1-3〉 서비스와 재화의 차이

재화	서비스	관리적 의미
유형	무형	• 서비스는 저장할 수 없다. • 서비스는 특허를 낼 수 없다. • 서비스는 쉽게 전시되거나 전달할 수도 없다. • 서비스는 가격 책정이 어렵다.
생산과 소비가 분리됨	생산과 소비가 동시에 발생함	• 고객이 거래에 참여하고 영향을 미친다. • 고객은 서로에게 영향을 미친다. • 서비스 직원이 서비스 결과에 영향을 미친다. • 대량생산이 어렵다.
표준	이질	• 서비스제공과 고객만족은 직원의 행위에 달렸다. • 서비스품질은 많은 통제 불가능한 요인에 달렸다. • 제공된 서비스가 계획되거나 촉진된 것과 일치하는지를 확신하기 어렵다.
비소멸	소멸	• 서비스는 수요와 공급을 맞추기가 어렵다. • 서비스는 반품될 수 없다.

〈표 1-4〉 서비스의 특성상 문제점과 해결방법

서비스의 특성	문제점	문제 해결방법
무형성	• 저장의 불가능 • 특허보호의 곤란성 • 진열 및 커뮤니케이션활동의 어려움 • 가격설정기준의 불명확	• 실체적 단서의 강조 • 개인적 접촉의 강화 • 구전의 중요성 • 기업 이미지의 관리 • 구매 후 커뮤니케이션의 강화
동시성	• 제공자와 사용자의 개입 • 집중화 및 대규모 생산의 어려움	• 서비스제공자의 선발 및 교육 • 서비스 사용자의 관리 • 서비스망의 구축
이질성	• 표준화와 품질 통제의 어려움	• 서비스의 기계화 및 개별화
소멸성	• 재고 보관이 불가능함	• 수요와 공급 간의 조화

✿ 서비스의 특성을 실제 서비스 현장 사례에 적용시켜 보시오.

칼 알브레히트(Karl Albrecht)의 서비스 특성

칼 알브레히트 인터내셔널의 회장으로 컨설턴트이자 미래학자이며 연설가인 그는 저서 「서비스 아메리카(1995)」에서 다음과 같이 서비스 특성을 정의하였다.

1. 서비스는 제공하는 순간에 생산된다.
   미리 만들어 놓을 수도 없고 언제라도 제공할 수 있도록 저장해 둘 수도 없다.

2. 서비스는 한 곳에서 생산, 검사, 비축, 저장을 할 수 있는 것이 아니다.
   서비스는 어디든지 고객이 있는 곳에서 경영자의 눈, 영향력 행사가 곤란한 일선 현장 담당자에 의해 제공된다.

3. 서비스는 미리 전시하거나 견본을 보여 줄 수 없다.
   제공자가 보여 주는 여러 가지 견본은 다른 고객을 위한 것이며, 자기 자신을 위한 서비스는 아직 존재하지 않으며 체험하기 전에는 알 수가 없다.

4. 서비스를 받은 사람은 만질 수 있는 것은 아무것도 갖지 못한다. 서비스의 가치는 오로지 고객의 개인적 경험에 의존한다.(고객이 판단한다)

5. 그 개인적 경험을 제3자에게 팔거나 넘겨 줄 수 있는 것이 아니다.

6. 서비스는 만약 부적절하게 제공되더라도 취소할 수 없다.
   보상이나 사과가 고객에게 할 수 있는 유일한 수단이다.

7. 품질보증은 서비스 제공 전에 되어 있어야지 제공 후에 보증이란 없다. 이것은 상품 생산의 경우에도 마찬가지이다.

8. 서비스의 제공은 사람의 상호작용에 의해 이루어진다. 구매자와 판매자가 개인적으로 접촉함으로써 서비스가 생산된다.

9. 고객의 사전 기대에 의해 그 만족이 크게 좌우된다. 따라서 서비스의 품질은 아주 주관적이다.

10. 고객에게 서비스가 제공되는 과정에서 관계하는 사람이 많으면 고객의 만족 가능성은 낮아진다.

4. 서비스의 품질

가. 서비스품질의 중요성

소비자들은 과거에 받았던 서비스보다 더 수준 높고 일관적인 품질의 서비스를 제공받으려는 기대를 갖고 있으며 이 기대는 점차 커지고 있다. 기업은 서비스품질 향상으로 시장점유율을 높일 수 있으며, 이 점은 서비스산업이 품질경영에 중점을 두도록 하는 가장 큰 영향요인이다. 시장매출이 정체되기 시작하면 고품질의 서비스에 대한 압력이 강해지고 신규시장의 획득보다는 경쟁사와 시장점유를 위한 품질경쟁의 국면에 접어들게 된다. 고객도 동일한 산업 내의 기업에 대해서는 경쟁업체 중 가장 고품질서비스를 제공하는 기업에 대한 기대가 커지기 때문이다. 최근까지 다양한 분야에서 서비스품질이 고객만족과 재방문의도에 긍정적인 영향을 미친다는 연구결과들이 발표된 바 있다.

나. 서비스품질 측정 : SERVQUAL

품질에 대한 정의는 여러 가지가 있으나 그중 가장 보편적으로 사용되는 정의가 바로 고객의 만족 정도이다. 즉, 상품이나 서비스에 대한 고객의 만족 정도가 바로 그 상품이나 서비스의 품질이라는 것이다. 고객만족은 한 가지 요인인 단차원적인 차원에서 품질을 지각하지 않고 다차원적으로 품질을 평가한다.

Zeithaml, Parasuraman, Berry 등은 자신들이 분류한 서비스품질의 10가지 차원을 다음과 같이 5가지로 통합하여 'SERVQUAL'(Service+Quality)이라고 하였다. SERVQUAL은 서비스품질의 핵심적 요소로서 서비스품질 평가에 많이 활용된다.

신뢰성(reliability) : 믿을 수 있고 정확한 업무수행

신뢰성은 약속한 서비스를 정확하게 제공하는 능력으로 정의되며, 다섯 가지 차원 중에서 서비스품질을 지각하는 데 가장 중요한 요소로 꼽히고 있다. 광의로 보면 신뢰성이란 회사가 배달, 서비스제공, 문제해결 등에서 직접적으로 한 약속이나 가격책정에서 간접적으로 한 약속을 제대로 제공하는 것이다. 고객은 약속을 지키는 회사와 거래하기를 원하며, 고객이 기억하는 분쟁의 대다수는 핵심 서비스시스템의 실패와 이를 해결하려는 후속조치의 미비에서 발생한다.

반응성(responsiveness) : 즉각적이고 도움이 되는 서비스

이 차원은 고객의 요구, 질문, 불만, 문제 등을 처리하는 배려(attentiveness)와 신속성(promptness)을 강조한다. 즉, 고객과의 중요한 서비스접점에서 언급한 직원 행동과 서비스품질의 반응성 간에는 강한 유사성이 있다. 반응성은 도움, 질문에 대한 대답 및 문제해결을 하는 데 소요되는 시간이라고 할 수 있다. 또한 반응성은 유연성과 고객의 요구에 서비스를 맞추는 고객화란 개념도 포괄한다. 서비스제공 과정이나 문제해결 과정을 회사의 관점이 아니라 고객의 관점에서 얼마나 신속하게, 유연하게 해결하는가가 관건이 된다.

확신성(assurance) : 능력, 공손함, 믿음직함, 안전성

확신성은 회사와 서비스 직원의 지식, 정중함, 믿음직하게 느끼게 하는 능력 등으로 정의된다. 믿음(trust)과 확신(confidence)은 증권중개인, 보험대리인, 변호사, 컨설턴트 등과 같이 고객에게 회사의 서비스를 연결하는 사람이 실현해야 할 과제이다. 이러한 서비스의 경우 회사는 핵심 접촉인물과 고객 사이에 믿음과 애호가 형성되기를 바란다. '퍼스널 뱅커(personal banker)'란 개념은 이런 아이디어에 착안한 것이다. 고객을 위해 은행원이 선정되면 고객과 개인적으로 친하게 되고 고객에 대한 모든 은행서비스를 조정하게 된다. 이렇게 개인적 관계가 형성되면 그 은행원이 회사를 옮길 때 고객이 따라가는 위험은 있다.

공감성(empathy) : 원활한 의사소통, 고객 개개인에 대한 충분한 이해

공감성은 회사가 고객 개개인에 제공하는 주의(attention)와 보살핌(caring)으로 정의된다. 공감성의 핵심은 개인화된 고객의 주문 서비스로 고객이 독특하고 특별하다는 것을 전달하는 것이다. 고객은 서비스를 제공하는 회사가 자신을 이해하고 중요하게 느끼기를 원한다. 작은 서비스회사의 직원은 흔히 고객의 이름을 알고, 고객의 개별적인 요구와 기호까지 알아 고객과 관계를 구축한다. 대규모 회사와 경쟁하는 작은 회사에게 공감성의 차원은 분명히 강점으로 작용한다.

유형성(tangibles) : 물적 요소의 외형

유형성은 물리적 시설, 장비, 인력, 각종 커뮤니케이션 용품 등의 외양으로 정의된다. 이 모든 것은 고객, 특히 신규고객이 품질을 평가할 때 사용하는 서비스의 물리적 표현과 이미지를 제공한다. 유형성은 특히 레스토랑, 호텔, 소매점 등과 같이 고객이 서비스를 받기 위해 시설을 방문하는 접대서비스업에서 강조된다.

　서비스는 그 특성상 무형적인 행위와 성과이나, 완전히 무형적 가치가 제공되기 위해서는 현실적으로 유형적인 요소가 반드시 수반되어야 한다.

〈표 1-5〉 SERVQUAL의 5가지 요소

서비스품질의 10가지 요소	SERVQUAL의 5가지 요소	SERVQUAL 차원의 정의
유형성	유형성(Tangibles)	물리적 시설이나 장비의 외양 및 직원 복장
신뢰성	신뢰성(Reliability)	약속한 서비스의 수행 능력
반응성	반응성(Responsiveness)	고객을 돕고 즉각적으로 신속한 서비스를 제공하려는 자세, 고객 요구에 대한 반응 정도
능 력	확신성(Assurance)	직원의 지식과 예절 및 신뢰감, 확신을 불러일으킬 수 있는 능력
예 절		
신용성		
안전성		
접근성	공감성(Empathy)	회사가 고객에게 제공하는 개인적 요구에 대한 개별적 관심과 배려
커뮤니케이션		
고객이해		

◈ 자신이 경험한 서비스업체(장소) 한 곳을 택하여 서비스품질 5가지 차원에 적용시켜 평가해보시오.

다. 서비스품질 평가

서비스품질 평가의 특징

제공자가 아무리 최고의 기술과 지식을 담은 서비스를 제공하더라도 서비스 이용자가 만족하지 못한다면 그 서비스의 품질은 좋다고 말하기 어렵다. 고객이 가진 지식과 정보가 제공자의 전문적인 지식과 기술을 제대로 평가하기에 부족한 경우라도 고객이 만족하지 못한다면 역시 그 품질은 좋다고 평가받을 수 없다. 또한 서비스의 최종 산물이 만족스럽다 할지라도 그 전달과정에 만족하지 못했다면 그 서비스는 전체적으로 품질에 문제가 있는 서비스로 평가받게 되며 그 반대의 경우도 마찬가지다.

이와 같은 점들과 관련하여 서비스품질 평가의 특징은 다음과 같다.

• 서비스품질을 평가한다는 것은 제품품질을 평가하는 것보다 어렵다. 또한 고객이 서비스품질을 평가하는 기준을 공급자가 파악하는 것도 쉽지 않다. 예를 들면 의료 서비스에 대한 고객의 평가는 자동차품질에 대한 평가보다는 한층 더 복잡하고 어려운 것이다.

• 서비스품질의 평가는 결과만 가지고 평가하는 것이 아니라 서비스 제공과정도 중요하다. 예를 들면 애프터서비스(A/S)를 평가할 때 고장을 수리한 결과만 가지고 평가하는 것이 아니라 제공과정도 평가하는 것이다.

• 서비스품질의 평가에서 특히 중요한 것은 평가 기준을 고객이 정한다는 점이다. 서비스품질 평가는 기본적으로 서비스에 대한 인식의 차이에서 결정된다.

기본적으로 서비스품질은 기대된 서비스와 인식된 서비스의 관계이다. 고객은 여러 가지 요인 즉, 자신의 경험과 남에게 들은 것, 개인적인 욕구, 광고나 홍보 판촉에 의해서 인식된 정보 등에 의하여 서비스에 대한 일정한 기대(기대서비스)를 하게 된다.

기대된 서비스보다 제공(인식)된 서비스가 높으면 서비스품질은 높은 것이 되어 고객이 만족하게 되고, 기대된 서비스보다 제공된 서비스가 낮으면 서비스품질이 낮아서 고객이 불만족하게 되는 것이다.

인식서비스의 허용구간

고객이 기대하고 인식하는 서비스품질은 중요도가 높을수록 또한 까다롭다.

고객이 바라는 서비스를 '희망서비스(desired service)'라고 하는데 이는 제공받을 서비스에 대한 희망 수준, 즉 바람(wants)과 소망(hopes)을 뜻한다. 즉, 고객이 '받을 수 있고', '받아야만 한다'고 믿는 수준의 서비스이다. 이와 관련된 개념으로 이상적 서비스(ideal service)가 있다. 이는 고객이 '기원하는(wished-for)' 서비스 수준, 즉 바람직한 서비스 수준을 말한다.

적정서비스(adequate service)란 '고객은 그들의 서비스욕구가 채워지기를 바라기는 하나 이것이 항상 가능한 것은 아니라는 것을 깨닫는다. 이러한 이유로 해서 그들은 희망수준보다 좀 더 낮은 수준의 기대를 갖게 되는데' 이를 '적정서비스(adequate service)'라고 한다. 이는 '그런대로 견딜 만한 최하의 기대수준(minimum tolerable expectation)'을 의미하는 것으로, 고객이 받아들일 수 있는 최저수준의 서비스이며, 고객이 그래도 서비스를 받았다고 생각할 수 있는 최저상태를 나타낸다.

고객의 서비스기대수준은 어떤 한 점에서 결정되는 것이 아니라 '희망서비스' 수준과 '적정서비스' 수준 사이의 범위로서 설명될 수 있다. 그런대로 참을 만하다고 여기는 서비스의 수준과 희망하는 서비스 수준 사이의 차이를 보여 주는 것이 '허용영역'이다.

서비스 허용영역의 차이

서비스 허용영역은 고객별로도 다양하며 그 변화는 아코디언의 움직임에 비교될 수 있다. 어떤 고객은 허용영역이 좁아 서비스제공자로부터 그에 맞는 서비스를 철저히 요구하는 반면 어떤 고객은 서비스의 허용영역이 넓다.

적정서비스 수준은 경쟁자의 활동이나 기타 요인들로 인해 변화하는 반면, 희망서비스는 비교적 안정적이라고 볼 수 있다.

• 고객 개개인의 허용영역의 차이는 축적된 경험에 의하여 지속적으로 희망수준이 올라가는 데서 발생하기보다는 상황에 따라 쉽게 변동하는 '적정서비스' 수준의 차이에서 발생한다고 볼 수 있다. 이 허용영역은 동일한 고객일지라도 상황에 따라 확장될 수도 있고 줄어들 수도 있다.

예를 들어, 항공기를 이용하려는 어떤 고객이 만일 시간에 쫓기고 있거나 약속이 걱정될 때에는 그 허용공간이 매우 좁을 것이다. 한편 공항에 여유있게 도착한 고객은 시간에 쫓기는 고객보다 줄 서서 기다리는 시간에 훨씬 덜 신경을 쓸 것이다.

서비스 관리자는 반드시 허용영역의 범위뿐만 아니라, 언제, 그리고 어떻게 이 허용영역이 고객에 따라 커졌다 작아졌다 하는지를 이해해야 한다. 매우 바쁜 고객은 시간에 항상 쫓기기 마련이므로 기다리는 시간이 대체로 짧기를 바라며, 받아들일 수 있는 대기시간의 범위도 좁다.

• 고객 개개인의 허용영역은 가격과 같이 회사가 통제 가능한 요인들을 통해서도 확대되

거나 축소될 수 있다.

- 고객의 허용영역은 서비스 속성 또는 차원에 따라 달라진다. 일반적으로 고객은 서비스의 다른 결함보다 신뢰할 수 없는 서비스(지키지 못한 약속, 서비스의 실수)에 대해 더 참을성이 없는데 이것은 고객이 신뢰성이라는 요인에 보다 높은 기대를 한다는 뜻이다. 고객은 가장 중요한 서비스 차원 또는 속성에 대해 더 높은 기대수준을 갖고 있을 뿐만 아니라, 허용영역의 범위도 좁고 엄격하며 '희망서비스' 수준도 높다.

- 고객이 참고 견딜 만한 서비스를 '최저 서비스'라고 한다면, 중요도가 낮은 요소의 경우는 고객이 기대하는 품질수준이 낮을 뿐만 아니라, 최저 서비스의 허용범위도 넓다. 그러나 중요도가 높은 요소의 경우는 기대하는 수준도 높고 최저 서비스의 허용구간이 매우 좁다.

동일한 사업에 속하는 두 조직이 완전히 다른 수준의 서비스를 제공하면서도 고객을 만족시키는 이유가 바로 기대수준 때문이다.

고객입장에서 보면 패스트푸드 레스토랑은 고객에 비해 매우 적은 수의 직원으로 산업화된 초우량 서비스를 탁월하게 제공하고 있는 반면, 턱시도를 입은 많은 서비스 직원들이 있는 고급 레스토랑이 패스트푸드 레스토랑만 못하다고 생각할 수도 있다. 패스트푸드 레스토랑에서 고객은 깨끗한 환경에서 빠르고, 편리하고, 맛있게 음식 먹을 것을 희망한다. 반면에 고급 레스토랑에서는 세련된 환경과 우아한 서비스 직원, 촛불, 그리고 고급음식을 기대한다.

이처럼 범주 간에는 다르나, 고객에 의해 정의되는 서비스범주 내에서 고객이 서비스제공자에 대해 기대하는 '희망서비스' 수준은 본질적으로 유사하다고 볼 수 있다.

⬥ 서비스품질을 평가하는 제도에는 어떠한 내용이 있는가?

REVIEW

- '고객서비스'란 무엇인지 정의를 내려 보라.

- 서비스의 기본적인 특성은 무엇인가?
  각 서비스의 특성이 갖는 문제점의 해결방안은 무엇인가?

- 서비스품질의 5가지 차원과 각 특성을 설명해 보라.

Chapter 02

고객
(customer)

✪ Warm-up

- '고객'의 정의를 내려 보라.

- 자신이 방문하는 다음 장소에서의 서비스에 대해 생각해 보라.
  현장에서 서비스를 체험한 사실을 바탕으로 고객의 입장에서 각 장소에서
  고객이 가장 기대하는 서비스가 무엇인지 한 가지를 적어 보라.

  · 병원

  · 백화점

  · 세탁소

  · 미용실

  · 음식점

  · 극장

1. 고객혁명과 고객가치

가. 고객 없이 살 수 없다

고객은 흔히 서비스가 생산되고 소비되는 장소에서 서비스 직원이나 다른 고객, 그 자리에 있는 다른 사람들과 서비스 생산을 위해 상호작용을 한다. 그렇기 때문에 고객은 서비스 조직의 생산과정에서 필수불가결한 존재이다.

모든 기업의 경영활동의 목표는 '고객만족'일 것이다. 그러나 이제 고객은 기업의 운명을 좌우하는 위치에서 산업 전반의 모습과 사업의 양상을 바꾸어 가고 있으며, 기업의 가치도 고객에 의해 달라지고 있다. 이제 더 이상 기술동향과 투자성향에 따라 경기를 판단하려 한다면 그것은 그 이면의 고객이 주도권을 쥐고 있는 진정한 추세를 놓치는 우를 범하는 일이 될 것이다. 그러므로 경영자에게나 투자자에게나 각기 고객충성도를 높이는 일이 점점 중요하게 되었다. 이러한 커다란 변화는 바로 고객혁명(customer revolution)이다.

한편으로는 고객의 중요성보다 과학 기술 분야에서의 획기적인 발전이 미래 경제에 더 큰 영향을 줄 것이며 고객혁명이란 것은 총체적 품질관리 운동(total quality movement)에 불과한 것으로 생각할 수도 있다. 고객 중심적이 된다는 것은 기업이 수용해야 할 당연한 명제일 뿐 그것이 무슨 혁명이냐고 반문하는 사람들도 있을 것이다. 그러나 시대가 변한 것이다.

성공적으로 서비스를 제공하는 데 있어서 고객의 중요성은 서비스 제공을 연극으로 생각하면 명확해진다. 서비스를 창조하기 위해 상호작용하는 서비스 직원(배우)과 고객(관객)의 역할을 연극에 비유할 수 있다. 서비스 배우와 관객은 서비스 설비로 둘러싸여 있다. 드라마의 질은 배우의 연기와 관객의 참여에 의해서 결정된다. 이렇게 볼 때 서비스 성과나 서비스 제공 상황은 서비스 직원뿐만 아니라, 고객의 행위에 의해 영향을 받을 수 있다. 성과는 그들 사이의 상호작용의 결과이다.

나. 고객이 사업 방향을 알려 준다

'고객은 왕이다', '고객 앞에서는 기절을 해야 한다' 등 고객우위론이 구사되고 있지만 어떻게 하면 기업에 도움이 되는 고객을 유치하느냐 하는 것이 큰 문제다. 고객을 위해서 무엇을 해야 할 것인가? 모든 것이 고객중심으로 되어 있는가? 이 문제들을 항상 연구하는 기업만이 성장할 수 있다.

고객은 제품과 서비스가 마음에 들지 않으면 가차없이 고개를 돌려 버린다. 더 나은 서비스와 제품을 제공하는 기업이 얼마든지 있기 때문이다.

인터넷과 무선이동통신 덕분에 고객은 24시간 내내 세계 곳곳의 기업과 거래할 수 있으며 고객의 요구를 실시간으로 파악하고 그에 대응할 수 있는 수단을 갖게 되었다. 인터넷을 이용함으로써 세분화된 고객을 만날 수 있고 그들을 통하여 신제품을 더욱 빠르게 검증할 수 있게 되었다.

고객은 기업에 있어서 가장 중요한 주체이며, 생산라인에서 가장 중요한 요소이다. 기업이 생산하는 제품과 서비스를 구매하거나 또는 그것들에 의해서 영향을 받는 모든 사람들이다. 기업은 고객과의 관계를 장기간의 신뢰를 통하여 올바르게 구축하여야 하며, 고객의 현재와 미래의 요구를 정확히 파악하여 고객이 원하는 것이 구입하는 제품과 서비스의 품질임을 확실하게 이해하여야 한다.

다. 진정한 고객가치 인식이 필요하다

고객은 기업의 모든 것을 쥐고 있는 핵심이다. 고객이 기업을 위해 존재하는 것이 아니라 기업이 고객을 위해 존재하고 있는 것이다. 그러나 대부분의 기업들이 말로는 고객의 만족과 감동을 말하면서도 누가 자신들의 고객인지, 어떻게 조직 내에 고객 중심적 사고를 스며들게 해야 할지 정해두지 못하고 있다. 현대 마케팅에서 고객은 기업 활동의 대상이자 목표라고 할 수 있다. 즉 모든 것이 고객으로부터 시작되고 고객으로 끝나는 철저한 고객 중심적 사고와 실천이 충만될 때 그 기업은 성장, 발전할 수 있다.

어느 기업이나 '고객을 왕처럼 모시며', '고객의 입장에서 항상 생각하고 행동한다'고 그럴듯하게 캐치프레이즈를 내걸지만 진정으로 고객이 그런 대접을 받는 기업이 얼마나 될까? 유명 서비스 기업에서도 빈번히 고객의 기대에 어긋나는 서비스로 비난을 받는 사례가 있지 않은가?

문제는 고객에 대한 이해와 인식, 내부화하여 철저하게 자기 체질화하지 못한 데 있다. 고객이 무엇을 원하고 무엇을 필요로 하는지를 제대로 알고 고객이 누구인지를 알려고 하는 노력을 기업 활동 전체의 시발점으로 삼아야 한다. 즉, 고객가치를 올바르게 파악하여야 한다.

라. 고객의 평생 가치(Lifetime Value of Customer)를 알고 있는가

고객의 가치를 과거와 현재적 가치에만 한정하지 않고 이를 미래로 연장해 생각하는 인식이 체질화되어야 한다. 이제 기업들은 고객의 범주를 시간적, 공간적으로 확대해서 인식하는 것이 중요하다. 그래야만이 고객 가치가 고객 중심 경영체제의 핵심이 되고 경영 계획의 기본 방향을 설정하는 근간이 될 수가 있다.

고객의 평생 가치는 고객이 평생에 걸쳐 거래하고자 하는 기업에 대해 제공할 수 있는 잠재적 공헌도를 말한다. 즉 고객이 특정회사의 제품이나 서비스를 구매하였을 때부터 마지막으로 구매할 것이라고 판단되는 시점까지의 예상 누적매출 또는 누적이익이라 할 수 있다. 한 명의 고객으로부터 기업이 얻을 수 있는 가치는 단 한 번의 구매액수로 끝나는 것이 아니다. 물론 실제 이루어진 구매액만큼 매출액이 증가하여 회계 자료에 남겠지만 그것으로 고객과의 관계가 종결되는 것은 아니다. 그 고객이 반복 구매를 한다고 가정했을 때, 고객이 창출할 미래 구매액은 회수가 확실한 수익이 된다. 또한 만족한 고객이 차후 재구매를 계속할 때 기업이 얻는 기대 가치만이 전부가 아니다. 바로 만족한 고객을 통해 그가 새롭게 창출해 내는 구전효과는 또 다른 부가가치가 된다.

고객의 평생 가치가 표시된 고객 자산은 실제 대차대조표에는 나타나지 않지만 중요한 기업자산이다. 그래서 고객의 평생 가치는 기업 성장 전략의 핵심이 되어야 한다.

❖ 고객의 중요성에 관한 기업의 광고문구 하나를 예로 들어 설명해보시오.

2. 고객의 개념적 의미

가. '고객'이란 ?

'고객'이라는 용어는 顧(돌아볼 고), 客(손 객), 접대하는 사람이나 기업의 입장에서 볼 때 다시 보았으면, 또 와 주었으면 하는 사람을 '고객'이라 한다.

다음은 여러 가지 고객에 관한 다양한 정의들이다.
- 고객은 손님이 아니라 주인이다.
- 고객은 항상 옳다.
- 고객은 돈이다.
- 가장 무서운 고객은 돌아오지 않는 고객이다.
- 20%의 단골고객이 80%의 매출을 올려 준다.
- 고객은 월급을 주는 사람이다.
- 顧客은 高客이다. 기업의 입장에서 볼 때 고객보다 높은 사람은 이 세상엔 없기 때문이다.
- 고객이 남이 되면 회사는 망한다.
- 고객은 쉽게 변한다. 입맛에 맞는 곳은 자주 찾아가 단골 손님이 되지만, 맘에 안 들면 갑자기 등을 돌리고 말없이 떠나가 남남이 되어 버리기도 한다.
- 고객은 항상 옆에 있다. 길을 걸을 때도, 밥을 먹을 때도, 잠자면서 꿈을 꿀 때도, 회사에서 회의를 할 때도, 고객은 아무 말 없이 지켜보고 있다.

◈ 고객을 한 단어로 정의한다면 그 이유는 무엇인가?

3. 고객의 분류

가. 외부고객과 내부고객

일반적으로 고객은 협의의 고객과 광의의 고객으로 분류된다.

흔히 기업에서 사용하는 고객이라는 개념은 제품과 서비스를 제공받는 최종 소비자를 말하며, 이는 협의의 고객 개념이다.

광의의 개념인 고객은 대리점, 거래처 그리고 소비자 등을 포함하는 외부고객(external customer)과 회사 내부 업무를 처리하는 내부고객(internal customer)으로 분류할 수 있다.

외부고객이란 제품을 생산하는 기업의 종사자가 아닌 사람들로서 제품이나 서비스를 구매하는 사람들을 일컫는 협의의 고객, 즉 보통 말하는 고객이다.

내부고객은 제품의 생산을 위해 부품을 제공하는 업자나 판매를 담당하는 세일즈맨 등 제품 생산이나 서비스 제공을 위해 관련된 기업 내 모든 직원들도 고객의 범주에 포함시키는 개념이다. 예를 들어 어떤 생산과정의 다음 공정에서 일하는 작업자는 앞 공정의 고객이 된다. 이는 내부고객 관계에서 직원이 때로는 고객이 되고 또 다른 때는 공급자가 되는 것이다.

가치를 중심으로 보면 내부고객은 가치를 창출하는 직원들이 해당된다. 외부고객은 다시 가치를 전달해 주는 사람들, 즉 공급업자·중간상 등이고, 만들어진 가치를 구매해서 최종적으로 소비하는 최종 소비자가 있다.

즉, 고객은 넓은 의미로서 '상품이나 변환과정에 의해 영향받을 수 있는 모든 사람'이라고 정의할 수 있다. 고객의 개념을 단지 '상품이나 서비스를 구매하는 사람' 정도로 생각하는 것이 아니라, 경영조직의 구성원인 내부직원 및 부품공급업자까지도 고객으로 간주하며 최종 소비자만을 고객으로 보지 않고 그런 단계에 이르는 과정에 관련되어 참여한 사람들도 고객으로 보는 시각이 중요하다.

특히 내부고객인 직원의 만족이 곧 고객만족으로 이어진다는 사실은 제조업이나 서비스업 모두에서 깊이 유념해야 할 내용이다. 그래서 '외부고객에게 팔기 전에 내부고객인 직원에게 먼저 팔아라'라는 말이 소위 말하는 '내부 마케팅(Internal Marketing)'의 이름으로 등장하게 된 것이다.

고객을 위한 경영의 진정한 의미는 소비자인 외부고객(customer), 내부고객인 직원(employee) 및 사회(society) 만족을 동시에 추진함으로써 달성될 수 있다.

❖ 향후 자신이 근무하게 될 직업을 기준으로 고객을 분류해보시오.

고객은 누구인가?

고객은 직접 찾아오든 혹은 우편을 통해 오든,
기업에게 가장 중요한 사람이다.
고객은 기업에 의존하지 않는다.
단지 기업이 고객에게 의존할 뿐이다.

고객은 기업이 하는 일의 방해물이 아니라 목적이다.
기업은 고객을 만족시킴으로써 고객에게 호의를 베푸는 것이 아니라,
고객이 기업에게 그런 기회를 제공함으로써 기업에게 호의를 베푸는 것이다.

고객은 논쟁할 상대가 아니다.
누구도 고객과의 논쟁에서 이긴 사람은 없다.
고객은 기업에게 자신이 원하는 요구사항을 전달한다.
그것을 고객과 기업 모두에게 이익이 되도록 만드는 것은 기업이 해야 할 일이다.

〈울고 웃는 고객이야기, 이유재〉

4. 고객의 니즈(needs)와 기대

가. 고객의 니즈(needs)

호텔과 같은 고급식당은 단순히 식사를 위한 것 뿐만아니라 일종의 커뮤니케이션 수단으로서 이용되는 장소이다. 즉 가정에서의 식사가 가족의 단란한 장(場)이 되고, 레스토랑에서의 식사가 사회적인 커뮤니케이션의 상징이 되듯이, 사람들은 식사를 통해서 집단의 귀속 의식과 자존의 니즈(needs)를 충족시킨다. 이러한 사회 심리적 현상에 접해 보면, 호텔 레스토랑은 이미 단순한 음식물 제공의 장소라기보다는 일종의 사교장으로서의 성격을 지니고 있다고 할 수 있다.

고객이 이렇게 레스토랑을 인식할 때, 거기서 일하는 서비스맨의 역할에 어떤 것을 기대하고 있을지 그 해답은 명확하다. 고객은 서비스맨에게 단순한 주문접수나 음식물 서비스의 역할을 기대하고 있는 것도 아니며, 기계적인 미소와 가벼운 '어서 오십시오'의 인사, 형식적인 서비스 응대를 기대하고 있는 것도 아니다. 고객의 목적은 서비스 직원과의 인간적 커뮤니케이션을 통해서 자기의 존재를 사회적으로 확인하는 것이다. 혹은 서비스 직원의 도움을 받아 귀속집단과 희구(희망)집단(현재 귀속되지 않더라도 장래에 거기에 속하고 싶다고 바라는 집단)에 대한 자기의 지위와 역할을 명확히 하려 한다고 해도 좋을 것이다.

▌고객의 요구를 정확하게 파악하라

많은 기업들은 각 기업마다 고유한 특성이 있기 때문에 각기 독특하게 문제를 분석하고 전략을 수립하여 성공할 수 있는 방법을 찾아야 할 것이다. 그러나 사실 모든 기업은 고객만족에 관한 한 동일한 목표를 택해야 하고 이를 높은 품질, 낮은 가격, 신속한 대응, 그리고 높은 유연성으로 만족시켜야 한다는 점에서는 차이가 있을 수 없다.

고객의 실제 니즈[1]는 서비스 제공자의 해석과는 많은 차이를 보이는 경우가 많다. 그러므로 고객의 기대를 이해하고 고객만족을 성취하기 위해서는 고객의 기대가 무엇이며, 고객이 과연 무엇을 원하는지 그 요구사항을 정확하게 파악하는 작업이 무엇보다 선결되어야 한다. 예를 들어, 호텔 서비스품질에서 성공의 비결은 호텔 측이 예상하던 것과는 큰

---

[1] Needs와 Wants의 차이
Needs와 Wants는 마케팅과 소비자행동을 이론화하는 데 중요한 개념으로서 Needs는 기본적인 것이고, Wants는 인위적인 것이다. Needs는 다른 사람들이 생각하기에도 소비자가 가져야만 되는 물건의 영역에 작용하는 반면, Wants는 갈구되고 추구되는 상품과 서비스부분에 해당한다. 즉, 사람은 살기 위하여 음식이 필요(need)하지만 그 중 스테이크를 원하는(want) 것은 자신이 고기를 좋아하기 때문이다. Wants는 자신을 위하여 무언가를 가지고 싶은 사람의 욕망이지 무엇을 가져야만 하는 필수적인 것은 아니다.

차이가 있을 수 있다. 실제로 많은 호텔들은 고객의 마음에 도달하기 위한 방편으로 특별한 것을 제공하려고 노력하지만 고객의 입장에서 요구사항을 읽지 못하면 어떠한 예외적인 것도 효과가 없다는 것을 확실히 알아야 한다.

고객은 기본적인 것을 원한다

고객의 서비스에 대한 기대는 매우 단순하고 기본적이다. 이 기본만 잘 지켜도 고객은 감동한다.

첫째, 고객은 서비스기업이 하기로 되어 있는 것만을 그대로 해주기 바라고 있다. 즉 약속한 대로 서비스가 제공되기를 바란다. 고객은 대단한 것이 아니라 기본적인 것을 원하며, 공허한 약속보다는 실행하는 것을 원한다.

둘째, 고객의 요구를 이해하는 데 있어서 또 한 가지의 중요한 사실은 소비자들이 단순히 제품 자체를 구매하는 것이 아니라 제품의 효용을 구매한다는 것이다. 즉, 물리적으로 작동하는 제품뿐만이 아니라 제품에 부가된 쾌적성, 편리성, 상징성과 같은 효용을 함께 구매한다는 것이다. 고객은 자신이 지불한 돈의 가치에 상응하는 효과적이고 효율적인 서비스를 기대한다. 또한 서비스를 받는 동안에도 어떤 무언가를 기대하게 된다. 이러한 의미에서 고객만족을 추구하는 기업이라면 '만들 수 있는 것'이 아니라 '고객이 원하는 것'을 만들어야 한다.

기업이 아무리 좋은 제품을 새로 개발했다고 하더라도 고객의 의견을 무시한 개발을 한다면 그 제품은 아무런 의미가 없다. 언제나 고객을 생각하고, 고객에게서 배우고, 고객을 동반자로 생각해야 앞으로 기업이 발전할 수 있는 길이 된다. 이것이 바로 성공적인 고객만족경영을 위한 첫 번째 조건이다.

고객이 원하는 일반적인 사항들을 요약해 보면 다음과 같다.

상품요소

- 품질 : 고객의 사용 목적에 상품이 얼마나 적합한가의 정도
- 안전 : 신체에 해를 입히지 않는 안전도
- 유연성 : 수량, 납기 그리고 상품 자체를 변경할 수 있는 폭, 교환이나 환불의 용이성
- 가격 : 상품 구매하는 고객이 지불할 금전적 비용
- 리드타임 : 시기적절한 서비스 및 업무처리의 속도, 적절하고 편리한 문제해결

인적요소

- 서비스 수준 : 서비스를 요구할 때 즉시 제공할 수 있는 능력
- 고객 인식 : 고객을 알아차려 주길 바라는 욕구
- 정당한 대우
- 예의와 존경의 정중한 서비스
- 열성적이고 적극적인 서비스
- 전문가적 기질 : 정보의 정확성
- 공감 : 고객의 입장에서 원하는 것을 찾도록 이해받기를 원하는 욕구
- 인내심 : 간혹 고객이 부당하고 비현실적이라 하더라도 이에 대해 감정적으로 말하고 반응하려는 욕구를 참는 서비스맨의 인내심

〈표 2-1〉 서비스 유형별 고객의 니즈분석

서비스 유형	고객의 니즈
자동차 수리	• 기술적 역량이 있어야 한다(한 번에 제대로 고쳐 달라.). • 고객이 알고 싶어하는 것에 대해 설명해 주어야 한다(지금 내가 왜 이러한 수리를 받아야 하는지 설명해 달라.). • 고객을 존중해야 한다(여자는 당연히 자동차에 대해 모르니까 설명해 줄 필요가 없다는 식이어서는 곤란하다.).
호텔	• 고객에게 깨끗한 객실을 제공해야 한다. • 객실의 보안을 철저히 해야 한다. • 고객을 초대한 손님처럼 대해야 한다.
장비 수리	• 고객의 긴급함을 같이 느껴야 한다(반응의 신속성). • 기술적 역량이 있어야 한다(때때로 직원들이 매뉴얼조차 이해 못할 때가 있다). • 항상 준비되어 있어야 한다(모든 부품을 준비하고 있어야 한다.).

나. 서비스 기대의 영향요인

칼 알브레히트(Karl Albrecht)는 '고객만족의 기준이 되는 고객의 기대는 진화한다'고 하였다. 고객의 수준은 나날이 발전한다. 자신이 체험을 했던 하지 않았던 상관없이 서비스의 최고수준을 알고 있으며 그런 수준의 서비스를 기대하고 있다.

서비스에 대한 기대가 날로 커지는 것이다. 이렇게 달라지고 있는 고객의 기대를 충족시켜 경쟁에서 이기려면 기업 스스로가 더 빠르게 변화하여 고객의 기대를 파악하고 고객만족을 이루어 내야 한다.

서비스에 대한 고객의 기대에 대한 영향요인으로는 내적 요인, 외적 요인, 상황적 요인, 기업요인이 있을 수 있다.

내적 요인

개인적 욕구

고객의 욕구를 이해하는 데 심리학자인 매슬로(Maslow)의 욕구 5단계 모델에 적용시켜 볼수 있다. 가장 일차원적 욕구인 '생리적 욕구'는 의·식·주에 대한 욕구이다. 두 번째 욕구는 물리적인 위험에서 보호받고자 하는 '안전의 욕구'이다. 세 번째 욕구는 '사회적 욕구'로서 가족 및 다른 사회 성원들에게 받아들여지고 싶어하는 소속 욕구이다. 네 번째 욕구는 '자기존중의 욕구'로서 타인들로부터 존경받을 수 있는 사회적 신분을 추구하려는 욕구이다. 마지막 단계는 '자아실현의 욕구'이다.

이는 개인적인 목표성취를 통해 자기만족을 추구하는 단계이다. 매슬로의 욕구 단계설에 따르면 사람은 저차원의 욕구가 충족되거나 어느 정도 만족되면 그보다 상위의 욕구단계로 이행하게 된다.

〈표 2-2〉 매슬로의 욕구단계

욕구의 단계	내 용
자아실현 욕구	• 자신의 최고의 가능성에 도달할 수 있게 해주는 모든 것들 　예 : 교육제도, 전문적인 세미나 등
자기존중 욕구	• 존중이나 자아의 욕구, 자신의 지위나 특권을 차지하는 것 • 타인으로부터 존경받는 느낌을 주는 품목 　예 : 의복, 자동차, 가구, 보석, 장신구 등
사회적 욕구	• 집단에 소속되고 사랑받는다는 느낌에 대한 욕구 • 그룹이나 단체에 소속되어 잘 어울리고자 하는 행위 　예 : 꽃, 선물, 사랑을 나타내는 물건 등
안전 욕구	• 자신들이 보호받고 있다는 느낌을 줄 수 있는 상품과 서비스에 대한 관심 　예 : 소화기, 보험, 안전장치, 상품에 대한 보증
생리적 욕구	• 기본적 심리적인 단계에서 시작되는 욕구 　예 : 의식주, 물, 공기, 생리적 필요

관여도

고객이 해당 서비스에 자신이 어느 정도 관련되어 있다고 느끼는지에 따라서 기대가 영향을 받는다. 관여도가 높아질수록 이상적 서비스 수준과 희망서비스 수준 사이의 간격이 좁아지게 되며, 허용영역이 좁아지게 된다.

미용서비스의 경우를 생각해 보자. 자신의 용모에 관한 것이므로 고객은 매우 관여도가 높다. 이 경우 조금의 이해와 양보없이 고객의 적정서비스 수준과 이상적 서비스 수준은 모두 거의 일치할 것이다. 따라서 미용 성형의 경우는 환자의 기대를 완벽히 관리하는 것이 성공의 관건이라 할 수 있다. 반면 관여도가 낮을 경우 이상적 서비스 수준과 희망서비스 수준, 그리고 적정서비스 수준이 서로 멀리 떨어져 있으므로 허용영역이 매우 넓은 경향이 있다.

과거의 경험

과거 고객의 해당 서비스 경험 유무가 그 고객의 기대와 희망에 영향을 미치는 또 하나의 요소이다. 고객이 어떤 서비스를 예상할 때 영향을 미치는 고객의 과거 서비스 경험은 특정 서비스 기업에 대한 경험을 포함할 수도 있고, 동일한 서비스를 제공하는 다른 서비스 기업에 대한 경험을 포함하기도 하며, 또는 관련된 유사한 서비스에 대한 경험을 포함하기도 한다. 예를 들면, 고객이 어떤 호텔에 숙박할 때 얼마 전 그 호텔에서 숙박한 경험이 있다면, 고객은 그 호텔에서의 경험뿐만 아니라 다른 호텔에서의 경험들도 비교하게 될 것이다. 그리고 일반적으로 경험이 풍부할수록 기대가 올라가는 경향이 있다.

외적 요인

경쟁적 대안

어떤 특정한 서비스 기업으로부터 기대하는 수준은 그 소비자가 이용할 수 있는 다른 대안들에 의해서 영향을 받는다. 예를 들어, 타 동네 유치원에서는 셔틀버스를 운행하고 영어도 가르쳐 준다는 것을 아는 어머니는 근처에 새로 생긴 유치원에서도 그러한 서비스를 제공하기를 기대할 것이다.

사회적 상황

일반적으로 사람들은 다른 사람과 함께 있을 때, 희망 기대수준이 더 올라간다. 특히 자신에게 중요한 사람들이 함께 있을 때 더욱 그렇다. 예를 들어, 애인의 생일을 축하하기 위해 레스토랑을 예약하려는 사람은 이왕이면 서비스가 더 좋은 곳을 고르려고 고심할 것이다.

구전

고객이 서비스에 대한 기대를 형성하는 데 있어서 강력한 원천이 되는 것이 바로 구전(WOM : word of mouth) 커뮤니케이션이다. 사람들은 보통 어떤 서비스를 구매하기 전에 다른 사람들에게 물어 보거나 조언을 구한다. 이러한 구전으로부터 얻어진 정보는 고객의 예측된 기대를 형성하거나 강화하는 역할을 한다.

상황적 요인

상황적 요인은 정상 상태에 대한 일시적인 변화로서 소비자의 기대에 영향을 미친다.

소비자의 기분

소비자의 기분 상태가 기대에 영향을 미칠 수 있다. 일반적으로 사람들은 기분이 좋을 때 더욱 관대해진다. 백화점에서도 아름다운 실내장식과 좋은 향기, 친절하고 단정한 용모의 매장 직원 등으로써 고객의 기분을 상승시키려고 한다. 어떤 음식점에서는 기다리는 손님들을 지루하지 않게 하기 위해 대기공간을 꾸며놓기도 한다. 이는 오래 기다린 손님이라도 그다지 불쾌하지 않도록 하기 위한 것이다.

날 씨

날씨는 일시적인 상황요인으로서 고객의 기대수준을 변화시키는 역할을 한다. 예를 들어, 항공기 승객들이 정시에 도착하기를 희망한다 할지라도 날씨가 안 좋다는 걸 알면 도착이 지연될 수도 있다는 걸 깨닫게 된다. 특히 날씨는 기업의 통제 영역 밖에 있는 경우이므로 고객은 이에 따라 서비스 기대수준을 비교적 쉽게 낮추는 경향이 있다.

시간적 제약

시간이 제한되어 있을 때, 고객은 서비스에 대한 예측된 기대수준을 낮추는 경향이 있다. 서비스제공자가 충분한 서비스를 제공할 만한 시간이 없다고 생각하기 때문이다. 반면, 응급 환자가 생겨 구급차를 불렀다거나, 시간적으로 급박한 상황에서는 기다림에 대한 허용영역이 좁아지는 경향이 있다. 그러나 반대로 서비스 직원이 나보다 급한 상황에 처한 고객의 일을 처리하고 있다면 허용영역이 더 넓어질 것이다.

기업 요인

기업 측의 약속은 기업이 고객에게 약속을 보장하기 위해 광고, 인적 판매, 가격 설정 등의 마케팅 활동을 함으로써 고객의 기대수준에 영향을 미칠 수 있는 요소들이다.

촉 진

기업 측의 약속은 고객의 서비스 기대에 직접, 간접적으로 영향을 준다. 따라서 지키지 못할 과대 약속은 오히려 금물이다. 기업이 고객에게 전달하는 광고, 안내책자 등에서 주장하는 메시지는 그 서비스에 대한 고객의 희망수준에 영향을 미친다.

가 격

일반적으로 높은 가격은 고객의 서비스 기대수준을 높이고, 허용영역을 좁히는 역할을 한다. 높은 가격을 주고 구매한 서비스가 적정서비스 수준 이하이면 고객은 실망할 것이고 불만도 클 것이다. 따라서 기업은 적당한 가격 설정으로 고객의 예측된 기대수준을 높여 서비스 구매를 증가시키되, 그 가격에 맞는 서비스품질을 달성해야만 단골고객을 유지할 수가 있다.

유 통

체인점을 운영하는 프랜차이즈 업체의 경우, 체인점이 많을수록 소비자들의 이용을 증가시킬 수 있다. 피자헛, 맥도날드, 스타벅스 등과 같은 프랜차이즈 체인점이 증가할수록 이에 대한 소비자들의 예측된 기대수준은 점차 강화된다. 즉 이러한 체인점들은 이용의 편리성과 어느 지점에 가더라도 일정하고 동일한 품질의 서비스를 받을 수 있다는 기대를 하게 된다.

서비스 직원

서비스 직원의 용모, 말씨, 태도, 상품지식, 상품설명능력 등이 고객의 서비스 기대수준을 변화시킬 수 있다. 유니폼 하나도 고객의 예측된 기대수준에 영향을 미친다.

유형적 단서

고객은 제공받게 될 서비스에 대한 정보를 여러 가지 단서들을 통해 간접적으로 추론하게 된다. 이때 가장 큰 역할을 하는 것은 바로 서비스의 유형적 단서들(tangible cues)이다. 예를 들어, 가격이나 물리적 외양 등은 서비스와 관련된 품질의 단서로서, 그 서비스가 어떠할 것이며 또 어떠해야 하는지를 추론하게 해주는 기업 측의 약속이라 할 수 있다. 화려한 장식재로 꾸며진 호텔을 방문한 고객은 그에 준하는 서비스를 기대하는 게 당연한 일이다.

기업 이미지

이미지가 좋은 기업의 경우, 고객의 기대는 상승한다. 또한, 고객이 어떤 서비스 기업에 대해 낮은 이미지를 갖고 있을 때보다 높은 이미지를 갖고 있을 때 서비스 실패에 대해 보다 관대할 수 있다. 즉 허용영역이 커진다.

❖ 서비스 기대의 영향요인에 어떠한 것이 있는지 자신의 경험 사례를 들어보시오.

다. 고객 기대의 관리

어떻게 고객의 기대를 초과할 수 있을까

샘 월튼(Sam Walton) 월마트 창업자는 "항상 고객의 기대를 넘어서라. 만약 당신이 항상 고객의 기대를 넘어선다면 그들은 다시 오고 또 올 것이다. 그들에게 그들이 원하는 것을 주라. 나아가 그 이상을 주라"고 하였다.

1992년 말콤 볼드리지 품질대상 수상자인 AT&T의 '유니버설 카드 서비스'가 내세운 주요 서비스 주제가 '고객감동(delighting the customer)'이었듯이, 일찍이 많은 기업들은 고객의 기대를 초과하는 것에―고객이 예상하는 것보다 더 많은 것을 제공함으로써 그들을 놀랍고 기쁘게 하는 것―대해 관심을 두었다.

한 번 찾은(구매한) 고객이 다시 찾도록(구매하도록) 하기 위해서는 첫 만남에서 고객의 기대를 넘어서야 한다. 그러나 기본적인 서비스에 대한 고객의 기대를 초과하기란 사실상 불가능하다. 예약한 객실을 이용할 수 있어야 하는 것과 같은 기본적인 약속은 기업 입장에서 당연히 해야만 하는 것이다. 이러한 기본적인 것들을 제공했을 때 고객이 기뻐하지는 않는다. 결론적으로 말하자면 신뢰할 만한 서비스를 제공해서 고객을 늘 감동시킨다는 것은 매우 어렵다는 것이다.

그렇다면 기업은 어떻게 고객의 기대를 초과하여 그들을 기쁘게 할 수 있을까?

어떠한 서비스든 '고객과의 관계'[2]를 발전시키는 것이 고객의 서비스기대를 넘어서는 접근법일 수 있다.

첫째, 고객의 기대에 대해 조사하고 물어 본다. 이는 고객의 기대수준을 올리는 것이 아니라 고객의 기대에 관한 정보와 관련해 고객을 위해 기업이 무엇인가 할 것이라는 믿음을 높여 주는 것이다. 최소한 고객이 현재 어떤 것을 받고 있는지 기업은 알고 있고, 더 나아가 그들의 기대와 관련된 문제를 해결하려고 노력하고 있음을 고객에게 보여 주어야 한다. 실제로 노력했음에도 불구하고 기업은 고객이 제시한 기대를 제대로 제공하지 못하는 경우가 많다. 이러한 경우의 대처방안은 고객의 희망서비스가 현재 왜 제공되지 못하는가에 대해 고객을 이해시키고 앞으로 제공하기 위해 기울이는 노력을 알게 하는 것이다.

또 다른 접근법으로는 고객이 현재 받고 있는 서비스를 보다 잘 활용할 수 있도록 교육하는 캠페인을 전개하는 것이다. 고객에게 서비스활용에 대해 알려 주면 고객은 회사의 서비

---

2) Chapter 05의 고객관계관리 내용 참조.

스개선 노력을 신뢰하게 된다.

어떤 연구자는 고객의 기대를 충족 또는 초과시킬 가능성을 높이기 위해 약속을 낮추는 것도 신중히 고려해 볼 만하다고 한다. 약속을 낮게 설정하는 것은 서비스기대를 보다 현실적으로 만들어서 기대와 지각 간의 갭(gap)을 좁게 만들 수 있으나 자사의 서비스 상품의 경쟁력을 충분히 검토하여 신중을 기할 필요가 있다.

고객의 서비스에 대한 기대가 상승할 때는 어떻게 해야 하나

고객의 서비스에 대한 기대는 매우 역동적이다. 서비스기대는—여기서는 적정서비스에 대한 기대—서비스제공 또는 약속이 올라간 만큼 재빨리 올라간다. 특히 매우 경쟁적이고 급변하는 산업에서 고객의 기대는 재빨리 올라간다.

최저 서비스 기대가 급속히 변화하고 있는 현실에서 경쟁사보다 앞서기 위해서 기업은 지속적으로 적정서비스 수준뿐만 아니라 희망서비스 수준 또한 초과되도록 노력해서 고객의 변함없는 애호를 받도록 해야 할 것이다. 다른 조건들이 동일하다면 기업의 목적은 경쟁자보다 더 고객의 기대를 충족시키는 데 두어야 한다.

그렇기 때문에 기업은 적정서비스 기대를 모니터할 필요가 있으며, 변화의 속도가 빠른 산업일수록 이러한 모니터링은 더 자주 필요하다.

⬥ 고객의 기대치를 형성하는 요소는 무엇인가? 자신의 경험 사례를 들어보시오.

5. 고객심리

서비스 직원은 고객입장에서 생각하는 마음과 자세를 가져야 한다. 고객을 이해하고 고객의 말에 귀를 기울이면 고객도 서비스 직원의 입장을 생각하는 마음을 갖게 된다. 그러므로 고객의 마음을 읽고, 기본적인 고객의 심리를 존중하여 서비스하는 것이 중요하다.

고객의 마음을 읽기 위해서는 고객의 심리를 이해하는 기술이 필요하다. 즉, 대화할 상대의 마음을 읽는 능력을 길러야 한다. 상대방은 무슨 생각을 하고 있는가? 무슨 말을 건네면 즐거워하는가? 상대방의 특징을 잘 관찰하여 고객에게 맞는 화법을 개발함으로써 좋은 서비스가 되도록 해야 한다.

고객 개개인이 갖는 상황에 따른 다양한 심리요인도 있을 수 있으나 서비스맨은 고객의 일반적인 심리를 기본적으로 이해함으로써 고객의 입장에서 생각하고 행동하여 고객만족과 감동의 서비스를 창출할 수 있어야 한다.

가. 환영기대심리

고객은 언제나 환영받기를 원하므로 항상 밝은 미소로 맞이해야 한다. 고객으로서 가장 바라는 심리는 점포를 찾아갔을 때 나를 환영해 주고 나를 반가워해 줬으면 하는 것이다.

나. 독점심리

고객은 누구나 모든 서비스에 대하여 독점하고 싶은 심리를 갖고 있다. 그러나 고객 한 사람의 독점하고 싶은 심리를 만족시키다 보면 다른 고객의 불편을 사게 된다. 따라서 모든 고객에게 공평한 친절을 베풀 수 있는 마음자세를 가져야 한다.

다. 우월심리

고객은 서비스 직원보다 우월하다는 심리를 갖고 있다. 그러므로 서비스 직원은 고객에게 서비스를 제공하는 직업의식으로 고객의 자존심을 인정하고 자신을 낮추는 겸손한 태도가 필요하다. 또한 고객의 장점을 잘 찾아내어 적극적으로 칭찬하고, 고객의 실수는 덮어주는 요령이 필요하다.

라. 모방심리

고객은 다른 고객을 닮고 싶은 심리를 갖고 있다. 반말하는 고객이라도 정중하고 상냥하게 응대하면, 고객도 친절한 태도로 반응하게 되며, 앞 고객이 서로 친절한 대화를 나누었다면 그 다음 고객도 이를 모방하여 친절한 대화를 나누게 된다.

마. 보상심리

고객은 비용을 들인 만큼 서비스 받기를 기대한다. 그러므로 고객의 기대에 어긋나지 않는 좋은 물적, 인적서비스를 공평하게 제공하는 것이 중요하며, 부득이 특정 고객에게 별도의 서비스를 제공하게 되는 경우에는 그 서비스를 받는 고객보다 주변의 다른 고객에 대해 더욱 신경을 써야 한다.

바. 자기본위적 심리

고객은 각자 자신의 가치 기준을 가지고, 항상 자신의 생각을 위주로 모든 사물과 상황을 판단하는 심리를 가지고 있다.

❖ 그 외 다양한 고객심리에 대해 생각해보시오.

memo

REVIEW

- '고객가치'의 의미를 설명해 보라.

- 고객은 무엇을 원하는가?

- 외부고객과 내부고객의 개념에 대해 설명해 보라.

- 고객심리에는 어떠한 것들이 있는가?

Chapter 03

서비스맨
(service provider)

☺ Warm-up

- **최근 이용한 서비스 장소에서의 경험을 바탕으로 생각해 보라.**
  - 전체적으로 서비스에 특별히 만족(또는 불만족)했는가?

  - 구체적으로 어떤 이유로 만족(불만족)했는가?

  - 그렇게 인식하게 된 요인은 무엇이라고 생각하는가?

  - (불만족한 경우) 서비스를 개선하기 위해 어떤 방안을 제시할 수 있나?

- **과거 자신이 고객으로서 만난 기억에 남는 서비스맨에 대해 설명해 보라.**
  - 어떤 점이 인상적이었나?

  - 서비스맨은 어떻게 말하고 행동했는가?

1. 현대사회와 서비스맨3)

모든 직업인이 서비스맨이다

'서비스'라고 하면 대부분의 사람들은 호텔, 레스토랑 등을 연상하게 된다. 예전엔 이와 같이 레스토랑, 호텔 종사원이나 항공사 직원 등의 직업에 국한되어 그 방면에 종사하는 직업인을 서비스맨이라고 칭해 왔다.

그러나 실제로 오늘날 어느 누구도 '모든 직업이 서비스업'이라고 하는데 부정할 사람은 없을 것이다. 이 세상에 존재하는 모든 직업인은 바로 서비스맨이다.

모든 기업, 병원, 관공서, 기관, 개인 등 예외 없이 현대의 직업인은 고객을 대면하는 서비스맨이다. 의사의 고객은 환자이다. 공무원의 고객은 지역에 살고 있는 주민이다. 교사의 고객은 학생이며, 한 국가의 대통령 또한 국민을 위해 봉사하는 서비스맨이다. 이들 모두가 '고객'을 상대로 고객만족을 위해 서비스하는 '서비스맨'인 것이다. 세상의 모든 직업인이 서비스맨이고 보면 그러한 서비스맨들이 이 사회를 이루고 있는 구성원이라고 해도 과언이 아닐 것이다.

이 세상 사람 누구나 할 것 없이 일상생활에서 고객의 입장이 되어 누군가에게서 서비스를 받고 수많은 서비스맨들을 접하며 살아가고 있다. 또한 자신은 누군가에게 서비스를 제공하며 살아가는 것이다. 그러므로 최고의 서비스맨이야말로 최고의 생활인이다.

2. 서비스맨의 역할

가. 고객과 특별한 관계를 형성한다

서비스맨은 고객과 많은 시간을 갖고 고객이 인식하는 일정한 서비스를 형성하게 되며 그 태도와 행동 여하에 따라 고객의 만족도가 결정되게 된다. 그러므로 서비스의 질적 수준이나 고객만족도가 서비스맨의 손에 달려 있음은 아무리 강조해도 지나치지 않을 것이다.

---

3) 본서에서는 서비스맨(Serviceman)을 고객에게 서비스를 제공하는 역할을 하는 사람(Service Provider, Service Giver)으로서 서비스 제공자, 서비스 종사원, 서비스 종업원 등과 같은 의미의 통용화된 직업적 개념으로 사용한다.

서비스형성에 있어서 일선 접점 직원과 고객은 심리적으로 밀착관계에 있다고 한다. 고객과 서비스맨은 서로 대화를 나누며 근접해 있기 때문에 어느 누구보다도 가까운 사이에 있으며 고객의 의견, 생각 그리고 감정 등은 서비스맨을 통하여 전달된다. 고객이 서비스맨에게 제공하는 각종 정보의 양은 더 나은 서비스를 위한 유용한 자료가 되기도 한다.

서비스의 질적 수준면에서 서비스맨이 생각하는 것과 고객이 생각하는 것과는 차이가 있는데, 이러한 차이를 고객과 서비스맨 사이에 강력한 유대관계로 좁혀나갈 수 있다.

나. 고객 편익(Customer Benefit)을 제공한다

고객 편익은 고객이 제품 및 서비스를 구입해서 얻고자 하는 궁극적인 것이다. 마케팅믹스에서 제품은 기업 관점에서 본 것이고, 이를 고객 관점에서 보면 '편익(benefit)'이 된다.

예를 들어 마케팅 권위자 레빗(Levitt)은 드릴을 살 때 고객이 진정으로 원하는 것은 '4분의 1인치짜리 구멍'이라고 지적하고 있다. 다시 말해 드릴 자체는 구멍을 뚫겠다는 목적을 위한 수단인 것이다. 이와 마찬가지로 화장품을 사는 사람은 '아름다움'을 사는 것이고 프로젝션 TV나 벽걸이용 대형 TV를 사는 사람들은 영화관에서 느끼는 '즐거움'을 사는 것이다. 따라서 기업은 단순히 드릴, TV 같은 제품을 팔아서는 안 되며 아름다움, 즐거움, 신뢰 같은 편익을 고객에게 제공해야만 한다.

즉 새로운 서비스맨의 역할은 고객에게 '상품'이 아닌 '서비스'를 팔아야 하는 일이다. 평범한 서비스, 상품만이 전달되는 서비스는 더 이상 고객의 발길을 잡지 못하기 때문이다.

만일 내가 고객이라면 다양한 장소에서 무엇을 어떻게 원할 것인지를 생각해 보라.

다. 조직의 경계에서 일하는 경계연결자(boundary spanner)이다.

경계연결자는 외부고객 및 환경을 조직의 내부운영과 연결한다. 이들은 자신이 속한 회사와 외부의 정보를 해석하고 이해하며 여과하여 자사나 외부 관계자에게 제공하는 역할을 한다.

이러한 경계연결자는 누구인가? 어떤 사람이, 어떤 직책이 경계연결 역할을 담당하는가? 모든 사람, 즉 직무나 경력에 관계없이 고객과 접하는 접점에서 일하는 서비스직이면 누구나 경계연결자의 역할을 하게 된다.

> ✧ 향후 자신이 갖게 될 직업을 기준으로 서비스맨으로서의 역할에 대해 생각해보시오.

3. 서비스맨의 중요성

가. 서비스 직원은 바로 서비스 자체이다

대부분 고객을 접하는 서비스 직원이 단독으로 전체 서비스를 제공하게 되므로, 접점 서비스 직원은 곧 서비스 그 자체가 될 수 있다. 서비스 제공자인 서비스 직원이 바로 상품이 되는 것이다. 그렇기 때문에 서비스를 향상시키기 위해 서비스 직원에 투자하는 것은 제조업체가 제품을 개선하기 위해 투자하는 것과 같은 것이다.

제품을 만드는 것은 기업이지만 제품을 사는 것은 고객이다. 고객은 제품 구매시 본인과 주변 사람의 사용 경험, 기업과 제품의 이미지, 각종 광고 등을 참고하여 만족도를 상상하며 제품을 결정하게 된다. 서비스맨이 업무 중 만나는 모든 사람들은 회사의 고객이거나 고객에게 영향을 미치는 사람들이다. 서비스 직원 한 사람 한 사람의 언어, 행동, 예의범절은 회사의 총체적 이미지가 되어, 향후 고객의 제품 구매결정에 중요한 영향을 미치는 요인이 된다.

고객의 만족이나 불만은 일선 직원들의 작은 행동에서 비롯된다. 회사가 아무리 고객서비스교육을 시키고 좋은 방침을 내놓아도 고객을 직접 대하는 일선 직원들의 행동 하나하나까지 일일이 지시할 수는 없다. 서비스 행위의 선택은 직원들 각자의 몫이고 그들 각자의 태도에 의해 결정되는 것이기 때문이다.

나. 고객의 눈에는 서비스 직원이 회사의 대표자이다

많은 직원의 실수 중 하나가 고객을 대할 때 회사의 대표 역할을 하지 못한다는 것이다. 즉 나와 회사를 분리하는 경우이다.

"저는 해 드리고 싶은데 회사방침이…", "회사 측에서는…"라고 변명하는 것은 옳지 않다. 무엇인가 잘못되었다면 자신의 행동이나 말에 책임을 지고 즉각 문제를 해결하는 것이 바람직하다. 필요하다면 고객을 만족시키는 데 실패한 다른 사람들의 행동에도 책임을 져야 한다. "제 실수로 불편하게 해 드려 죄송합니다. 이 문제를 위해 제가 해 드릴 수 있는 일은……" 하고 응대하는 것이 바람직하다. 고객은 회사 내부의 시스템이나 과정에는 관심이 없다. 그저 자신의 요구가 충족되길 바랄 뿐이다.

서비스맨은 회사를 대표하고 고객은 서비스맨을 통해 반응한다. 고객은 눈앞의 서비스 직원 한 사람이 바로 서비스 기업으로 보인다. 예를 들어, 호텔의 모든 직원이—서비스 직원에서 경리나 사무직원에 이르기까지—고객에게는 호텔을 대표하는 것으로 보이며, 이들이 행동하고 말하는 모든 것이 조직에 대한 고객의 지각에 영향을 미칠 수 있다.

휴식시간의 항공기 승무원, 혹은 비번인 음식점 직원들조차도 그들이 몸담고 있는 조직을 대표한다. 만약 이들이 자기회사의 상품을 잘 모르거나 무례한 언행을 한다면, 그 직원이 비록 비번일지라도 그 조직에 대한 고객의 지각은 손상을 입게 된다. 이러한 이유로 디즈니사는 직원들로 하여금 고객이 보는 곳에서는 언제나 '무대 위(on stage)'의 태도와 행동을 유지하도록 하고 비번일지라도 고객이 이들을 볼 수 없는 '무대 뒤(back stage)'에서만 긴장을 풀도록 하고 있다. 그들은 기업의 이미지를 형성하는 데 매우 중요한 역할을 하며 고객서비스의 최일선에서 회사를 대표하게 되기 때문이다. 개개인의 이미지가 회사 전체를 대표하는 이미지를 형성하고 나타낸다는 사실을 인식해야 한다.

다. 서비스 직원은 마케터이다

서비스 직원은 그 조직을 대표하고 고객만족에 직접적으로 영향을 미칠 수 있기 때문에 스스로가 마케터(marketer)의 역할을 수행하고 있다. 이들은 서비스를 물리적으로 구체화시켜 걸어다니는 광고게시판 구실을 하며, 어떤 직원은 판매를 하기도 한다. 예를 들면, 온라인 형태의 업무를 하는 고객서비스 직원들이 컴퓨터를 통하여 고객의 구매와 서비스 기록에 바로 접근하여 마케팅과 판매활동을 지원한다. 능동적이든 소극적이든 간에 서비스 직원은 마케팅기능을 수행하고 있다. 이들이 이러한 기능을 잘 수행하면 조직에 도움이 될 것이고 잘못하면 손해를 끼칠 것이다.

고객은 회사의 입장에서 볼 때 오랜 세월을 통해 이익을 내는 가장 중요한 요인이 되고, 서비스맨은 고객을 직접 대하기 때문에 회사의 성공에 두 번째 중요한 집단의 구성원이라고 할 수 있다. 서비스맨의 지식, 기술, 고객응대 태도가 서비스맨 자신의 미래와 고객과 함께 하는 회사의 성공에 궁극적으로 이바지하는 것이 된다. 결국 모든 것은 서비스맨에게 달려 있다 해도 과언이 아닐 것이다.

또한, 조직 속에서 다른 일을 하는 그룹들, 즉 내부고객도 결국은 고객을 대면하는 서비스맨의 노력을 지원하기 위해 일하는 것이다. 서비스 조직에 대해 흔히 인용되는 말이 있다. '서비스 조직에서는 직접 고객을 접대하고 있지 않더라도 어떤 누군가에게 서비스하고 있다'는 것이다.

접점 직원과 이들을 뒤에서 지원하는 직원 모두 서비스 조직의 성공에 결정적으로 중요하다.

라. 서비스의 주체가 된다

서비스를 인적서비스와 물적서비스 두 가지로 나누어 보았을 때 인적서비스는 서비스맨의 언행, 배려, 인사, 응답, 미소, 신속성 등을 나타내고 물적서비스란 상품, 근무 규정이나 방법, 제공되는 음식, 정보, 기술 등 눈에 보이는 일련의 가격, 양, 질, 시간 등으로 구성되어 있다. 성공적인 서비스는 물적인 서비스와 인적인 서비스가 조화를 이루어야만 하나의 종합적인 가치를 구현하게 되는 것이다.

과거 대부분 기업들은 서비스 정책에 있어서 물적인 면을 강조하며 근무규정이나 방법, 정해진 규칙 등을 중요시하는 경향이었다. 실제 서비스 개선을 위한 회사의 비용 지출은 물적인 면의 변화에 많이 투자되어 왔으며 실제로 가시적인 효과를 가져오기도 한다. 그리고 좋은 물적서비스 없이 고객만족을 기대하기 힘든 것이 사실이다.

그러나 최근 들어 서비스맨의 서비스마인드, 태도 등 인적서비스의 중요성이 강조되고 있다. 종종 서비스에 관한 불평을 들었을 때 그 대부분의 이유는 고객이 인적서비스에 만족지 못했을 때가 많다. 실제로 어느 국내항공사의 고객의견서 내용을 분석해 보면 불만과 칭송이 대부분 직원의 인적서비스와 관련되어 있음을 알 수 있다.

고객은 불만을 표출하기 위해 객관적으로 증거가 될 수 있는 물적서비스의 결점을 찾을 것이다. 그러나 대체로 인적서비스가 충분히 좋다면 그들은 불평하지 않는다. 즉 진정한 서비스는 인적서비스가 제 가치를 발휘할 때 그 진가가 나타나는 것이다. 그러므로 서비스에 대한 고객만족의 여부는 바로 가치있는 인적서비스를 수행하는 서비스맨에게 달려 있다.

✛ 고객의 입장에서 서비스맨의 중요성을 느낀 경험 사례를 생각해보시오.

4. 서비스맨이 갖춰야 할 능력

가. 서비스역량과 서비스성향

서비스맨은 서비스역량(service competencies)과 서비스성향(service inclination) 두 가지의 보완적인 능력이 필요하다고 한다.

서비스역량은 서비스직무에 따라 요구되는 역량은 다르나 직무를 수행하는 데 필요한 기술 및 지식을 말한다. 서비스맨은 이러한 역량을 키움으로써 자신감있고 확실한 서비스를 수행할 수 있다.

여기에 서비스품질의 다차원적인 특성, 즉 믿을 수 있고, 빨리 반응해야 하며, 공감할 수 있어야 한다는 점을 고려하면 서비스역량 이상의 것이 서비스직에 요구된다. 그래서 서비스성향이란 조건이 추가되는 것이다.

서비스성향이란 서비스업무 수행에 대한 관심을 말하는 것으로 고객과 동료에 서비스하는 것과 서비스에 대한 태도에 영향을 미치기 때문에 직원을 선발할 때부터 중시된다. 일반적으로 서비스직에 지원한 사람들은 어느 정도의 서비스성향을 갖고 있으며 또한 일단 서비스 조직에 들어오게 되면 서비스성향을 갖게 된다. 이는 교육과 훈련을 통해서 만들어 질 수도 있겠으나 타고난 성품이 있어야 하므로 다른 사람에 비해 보다 많은 서비스성향을 가진 사람, 즉 타고난 서비스기질이 몸에 밴 서비스맨을 선발하는 것이 서비스 업체의 관건이 되기도 한다. 서비스업체에서 직원채용시 인성검사를 실시하는 이유도 바로 여기 에 있다.

배려성(helpfulness), 사려성(thoughtfulness) 및 사교성(sociability)과 같은 서비스 지향 적 성격과 서비스 효과성이 상관관계가 있다는 연구가 있는데, 이 연구에서는 서비스 성향 성을 '적응을 잘하고, 좋아하고, 사회질서를 잘 따르며, 대인접촉기술이 있는 것을 포괄하는 하나의 행동양식'으로 정의하고 있다.

그러나 타고난 성품만으로 불특정다수의 고객의 다양한 요구를 만족시키기에는 부족하 므로 고객의 입장에서 고객을 끌어들이는 서비스감각 또한 요구된다. 서비스맨의 필수요 건 중 하나가 센스있는 행동이다. 고객의 눈빛만 보아도 고객의 기분을 알아차려 민첩하게 행동할 수 있는 감각이 필요하다. 그렇지 못할 경우 오히려 의도하지 않는 고객불평을 야기할 수도 있기 때문이다.

나. 신뢰감을 주는 서비스맨

고객은 서비스맨을 통해 원하는 상품과 서비스를 받고 서비스맨은 일의 가치를 느낄 것이다. 고객이 안심을 하는지 못하는지는 고객의 신뢰감을 어떻게 만들어 내느냐에 달려 있다. 또 고객이 서비스맨을 신뢰하는지 못하는지는 서비스맨의 지식과 경륜을 어떻게 보여 주느냐에 달려 있다.

고객의 신뢰는 다음 사항을 갖출 때 비로소 얻을 수 있다.

제품에 관한 지식

고객은 서비스 회사가 만들거나 판매하는 그 어떤 제품이라 할지라도 서비스맨이 그 제품의 사양과 특징, 그리고 부가 서비스에 대해 잘 알고 있기를 기대한다. 고객이 제품에 대해 물어봤는데 제대로 대답하지 못하거나, 오디오 시스템을 어떻게 연결해야 할지 몰라 서 고객 앞에서 사용 설명서를 뒤적거리는 판매원은 능력 있는 사람으로 보일 수가 없다.

회사에 관한 지식

고객은 서비스맨이 맡고 있는 담당 업무 이외에 다른 업무에 대해서도 잘 알고 있기를 기대한다. 만일 고객의 특정한 요구를 채워 주는 일이 서비스맨의 권한 밖의 일이라면 고객은 최소한 서비스맨이 조직의 구성을 잘 알고 있어서 그들의 요구를 해결해 줄 사람에게 안내해 주기를 기대한다.

경청의 기술

고객은 자신의 특정한 요구를 서비스맨에게 설명할 때 서비스맨이 귀기울여 듣고 이해하여 그것에 대응해 주기를 기대한다. 또한 서비스맨이 고객을 더 잘 돕기 위해 필요한 질문을 그들에게 던져 주기를 기대한다. 그리고 서비스맨이 이야기를 주의깊게 듣고 일을 제대로 수행해서 다시 반복해서 말하지 않아도 되기를 기대한다.

문제해결의 기술

고객은 자신들의 요구를 표현할 때 서비스맨이 제대로 이해한 다음 회사가 제공하는 서비스를 활용해서 신속하게 처리해 주기를 기대한다. 그리고 일이 잘못되거나 문제가 발생할 경우 서비스맨이 나서서 문제를 해결해 주기를, 그것도 이왕이면 신속히 해결해 주기를 기대한다.

다. 서비스맨의 인적 능력

커뮤니케이션 능력

인간은 언어를 잘 구사할 수 있기 때문에 인간다운 것이며, 특히 인간생활에서 말은 커뮤니케이션의 중요한 수단으로서 중요한 인간의 즐거움과 밀접하게 관계된다. 고객과의 커뮤니케이션에는 언어적 행동(문맥, 어휘, 발음, 화법)과 비언어적 행동(태도, 표정, 동작)이 조화를 이루어야 한다.

인간관계 대처능력

다종 다양하고 복잡한 심리상태를 갖는 고객을 대상으로 원만한 관계를 유지함에 있어서 자신의 행동과 관계없이 곤경에 처할 수도 있다. 이러한 상황에 서비스맨은 자신의 감정을 조절하여 예기치 못한 상황에 적용할 능력이 필요하며, 평소 이에 대한 노력과 훈련이 필요하다.

판단력

다양한 상황에 접하게 되는 서비스맨에게는 분석력·이해력·표현력 등이 필요하며, 이런 능력의 기초가 되는 것이 판단력이다. 특히 고객응대 상황에서 빠른 상황판단력으로 고객의 요구를 파악하여 대처하는 능력이 필요하다.

창의력

서비스맨은 다양한 고객과 접촉하기 때문에 여러 가지 문제해결능력을 갖고 있어야 하며, 창의력을 바탕으로 보다 나은 고객서비스 실현 방향을 모색하고 여러 가지 상황에 대처할 능력을 배양해야 한다.

기억력

서비스맨의 기억력은 근무 중에 갖추어야 할 필수요건 중의 하나라 할 수 있다. 고객의 성명, 주문사항, 부탁받은 일 등을 기억하는 것은 매우 중요하며, 이를 위해 메모지 등을 활용하는 것도 유용한 방법이다.

전문성과 직업의식

서비스맨은 전문인임을 스스로 자각하고, 서비스정신을 실현하며, 철저한 전문가정신과 직업의식을 갖고, 업무처리에 있어 책임감있게 행동해야 한다.

❖ 서비스맨으로서 자신의 능력은 어떠한가? 서비스맨으로서 적합하다고 생각하는가? 그렇다면 그 이유는 무엇인가?

서비스맨에게 필요한 능력

Lucas는 「Customer Service(2002)」에서 고객은 직원이 회사의 규모와 무관하게 다음과 같은 특징을 지닐 것을 기대한다고 하였다.

- 제품과 서비스의 폭넓고 일반적인 지식
- 대인관계 대화기술
- 제품판매와 서비스에 관련된 기술전문가
- 긍정적이면서 고객중심적인 열의 있는 태도
- 솔선수범
- 동기부여
- 성실
- 충실
- 팀정신
- 창의력
- 윤리적 행동
- 시간관리기술
- 문제해결능력
- 충돌해결능력

REVIEW

- 서비스맨은 어떤 역할을 하는 사람인가?
  고객이 기대하는 서비스맨상은 어떤 것인지 제시해 보라.

- 기업체에서 직원들에게 업무지식과 더불어 서비스교육을 강조하는 이유는 무엇인가?

- 서비스 기업에서 일반적으로 찾고 있다고 생각되는 직원의 유형을 다음 항목별로 설명해 보라.
  - 직원의 성향

  - 직원의 능력

<table>
<tr><td>Chapter
04</td><td>고객만족
(customer satisfaction)</td></tr>
</table>

⚙ Warm-up

- 최근 이용한 서비스장소에서의 경험을 바탕으로 다음 항목들을 생각해 보라.
  - 입구에 들어서면서부터 나올 때까지 고객의 입장에서 받게 된 서비스의 흐름을 모두 나열하여 적어 보라.

  - 전체적으로 서비스에 만족(또는 불만족)했는가?
    구체적으로 어떤 이유로 만족(불만족)했는가?

  - 서비스의 흐름 중 어느 접점이 서비스품질에 가장 큰 영향을 주었는가?

  - 그렇게 인식하게 된 요인은 무엇이라고 생각하는가?

  - (불만족한 경우)
    서비스를 개선하기 위해 어떤 방안을 제시할 수 있나?

1. 고객만족전쟁

가. 모든 길은 고객만족으로 통한다

고객만족은 너무도 당연한 기업의 원칙이며, 현실적으로 실천에 옮기지 않으면 고객의 신뢰와 지지를 얻지 못하게 된다. 즉 고객에게 만족을 파는 것이 기업의 최고 목적이 되고 경쟁 시대에 살아남을 수 있는 절대적인 조건이다.

Chapter 01에서 기술한 바와 같이, 지금은 판매자 측에 있던 시장의 주도권이 구매자인 고객에게 이행되고 고객이 철저히 판매자를 선택하는 시대이다. 따라서 기업이 제공하는 상품 및 서비스가 고객의 만족을 얻지 못하면 판매하지 못하게 되므로 최대의 관심사는 곧 고객만족이 되는 것이다.

매상을 올리기 위해 필사적으로 노력을 기울여도 고객이 모이지 않는 가게가 있는 반면, 같은 상품과 서비스를 제공하는데도 고객이 많이 모여 매상이 쑥쑥 올라가는 가게도 있다. 어떻게 하면 더 많은 고객에게 더 좋은 상품과 서비스를 제공할 수 있는지, 그 비밀은 고객만족의 본질과 서비스의 본질, 고객만족을 제공하는 기업의 자세에 있다.

나. 왜 고객만족인가

기업이 영속적으로 운영되기 위해서 이익의 확보가 최대 목적이지만 이익을 확보하는 것에서부터 기업경영이 시작되는 것이 아니라, 고객만족을 추구하는 것에서부터 출발하여 그 결과로서 이익을 확보해야 한다고 하는 것이다. 고객은 만족을 주지 못한 회사와 다시는 거래를 하지 않기 때문이다.

고객만족은 서비스의 직접적인 성과로 고객이탈의 최소화를 통해 수익성을 높이며, 고객의 긍정적인 구전효과를 발생시킬 수 있다. 그러므로 고객만족은 상품과 서비스의 재구입으로 인한 기업의 수익성 확보와 경영성과에 기여하게 된다. 즉 고객만족도를 통해 고객의 재방문을 높이고 곧 장기적인 고객충성도를 증가시켜 신규고객의 유치비용을 절감할 수 있다.

또한, 고객과 접촉한 직원에게 긍정적인 경험과 보람을 가져다 줌으로써 직원의 직무만족, 근무태도 향상을 통해 이직률을 낮추게 된다. 궁극적으로 고객만족이 기업의 입장에서 비용의 감소 및 안정적인 서비스 질의 유지와 발전에 도움을 주게 된다.

❖ 자신의 경험 사례를 통해 고객은 어떤 경우에 만족하는지 생각해보시오.

2. 만족의 개념적 의미

가. '만족'이란

한자로는 滿(찰 만), 足(발 족)이며, satis(충분)+facere(만들다, 혹은 하다)라는 라틴어에서 유래한다고 한다. 이에 따르면 만족은 '성취하거나 무엇을 채우는 것'이라고 할 수 있다. '원하는 것이 찰 만큼 가득 차서 다리가 휘청거릴 정도로 넘치는 것'을 우리는 '만족'이라고 하며 만족하는 상태나 정도를 수학적으로 표현할 때 '만족도'란 용어를 사용한다.

따라서 고객만족은 고객이 바라고, 원하는 것을 채우는 것, 즉 '고객의 욕구와 기대에 최대한 부응한 결과, 고객이 그 제품과 서비스를 다시 구입하고, 아울러 고객의 신뢰감이 연속되는 상태'라고 요약할 수 있다. 또한 '고객의 제품에 대한 사전 기대와 구매 후 제품의 지각된 실제 성능을 비교함으로써 나타나는 심리적 상태'라고 정의할 수 있다.

미국 소비자문제 전문가 굿맨(J. A. Goodman)은 고객만족이란 '고객의 니즈와 기대에 부응하여 그 결과로서 상품 서비스의 재구입이 이루어지고 아울러 고객의 신뢰감이 연속되는 상태'라고 정의하였다. 말 그대로 고객이 만족한 상태를 말하는 것이다. 즉 '서비스맨이 어떻게 했느냐가 아니라 '고객이 어떻게 느꼈느냐'가 고객만족의 핵심이다.

나. 고객만족의 기준

고객만족의 기준은 기대이다. 즉 만족도는 고객의 기대와 결과치에 따라 천차만별로 나타나게 된다. 만족의 기준은 고객의 기대보다 인식이 크거나 높은 상태를 말한다.

• 대만족(환상적/감동적) : 기대치 《《 결과치
• 만족(합리적/순응적) : 기대치 《 = 결과치
• 불만족(부정적/반항적) : 기대치 》》 결과치

그렇다면 고객은 어떤 경우에 만족하는가? 고객은 자신의 기대와 실제 서비스의 이용을 통해 인지한 정도를 비교해서 기대보다 크거나 같을 때 만족한다. 예를 들어 찾아오기 전에 가지고 있던 기대수준보다 실제 서비스가 더 좋거나 같을 때 비로소 만족하는 것이다. 즉 고객의 기대치가 너무 높거나, 결과치가 너무 낮을 경우 불만족이 발생하게 된다.

3. 고객만족의 구성요소

가. 고객만족의 요소

고객은 어떠한 요인에 만족하는가

고객을 만족시키는 데 필요한 구성요소는 첫째, 상품 둘째, 서비스 셋째, 기업이미지이며, 이 세 가지 요소를 종합한 것이 고객만족도가 된다.

과거에는 상품의 하드적인 가치로서 상품의 품질이 좋고 가격이 저렴하면 고객은 만족하였으나, 물질적으로 풍요로운 시대가 되면서 고객은 상품의 소프트웨어적 가치로서의 디자인, 사용용도, 사용의 용이성 등을 중시하게 되었다.

또한 감성의 시대로 진전됨에 따라 상품뿐만이 아니고 구매 시점의 점포 분위기, 판매원의 접객태도가 영향을 미치게 되었고 점차 서비스가 차지하는 비중이 높아지게 되었다. 따라서 기업으로서는 고객만족을 위해 판매방법에도 세심한 주의를 기울여야 한다. 즉, 이제 상품의 측면에서는 큰 차이가 없게 되었기 때문에 판매시점의 서비스의 차이가 기업의 우열을 결정하게 되었다. 고객만족의 비중이 상품에서 서비스로 이행하고 있는 것이다.

고객만족의 구성요소는 직접적으로는 '상품과 서비스' 두 가지이지만, 간접적으로 앞으로 중요시되는 것은 '기업이미지'이다. 지역사회 공헌 및 환경보호활동 등 기업의 사회적 책임과 관련한 활동 등을 적극적으로 펼침으로써 사회 및 환경문제에 진정으로 관계하는 기업으로서의 이미지가 향상되어 고객에게 좋은 인상을 주게 되는 것이다. 이는 고객과 사회, 그리고 환경을 주요 이해관계로 인식하게 됨으로써 대두되게 되었다.

고객만족은 고객이 느끼는 가치에 달려 있기 때문에 주관적이고 가변적인 요소를 내포

하고 있다. 그러므로 기업 측면에서는 다양한 고객만족 요인을 개발하여 고객중심의 서비스시스템을 갖추어 나가는 일이 중요하다.

〈표 4-1〉 고객만족의 구성요소

상품(직접요소)	상품의 하드적 가치	품질, 기능, 성능, 효율, 가격 훈련 프로그램과 광범위한 고객 데이터베이스를 포함하는 업무지원 시설 및 시스템 등 서비스 하부구조
	상품의 소프트적 가치	디자인, 컬러, 향기, 소리, 편리성, 사용설명서
서비스(직접요소)	점포 내 분위기	호감도, 쾌적성
	판매원의 접객서비스	복장, 언행, 배려, 인사, 응답, 미소, 상품지식, 신속성
	애프터, 정보서비스	상품의 애프터서비스, 라이프스타일 제안, 정보제공 서비스
기업이미지 (간접요소)	사회공헌활동	문화 · 스포츠활동 지원, 지역주민 시설 개방, 복지활동
	환경보호활동	리사이클링, 환경보호활동

나. CS triangle(Hardware, Software, Humanware)

고객만족의 구성요소와 유사하지만 다른 견해로 칼 알브레히트(Karl Albrecht)의 서비스 트라이앵글을 이해하는 것이 도움이 될 수 있다. 그는 고객만족서비스의 가장 중요한 세 가지 요소로 '고객만족전략', '고객만족시스템', '인적응대' 세 가지를 강조하며, 진정한 고객만족경영에 접근하기 위해서는 고객을 중심으로 전략, 시스템, 인적자원이 상호작용하는 서비스 트라이앵글 모델을 개발, 적용해야 한다고 제시하였다.

이와 같은 맥락에서 볼 때 고객만족마케팅의 성공요인은 '전략-시스템-사람'의 조화라고 할 수 있다. 즉 고객만족을 통해 조직이 발전하기 위해서는 올바른 '전략'이 수립되고, 전략 추진을 위한 '시스템'이 잘 갖춰져야 하며, 전략 실행 및 시스템을 운영할 능력 있는 '사람'이 조화를 이루어야 한다는 의미이다.

✤ 자신의 경험 사례를 통해 고객만족의 구성요소를 생각해보시오.

4. 고객만족서비스 프로세스의 관리

가. 대기관리

> 어느 날 점심시간에 중요한 업무 준비가 있어 시간을 아껴야겠기에 패스트푸드점을 찾았다.
> 그러나 마침 그곳도 손님이 몰려 주문한 음식이 나오려면 7분 정도 기다려야 한다며 나에게
> 따뜻한 커피 한 잔을 권하는 직원이 있었다. 정성이 느껴지는 커피 한 잔을 내밀면서 거듭
> 죄송하다고 말하는 모습에 도리어 내가 미안할 정도였다.
> 나이 어린 아르바이트 학생이었지만 고객이 조금이라도 불편할까봐 전전긍긍하며 배려를
> 아끼지 않는 친절함에 기분이 좋아졌고 그 때문인지 오후 업무 진행에도 활기와 의욕이 넘쳤다.

서비스를 받는 고객은 줄을 서거나 일정 장소에서 종종 기다려야 한다. 이처럼 대기는 고객이 서비스를 받을 준비가 되어 있는 시간부터 서비스가 개시되기까지를 의미하는데 서비스를 제공받기 전, 도중, 후에 모두 발생할 수 있다. 대부분의 고객이 서비스받기까지 기다리는 것을 부정적인 경험으로 인식하고 있으며 이는 고객만족과 재구매에 영향을 주게 된다.

고객의 대기를 효과적으로 관리하여 고객에게 만족을 주기 위해 다음의 원칙을 알고 있어야 한다.

- 아무 일도 하지 않고 있는 시간이 뭔가를 하고 있을 때보다 더 길게 느껴진다.
- 구매 전 대기가 구매 중 대기보다 더 길게 느껴진다.
- 근심(anxiety)은 대기시간을 더 길게 느껴지게 한다.
- 언제 서비스를 받을지 모른 채 무턱대고 기다리는 것이, 얼마나 기다려야 하는지를 알고 기다리는 것보다 대기시간이 더 길게 느껴진다.
- 원인이 설명되지 않은 대기시간이 더 길게 느껴진다.
- 불공정한 대기시간이 더 길게 느껴진다.
- 혼자 기다리는 것이 더 길게 느껴진다.

대기관리를 위한 서비스기법

대기는 다음과 같이 크게 두 가지 기법으로 관리할 수 있다.

첫째, 서비스 방법 등 시스템을 변화시켜 실제 고객의 대기시간을 감소시키는 방안이다.
- 예약, 텔레뱅킹, 은행ATM을 활용한다.

- 고객과의 커뮤니케이션을 적극 활용하여 고객에게 혼잡한 시간을 피하도록 하고 그에 맞는 인센티브를 제공한다.
- 예약이행을 존중하는 공정한 대기시스템을 구축한다.

둘째, 고객의 지각을 변화시켜 체감대기시간을 줄이는 것이다.
- 다양한 서비스로 서비스가 시작되었다는 느낌을 준다.
  물적서비스를 이용하여 대기 중 볼거리, 음료 등을 제공함으로써 가급적 고객이 이미 서비스 받고 있다는 느낌이 들도록 한다.
- 총 예상 대기시간을 시시각각 알린다.
  어느 장소에 문의 전화를 할 경우 "몇 초 후에 응대하겠다"는 정보가 제공된 기다림은 무작정 "기다리라"는 안내음을 듣고 있는 것보다 낫다.
- 일을 하고 있지 않는 직원은 보이지 않도록 한다.
  대기 중인 고객에게 일을 하고 있지 않는 직원이나 사용되지 않는 서비스 시설을 보이는 것은 고객의 불만을 가중시킨다.
- 고객의 유형별로 대응하라.
  대기시간에 대한 고객의 지각에 따라 서비스유형을 달리한다.

> ✥ 자신이 경험한 서비스 장소(기업)의 대기관리 사례에 대해 생각해보시오.

나. 구매과정 관리 - '진실의 순간(Moments of Truth)'

불과 몇 초간의 짧은 접촉에서 고객은 만족과 감동, 혹은 불만을 느낄 수 있다. 서비스품질에 대한 인식에 결정적인 역할을 하는 이 순간을 MOT(Moments of Truth)라고 하며, '진실의 순간', '중요한 순간', '결정적인 순간'이라고 한다.

　이 말은 스웨덴의 마케팅이론가 리처드 노먼(Richard Norman) 교수가 제창한 개념으로 고객과의 접촉에 있어 가장 중요한 결정적인 순간을 뜻하는 용어이다. 원래는 투우에서 투우사가 소와 일대일로 대결하는 최후의 순간을 말하는 용어로 스페인말로는 절대절명의 순간을 뜻하는 'Moment De La Verdad'라고 한다.

　'승부는 여기에서 결정난다'는 이 용어는 골프교습서에서도 자주 볼 수 있다. 골프 스윙에서 진실의 순간은 공과 골프 클럽이 직각으로 만나는 바로 그 찰나다. 그 이전의 준비가 아무리 완벽했어도 공이 빗맞으면 아무 소용이 없다. 반대로 이전 동작들은 좋지 않았어도 이 진실의 순간에 제대로 맞히기만 한다면 공은 똑바로 날아간다. 이외에도 진실의 순간은 우리 생활 곳곳에 있다. 하루 수면을 3~4시간으로 줄여가며 시험을 준비해 온 고3 수험생도 수능시험 당일 컨디션이 나빠 시험을 망치면 모든 것이 수포로 돌아간다. 또, 스무 번의 슛을 했어도 골인시키지 못하면 축구는 이길 수 없는 법이다.

　기업에서 '진실의 순간'은 언제인가? 바로 직원이 고객을 만날 때이다.

　노먼 교수의 말을 빌리면 '고객이 광고를 볼 때, 주차장에 차를 세울 때, 회사 로비에 들어설 때, 우편으로 받은 청구서를 처음 읽을 때'가 바로 진실의 순간이다. 이때 고객의 마음을 사로잡으면 물건이 팔리고 평생 단골이 생긴다. 반대로 이때 고객의 눈 밖에 나면 물건은 팔리지 않고 판매 기회를 경쟁사에 뺏기게 된다.

　서비스는 그 동시성과 비분리성 때문에 고객과 서비스 프로세스 안에서 일정한 역할을 수행하게 된다. 각 단계와 서비스맨의 처리능력은 고객의 눈에 가시적으로 보여지고 서비스의 품질을 결정하는 데 중요한 역할을 하며 고객만족과 재구매 의사에 결정적인 영향을 끼치게 된다.

　이 개념을 제대로 활용해 성공한 경영자가 있다.

　지난 80년대 스칸디나비아항공사(SAS) 사장이던 얀 칼슨(Jan Carlzon)이 그의 저서 「고객을 순간에 만족시켜라 : 결정적 순간」에서 접촉 순간의 중요성을 강조한 후 고객과의 접촉을 표현하는 대표적인 용어가 되었다. 그는 70년대 말 오일쇼크로 2년 연속 적자를 기록한 이 회사에 81년 39세의 나이로 사장이 됐다. 그는 한 해에 천만 명의 승객이 각각 5명의 직원과 접촉했음을 강조하고 1회의 응접시간이 평균 15초임을 알아냈다. 즉 직원들이 고객을 만나는 15초 동안이 '진실의 순간'이라고 강조했다. 이 15초 동안에 고객을 평생 단골로 잡느냐 원수로 만드느냐가 결정된다는 것이 그의 주장이었다.

　그는 "기내식 식반이 지저분하면 승객들은 비행기 전체가 불결하다고 느낀다"며 식반을 닦는 직원들에게도 '진실의 순간'을 직접 강조할 정도로 전사적 운동을 벌였다.

　결과는 대성공이었다. 8백만 달러 적자였던 경영수지가 1년 만에 7천1백만 달러 흑자로 바뀌었다. 에너지를 쓸데없는 데 소비하지 않고 결정적인 부분에 집중한 결과였다.

서비스에 있어서 고객과 서비스맨의 사이는 무의미한 접촉보다 고객이 서비스에 대해 어떠한 인상을 얻을 수 있는 접촉이 되어야 한다. 이 결정적 순간에 어떠한 서비스인가가 판가름 나며 그 순간들이 쌓여서 전체 서비스의 품질을 결정하게 되는 것이다.

고객과의 접점에서 발생하는 결정적 순간이 중요한 것은 고객이 경험하는 서비스품질이나 만족도는 이처럼 곱셈의 법칙이 적용되기 때문이다. 고객은 서비스를 더하기가 아니라 곱하기 개념으로 받아들인다는 것이다. 한번 0점이나 마이너스(─) 점수를 받게 되면 어떠한 노력으로도 만회가 어렵다. 그러므로 고객서비스는 '99%는 0%와 같다', '오직 100%만이 의미있다'고 한다. 고객만족에서 100─1은 99가 아니라 0이다.

대체로 수많은 접점 중에서 가장 불량한 수준이 그 서비스의 전체를 대표하게 되므로, 고객과의 접점 전 과정 중 발생하는 단 한 명의 불만족스러운 서비스가 그 회사 전체의 서비스를 망치게 할 수 있다. 설령 100명의 직원 중 99명의 서비스맨이 만족한 서비스를 제공했다 하더라도 단 한 명의 서비스맨으로부터 불만족한 서비스를 받는다면 그 고객에게 있어서 그 한 명이 그 회사 전체를 대표하는 것이 되는 것이다. 즉 그 한 사람을 통해 고객은 회사 전체를 평가하게 된다.

서비스 전 과정에 걸쳐 좋은 서비스를 해 놓고도 마지막 마무리를 잘 못해서 전체 서비스의 평가가 낮아지는 경우가 있는 반면, 인상적인 서비스로 감동을 주는 경우도 있다. 그러므로 서비스 전 과정에 있어 어느 접점 하나도 고객만족을 위한 노력을 소홀히 하면 안 될 것이다.

필자가 항공사에서 비행 근무할 때의 일이다. 비행기가 늦은 시간에 착륙하여, 승무원들은 호텔에 밤늦게 도착하게 되었다. 호텔직원들의 첫인상은 대체로 친절한 편이었으나 다음날 일찍 체크아웃을 하는 터라 호텔직원과의 접촉은 물론이고, 서비스를 느껴 볼 시간도 없었다. 다음날 아침 공항으로 출발하는 셔틀버스를 타고 버스에서 짐을 다시 점검한 후, 멀어져 가는 호텔 건물을 한번 돌아보았다. 그런데 아까 입구에서 우리를 배웅하던 호텔 직원들이 셔틀버스가 사라질 때까지 머리 숙여 인사를 하고 있는 것이 아닌가? 그 직원들이 보여 준 마지막 접점이 지금껏 기억으로 생생하다.

〈표 4-2〉 호텔객실 이용시의 결정적 순간 서비스사이클

고 객 ‥‥‥‥‥‥‥‥ 예약서비스(전화, FAX, 인터넷 등)

호텔도착 ‥‥‥‥‥‥ 예약서비스(전화, FAX, 인터넷 등)
차량(Pick up) 서비스
건물외관 · 조경서비스
주차시설서비스, 주차서비스(valet parking)
도어맨 서비스

현 관 ‥‥‥‥‥‥‥ 벨맨 서비스
GRO(guest relation officer)

프런트
(check-in) ‥‥‥‥‥ 프런트 서비스, 체크인 서비스,
턴어웨이(turn away) 서비스, 벨맨 서비스
메시지 서비스, 컨시어지 서비스
엘리베이터 및 에스컬레이터 서비스

객실 ‥‥‥‥‥‥‥ 하우스키핑 서비스, 룸 서비스
실내장식, 분위기, 전망서비스
어메니티(amenity : 침실 · 욕실비품, 데스크
탑, F&B, TV, 오디오, 조명 등) 서비스
냉 · 난방서비스, 모닝콜 서비스
의료서비스, 마사지서비스
비즈니스센터서비스, 세탁서비스

프런트
(check-out) ‥‥‥‥‥ 벨맨 서비스, 포터 서비스
회계 서비스, VIP 카드제도서비스
후원제도서비스, 할인 · 무료서비스
알선서비스(concierge 서비스 등)
수하물 · 분실물보관서비스
체크아웃 서비스

호텔출발 ‥‥‥‥‥‥ 차량서비스

다. 서비스접점의 유형

서비스접점은 서비스전달체계의 형태로서 크게 고객과 직접적으로 상호작용하는 직접적인 접촉과 주로 과학기술을 통한 간접적인 접촉으로 나눌 수 있다. 직접적인 접촉은 대면접점을 말하는 것이며 간접적인 접촉에는 원격접점, 전화접점 등이 있다. 고객이 서비스기업과 관계를 맺을 때에 세 가지 접점 중의 한 가지, 혹은 세 가지 모두를 경험할 수 있다.

직접적인 접촉

대면접점(face-to-face encounter)

은행원, 항공사, 호텔 등의 종사원은 소비자가 직접 만나는 접점이 된다. 테마공원을 예로 들면, 고객과의 대면접점은 티켓 판매원, 탑승시설 안내직원, 식사와 음료서비스 직원 등과 직접 대면해서 만나는 것이다. 다른 유형에 비해 대면접점의 서비스품질을 파악하고 판단하기가 제일 복잡하다. 이는 언어적 행동뿐만 아니라 비언어적인 행동도 품질의 중요한 결정요인이 되는데, 예를 들면 종사원의 복장이나 기타 서비스의 상징들(예를 들면 장비, 브로셔, 물리적 구조물 등)이 있다. 또한 대면접점에서는 상호작용 중에서 고객 자신이 협조적 혹은 비협조적인 고객 자신의 행동 역시 서비스품질에 영향을 미치게 된다.

간접적인 접촉

전화접점(phone encounter)

최종소비자와 서비스기업은 전화를 통해 가장 빈번히 만난다. 즉, 전화접점(phone encounter)이 가장 많다. 대부분의 기업들은 고객서비스와 문의 및 주문을 전화로 한다. 전화접점의 품질평가에는 접점직원의 음성, 어조, 상품 지식, 효과적/효율적인 소비자 문제해결이 중요한 판단 기준이 된다.

원격접점(remote encounter)

어떠한 인적 접촉 없이 서비스기업과 접촉하는 것이다. 예를 들면 고객이 금전출납기계(ATM), 온라인 뱅킹을 이용한 은행 거래, 자동티켓발매장치, 컴퓨터를 통해 티켓을 구입하는 온라인 컴퓨터예약, 화면을 통한 영수증조회, 또는 통신판매를 통한 우편주문서비스, 디지털이미지 인터넷전송 등이다. 또한 원격접점은 기업이 청구서나 기타 정보를 우편으로 소비자에게 전달하는 것, 전자우편 등도 해당한다.

비록 원격접점에서는 직접적인 인적 접촉이 일어나지는 않지만 고객의 품질지각을 긍정적으로 쌓거나 더욱 강화할 수 있는 기회가 될 수 있다. 원격접점에서는 서비스의 유형적 증거와 기술적 프로세스 및 시스템이 품질 판단의 근본이 된다.

라. 서비스사이클의 중요성

고객이 서비스를 받는 과정에서 결정적 순간의 경험 축적 즉, 고객이 서비스를 받기 위해 서비스장소에 입장하여 일을 보고 나갈 때까지 각각의 접점에서 여러 가지 연속적인 경험을 하게 되는데 이 과정의 연쇄를 서비스사이클(service cycle)이라고 한다. 이 서비스 과정은 서비스가 전달되어지는 절차의 흐름을 의미하는데 이러한 고객접점의 분석은 서비스의 구체적인 문제를 인식하고 개선점을 찾게 해준다.

이 서비스사이클은 길거나 복잡할수록 고객응대시간이 길어지게 되므로 고객이 인식하는 서비스만족도가 떨어지게 된다.

예를 들어 호텔서비스의 경우 그 구성원 중에서 고객만족에 가장 중요한 역할을 하는 사람은 누구일까? 고객을 맞이하는 프런트직원만 노력하면 고객은 만족할까? 또 고급 시설의 객실 설비에 고객은 만족할까? 고객의 만족을 결정짓는 사람은 고객을 대하는 일선 호텔업무에 종사하는 모든 사람들이다. 고객과의 접점에 있는 서비스 직원들은 그 짧은 시간 동안에는 호텔을 대표하는 사람이 된다. 호텔건물 안에서 근무하는 사람뿐만 아니라 외곽의 경비원이나 주차안내직원도 고객의 만족을 결정짓는 중요한 역할을 한다. 호텔입구에 들어서기 전에 안내하는 직원 때문에 기분이 나빠진 고객에게 아무리 좋은 서비스를 제공하려고 노력해도 만족시키기 어려운 경우가 많다. 각 접점의 그 짧은 시간이 바로 오랫동안 고객의 머릿속에 남아 있는 호텔의 인상을 결정짓는다. 고객과의 접점에 있는 직원들 모두가 그 짧은 순간에 고객을 만족시키기 위한 진실의 순간에 대한 준비가 필요하다.

❖ 자신이 경험한 서비스 장소의 예를 들어, 입점 순간부터 퇴점 순간까지 고객의 입장에서 흐름을 파악해보시오.

5. 고객만족 측정

고객만족경영을 실천하기 위해서는 먼저 고객의 기대수준, 자사 제품에 대하여 고객이 인식하는 성능수준, 그리고 고객의 만족수준을 조사하여 서비스 성과를 계속 측정하여야 한다. 즉, 고객만족관리를 위한 첫 출발은 정확한 고객만족도 측정으로부터 비롯될 수 있다.

고객 가치를 측정하고 고객에게 중요한 것을 모니터링해야만이 완벽한 고객 경험을 전달할 수 있기 때문이다. 즉 고객만족을 위해 가장 중요한 일은 고객의 기대수준과 내용을 정확히 파악해서 그에 적합한 서비스를 제공하도록 하는 것이다. 현 상태를 파악하는 것은 고객만족 활동의 방향을 결정짓는 중요한 시발점이 될 수 있다. 이런 이유로 많은 기업들이 고객만족도를 측정하고 있다.

앞서 언급한 결정적 순간의 중요성은 고객이 서비스기업과 어떤 한 측면들과 접촉하는 것이므로 기업측면에서는 간과하기 힘들다. 그러므로 여러 가지 조사기법들을 활용하여 접점의 평가를 알아내는 것이 필요하다.

무엇을 어떻게 측정할 것인가?

기업의 가치는 고객 관계의 가치와 밀접하게 연결되어 있으므로 고객을 확보하고 유지하며 긴밀한 고객 관계를 구축하고 장기 수익을 증대시키는 과정을 정확하게 측정해야 한다. 그리고 고객경험은 고객충성과 밀접한 관련이 있으므로 모든 곳에서 일어나는 고객경험을 정확하게 모니터하여야 한다. 그리고 일단 서비스평가가 이루어지면 단점을 보완하고 장점을 강화하기 위해 측정결과를 직원들과 공유하는 것이 바람직하다.

제품이나 서비스에 대한 고객의 기대와 만족을 파악하고 조사하는 방법에는 다음의 여러 가지 방법이 있다.

가. 고객만족조사

소비자와의 직접면담

고객과의 직접 대화, 전화를 통해 구두로 알아내는 방법으로 표본의 크기와 면담자의 편견에 유의해야 한다.

설문지의 사용

질문하는 내용의 범위가 제한되어 있으며, 심리학, 통계학 및 관련분야에 대한 전문적인 지식이 필요하다.

인터넷

전 세계적으로 보편화된 인터넷의 사용으로 기업은 온라인을 통해 고객의 요구를 파악하고 신속하게 대응할 수 있다.

웹을 개설하여 고객에 필요한 정보를 제공하고 고객불평, 불만사례, 고객 의견접수 게시판 운영 등의 시스템을 이용한다.

나. 암행고객(mystery shopper)

고객서비스가 얼마나 잘 이루어지는지 알아보기 위해 내부직원이나 외부경영 상담자들이 고객으로 가장하여 방문하거나 전화 등을 통해 현장서비스를 진단하는 형식이다.

다. 포커스그룹

직원그룹은 고객서비스와 회사와 관계된 논의와 다양한 주제들에 대해 아이디어를 내거나 발전시키고 자유스럽게 소수의 사람들과 대화하여 의견을 도출하게 되며, 고객그룹은 제품이나 서비스의 어떤 양상과 관련된 질문을 통해 고객조사를 실시하는 형식이다.

라. 기 타

그 외 직원 사퇴시 면접, 경영자 현지 방문, 손익계산서나 경영보고서, 이탈고객 조사, 시장동향 조사, 고객관련 기록을 참조하여 고객의 요구분석 등을 통해 고객만족도를 조사하기도 한다.

❖ 국가고객만족도조사에 어떠한 내용이 있는가?

- '고객만족의 구성요소'에는 어떠한 것들이 있는가?

- 대기관리를 위한 서비스기법에는 어떠한 것들이 있는가?

- '진실의 순간(Moment of Truth)'이란 무엇을 의미하는가?

- 서비스접점관리의 중요성에 관해 설명해 보라.

- 고객만족 측정의 중요성과 방법에 관해 설명해 보라.

Chapter 05

고객관계관리
(customer relationship management)

✪ Warm-up

- 자신이 고객으로서 일회성의 만남(구입)이 아니라 정기적으로 혹은 비정기적으로 지속적인 관계를 맺고 있는 서비스기업(업체)이 있는가?
  - 구체적으로 어떠한 방법인가?(어떠한 기업의 노력이 있는가?)

  - 고객으로서 그 기업에 대한 이미지는 어떠한가?

- 자신이 요즘 거래하는 한 서비스기업을 택하여 고객의 입장에서 어떻게 대우받기를 원하는지 생각해 보라.
  - 고객서비스를 제공하는 직원에게 받고자 하는 행동들을 적어 보라.

- 자신이 고객으로서 경험한 서비스 불만족 사례를 하나 들어 보라.
  - 서비스 실패의 원인은 무엇이었나?

  - 서비스맨이 어떻게 처리했는가?

  - 어떻게 했어야 했는가?

1. 고객관계관리의 개념과 중요성

가. 고객관계관리의 개념

고객관계관리란 무엇인가

고객이 상품을 구입하고 판매자에게 돈을 지불하면 거래는 성사된다. 보통은 이로써 거래가 끝났다고 생각하지만 사실 고객과의 '관계'는 이때부터가 '시작'이다. 이는 세계적인 비즈니스 전략가인 빌 비숍(Bill Bishop)이 21세기 마케팅의 화두를 '관계우선의 법칙'으로 집약한 것과도 일맥상통한다(여기서 '관계'란 '고객과의 관계'를 뜻한다). 오늘날 회사나 가게의 모든 우선가치는 제품이나 서비스보다는 고객과의 관계에 두어야 함을 강조하는 말이다.

글로벌 시대의 고객은 특정 제품 또는 서비스에 대한 정보의 공유와 교환을 통해 많은 사람들의 경험이 통합된 지식을 획득할 수 있는 경험공동체 형성이 가능하게 되었고 이에 따라 제품 또는 서비스의 기대수준이 한층 높아지게 되었다. 특히 정보기술의 발달은 고객에게로의 접근성을 높여 새로운 관계를 개발할 수 있게 만들었으며 이는 잠재적 고객가치를 한층 확대, 강화시킬 수 있는 기회를 제공하였다.

따라서 기업은 고객을 제품 또는 서비스의 단순 구매자로서가 아닌 제품 또는 서비스를 같이 만드는 공동 참여자로서 인식하는 고객지향적 경영체제로의 변환이 불가피하다. 또한, 완벽한 고객정보의 수집과 분석을 통해 고객의 요구에 부응하는 제품 또는 서비스를 제공하고 장기간에 걸친 고객과의 긴밀한 관계유지야말로 치열한 기업경쟁 체제에서 살아남기 위한 필수 요소라는 인식을 하게 되었다.

고객관계관리(customer relationship management)란 고객관리에 필수적인 기술 인프라, 시스템 기능, 사업전략, 영업프로세스, 조직의 경영능력, 고객과 시장에 관련된 영업정보 등을 고객 중심으로 정리, 통합하여 고객과의 접촉을 통해 이루어지는 모든 고객활동을 개선함으로써, 고객과 장기적인 거래 관계를 구축하고 이를 통해 기업의 경영성과를 지속적으로 개선하려는 새로운 경영방식이다. 즉 '고객에 대한 정확한 이해를 바탕으로 고객이 원하는 제품과 서비스를 지속적으로 제공함으로써 고객을 오래 유지시키고 결과적으로 고객의 평생가치를 극대화하여 수익성을 높일 수 있는 통합된 프로세스'로 정의할 수 있다.

고객관계관리를 위해서는 진정한 가치를 주는 고객은 누구인가, 고객이 어떤 특징을 가지고 있는가, 고객이 진정 원하는 것이 무엇인가 등 고객에 대한 올바른 이해가 선행되어야 한다. 이러한 이해를 바탕으로 고객이 원하는 제품과 서비스를 제공하고 고객에 따라 차별화된 마케팅 전략을 구사하는 등 적절한 대응 전략을 수립, 실행함으로써 고객과의 관계를 지속적으로 강화해 나가야 한다.

고객관계관리는 이렇듯 고객과의 관계를 긴밀히 유지함으로써 새로운 고객을 유치하고 이탈 고객을 최소화하며, 기존 고객을 충성 고객으로 변화시키는 것을 목적으로 한다.

고객과의 관계제고 단계

마케팅 패러다임의 변천은 산업사회의 성숙기에 즈음하여 경쟁의 포화상태에 이른 시장에서 보다 시장을 세분화해서 실속 있는 수익을 올리려는 일련의 움직임이라고 볼 수 있다. 그러나 단순히 세분화된 시장 크기의 변화보다는 마케팅 활동의 중심이 어떻게 변화했는가가 중요하다. 즉, 단순한 상품판매와 시장점유율 증대를 목적으로 하는 일회적 거래나 교환에서, 장기적으로 고객과의 관계를 구축하고 더 나아가서는 고객과 기업이 파트너십을 형성하는 단계로까지 나아가게 되는 관계마케팅(Relationship Marketing) 지향으로의 변화가 시장 세분화를 이끈 좀 더 주요한 측면이라고 할 수 있다.

기업과 고객 사이의 가능한 관계는 예상고객단계, 고객단계, 단골단계, 옹호자단계, 동반자단계의 5가지가 있다. 고객의 수가 엄청나게 많고, 제품 단위당 이윤이 작을 경우 기본적 수준의 마케팅을 실행할 것이고, 고객이 소수지만 이윤 폭이 클 때는 협동적 관계를 구축하려고 할 것이다. 기업과 고객 사이의 관계는 파트너십 관계가 되도록 노력해야 한다.

〈표 5-1〉 고객과의 관계 제고 단계

단 계	내 용
예상고객(prospect)단계	아직 기업과 첫 거래를 하지 않은 상태에서 상품구입 가능성이 높거나 정보를 요구하는 유망고객
고객(customer)단계	예상고객이 첫 거래를 한 이후의 단계로 할인 등 인센티브로 인해 재구매 동기를 갖게 되는 단계
단골(client)단계	불만족이 생기지 않는 한 지속적인 구매성향을 갖게 되는 단계
옹호자(advocate)단계	상품의 지속적인 구입을 넘어 다른 사람에게 적극적으로 사용을 권유하는 구전으로 광고효과를 발생시키고 이탈고객을 불러오기도 하는 단계
동반자(partner)단계	기업과 고객이 함께 완전히 융합된 상태로 고객이 기업의 의사결정에 참여하고 함께 이익을 나누는 단계

고객관계관리 어떻게 하나

고객관계관리란 한마디로 지속적으로 서비스하는 것이다. 지속적으로 서비스를 제공하는 것은 아마도 가장 중요한 서비스 구성요소 중 하나일 것이다. 서비스는 서비스대면이나 판매가 끝났을 때에도 지속된다. 혹여 서비스 과정 중에 미진한 면이 있었다 해도 고객을 확실히 만족시킬 수 있는 기회가 무수히 남아 있다.

고객만족조사, 전화응답시스템, 비공식적인 감사카드, 기념일 카드, 특별할인 안내 우편 등 비용과 노력이 많이 들지 않아도 실행에 옮길 수 있는 일들이 많다. 이러한 형태의 서비스 노력은 고객과의 관계를 강화함과 동시에, 고객으로 하여금 '기업이 당신과의 관계를 유지하기를 원한다'는 것을 알 수 있게 한다.

예를 들어, 애프터서비스(A/S)부서에 근무하는 직원이야말로 고객을 직접 접하는 사람으로서 자주 방문하는 거래처 고객의 특성과 정보, 취향을 가장 많이 알고 있다. 그러나 대부분의 기업에서는 가장 확실하고 신뢰할 수 있는 정보임에도 불구하고 이를 제대로 활용하지 못하고 있다. 고객의 불만, 고객의 특징, 고객의 취향 등의 정보를 마케팅부서에서 활용한다면 직접적인 시장의 변화를 느낄 수 있으며, 고객의 변화를 통한 새로운 마케팅이 가능하게 될 것이다.

고객관계관리는 이처럼 전사적으로 고객과 고객정보에 대한 마인드를 바꾸고 개선하며 집중적인 관리를 통해 완전한 정착단계에 이를 수 있다. 또한 고객관계관리는 고객정보, 사내 프로세스, 전략, 조직 등 경영 전반에 걸친 관리체계이며, 이는 정보기술이 밑받침되어 구성되는 것이다.

고객관계관리를 off-line CRM과 e-CRM으로 구분할 수 있을 것이다. 양자 간에는 고객을 바라보는 관점, 고객대응에 관한 방향성 그리고 활동은 동일하나, 고객정보 수집방법과 커뮤니케이션 수단에서 차이가 있다. 전자의 경우 점포, 우편, 전화 등을 이용하여 고객정보를 수집하며 DM(direct mail), Telephone Marketing 등을 이용하여 고객과 커뮤니케이션을 수행한다. 반면, e-CRM은 인터넷을 이용하여 구매이력 등의 고객정보를 수집하며, e-mail 등을 통해 고객과 커뮤니케이션을 한다. 고객에 대응할 때는 한 가지 방법이 아닌 통합된 형식의 CRM이 필요하다.

❖ 자신이 경험한 서비스기업의 고객관계관리 사례에 대해 생각해보시오.

나. 고객관계관리의 중요성

기업의 당면과제는 고객관계 개선만이 해결책이다

기존의 마케팅 방향은 모든 소비자를 대상으로 대량 생산한 제품을 대량 유통시키고, 대량 촉진(promotion)을 해 왔다. 이는 고객 중심이라기보다는 기업의 입장에서 제품을 생산한 것이다.

반면 고객관계관리는 고객과의 관계를 기반으로 고객의 입장에 맞추어 제품을 만드는 것이다. 고객이 원하는 상품을 만들고, 고객의 관계에서 고객의 니즈를 파악하여 그 고객이 원하는 제품을 공급하는 것이며, 이러한 고객관계관리의 전략적 방향은 기업의 성공을 제공한다. 실제로 다양한 분야에서 고객관계관리가 경영성과에 긍정적인 영향을 미친다는 연구결과들이 발표된 바 있다.

고객관계관리는 기업과 고객 간에 발생하는 관계를 고객 정보를 바탕으로 컴퓨터를 이용해 과학적으로 분석함으로써 고객에게 최상의 서비스와 최적의 만족도를 제공하기 위한 것이다. 물론 최대의 목적은 고객의 니즈에 부합하는 서비스를 개발하여 고객에게 제공함으로써, 고객의 이탈을 방지하고, 새로운 소비를 창출해 고객의 기업에 대한 기여도를 높이기 위한 것이다. 뿐만 아니라 고객에 대한 서비스의 질을 높임으로써 치열한 경쟁 속에서 살아남기 위한 경쟁우위를 확보하기 위한 것이다.

현 시대의 고객은 점점 더 많은 선택권을 갖게 될 것이므로, 고객과 긴밀한 관계를 형성하고 신뢰를 유지하며 고객 가치를 제공하는 것만이 미래 수익을 보장하는 길이 된다. 이에 따라 고객관계에 초점을 맞춘 마케팅이 필요하다. 새로운 고객만족 마케팅은 일회성 거래가 아닌 고객과의 관계를 형성, 발전 및 유지시키려는 것이므로 상호작용적 마케팅이 중요해진다. 여기에는 직원의 고객 지향적 사고, 참여자로서 고객의 존재 및 역할, 그리고 서비스 환경이 주요 내용이 된다.

GE는 '물건을 판 후에도 우리는 당신을 버리지 않습니다'라는 광고문구로 수백만 명의 고객을 감동시켰다고 한다. 사람과 사람의 관계가 중요한 서비스시대에 기업의 모습이라고 할 수 있다. 인사를 잘하고 저렴하게 파는 것으로 끝나는 것이 아니라 고객 한 사람 한 사람에게 무엇이 정말로 의미 있는가를 다시 생각해야 한다.

2. 고객관계관리의 단계별 목적

가. 신규고객 유치

고객을 창출하는 과정에서 가장 힘들고 비용이 많이 드는 고객은 첫 번째 고객, 즉 초기 구매자이다. 이들을 통해 기업은 신뢰를 얻기도 하고 잃기도 하며, 또 신뢰를 통해 새로운 잠재 고객을 얻기도 하고 아예 놓치기도 한다. 특히 기업 간 경쟁의 심화로 신규 고객의 획득은 기존고객의 유지보다 비용이 더 들고 또 어렵다. 신규고객 획득에 소요되는 비용은 기존 고객 유지비용에 비해 3~5배 더 소요된다고 한다.

나. 기존고객 유지

"실제로 기업에 수익을 가져다 주는 고객은 상위 20%의 고객이다. 나머지 80%의 고객은
  잠재 수익력이 20% 이하에 불과하다"
"만족한 고객은 그 경험을 새로운 5명의 고객에게 이야기하고 그 이야기를 들은 고객은
  그렇지 않은 고객에 비해 6배 정도 기업에 이익을 준다"
"만족한 고객은 일반 고객에 비해 50% 더 기업의 제품을 구매한다"

위와 같은 일련의 논의들을 통해 고객 중 기업에게 수익을 가져다 주는 고객은 전체의 일부에 지나지 않으며, 이러한 고객은 지속적으로 투자해야 할 대상이라는 점이 밝혀졌다. 이들 고객을 유지하는 활동은 신규고객을 획득하기 위해 투자하는 것보다 훨씬 적은 비용으로 높은 효과를 얻을 수 있다.

이들 고객을 유지하는 기간이 길수록 기업은 더 많은 수익을 얻게 된다. 또 고객의 평생 가치가 커질수록 고객은 기업에 대해 충성도가 높아져 다른 경쟁 기업의 저가격 공세에도 쉽게 흔들리지 않게 된다. 그러한 브랜드 충성자들은 강력한 기업의 옹호론자가 되고 타인들에게 그 브랜드의 구매를 강력히 권고하게 된다.

기존고객 유지에 힘써라

고객관계관리에서는 신규 고객의 수를 늘리려는 노력보다는 기존 고객과의 관계를 긴밀하게 유지하여 이탈 고객을 최소화하며 고객의 평생가치 극대화를 추구하는 것을 더 강조하고 있다.

이제 고객은 한 기업에 있기를 거부하고 만족할 만한 서비스와 저렴한 가격과 혁신적인 제품을 원한다. 만약 이를 충족시키지 못한다면 고객은 미련 없이 다른 기업으로 떠나갈 것이다. 이와 같은 이유로 인해 기업은 고객유지를 위해 전력투구하고 있으며 신규고객 창출을 위한 공격적 마케팅 전략에서 방어적 마케팅 전략으로 전환하고 있다.

고객유지를 중요한 과제로 설정할 경우 기업은 두 가지 방법을 취할 수가 있다. 첫째는 고객이 타제품과 서비스로 이탈하지 못하도록 장벽을 높게 세우는 것이고, 둘째는 차원 높은 양질의 고객만족을 꾸준히 제공하는 것이다.

한 번 구입한 고객을 '왕'으로 모신다

'고객카드'라도 한 장 작성해 놓으면 그 고객은 '왕'으로 대접받게 되어 서비스업체로부터 '왕이 잘 지내고 계신지' 지속적으로 관리를 받게 된다. 카드 마일리지가 누적되어 일정 금액에 도달하면 그 액수만큼 할인을 해주고, 사은행사 및 할인행사가 있으면 미리 연락이 오기도 한다. A/S라도 받으면 며칠 후 본사 직원으로부터 '서비스는 만족스러웠는지, A/S 기사가 불친절하지는 않았는지' 꼼꼼하고도 친절한 목소리의 확인전화가 오는 등 경쟁업체보다 조금이라도 저렴한 가격에 보다 나은 서비스를 제공하기 위한 업체들의 전략들도 주위에서 쉽게 찾아볼 수 있다.

고객만족을 위한 많은 기업(조직)들의 경영혁신이 고객과의 관계를 지속적으로 유지하기 위한 노력으로 점차 드러나고 있는 것이다.

고객의 경험을 관리한다

고객을 유지하는 데 있어 가장 중요한 것은 고객의 경험을 효과적으로 관리하는 것이다. 이를 위해서는 '고객에게 가장 중요한 것이 무엇인가'를 생각할 때 사고의 변화가 있어야 하며, 관리자와 직원들이 고객과의 결정적인 순간을 이해하고 분석하는 데 있어서도 변화가 필요하다.

고객 경험 관리를 향상시키는 가장 좋은 방법 중 하나는 서비스 분석 사이클을 이용하여 서비스의 수준을 높이는 것이다. 고객접점(Moment of Truth)과 고객이 경험하는 서비스

사이클을 분석하고 매핑함으로써, 고객 개인에게 실제로 가장 중요한 것이 무엇인가를 파악하여 서비스 수준 향상을 이끌어 낼 수 있다. 이런 시각으로 접근하면 고객의 경험을 바탕으로 하여 프로세스와 시스템의 변화를 이끌어 낼 수 있으며, 결과적으로 고객충성도에 긍정적인 영향을 미치게 된다.

다. 고객과의 관계 제고

충성고객을 만들어라

과거 고객만족 경영방식에서는 '모든 고객은 왕이며 모든 고객이 동일하게 중요하다'라는 인식하에서 출발하였다. 그러나 고객과의 관계 제고를 위해서는 다소 다른 관점을 취한다. '기업 수익의 80%는 상위 고객 20%에 의해 창출된다'는 80 대 20법칙에 따라 모든 고객을 대상으로 일시적 수준의 마케팅 활동을 전개하기보다는 진정으로 기업에 수익을 주는 고객에게 보다 정교한 대응을 하는 차별화된 마케팅 전략을 구사하는 것이다. 즉, 우수한 고객과의 관계를 지속적으로 유지함으로써 다른 비즈니스 기회가 창출될 수 있도록 하는 데 주안점을 두고 있다.

장기적이고도 충성스러운 관계를 통해 양질의 고객과 지속적인 관계를 유지하는 것이야말로 기업이 수익을 내는 원천이다.

'충성스러운 관계'란 살아 있는 관계이다. 충성도는 단지 로열티 카드로 대변되는 것이 아니라 어떤 기업이 경쟁 기업에 비해 비싼 값으로 상품이나 서비스를 제공하더라도 기꺼이 그것을 구매함을 의미한다. 충성고객은 주변 사람들에게 자기도 모르는 사이에 자신이 쓰는 브랜드를 권하는 사람들이다. 이는 친구처럼 믿는 마음이 없으면 결코 기대하기 어려운 행위이다.

Customer Satisfaction이 아닌 Customer Loyalty가 구매결정력을 갖는다

오래된 기존 고객, 즉 '일정한 기간 동안', '2회 이상 구매'한 고객을 충성고객이라고 하며, 충성고객은 다음과 같은 이유로 기업에게 이익이 된다.

- 막대한 기업의 마케팅 비용을 절감시킨다.
- 경쟁사가 가격을 낮추어도 크게 동요되지 않기 때문에 기업은 고객을 확보하기 위해 이윤을 낮출 필요가 없다.
- 자신이 선호하는 제품에 대해 친지들에게 알려주는 구전효과를 통해 상품을 홍보하는

역할까지 동반하므로 추가 수익을 발생시킨다.

• 충성고객은 제품 사용법이나 제품과 관련된 안내 사항 등에 익숙하므로 서비스 비용을 절감할 수 있다.

그동안 기업들은 주로 고객만족의 향상이 상품 구매에 중요한 요소가 된다고 보고, 많은 마케팅 활동을 기업 이미지 개선, 브랜드 인지도 확보를 위해 투자했다. 그러나 고객만족도가 높은 제품이나 기업이 반드시 수익을 올리지는 않는다. 고객만족도는 측정 수단에 따라 오차가 많을 수 있으며, 실제 구매로 직접 연결되지는 않는다. 고객만족도가 고객의 태도에 관한 문제라면 충성도는 행동에 관한 개념이다. 고객만족도가 피상적이고 일시적인 태도라면, 고객충성도는 오랜 기간의 구매 행동을 통해 축적된, 보다 강력하며 또한 장기적인 개념이다.

충성고객은 긍정적인 고객 경험으로부터 만들어진다

오늘날의 기업들은 마케팅의 초점을 모든 고객에게 두는 것이 아니라 기업에 수익을 안겨 주는 고객에게로 집중하고 있다. 말하자면 기업들은 자사의 제품에 단순히 만족하는 고객이 아니라 고객 자신의 친지와 동료들에게 제품이나 서비스를 자발적으로 소개하는 충성스러운 고객을 찾아 나선 것이다.

고객을 만족시키고 이윤을 내기 위해서는 무엇보다도 고객충성도를 확보해 나가야 한다. 고객의 충성도란 단지 만족의 차원을 넘어 적극적으로 지지하고 홍보하며 신규고객 창출에 기여하고 평생가치를 보여 주는 것으로서 평생고객이 되는 것을 말한다. 오늘날 기업의 가장 귀중한 자산은 바로 충성스러운 고객이며, 고객과의 관계이다. 그렇다면 충성고객은 어떻게 만들어지는 것인가?

고객 경험 컨설턴트 숀 스미스(Shaun Smith)와 조 휠러(Joe Wheeler)는 공동으로 저술한 「브랜드 가치를 높이는 고객 경험」에서 세계적인 기업들로부터 얻은 풍부한 사례를 통해 고객 경험이 기업에 어떠한 결과를 가져다 줄 수 있는지 소개하였다. 여기서 그들은 '고객은 상품을 사는 것이 아니라 경험을 사는 것'이라면서 '기업들도 고객의 경험을 직접적으로 개입하여 경험을 분석하고 발전시켜 기업이 의도하는 방향으로 이끌 필요가 있다'고 지적하였다.

뛰어난 브랜드는 단순한 광고에 의해서 만들어지는 것이 아니라 고객에게 제공하는 경험과 가치에 의해 구축되는 것이다.

고객충성도는 개인으로부터 나온다

일반적으로 고객은 성의에 감동하여 단골이 된다. 고객의 충성도를 확립하는 데 있어 가장 중요한 요소는 고객이 회사와 접촉하며 겪는 경험을 전략적으로 관리하여 회사에 대해 긍정적인 기억을 심어 주는 것이다. 고객과 좋은 관계를 유지하고 높은 신뢰를 얻으려면 고객 경험을 관리하는데 힘써야 할 뿐만 아니라, 관리상의 우선순위를 재조정하여 고객을 그룹이나 단체가 아닌 개인으로 대해야 한다. 고객의 충성은 한 번에 한 명의 고객에게서만 얻을 수 있다. 예를 들어 한 회사를 고객으로 갖는 것은 조직에 있어 매우 큰 이득이며 마케팅 효과에 있어서도 중요하지만, 한 회사의 충성을 기대할 수는 없다. 충성이란 각 개인으로부터 나오기 때문이다.

개인으로서의 고객은 회사와의 일련의 거래(서비스 사이클이라 한다)를 통해 나름대로 그 회사의 서비스를 평가한다. 이 서비스 사이클이 이루어지는 동안, 고객은 회사와의 다양한 순간을 통해 여러 가지를 경험하면서 자신이 당초 기대했던 것과 실제로 경험한 회사의 서비스 수준을 비교하게 된다.

만약 고객이 기대 이상의 서비스를 받았다면 매우 기뻐하고 흡족해 할 것이며, 기대했던 것과 비슷한 수준이었다면 만족스러워할 것이다. 하지만 기대 이하인 경우엔 실망하게 될 것이며 상황에 따라선 피해를 봤다고 느끼거나 분개하게 될지도 모른다. 그러므로 고객 만족을 위해 서비스 수준을 향상시키려는 노력을 어떻게 이끌어 낼 것인지 끊임없이 재고해 봐야 할 것이다.

똑같은 방법이라도 만족도는 서로 다르다

어치브 글로벌(Achieve Global)사는 고객이 개인적으로 특정 조직이나 기업에 충성하게 되는 요인에 대해 연구한 결과, 고객은 저마다 다른 기대치와 필요성을 가지고 있으며, 각기 상황이 다른 고객을 똑같은 방법으로 대하면, 만족하는 고객이 있는 반면에 불만을 갖는 고객 또한 생기게 된다는 결론에 도달하였다.

고객충성도를 높이려면 조직은 고객 개개인이 회사와 긍정적인 접촉을 꾸준히 할 수 있는 환경을 마련해야 한다. 개인 고객은 처한 상황에 따라 필요로 하는 것이나 기대치가 서로 다르기 때문에 고객의 긍정적인 반응을 이끌어 내려면 다양하고 폭 넓은 대응방법을 갖추어야만 한다.

이를 위해서는 직원들에게 폭 넓은 대고객 응대스킬과 다양한 상황을 교육시켜 유연성을 길러 주어 서로 다른 상황에 있는 고객을 효과적으로 다룰 수 있도록 해야 한다. 중요한 것은 정책과 절차를 점검하여 직원들이 상부의 승인 없이도 문제를 해결하고 결정할 수 있도록 재량권을 마련해 주는 것이다. 또한 고객과의 관계를 즉시 회복해야 하거나 고객의 입장에서 봤을 때 시정해야 할 점이 있을 경우 적용할 수 있는 가이드라인을 설정해야 한다. 유연성은 고객과의 관계를 원활히 만드는 중요한 요소이다.

✥ 자신이 스스로 충성고객이라고 생각하는 서비스 기업(업체)이 있는가? 그 이유는 무엇인가?

---

3. 고객관계관리 방법

가. 고객과의 약속은 반드시 지킨다

고객과의 관계는 신뢰 위에서만이 형성될 수 있다. 신뢰를 얻고 유지하기 위해서는 무엇보다 고객과의 약속을 철저히 지켜야 한다. 서비스맨이 고객과의 약속을 지키는 것이야말로 고객관계관리의 기본이다.

만약 약속한 기일이나 시간대를 지킬 수 없다면 고객에게 돌아가서 재조정하도록 한다. 그렇지 않으면 고객의 신뢰를 잃을 수 있다. 고객과 약속한 시간에 제품이나 서비스를 제공하지 못하면 고객만족은 물거품이 되고 만다. 마치 서비스 직원은 더할 나위 없이 친절한데 정작 주문한 음식을 갖다 주지 않는 음식점과 같아진다. 고객과의 관계를 유지, 개선하기 위한 노력은 그 다음인 것이다.

10년 전의 약속

2001년 1월 2일 요코하마(橫濱)와 가와사키(川崎) 두 곳에 있는 오카다야(岡田屋) 모아즈 백화점에서는 21세기 첫 영업일 아침부터 고객들의 발길이 이어졌다. 이들은 핸드백이나 주머니 속에서 유인물(間紙) 한 장씩을 꺼내들고 있었다. 직원들의 안내로 고객들은 자그마한 선물 하나씩을 받고 되돌아갔다.

일본의 모아즈 백화점은 10년 전 개업할 때 2001년 첫 영업일에 '이 광고 전단을 가져오면 감사의 표시로 선물을 드립니다'라고 적힌 광고 전단을 1991년 1월 1일자 신문에 끼워 돌렸다고 한다. 10년이 지난 뒤 2001년 모아즈 백화점 정문 앞에는 약 1,200명의 고객이 그 전단을 갖고 몰려들었고 백화점에서도 그들을 위한 선물을 준비하고 있었다. 이 직원들은 이 약속을 지키기 위해 직원 인사이동 때 어김없이 이 사실을 인계했고 10년간 대물림하면서 최우선적으로 처리했다고 한다. 그날 1천2백여 명의 고객들이 접시시계 하나를 받기 위해서 백화점을 다녀갔다.

> **뉴 밀레니엄 고객사은(顧客謝恩) 2001 대잔치**
>
> 항상 저희 오카다야(岡田屋) 모아즈 백화점을 이용해 주시는 고객 여러분께 감사의 말씀을 드립니다. 저희 백화점에서는 고객 여러분의 성원에 보답하는 한편, 새로운 21세기에도 지속적으로 고객여러분께 최선을 다해 보답하고자 하는 열망에서 다음과 같이 고객사은 대잔치를 계획하였습니다. 고객 여러분의 많은 관심을 바랍니다.
>
> 「이 유인물을 소지하고 21세기 첫 영업일에 저희 오카다야 모아즈 백화점을 방문해 주시는 고객 여러분에게는 소정의 기념품을 증정하고자 합니다」
>
> 1991년 1월 오카다야(岡田屋) 모아즈 백화점 직원(職員) 일동(一同)

나. 데이터베이스 마케팅으로 고객관계를 극대화시킨다

고객관계를 관리하는 데 고객과 관련된 다양한 데이터를 수집, 분석하여 마케팅의 효율성을 극대화하는 데이터베이스 마케팅(Database Marketing)이 절대 필요하다. 데이터베이스 마케팅을 통해 기업은 우수한 고객을 선정할 수 있고 그에 따라 보상이 가능해진다. 또한, 신규 고객을 선택할 수 있고, 효율적인 촉진을 할 수 있으며, 관련성 있는 제품의 교차 판매도 가능하게 된다.

다. 고객이 주는 정보를 놓치지 않는다

현명한 서비스맨이라면 고객이 어떠한 것을 좋아하는지, 싫어하는지 고객이 무심코 혹은 의도적으로 흘리는 정보는 절대 놓치지 않는다. 그러므로 고객이 요구하기 전에 미리 알아서 제공할 수 있다.

기업이 고객 상호 간의 요구와 가치를 신속하게 파악하고 충족시키기 위한 일련의 업무 과정에서 다양한 형태의 자료가 발생한다. 예를 들면 고객의 이름, 나이, 거주지, 직업 등과 같은 고객 관련자료와 상품이나 서비스를 설명할 수 있는 자료 즉, 거래자료 및 분석 결과 자료가 바로 그것이다. 기업에서 마케팅 활동에 활용되는 자료는 이것뿐만이 아니다. 인구통계 자료나 라이프 스타일을 설명해 주는 사회통계 자료 그리고 날씨, 교통정보 등도 활용된다.

예컨대 상위 20% 고객이 백화점 전체 매출액의 80%를 차지하고 있다는 사실은 백화점의 광고, 영업장의 판촉행사, 상품진열 그리고 DM발송 등 백화점 마케팅 활동에 커다란 영향을 미친다.

또한 기존 고객을 유지·관리하는 비용이 신규고객을 창출하는 데 드는 비용보다 더 적게 든다는 새로운 마케팅의 원칙과, 고객과의 지속적인 관계를 통하여 고객의 생애가치를 증대시키는 것에 중점을 두는 것이 기존 마케팅 활동과 다른 점이다. 고객 중심의 마케팅 환경에서는 이와 같은 고객과 관련된 정보를 기초로 훨씬 다양한 형태의 세분화된 시장과 고객의 수요를 창출할 수 있고, 세분화된 시장별로 차별화된 대 고객서비스를 개발할 수 있다.

라. 고객관계관리는 고객만족을 위한 것이어야 한다

'고객관계관리' 하면 컴퓨터를 이용한 고객정보 수집으로 생각하고, 고객 개인정보를 이용하여 어떻게 하면 소비자들의 생활 속으로 뚫고 들어가 더 많은 상품을 판매하여 수익을 올릴까 하는 생각만 하고 있다. 고객관계관리의 초점이 기업이 아니라 고객만족에 맞추어져야 한다.

주문하려고 전화를 하면 주문도 받기 전에 고객카드를 만들겠다며 이름, 주소, 전화번호부터 꼬치꼬치 캐묻는 경우가 있다. 고객만족서비스를 한다면서 고객을 귀찮고 불편하게 해서는 안된다. 좋은 서비스는 고객이 가장 편리하게 느끼는 서비스이다. 또한 고객이 개인신상에 관한 정보를 제공한 만큼의 이익이 고객에게 서비스로 제공되어야 한다.

❖ 고객관계관리 방법의 활용에 있어서 유의할 점은 무엇이라고 생각하는가?

4. 불평고객관리

가. 서비스 실패의 원인

고객의 요구가 점차 개성화되고 주변 소비환경이 급속히 바뀌는 상황에서, 서비스 전 과정에 걸쳐 수많은 요인들이 고객의 기대를 저버릴 수 있으며 고객불만족 요인은 만족요인만큼이나 까다롭고 다양하다. 그러나 이 요인들은 서비스를 회복하는 데도 영향을 미칠수 있으므로 고객의 불만요인을 피드백하여 서비스 개선자료로 이용하는 일이 중요하다.

서비스 실패 원인을 다음 세 가지 범주─기업, 직원, 고객─로 구분하여 정리할 수 있다.

기업 요소

• 인적자원
• 기업 및 구조
• 프로세스 및 프로그램
• 제품 및 서비스 배달
• 내부 커뮤니케이션

- 기술 및 지원시스템
- 기준 및 가치

직원 요소

- 커뮤니케이션 기술
- 지식 및 기술적인 기능

고객 요소

- 제품이나 서비스 정보를 정확하게 사용하지 못하는 경우
- 고객이 지시사항을 따르는 역할을 완수하지 못하는 경우

나. 불평고객 관리

고객을 컨설턴트로 모셔라

구매 후 고객을 관리하는 것은 서비스기업에 있어 중요한 문제이다. 그중에서도 실패한 서비스를 회복시키는 것이 가장 중요하다. 불평스러운 문제를 다루는 서비스맨의 태도는 고객만족에 대한 관심을 표현하는 단서가 된다.

대부분의 고객은 어느 정도 합리적인 이유와 근거를 가지고 불만을 얘기하게 되는데 이때 이를 무시하거나 외면하지 않고 적극적으로 성실히 대처한다면 고객들은 오히려 더욱 만족하고 단골고객이 될 수 있는 중요한 전환점이 될 수도 있다.

또한 불평하는 고객이 있다는 것은 또 다른 기회가 될 수 있다는 의미이다. 고객의 불평은 곧 역전의 기회이다.

불평하는 고객을 존중하라

불평이란 단순하게 말해서 어떤 상태가 기대를 충족시키지 못할 때 불만을 토로하는 행위이다. 그러나 서비스를 제공하는 직원이나 기업의 입장에서는 보다 적극적인 의미에서 불평을 다음과 같이 인식해야 한다. 즉, 고객의 불평을 처리한다는 것은 고객만족 또는 고객감동 서비스의 연장선상이라고 보는 것이다.

요즘은 고객과의 일회적 거래를 중시하지 않고 구매 후 지속적인 관계를 유지, 발전시키

는 것을 강조하게 되므로 불평고객을 지속적인 고객으로 끌어들이는 것이 매우 중요하다. 또한, 불평고객이 기업에 직접적으로 불평을 제기하도록 유도해야 한다는 주장들이 설득력이 있다.

다. 불평고객이 중요한 이유

문제점을 일찍 파악하여 해결하도록 해준다

고객의 불평은 상품의 결함이나 서비스의 문제를 조기에 발견하여 그 문제가 확산되기 전에 신속하게 해결할 수 있게 해준다. 고객의 불평은 기업이 미처 생각하지 못한 부분에 대해 정보를 주는 것이기 때문에 그것을 잘 분석하면 고객의 기대에 못 미친 서비스 영역이 어디인지를 알 수 있게 되므로 고객불평은 기업에게 아주 중요한 정보를 제공하는 것이다.

고객이 제품에 어떤 불만을 느꼈는지, 개선할 점은 무엇인지 말해 준다면, 그만큼 다행스러운 일은 없을 것이다. 그런 이야기를 해준다는 것 자체가 제품에 관심과 애정이 있다는 말이 되는 것이다. 또한 기업 측에서는 이러한 고객의 불만사항을 바로 해결해야만이 그 관심이 지속될 수 있음은 당연한 말이다.

그러나 대부분의 고객이 불만을 느끼면서 개선점을 말해 주는 일은 흔치 않을 것이다. 오히려 불만이 생기면 즉시 다른 경쟁사를 먼저 찾는 것이 고객의 심리이다. 즉 말하지 않고, 바로 등을 돌리는 행동으로 보여 주는 것이다.

고객을 계속 붙들어 놓기 위해서는 무엇보다 숨겨져 있는 고객의 애로사항을 놓치지 않아야 한다. 이를 위해서는 고객이 잠깐씩 내비치는 고민을 잘 파악해 낼 필요가 있다. 고객의 말투나 표정을 읽을 수 있어야 하며 고객의 말이나 행동을 고객의 입장에서 생각해 볼 수 있어야 한다. 이를 통해 고객이 현재 어떠한 점에서 불만족하고, 불편한 사항을 가지고 있는지 판단할 수 있어야 한다.

고객이 불만을 말하지 않는 이유

- 귀찮다.
- 어디에 말해야 할지 모르겠다.
- 이야기해 본들 소용이 없을 것 같다.
- 시간과 수고의 낭비이다.
- 차라리 한 번 손해 보고 앞으로 거래를 끊으면 된다.
- 시간이 지나고 말하려니 증거로 제시하기 모호하다.
- 불쾌한 것은 빨리 잊고 싶다.

- 특정한 사람의 행동을 비난하기 싫다.
- 불만을 말하고 불이익이 올지 모른다.
- 까다로운 사람이라는 이미지를 주기 싫다.

고객유지율을 증가시킨다

실제로 공정거래위원회의 연구결과 사람들은 물건이나 서비스에 불평을 했을 때 만족스럽게 처리되면 4분의 3이 같은 상표의 제품을 사지만 불평이 제대로 처리되지 않았을 때는 2분의 1 정도만이 같은 상표를 다시 사겠다고 밝혔다고 한다.

즉, 불평이 만족스럽게 해결되지 않는 경우라 할지라도 불평을 하는 사람이 불평을 하지 않는 사람보다 반복구매의 경향이 훨씬 높다는 것이다. 이는 미국 TARP(Technical Assistance Research Programs) 보고서의 내용으로도 증명된다. 이 연구에 의하면 고객의 불평을 만족스럽게 처리한 데서 오는 평균이익 증가율은 100~170%에 달하는 반면, 새로운 고객을 끌어들이는 데는 기존 고객을 유지하는 것보다 5배 정도 비용이 더 든다고 한다.

부정적인 구전효과를 최소화한다

불만족한 고객은 흔히 친구, 이웃, 친지 등에게 자신의 불만족스러운 경험에 대해 적극적으로 이야기한다.

아마 어떤 물건을 사려고 할 때, 또는 어떤 식당에 가려고 할 때 아는 사람으로부터 "그 가게는 비싸다/불친절하다/맛이 없다" 등 부정적인 소문으로 인하여 다른 것을 사거나 다른 곳을 간 경험이 누구에게나 있을 것이다. 그렇다면 부정적인 구전효과는 왜 무서운 것일까? 사람들은 좋은 경험보다 좋지않은 경험에 대해 더 많은 이야기를 하는 경향이 있다고 한다. 또한 좋지않은 경험에 대한 이야기는 쉽게 사라지지 않는다.

만족한 고객은 평균 8명에게 그것을 말하는 반면 불만족한 고객은 평균 25명에게 그것을 말한다고 한다. 따라서 불만족한 고객 1명의 구전효과를 만회하기 위해서는 3명의 만족고객이 필요한 셈이 되는 것이다.

❖ 불평고객이 되어 본 경험이 있는가? 그 이유는 무엇인가?

5. 서비스회복

가. 서비스회복 시스템의 단계

아무리 높은 품질의 제품과 서비스를 제공하고 고객만족경영을 잘하는 기업이라도 고객의 불만은 발생할 수밖에 없다. 그리고 이러한 불만을 어떻게 관리할 것인가 하는 것은 큰 고민이 아닐 수 없다. 더욱이 높아지고 있는 고객의 기대수준, 정보 매체의 발달은 고객의 불만을 확대, 재생산하고 있으므로 고객의 불만을 어떻게 관리할 것인가는 큰 고민이 아닐 수 없다.

기업과 서비스맨은 고객 불만을 해소하고 충성도를 높이기 위한 서비스회복 전략을 터득함으로써 고객의 불만을 고객만족으로 전환시켜 평생고객을 만들 수 있다.

> ✥ 자신의 서비스 경험을 바탕으로 불평고객을 응대해 본 경험이 있는가? 고객은 무엇에 불평했는가?

고객 불만의 효과적인 관리를 위한 서비스회복 전략(Service Recovery Strategy)은 다음과 같다.

1단계 경청한다

- 고객의 항의에 겸허하고 공손한 자세로 인내심을 갖고 끝까지 경청한다.
- 고객 자신이 스스로 불평을 모두 말하도록 한다. 고객의 불평을 충실히 듣는 것만으로도 불만의 상당 부분은 해소된다.
- 고객의 불만을 서비스맨 개인에 대한 불만으로 생각하지 않는다. 사람에게 초점을 맞추지 말고, 문제 자체에 초점을 맞춘다. 서비스맨 자신이 아닌 회사나 제도에 항의하는 것이라는 생각을 가져야 고객의 심한 분노의 표현으로부터 자유로울 수 있다.

- 선입견을 버리고 고객의 입장에서 생각하고 문제를 파악한다.
- 고객의 자극적인 말이나 도전적인 태도에 말려들지 않도록 한다. 화난 고객 때문에 힘이 빠져도 자신의 회사, 동료, 상품, 서비스에 대한 혹평에 동의하거나 말려들지 말고 가급적 긍정적인 태도를 유지한다.
- 의식적으로 혹은 무의식적으로 표현하는 본인의 비언어적 표현인 보디랭귀지에 유의한다. 나의 감정을 다스려 불쾌하거나 짜증스런 모습은 삼가도록 하며 냉정하고 침착하게 처신한다. 서비스맨이라면 사람과의 만남에서 오는 부담감을 극복하고 자신의 감정까지도 통제할 수 있어야 한다. 프로와 아마추어의 차이는 그것을 통제할 수 있느냐 없느냐의 차이일 것이다.
- 고객과 언쟁하지 않도록 한다. 고객과의 싸움은 백전백패이다. 고객과의 논쟁은 문제를 해결하는 것이 아니라 문제를 일으킬 뿐이다.
- 고객의 불만을 정확하게 이해했는지 다시 한 번 확인하고 고객의 감정상태와 화가 난 이유를 인지한다.
- 자신이 고객과의 커뮤니케이션에 무리가 있다고 판단될 때는 대화를 중단하고 주위의 선배나 상사에게 도움을 청하라.

2단계 고객에게 공감하고, 감사의 인사를 한다

- 공감이란 고객의 문제를 내 것처럼 생각하고 고객의 감정을 이해하고 받아들이겠다는 뜻을 보이는 것이다. 고객의 항의에 공감한다는 것을 적극적으로 표현하며, 고객의 심정(분노, 실망)을 충분히 이해할 수 있음을 인정한다.
  항의하는 고객에게 "제품이 손상된 게 우리 잘못도 아닌데 왜 우리에게 화를 내세요?"라고 응대하는 것은 옳지 않다.

  > "예, 무슨 말씀이신지 잘 알겠습니다"
  > "어떤 기분이신지 충분히 이해가 됩니다"
  > "손님과 같은 경우를 당했다면 저 역시 화가 났을 겁니다. 불편을 끼쳐드려 정말 죄송합니다"
  > 라고 하는 것이 바람직하다.

- 감정이입을 통해 상대를 이해하고 배려하는 마음을 보여 주는 것은 모든 서비스의 원천이다. 이때 긍정적인 비언어적 신호를 활용한다.
- 불만사항에 따라 필요한 경우, 고객에게 일부러 시간을 내서 그 문제점을 지적하여 해결의 기회를 준 데 대해 감사의 표현을 한다.

121

3단계 진심어린 사과를 한다

- 고객의 의견을 경청한 후 그 문제점을 인정하고 잘못된 부분에 대해 당사자가 재빨리 정중히 사과한다. 매순간 진심으로 최선을 다해 응대하는 것이 중요하다.

- 고객의 의견을 무시하는 서비스맨의 괜한 변명은 오히려 마이너스이며 잘못을 솔직히 인정하고 사과하는 것이 문제해결의 지름길이다.

  혹여 고객에게 잘못이 있다고 하더라도 직원의 역할은 고객에게 책임을 묻는 것이 아니라는 점을 알아야 한다. 게다가 고객이 정확하게 이해하고 있는지를 다시 한번 물어 보고 확인시켜 주는 작업을 하지 않았을 경우, 그에 대한 서비스맨의 책임도 있을 것이며 궁극적으로는 고객이 문제를 잘 해결하도록 돕는 것이 서비스맨의 직무이기 때문이다.

- 진심 어린 사과는 오히려 고객의 마음을 가라앉히고 호감을 갖게 하는 반전이 될 수 있으나 사과 없는 변명은 고객을 더욱 불쾌하게 할 수 있다.

- 분위기를 자연스럽게 이끌어 상황을 진정시킨다. 서 있는 경우 앉을 자리를 권하거나 사람이 많은 경우 장소를 옮긴다. 화가 난 고객을 응대할 때는 고객의 감정을 조절하도록 유도한다.

- ▶ 사과의 시점이 매우 중요하다. 불만의 내용과 상황에 따라 사과가 첫 번째 응대(1단계)가 될 수도 있다.

4단계 설명하고 해결을 약속한다

- 불만사항에 대해 관심과 공감을 보이며 고객이 납득할 해결 방안을 제시, 문제를 시정하기 위해 어떤 조치를 취할 것인지 설명하고 해결을 약속한다.

- 서비스맨 자신과 관련없는 불평사항이라 하더라도 고객에게는 누가 담당자인지가 중요한 것이 아니라 자신의 문제를 해결해 줄 것인지 아닌지가 중요하다.

5단계 정보를 정확히 파악한다

- 문제해결을 위해 꼭 필요한 질문만 하여 해결 정보를 얻는다.

- 최선의 해결책이 불가능할 경우 고객에게 어떻게 하면 만족할지를 솔직히 묻는다.

6단계 신속한 처리를 한다

- 잘못된 부분에 대해 일의 우선순위를 세워 신속하고 완벽하게 처리한다.
- 문제해결을 위한 신속한 대응으로 한시라도 빨리 사태를 회복시키기 위하여 최대한으로 노력하고 있음을 보인다.
- 해결이 불가능한 경우 대안을 제시하되 처음부터 무조건적인 대안은 효과가 없으며 고객이 기대하는 것 이상을 제공하도록 노력해야 한다.

7단계 처리를 확인한 후 다시 한 번 사과한다

- 불만사항을 처리한 후 고객에게 결과를 알리고 만족여부를 확인한다.
- 모든 일을 해결한 후 고객에게 다시 한 번 사과의 인사를 하는 After Care야말로 고객의 불만을 종결시키는 마지막 대책이다.
- 고객과의 처리는 해결이 문제가 아니고 결과적으로 고객의 감정이 어떠한가가 가장 중요하다.

8단계 재발방지책을 수립한다

- 최종 마무리 후 다시 결과를 확인한다.
- 최종 마무리가 잘되면 서비스에 실패하여 힘들어 하고 있는 직원은 최종 마무리 덕분에 다시 즐거운 마음으로 근무에 임할 수 있게 된다.
- 고객불만 사례를 회사 및 전 직원에게 알려 재발 방지책을 수립하고 새로운 고객 응대 방안 등을 마련하여 같은 문제가 재발되지 않도록 한다.

〈표 5-2〉 불평고객응대시 유의해야 할 대화표현

지양해야 할 표현	바람직한 표현
아니요, 할 수 없습니다.	죄송합니다만, 저희가 할 수 있는 일은…
제 일이 아닙니다.	원래 제 담당업무는 아닙니다만, 손님을 돕게 된 것을 기쁘게 생각합니다.
…을 해야 합니다.	…을 하시겠습니까? …을 해주시겠습니까?
우리 회사 규정은	제게 권한이 없는 일은… 제가 할 수 있는 일은…
그러니까 제 말씀은…	알겠습니다. 말씀하시려는 것을 이해합니다. 어떤 기분이실지 이해가 갑니다.

나. 서비스회복 전략의 성공포인트

서비스기업에서 고객만족 경영체제를 잘 구축한다 하더라도 불만족한 고객은 발생하기 마련이다.

이는 두 가지 측면에서 기인하는데 우선 제품이나 서비스의 생산 과정이 100% 완벽할 수는 없기 때문이다. 또한 고객 개개인의 특성과 태도가 상이하다는 점을 들 수 있다. 고객의 니즈가 공통적인 부분이 있는 반면, 상이한 부분 또한 동시에 존재한다. 고객 개개인의 특유한 취향에 완벽히 맞추기란 사실상 불가능하다.

그러나 최초 단계에서 제품 및 서비스의 효과적인 전달에 실패했다고 포기해서는 안 된다. 효과적인 제품이나 서비스 전달을 통해 처음부터 만족한 고객보다 처음에는 불만을 느끼던 고객이 사후 처리과정에서 만족할 경우 전체적인 만족은 더욱 높은 경향이 있기 때문이다. 이것을 '서비스회복의 역설(Service Recovery Paradox)'이라고 불리는데, 사후 처리 과정을 잘 할 경우, 고객만족의 실패를 효과적으로 커버함은 물론 고객 로열티를 더욱 제고시켜 줄 수도 있다.

그렇다면 서비스회복 전략을 어떻게 수립하는 것이 효과적일까?

서비스회복 전략의 성공 포인트를 살펴보면 다음과 같다.

서비스마인드를 바꿔라

훌륭한 서비스는 훌륭한 서비스마인드에서 나온다. 철저한 직업정신과 프로정신, 서비스철학이 서비스마인드 구축에 기초가 된다.

고객이 원하는 것은 단순한 상품의 우수성이나 응대가 아니다. 그것은 이미 기본이 되어 버린 지 오래다. 여기서 더 폭을 넓혀 편안함과 즐거움 그리고 자신이 느끼는 불합리나 답답함에 대해 적극적으로 이해하고 들어 줄 수 있는 서비스이지, 틀에 박힌 회사의 해명이나 변명이 아니다.

늘 해오던 서비스가 아니라 고객의 입장에서 자신이 특별하다고 느낄 수 있도록 가슴으로 이해하는, 그래서 고객의 마음을 사로잡을 수 있는 진정한 서비스가 될 수 있도록 서비스에 대한 마인드를 바꾸지 않으면 살아남기 어려운 시대가 되었다. 진정한 서비스맨이 되기 위해서는 자신만의 서비스 철학과 고객의 마음을 읽어내는 고도의 테크닉이 요구된다.

고객의 불만을 미리 읽어라

효과적인 제품이나 서비스의 전달이 실패할 것으로 예상되는 경우, 고객이 직접 불만을 제기하기를 기다려서는 안된다. 그 이전에 적극적으로 불만요인을 미리 발굴하고 사전에 파악하는 것이 필요하다.

능동적으로 고객의 불만을 파악하고 대응하는 경우 고객은 "아니, 이거 도대체…"라는 생각에서 "아, 역시…"라는 생각으로 바뀌게 되고, 고객의 만족은 유지되거나 오히려 증가하게 된다. 또한 기업의 관점에서는 고객 불만 해소를 위해 투자할 자원을 사전에 투입함으로써, 적은 자원으로 고객 로열티를 유지할 수 있게 된다.

첫 대면은 신속하고도 감성적으로 하라

서비스회복은 신속한 초기 단계의 대응이 매우 중요하다. 실제 불만을 제기하는 고객은 이미 인내의 단계를 지나고 있기 때문이다. 일반적으로 서비스에 불만을 품은 소비자의 90%는 불만이 있다고 구체적으로 의사 표시를 하지 않고 참는다고 한다. 그러나 불만을 참지 못하는 고객은 구체적인 의사 표시를 하게 되고, 기업의 빠른 대응을 기다린다.

이때 서비스맨은 유연한 자세로 감성적인 접근이 필요하다. 불만을 제기하는 고객은 처음에는 사소한 불편으로 짜증이 나게 되고, 자꾸 기다리다 보면 초기에 가졌던 부정적인 감정은 더욱 증폭되기 마련이다. 급기야 보다 심각한 상태로 분노하게 되는 것이다.

그러나 항의하는 고객들이 그러한 부정적인 느낌을 갖고 있더라도 처음 문제를 제기하는 단계에서는 대부분 선의를 가지고 있는 경우가 많다. 이는 제품이나 서비스의 구매 과정 중 다양한 대안들을 탐색하고 선택하는 과정에서 기업에 대한 일종의 기대나 믿음을 가지고 있기 때문이다. 그런데 이렇게 이중적인 감정을 느끼고 있는 고객을 만나자마자 지나치게 논리적으로 접근을 하게 되면 고객의 마음은 순식간에 부정적인 감정만이 남게 된다.

또한 서비스 실패 이후 첫 대면에서 실망한 고객은 자신의 불만과 사후 처리 과정상의 불만을 주위 동료들에게 끊임없이 전파하여 확대, 재생산하게 되고 다른 고객이 가지고 있던 호의마저 무너뜨리게 된다. 최근 인터넷을 중심으로 한 정보매체의 발달과 사이버상의 커뮤니티 활동은 고객 불만의 확대, 재생산 과정을 더욱 촉진시키고 있다.

그러므로 서비스 실패 이후 처음으로 고객을 접하게 되는 '진실의 순간'에서는 고객의 입장을 이해하고 공감하는 감성적인 접근으로써 고객의 선의를 자극하고 부정적인 느낌과 인식을 지워야만 한다.

「서비스 아메리카」의 공저자인 서비스컨설턴트 론 젬케(Ron Zemke)는 이런 감성적인 접근을 강조하고 있는데 고객의 감정 수준에 따라 사과와 공감을 적절히 배합할 것을 권고하고 있다. 이런 감성적인 접근은 진실로 고객의 입장을 이해하고 공감할 때 그 위력을 발휘한다. 그러나 만약 이것이 가식적인 표현에 그칠 경우, 고객은 오히려 더욱 분노하게 된다.

고객과의 공감대 형성을 위한 기술

- 고객의 이름을 호칭하라
- '죄송합니다만…', '감사합니다'와 같은 표현을 사용하라
- 고객의 요구를 거절하게 되는 경우, 충분한 이유를 설명하라
- 고객의 니즈에 지속적으로 관심을 보여라
- 고객의 느낌에 감정이입을 하라
- 고객에게 대안을 설명하라

잘못을 인정하고 사과하라

서비스맨이 실수한 경우 "그게 아니고… 원래는… 사실은…" 하고 변명을 늘어놓거나 직접적인 설명을 피하는 것보다 "죄송합니다, 제가 잘못했습니다" 하고 우선 정직하게 잘못을 인정하고 사과할 때 고객의 불만은 줄게 될 것이다.

대부분의 고객들은 서비스의 실패가 뚜렷할 때 더욱 그런 말을 듣기 원한다. 고객이 느끼고 있는 감정에 더욱 주의 깊게 귀를 기울여 인식하고 그 문제를 해결하도록 하는 것이 중요하다.

접수된 불만은 공정하게 처리하라

첫 대면을 성공적으로 진행했다 하더라도 공정한 대응에 실패하게 되는 경우, 고객들의 불만은 다시 증폭된다.

서비스회복 이론의 대가인 스테펜(Stephen)의 연구 결과에 따르면 서비스회복의 공정성 (Fairness)은 고객들의 만족도에 직접적인 영향을 미친다고 한다. 고객들이 중요하게 여기는 공정성은 크게 3가지로 나뉜다.

첫 번째는 과정(Process)의 공정성으로 고객들의 불만을 처리하는 과정에서 이용하는 방법이나 과정이 얼마나 공정한가에 대한 것이다. 두 번째는 결과에 대한 공정성을 들 수 있다. 이는 고객 자신이 구매한 제품이나 서비스를 다른 고객들과 비교했을 때 느끼는 공정성을 말한다. 마지막으로 대응(Interaction)상의 공정성을 들 수 있다.

고객들이 제기하는 불만을 체계적으로 정리하고 거기에 따른 회사 내부 방침, 자원 투입

의 수준을 연계시켜 고객서비스의 최전선에서 뛰고 있는 직원들에게 명확히 알려 줘야한다.

그리고 서비스회복을 담당하는 직원들은 그 순간 고객들을 속이려 해서는 안된다. 불만을 제기하는 고객들의 목소리를 경청하고 거기에 따른 회사의 방침과 수준을 자세히 솔직하게 설명해 주어야 한다. 기업에 대해 고객들은 항상 질책을 준비하고 있음을 명심해야한다.

고객불만을 혁신의 기회로 삼아라

서비스회복 활동의 실질적인 성공은 고객의 불만을 체계적인 분석을 통해 제품이나 서비스의 기획, 설계, 생산과 같은 비즈니스 과정과 시스템상에서 혁신으로 연계될 때, 비로소완성된다. 고객이 제기하는 불만은 기업에 있어 외면하고 싶은 숙제일 수도 있으나 동시에그것은 기업이 고쳐야 할 부분을 지적한 것이기도 하다. 고객들이 지적하고 불평하는 사항들을 인정하기는 힘들지라도 그것을 과감하게 인정해서 혁신의 기회로 삼아야 한다. 세계적인우량 기업으로 알려져 있는 3M의 혁신적인 상품들의 2/3 이상이 고객들의 불평에 귀를기울임으로써 생성되었다는 사실은 시사하는 바가 크다.

지금까지 서비스회복을 위한 성공 포인트를 살펴보았다. 서비스회복 활동은 초기 단계에서 실패했던 고객만족 활동을 보완해 주고 기업 내부 혁신 활동의 기회로 작용할 수있기 때문에 중요하다. 그러나 이런 활동들은 다른 경영 혁신 활동과 마찬가지로 경영진의강한 의지와 내부 구성원들의 높은 직무 만족도를 수반하지 않고서는 성공하기 힘들다.경영진은 서비스회복을 고객 담당 부서에 일임하지 말고, 직접 고객의 소리를 듣고, 현장에서 고객들을 만나야 한다. 내부 구성원, 특히 경영진이 고객의 생생한 목소리에 깨어 있고경청하는 기업은 머지 않아 고객들이 스스로 찾아오고 싶어하는 기업이 될 것이다.

memo

- '고객관계관리'의 의미는 무엇인가?

- 고객관계관리가 기업과 고객입장에서 어떠한 효익이 있는가?

- 불평고객이 서비스맨과 기업에 미치는 영향이 무엇인지 설명해 보라.

- 서비스회복의 중요성에 대해 설명하라.

- 서비스회복시스템의 단계를 설명해 보라.

Chapter 06

고객만족경영
(customer satisfaction management)

☻ Warm-up

- 고객의 입장에서 고객에게 친근하다고 느껴지는(고객 중심의) 회사인지 어떻게 알 수 있을까? 기업의 고객감동서비스 사례를 들어 설명해 보라.

- 기업의 서비스철학이 담긴 광고문구 하나를 예로 들고 설명해 보라.

- '고객의 감성을 자극'하여 '고객감동'에 이르게 하는 서비스에는 어떠한 것들이 있을까? 자신의 경험을 바탕으로 고객으로서 느꼈던 점을 적어 보라.

- 고객의 입장에서 좋은 기업이란 어떤 기업을 일컫는 것인가?

1. 고객만족경영의 개념

고객만족경영이란

고객만족경영(顧客滿足經營, customer satisfaction management)이란 경영의 모든 부문을 고객의 입장에서 우선적으로 생각함으로써 진정한 의미에서 고객을 만족시켜 기업의 생존을 유지하고자 하는 경영전략이라고 할 수 있다. 이는 상품과 서비스에 대해 고객에게 만족감을 주기 위하여 고객만족도를 정기적, 정량적으로 측정하고 그 결과에 따라서 제품과 서비스 및 기업 이미지를 조직적이고 지속적으로 개선해 가는 과정을 일컫는다. 기업환경이 무한경쟁시대에 접어들고 고객의 요구가 날로 고급화, 다양화, 개성화되는 요즈음 기업 위주의 사고에서 고객 지향적인 사고로 전환하여 고객만족경영에 관심을 집중하는 것은 당연한 일이다.

고객과의 거래는 단 한 번에 그치는 것이 아니라 일생 동안 계속되며 한 사람이 불만을 갖게 되면 주위의 모든 사람에게 영향을 미쳐, 결국 고객 한 명을 잃는 것이 아니라 수십 명을 잃는 결과를 낳게 된다. 이에 대해 고객만족경영은 고객이 제품 또는 서비스에 대해 원하는 것을 기대 이상으로 충족시킴으로써 고객의 재구매율을 높이고 고객의 선호가 지속되도록 하는 것이다.

고객만족은 결국 상품의 품질뿐만 아니라 제품의 기획, 설계, 디자인, 제작, 애프터서비스 등에 이르는 모든 과정에 걸쳐 제품에 내재된 기업문화 이미지와 더불어 상품 이미지, 이념 등 고차원적인 개념까지 고객에게 제공함으로써 소비자들에게 만족감을 제공하는 것이다. 따라서 고객만족경영은 시장점유율 확대나 원가절감이라는 단기적인 목표보다 고객만족을 궁극적 경영목표로 추구하는 것이다.

고객만족을 위해서는 고객이 기대를 충족시킬 수 있는 품질을 제공해야 하고 고객의 불만을 효과적으로 처리해야 한다. 또한 기업에 대한 직원의 만족이 필수적이므로 사원들의 복지 향상, 일체감 조성 등 사원만족도 아울러 뒤따라야 한다.

서비스산업은 제조된 물건을 판매한다기보다 고객과의 접점에서 서비스를 판매하는 것이다. 따라서 이 분야에 종사하는 사람들의 고객지향적 사고, 고객을 염두에 둔 고객만족을 위한 헌신과 노력이 서비스수준 향상에 절대적인 요소이다.

2. 고객만족경영전략

가. 고객만족경영의 조직화

'더 큰 만족으로 보답하겠습니다'
'품질로 인정받는 고객만족 ○○○'
'새해에도 고객만족 1위 기업으로 남겠습니다'

누구나 주위에서 위와 같은 구호와 광고를 볼 수 있다. 대부분의 기업, 정부기관 및 자영업자 등은 고객만족경영을 통해 고객만족을 달성하고자 노력하고 있다고 주장하지만, 제품 및 서비스를 사용하는 소비자들의 반응은 여전히 만족스럽지 않다.

'우리 회사는 고객만족 따윈 신경 쓰지 않습니다.'라고 주장하는 회사는 없다. 대부분의 회사들이 모두 고객만족을 부르짖지만, 간혹 '열심히 하겠습니다'라며 전단지를 나눠 주거나, 거북한 인사만을 열심히 하는 것을 고객만족경영이라고 생각하는 기업들도 있다.

이렇듯 고객만족경영을 인사 잘하기 운동, 미소짓기 운동으로 알고 있거나 고객만족에 관한 몇 번의 특강을 통해 이룰 수 있다고 생각하는 기업들이 있을지 모르나 고객만족은 말이나 구호 또는 광고를 잘 한다고 해서 달성할 수 있는 것은 아니다. 그렇다면 고객만족경영을 추구하는 기업, 정부기관 및 자영업자들이 제대로 실행하지 못하는 이러한 현상은 왜 나타날까?

'고객만족경영이 중요하다', '고객만족경영을 지금부터 우리 회사에서 하겠다'라는 즉, 목표(What)에 대해서는 자주 언급되나 왜 고객만족경영이 실행되지 않는지, 고객만족경영을 어떻게(How) 해야 하는지에 대한 이야기는 거의 없는 편이다. 그 이유는 목표를 정하는 일은 매우 쉽고 누구나 할 수 있는 일인 반면, 어떻게 하는지에 대해서는 잘 모르고 그러한 접근방법이 있는지도 제시되지 않기 때문이다.

물론 이전부터 고객의 만족을 경영의 궁극적인 목적으로 하여 실천해 온 기업도 있겠으나, 수많은 기업에서 표방하는 고객만족, 고객우선은 표면적 원칙으로서 기업 우선적인 경영을 해왔음이 사실이다. 고객만족을 실현하기 위하여 제일선에서 활약하는 직원을 적극적으로 지원하는 역할이 필요하다.

기업이 살아남기 위해서는 어떻게 하면 소비자가 좋아하는 물건을 만들 것인지, 가격을 저하시키기 위해 어떻게 기업 시스템 전체를 효율화시킬지, 요구사항도 많고 취향도 급변하는 고객을 어떻게 하면 만족시킬 것인지가 과제이다. 따라서 경쟁력 향상을 위해서는 기업 논리를 포함한 고객만족과 프로세스를 효율화시키는 것이 그 무엇보다 중요하다.

만족한 고객만 주머니를 연다

스웨덴 항공회사인 SAS는 1981년 오일쇼크에 따른 세계경기 침체로 심각한 불황에 빠졌다. 그해 8백만 달러라는 당시로서는 엄청난 규모의 적자를 냈다. 회사가 위기에 직면하자 이사회는 사장을 해임하고 계열사 대표를 맡고 있던 39세의 젊은 얀 칼슨을 신임사장으로 앉혔다. 당시 다른 항공사들은 에너지 비용을 줄이기 위한 "에너지 보더링(Energy Bordering)" 전략으로 위기를 극복해 나가고 있었다. 하지만 얀 칼슨은 정반대의 길을 택해 1년 뒤 괄목할 만한 성공을 일궈냈다. 매출 20억 달러에 7천1백만 달러의 이익을 낸 것. 게다가 유럽 최고의 "비즈니스맨을 위한 항공사"란 명성까지 얻게 됐다.

얀 칼슨이 적자 항공사를 흑자로 돌려놓을 수 있는 전략은 무엇일까.

한마디로 사람을 현혹시키는 철학, 다시 말해 "고객이 사고 싶어하는 것을 팔아라"는 그의 서비스마인드에서 비롯됐다. 그는 고객을 직접 만나는 직원들이 고객서비스보다는 개인적 업무에 정신이 팔려 있고 행정부서는 형식과 보고서에만 집중하고 있다고 SAS의 문제점을 분석했다. 따라서 그동안 쌓여 온 직원들의 고정관념을 바꾸는 것이 선결과제였다. 그래서 얀 칼슨은 직원들에 '고객중심'의 사고를 가질 것을 요구하고 실천해 나갔다. 얀 칼슨은 "고객중심 사고가 하부로 계통을 밟아 전달되기를 기다렸다가는 이미 정착도 되기 전에 게임이 끝날 것"이라는 생각에 직접 전 세계를 돌아다니며 2만여 명의 직원들과 미팅을 갖고 고객중심 사고만이 살 길이라는 것을 전파해 나갔다.

얀 칼슨이 실천한 가장 대표적인 고객서비스 프로그램은 BMA(Businessman's Airlines Project)였다. BMA는 스칸디나비아와 유럽대륙을 낮에 정기적으로 이용하는 비즈니스 클래스 고객을 위한 서비스다. 비즈니스 클래스 고객에게는 이코노미 고객과 달리 커튼이 쳐진 별도의 공간을 제공해 안락함을 제공하는 등 기존 요금으로 더 좋은 서비스를 제공했다. 또 하나는 '정시출발' 전략이었다. 비즈니스맨의 생명인 시간엄수를 위한 것이었다. 이 같은 서비스 등의 제공으로 3개월 만에 "유럽에서 시간을 가장 잘 지키는 항공사"라는 이미지를 만들 수 있었다.

서비스가 기업경쟁력의 핵심요소로 부각되면서 이 회사처럼 서비스품질을 높이기 위해 노력하는 기업들이 늘고 있다. 이를 통해 고객에게 회사의 이미지를 높여 매출향상을 가져올 수 있기 때문이다.

〈한국경제, 2004.06.14〉

나. 고객감동서비스의 실천

고객의 마음을 움직여라, 감동시켜라

이제 기업들 사이에는 '고객만족', '고객감동' 심지어는 '고객황홀', '고객졸도'라는 말까지 유행하고 있다. 이러한 용어들은 모두 '고객만족경영'이라는 이념에 근거하고 있다.

고객만족경영의 진리는 '기업의 위치가 아닌 고객의 위치에서 생각해야 한다'는 것이다. 고객의 위치에서 생각하면 기업의 크고 작은 전략이나 기업 간의 경쟁은 자신과는 전혀 상관없는 일처럼 보인다. 진정한 고객만족을 제공하려면 기업의 행동이 고객에게 과연 기쁨을 제공할 수 있는지를 먼저 고려해야 한다.

오늘날 고객의 기대수준은 점점 높아지고 있다. 그러므로 기업이 모든 시스템을 고객서비스 중심으로 바꾸어 나가는 일은 이제 선택이 아니라 생존 전략이다.

서비스는 고객만족을 높이기 위한 행동이다. 이런 의미에서 흔히 '서비스란 고객에게 봉사하는 일', '고객은 왕이다'라고 말한다. 서비스의 대상은 고객의 '마음'이며, 마음이 움직였을 때 사람은 만족을 느낀다. 사람의 마음을 움직이는 서비스가 진정한 고객만족을 제공할 수 있다.

고객을 자석처럼 붙게 하는 '마그네틱 서비스'를 하라

고객서비스 전문가인 칩 R. 벨(Chip R. Bell)과 빌리잭 R. 벨(Bilijack R. Bell)은 공동으로 저술한 저서 「마그네틱 서비스」에서 '만족한' 고객이 '헌신적인' 고객이 되도록 바꾸어 주는 방안을 '마그네틱 서비스'란 개념으로 소개한 바 있다.

이는 일반적으로 말하듯이 '찰싹 달라붙듯' 서비스해야 한다는 것으로서, 서비스 패러다임을 바꾸어 '오늘날의 고객은 예전과는 달리 선택의 폭이 넓어졌고, 요구 사항은 까다로워졌으며, 기준은 갈수록 높아지고 있다. 이런 때일수록 쉬지 않고 계속 끌어당기는 강력한 자석처럼 고객을 내 사람으로 유지시켜 주고 열광하게 만드는 마그네틱 서비스가 요구된다'고 강조한다.

고객의 기대와 희망은 언제나 변화하므로 서비스를 하는 주체의 입장에서가 아니라 서비스를 받는 고객의 입장에서 이 마그네틱 서비스의 본질을 이해하려고 노력할 때 고객의 헌신을 끌어낼 수 있다는 것이다.

> ✦ 서비스기업의 고객감동경영 사례에 대해 예를 들어 보시오.

3. 고객만족마케팅

가. 마케팅의 변천

최근 대두되고 있는 고객만족마케팅은 가치마케팅(value marketing)이라고 불리며 상품에 대한 신뢰성, 품질, 서비스, 만족도 등을 고객에게 확신시켜 주는 것이 핵심활동이다. 고객을 지속적으로 만족시키는 것이 바로 가치마케팅의 요체이므로 가치마케팅은 우선 고객만족을 보장하는 데서 시작한다. 가치마케팅은 마케팅 정보수집 시스템을 통해 고객의 욕구를 파악하고 그 다음 고객의 만족도를 측정한다. 그리고 신용을 쌓고 서비스 하부구조를 조직하며 고객과 깊고 지속적인 관계를 확립하려 한다.

마케팅 학자들에 따르면, 마케팅 관리 철학의 변천은 크게 나누어 생산개념 단계(Production Concept), 제품개념 단계(Product Concept), 판매개념 단계(Selling Concept), 마케팅개념 단계(Marketing Concept), 사회지향적 개념 단계(Societal Marketing Concept), DB/CRM마케팅개념 단계(Database/Customer Relationship Marketing Concept)로 발전해 오고 있다.

생산개념(Production Concept)은 수요와 공급의 관계에서 초과 수요의 시대에 기업의 마케팅 철학으로서 기업이 대중의 욕구를 충족시키고 이를 통해 후생 수준을 향상시키려면 부족한 물품을 공급하는 것이 기업과 마케팅이 봉사해야 하는 역할이라고 생각하던 개념이다. 이때 기업의 관심은 초과 수요를 메우기 위해 물품의 생산 확대, 즉 생산력 제고와 이를 시장에 어떻게 내보낼 것인가에 관심의 초점이 있었다.

제품개념(Product Concept)은 초과 수요 상태는 어느 정도 해소되었지만 소비자들은 여전히 좋은 품질과 성능, 그리고 혁신적인 특징만 있으면 그 상품을 좋아할 것이란 가정하에 기업이 채택한 개념으로 이때에도 여전히 더 나은 상품과 더 나은 개선에 기업의 관심이 집중되어 있었다.

판매개념(Selling Concept)의 시기는 생산에 대한 문제보다 계속해서 생산되는 제품의 시장 소비를 촉진하는 것이 기업의 주요 관심사였으며, 이러한 압력에 의해 강력한 판매 조직의 운영과 촉진 정책, 특히 광고를 비롯한 대량 판촉을 실시해 제품 재고의 소화에 전력을 기울였던 시기이다.

마케팅개념(Marketing Concept)시기는 위의 여러 단계를 거치면서, 그리고 경제 구조가 공급 과잉이 심화되고 경쟁이 치열해지는 환경 속에서 소비자의 욕구와 그들이 기대하는 만족을 경쟁자보다 효율적으로 전달하는 것이 기업 목적을 달성하는 데 중요하다는 것을 인식하면서 받아들여진 개념이다.

즉, 이때부터 비로소 소비자가 마케팅 활동의 중심에 놓이게 되었고 소비자의 만족을 통한 이익의 추구가 주요 개념이 된다. 따라서 만든 제품을 팔려고 노력하는 정도를 넘어서 시장이나 고객이 원하는 것을 찾는 것이 마케팅의 출발점이라고 인식하게 되어, 고객과 고객욕구를 우선시하고, 전사적·통합적 마케팅을 활용하고, 고객의 욕구를 충족시켜 주는 대가로 기업이익을 지향하게 된다.

사회지향적 개념(Societal Marketing Concept)은 기존의 마케팅 개념이 타깃(target) 소비자에 대한 만족을 위해 기업이 봉사하는 개념이라면, 사회적 마케팅 개념은 기업 활동 과정에는 기업의 목표인 고객만족만으로는 기업이 영속하는 데 부족하고 사회적 복지와 불특정 다수에게 영향을 미치는 생태적 영향(Ecology)에 대한 사회적 만족을 통해서만 기업이 존속할 수 있다는 인식에 기초한 마케팅 개념이다. 즉 '마케팅 개념＋장기적인 사회 복지'의 마케팅 사고 방식으로, 미래를 지향하며 소비자와 사회의 복지를 마케팅의 사고 방식에 도입한 것이다. 이 시기에는 마케팅의 윤리적인 측면이 더욱 부각되고 있다.

현재의 DB/CRM마케팅개념 단계(Database/Customer Relationship Marketing Concept)의 서비스에서는 고객과의 관계가 중요하므로 고객관계관리가 필수적이다. 따라서 고객관계에 초점을 맞춘 마케팅이 필요한 것이다. 새로운 고객만족 마케팅은 일회성 거래가 아닌 고객과의 관계를 형성, 발전 및 유지시키려는 것이므로 상호작용적 마케팅이 중요해진다. 여기에는 직원의 고객지향적 사고, 참여자로서 고객의 존재 및 역할, 그리고 서비스 환경이 주요 내용이 되므로 마케팅과 운영부문, 인사부문의 연계가 기본이다.

나. 고객만족마케팅의 유형

Chapter 04에서 살펴본 고객만족의 구성요소들과 관련하여 마케팅적인 측면에서 고객만족마케팅의 유형을 약속마케팅, 내부역량마케팅, 접점마케팅 등 세 가지로 정의할 수 있다.

약속마케팅은 고객만족에 대한 기업의 철학과 의지를 고객에게 약속하는 것이고, 내부역량마케팅은 고객에게 한 약속을 지킬 수 있도록 시스템과 프로세스를 구축하고 사원들의 지식과 능력을 키우는 것을 말하며, 접점마케팅은 기업이 고객에게 약속한 것을 직접 실행하는 것을 의미한다.

이와 관련하여 고객만족마케팅믹스는 기업 관점의 마케팅믹스인 4P(product, price, place, promotion)가 아니라 고객 입장의 마케팅믹스인 4C(Customer Benefit, Cost, Con-

137

venience, Communication)라고 보는 견해도 있다.

일반적으로 서비스산업에서 마케팅믹스 전략을 수행하기 위해 고려하는 7가지 요소는 다음과 같다.

Product(상품)

마케팅믹스 전략에서 가장 기본이 되는 요소로, 고객에게 팔려고 하는 상품을 말한다. 고객의 욕구를 충족시킬 수 있는 유형, 무형의 모든 것이 다 해당된다.

Price(가격)

서비스산업에서도 가격은 상품과 서비스의 효용 및 가치를 의미한다.

Place(장소 또는 유통)

상품과 서비스가 생산자로부터 최종 소비자에게 전달되는 구조적인 과정을 의미하며 서비스산업의 경우, 매장의 입지적인 측면으로 이해하면 된다.

Promotion(촉진)

현재의 고객과 잠재 고객에게 커뮤니케이션 활동을 전개하여 상품을 알리고 다른 상품과 비교하여 설득하고 소비자의 구매성향을 바꾸어 나가는 마케팅 활동으로 대인 판매 (Personal Selling), 광고(Advertising), 홍보와 선전(Public Relation and Publicity), 판매촉진(Sales Promotion) 등이 있다.

Personnel(Participant, People : 참가자)

합리적인 인사관리와 교육을 통한 서비스 질의 확보와 고객만족을 추구하는 마케팅믹스의 요소로, 서비스산업은 궁극적으로 서비스 활동에 참여하는 서비스 직원이 중요하다는 것이다. 여기서는 서비스 직원을 최초의 고객으로 보고 그들에게 서비스마인드나 고객지향적 사고를 심어 주며, 더 좋은 성과를 낼 수 있도록 동기를 부여하는 활동을 전개하는 것이 핵심이다.

Physical Facility(시설, 환경)

점포의 시설 이미지를 통해 고객에게 만족을 추구하는 마케팅믹스의 요소로 Physical

Evidence(서비스의 물리적 증거)라고 한다. 즉, 서비스의 물리적 증거는 서비스가 전달되고, 서비스 기업과 고객의 상호작용이 이루어지는 환경을 말한다.

외부환경은 신규고객 확보에 가장 큰 변수로 작용하는 시설의 외형, 간판 등의 안내표지판, 주차장, 주변환경 등이 속하며, 내부환경은 내부장식과 표지판, 벽 색상, 가구, 시설물, 공기의 질·온도, 향기 등이 해당된다. 그 외 물리적 증거로서 유형적 요소는 직원 유니폼, 광고 팸플릿, 메모지, 입장티켓, 영수증이 있다.

서비스에서 물리적 증거가 중요한 이유는 무형적인 서비스 상품이 어떤가를 고객이 결정하고 평가하는 데 도움이 될 수 있는 유형적 단서가 되기 때문이다. 즉, 고객은 눈에 보이는 가시적인 것에 의해 서비스를 평가하고 만족하는 경향이 많다.

Process Management(작업진행 관리)

지속적인 고객서비스의 원활한 흐름을 위한 시스템의 개발과 활용을 통해 고객에게 만족을 주는 마케팅믹스의 요소이다. 즉, 이것은 서비스 프로세스를 관리하는 것으로, 서비스가 전달되는 절차나 메커니즘 또는 활동들의 흐름을 의미한다. 대부분의 서비스는 일련의 과정(process)이며 흐름(flow)의 형태로 전달된다. 여기서 유의할 점은 서비스 프로세스의 단계와 서비스 제공자의 처리 능력은 고객의 눈에 가시적으로 보이므로 서비스 생산 프로세스를 설계할 때에는 프로세스에 대해서 고객이 느끼는 점들에 대해 특별히 주의해야 하고, 반드시 고객의 관점이 반영되어야 한다.

다. 감성마케팅

1978년 미국국립표준위원회(ANSI : American National Standards Institute)에 의해 처음 공식적으로 '품질(quality)'에 대한 정의가 내려졌을 때는 제공되는 제품이나 서비스의 특징, 특색에 따라 품질의 좋고 나쁨이 결정되었으나 1980년대 말에 들어서 '고객의 기대수준을 충족시키거나 초과하여 기쁨을 주는 상태'로 정의 내릴 수 있다. 그러나 밀레니엄시대에 들어서서는 '인간 본연의 정서에 얼마나 맞추었는가?' 하는 하이터치(high-touch)적 서비스의 개념이다. 고객만족이란 제품이나 서비스가 고객의 기대 및 요구에 부응하는 것뿐만 아니라, 미처 표현하지 않는 마음속까지 읽어낼 때 자연스럽게 이루어지는 것이다.

21세기는 문화의 경쟁시대라고 한다. 부드러움이 딱딱함을 이기는 시대이다. 사람들의 육체적 힘과 논리보다 감성과 상상력 그리고 부드러움이 세상을 지배하는 시대가 온 것이다. 모든 기업들은 지금 감성화, 상상력, 그리고 부드러움을 향해 고객의 마음을 움직이고

자 치열한 경쟁을 벌이고 있다.

서비스 특성의 한계를 넘어라

'서비스는 필링(feeling)이다.'

서비스는 만질 수도 무게를 잴 수도 없다. 과연 서비스는 이성적이라기보다 감성적이다. 서비스란 고객을 만나기 전부터 시작되며 고객의 보이지 않는 마음까지 읽어내야 하는 고도의 감성 테크닉이다. 최상의 서비스는 항상 고객 입장에서 느끼고, 생각하고, 행동하는 데서 나온다.

고객에게 감동을 주는 서비스에는 그 방법에 한계가 없다. 서비스맨의 마음을 전하고 표현하고자 하는 고객 감동을 위한 포괄적인 노력이 필요하다.

언제, 어디서, 누구를 만나든 최고의 서비스를 제공받으면서 고객은 감동하게 된다. 병원에서는 편리한 시설이나 깨끗한 환경도 물론 중요하지만 환자의 이야기에 귀 기울여 주고, 마음에서 우러나오는 상담을 해주는 서비스가 환자의 마음을 더 움직이며 이를 통해 치료 효과도 더욱 높아질 수 있을 것이다.

고객의 삶의 수준은 매일 달라지고 있으며 기대수준 또한 하루가 다르게 높아지고 있다. 이제 고객의 감성적인 요구와 기대를 충족시킬 수 있는 기술이 요구된다. 감성에 호소하여 감동할 수 있는 혁신적인 아이디어로 고객에게 다가설 수 있어야 한다. 고객의 기대수준을 뛰어넘는 놀라운 서비스를 체험한 고객은 구전효과를 발생시켜 홍보효과를 가져올 뿐 아니라 고객충성도를 보일 것이다.

성공적인 서비스는 효과적인 의사소통 기술, 긍정적인 태도, 인내심, 기꺼이 고객을 돕고자 하는 마음 등을 통해 이뤄질 수 있다.

가령 전자제품을 수리하기 위해 서비스센터에 전화를 건다고 가정해 보자. 두서너 번의 전화벨 소리 다음에 디지털 음성이 들린다. 고객을 확인한다는 이유로 요구하는 것도 많다. 그리고 그들이 정해 놓은 서비스 카테고리를 골라 해당 번호를 누르라고 한다. 하지만 가장 마지막에 가서야 "상담원 연결은 0번"이라는 멘트가 나온다. 상담원과 연결된 후에도 마찬가지이다. 수없이 많은 질문에 대답을 하고서야 원하는 서비스를 받을 수 있다. 이런 현상이 가속화되면서 고객들은 획일적이고 기계적인 서비스에 식상해하기 시작했다. 고객은 새로운 서비스를 원한다.

이제 싸늘한 기계음이 사람이 하는 서비스를 대치할 수는 없다. 기술의 발전, 특히 디지털 기술의 발전을 기업의 생존을 위한 목표라고 생각해 왔던 기업으로서는 소비자의 갑작

스런 변화의 요구에 부응해야 한다.

고객의 요구를 무조건 만족시켜라. 따분한 기계음이 아닌 환하게 웃는 얼굴로 고객의 불만을 녹여라. 기업의 성장 가능성은 서비스를 받고 웃으며 돌아가는 고객의 숫자와 비례한다.

사람들의 마음을 사로잡는 감성의 힘

우리는 사람들 속에서 살아가고 있으며, 사람들과 좋은 관계를 맺으면서 원만하고 행복한 삶을 누리기를 희망한다. 그러나 실제로 성공적인 인간관계를 맺는다는 것이 결코 쉽지만은 않다. 자기 자신과 다른 사람들의 감정을 읽어내고 이해하며, 평정심을 유지하면서 사람들의 마음을 이끌어 낸다는 것은 힘든 일이기 때문이다. 이때 감성의 힘을 이용하면 얼마든지 자신이 원하는 방향으로 사람들의 마음을 이끌 수 있다.

서비스라는 무대에서는 고객이 주인공이다. 고객의 마음을 따라가라. 진정한 서비스를 제공하고자 한다면 고객과 함께 기쁨과 고통을 나누어야 한다. 말 한마디라도 고객의 입장에서 생각하여 하는 것이 중요하다. 고객의 입장에 서게 되면 누구나 감성적이 된다. 서비스는 이 감성에 부응해야 한다. 서비스는 누군가의 잘잘못을 따지는 일이 아니고 상대를 이해하려는 마음에서 출발해야 한다. 고객의 감성을 이해하게 되면 서비스는 보이게 마련이다.

서비스정신은 '역지사지'라고 했다. 이제는 입장을 바꾸어서 생각할 뿐 아니라 마음까지 바꾸어 생각해 보자. 고객이 행복해야 서비스하는 직원도 행복하기 때문이다. 감성으로 감동을 창조할 수 있다.

합리적인 고객도 결론은 감성적이다

사람이 어떤 것을 구매하려고 할 때 합리적으로 생각할 것이라는 그 믿음 때문에 서비스맨은 상대방을 논리적으로 설득하려고 애쓰게 되는데, 과연 고객은 무엇을 구매하기 위한 결심을 합리적으로 하는 걸까?

자신이 무엇을 구매할 때 의사결정을 했던 여러 경험을 생각해 보면 그 답을 알 수 있다. 써 본 적이 없어서 품질을 확신하지 못하는데도 자신이 좋아하는 사람이 그 물건을 쓰고 있기 때문에 샀던 경험, 유명 브랜드는 아니지만 판매사원이 참 인상이 좋고 친절하기 때문에 샀던 경험 등 이것저것 비교할 때에는 합리적으로 생각하고 판단하지만 마지막에 선택하거나 결정할 때에는 감성적인 요인이 더 크게 작용한다.

"하신 말씀을 잘 알겠는데, 아는 분께서 소개해 준 영업사원한테 사야 해요. 그분 체면을 봐서라도…"라든가 "정말 좋은 제품이군요. 하지만 기존 거래처하고 오랜 관계를 하루아침에 끊을 수는 없지요" 등등 이치에 맞지 않게 결정하는 고객이 있지 않은가.

결론적으로 말해서, 생각은 합리적으로 하더라도 결정은 감성적으로 끝나기도 한다. 인간은 합리적인 동물이기도 하지만 감성적인 동물이기 때문이다.

서비스맨의 접근방법이나 설득방법이 너무 논리적인 측면으로 유지되면 고객의 감성이라는 방어벽을 넘어가기 힘들다. 그러므로 설명하고 설득하는 단계에서는 합리적으로, 구매를 권유하고 약속을 받아내는 클로징 단계에서는 감성적으로 행동할 필요가 있다. 고객서비스에 있어서 고객은 합리적이지만은 않다는 것을 염두에 두면 서비스에 성공할 가능성이 높다.

감성마케팅으로 승부하라

요즘 '감성'이란 단어가 사회의 화두가 되고 있는 이유는 아마 현대 사회가 인간중심적 사고를 바탕으로 창의와 개성이 중시되는 방향으로 변화하고 있기 때문일 것이다.

예로부터 마케팅의 변화를 리드하는 기업에게는 성공이 보장되었고, 그 변화를 읽지 못하거나 따라가지 못하는 기업은 오래 살아남을 수가 없었다. 그러나 더욱더 중요한 것은 시간이 지날수록 마케팅의 변화 속도가 점점 더 빨라지고 있다는 것이다. 이론으로만 존재했던 것들이 바로 현실화되고 있으며, 정착하자마자 전체 분위기를 휩쓸고 있다. 현재 그 변화의 주인공이 바로 감성마케팅(emotional marketing)이다.

감성마케팅은 한마디로 소비자들의 감성에 어울리는 혹은 그들의 감성이 좋아하는 자극이나 정보를 통해 제품에 대한 소비자의 호의적인 감정 반응을 일으키고 소비 경험을 즐겁게 해줌으로써 소비자를 감동시키자는 것을 목표로 하고 있다. 여기에 덧붙여 마음에서 우러나오는 서비스로 고객의 감성을 움직이자는 것이다.

감성마케팅은 인간이 다섯 가지 감각(시각, 청각, 미각, 후각 촉각)에 기초하여 정보를 받아들인다는 점을 핵심으로 하여 이러한 감성적 측면을 강조한 혹은 감성적 측면에 소구하는 마케팅으로서 시각마케팅 · 청각마케팅 · 후각마케팅 · 미각마케팅 · 촉각마케팅 · 체험마케팅 등이 있다.

고객의 오감을 만족시켜라

감성마케팅이란 눈에 보이지 않는 감성이나 취향을 눈에 보이는 색채, 형태, 소재를 통해 형상화시키는 것을 말한다. 이러한 감성마케팅의 특징은 자극을 통해 소비자들의 무의식적 반응을 이끌어 내고 이를 매출 증대로 연결한다는 데 있다. 직관과 이미지를 중시하는 감성을 자극하는 편이 좀 더 쉽고 직접적으로 소비자를 사로잡을 수 있다는 장점 때문에 최근 업계에서는 이러한 감성마케팅에 주목하고 있다.

최근 병원들도 크게 달라지고 있다. 특히 몇몇 특정과목 전문병원의 경우 호텔이나 고급 카페에 들어온 듯한 착각을 일으킬 정도로 시설을 고급스럽게 특화시킨 곳이 많다. 그런데 단순히 시설을 고급화하는 것만으로는 고객의 감성을 자극하는 데 한계가 있으므로 고객을 중심에 놓고, 고객이 만족할 만한 요소들을 시각, 청각, 후각, 미각, 촉각 등으로 구분하여 접근하는 감성마케팅에 대한 관심이 고조되고 있다.

감성지능을 개발하라

심리학 박사 존 이튼(John Eaton)과 로이 존슨(Roy Johnson)은 감성의 힘을 강조하며 감성지능과 교육, 커뮤니케이션 및 리더십 분야에서 혁신을 일으킨 바 있다. 그들은 감성지능이 높은 사람은 감성적으로 둔감한 사람에 비해 훨씬 삶을 활기차고 성공적으로 이끌어 나간다고 하였다.

감성지능의 핵심 기술은 사람들의 마음 읽어내기, 균형과 자신감을 가지고 행동하기, 감정 조절하기, 설득하기, 감정이입, 통찰력에 의한 의사 결정, 그리고 갈등 조정 등 일곱 가지이다. 이러한 기술을 익히는 과정에서 중요한 것은 너그러움, 유연성, 유머, 단호함, 창조성, 열정 등을 갖추어야 한다는 것이다.

또한 이들은 감성지능을 높이기 위해서 몇 가지 조건이 있다고 말한다. 첫째, 자기 관리를 철저히 하라, 둘째, 사람들의 마음을 파악하라, 셋째, 설득력을 발휘하라, 넷째, 갈등을 해결하라, 다섯째, 영향력을 확대하라는 것이다.

이 다섯 가지 조건을 훈련을 통해 단계별로 충족시켜 나가다 보면 어느 순간 자신이 상대방의 감성을 이해하고 인정하면서도 자신의 주장을 버리지 않는 기술, 즉 감성지능을 가진 사람이 될 수 있다는 것이다. 이러한 감성지능을 개발하면 틀림없이 직장 생활이나 개인 생활 모두가 풍요로워질 것이다.

감성경영을 실천하라

감성경영이란 기업 구성원들의 감성지능을 끌어올리는 한편 소비자들에게 감성마케팅을 통해 접근해야 하며 이를 위해 감성리더십을 갖춰야 한다는 것이다.

감성경영의 원리는 인간의 감정을 자극하여 어떠한 행위로 이어지도록 만드는 것이다.

최근 부각되고 있는 감성경영은 바로 이러한 회사와 일상을 따스하게 보듬고, 함께 가는 우리의 모습에 대한 비전을 제시하며 더욱 따뜻하고, 재미나며, 열정적인 회사로 탈바꿈하도록 노력하고 있다. 바로 옆의 동료와 상사, 부하직원과 함께 서로의 따스한 정을 나누고 돈독한 사람세상을 실천하는 데 감성경영이 자리하고 있으며, 이것이 성과로 연결될 때 더욱 동기부여가 되는 것이라 할 수 있다.

이처럼 고객과 직원을 감동시키고, 그들의 감성을 읽어내는 시도들을 계속하는 기업들이 많아지고 있다. 회사의 경쟁력을 좌우하는 사원들의 창의력과 고객 감동을 위해 최근 조직의 리더들은 조직 내 신바람 운동과 열정적 분위기 조성, 감성에너지를 모으는 팀워크를 구축하여 감성마인드에 의한 감성리더십으로 승화시킴으로써 장기적이고 지속적인 조직 성과의 향상으로 연계시키고자 한다. 감성경영의 실천은 CEO의 사회적 영향력과 동일시되는 시대가 되고 있다.

이러한 맥락에서 서비스산업에 근무하는 서비스접점의 고객을 응대하는 서비스맨의 자세도 감성적이어야 함은 너무나 당연한지도 모른다. 특히 시대적 흐름에 부응하여 고객서비스를 감성적으로 접근하여 인적서비스 개발과 향상을 위한 노력이 필요하며, 이는 일선 서비스 현장에서 서비스 종사원이 고객만족을 스스로 추진할 수 있는 자세와 행동의 변화를 갖도록 하는 데 유효하다.

이제는 고객에게 깊은 감동을 주는 서비스로 가치를 높이는 기업들이 각광받는 시대가 왔다. 이제 감성은 선택이 아닌 필수다.

❖ 서비스 기업의 감성경영 사례에 대해 생각해보시오.

4. 고객만족경영 실천원칙

서비스기업의 고객만족경영 특징을 살펴보면 뛰어난 서비스 조직은 다음과 같은 특성을 갖고 있으며 이는 곧 고객혁명시대의 생존 전략이라고 할 수 있다. 개념상으로는 단순하고 이해하기 쉽지만, 현실에 적용하려면 무한한 노력이 필요하다.

가. 조직 전체의 고객지향적 사고

고객을 조직피라미드의 꼭대기에 두어라

'고객지상주의', '품질경영', '고객의 가치창조' 또는 '고객만족경영' 등 고객지향적 경영의 중요성에 대해서는 논란의 여지가 없을 정도로 급속하게 번지고 있다. 대기업, 중소기업을 불문하고 또한 서비스업과 제조업의 구분없이 많은 기업들이 고객의 중요성을 깨닫고 고객만족부서를 신설한다든지, 고객만족 캠페인을 벌인다든지, 고객의 소리를 듣는 여러 제도를 마련한다든지 하는 등 바야흐로 고객만족 전성시대라고 해도 과언이 아닐 정도로 고객지향적 마케팅사고가 붐을 일으키고 있다.

이러한 현상은 고객이 바로 기업의 생존을 좌우한다는 '고객의 심판'에 대한 기업의 인식과 자각을 반영하는 것으로 볼 수 있다. 또한 고객서비스의 적용 범위도 서비스업종은 물론 제조업과 정부, 지방자치단체, 공기업 등의 공공분야까지 아우르며 이제 특정 산업분야만이 아닌 모든 산업이 상품을 팔면서 서비스를 파는 서비스업으로 인식되고 있는 것이다.

'고객지향적 사고'란 학술적 정의로 '고객의 욕구를 찾아서 이것을 만족시킴으로써 조직의 목표를 달성하려는 이념'이라고 정의할 수 있다. 구체적으로 고객지향적 경영이념은 고객의 욕구와 필요를 찾아서 이것을 충족시켜 줄 수 있는 제품과 서비스를 제공함으로써 고객의 만족을 최대화하고 이러한 고객만족의 결과로 기업의 목표인 이익극대화를 달성하려는 경영이념을 가리킨다. 「Moments of Truth」의 저자인 얀 칼슨(Jan Carlzon) 스칸디나비아항공 사장은 "고객이 진실로 원하는 바를 알아낸 후에는 여러분의 사업목표와 전략을 고객이 원하는 방향으로 돌릴 수 있다. 목표나 전략이 무엇이든 반드시 고객지향적이어야 한다"고 하였다.

즉, 고객을 주인으로 모시는 기업이 되어야 한다.

고객을 주인으로 대하기 위해서는 직원들이 기업을 위해서 일한다기보다 고객을 위해서 일한다는 태도를 가져야 한다.

대부분의 기업에서 담당 부서 직원만의 업무로 고객업무를 평가하는 경향이 있으나 고객을 위해서라면 사내 어느 부서에 근무하는 그 누구라도 항상 고객을 위해, 고객에 대해 준비해야 한다. 한 개인이나 담당부서만의 일이 아닌 전사적으로 고객지향적인 서비스시스템을 도입해야 한다. 조직의 모든 업무가 고객 중심이며 직원 모두가 고객을 위해 존재한다는 사고가 우선되어야 한다.

> ✥ 서비스기업이 고객지향적 사고를 업무에 적용한 사례는 어떠한 것이 있는지 생각해보시오.

회사 내부에 서비스문화를 만들어라

회사 내부 서비스문화의 각각의 요소는 고객에게 영향을 미치고 고객서비스의 성공과 실패를 결정짓게 된다. 여기서 서비스문화란 회사의 서비스철학, 정책과 절차, 경영진의 지원, 전달체계, 직원의 역할과 기대, 직원에 대한 동기부여와 보상, 훈련 등을 들 수 있다.

칼 알브레히트(Karl Albrecht)는 조직 외부에서 양질의 서비스를 제공하려면 먼저 조직 내부에 양질의 서비스를 제공할 수 있는 체제를 구축해야 한다고 하였다.

고객은 서비스를 제공하는 직원이 서비스문제를 처리하는 과정을 겪으며 그 회사의 문화를 경험하게 된다. 겉으로는 여기저기 '고객제일주의' 포스터를 걸어놓고 실제 고객이 직원과 접촉할 때 부정적인 태도를 보인다면 역시 그 회사의 서비스문화 정도를 의심하게 될 것이다. 고객접점에 있는 모든 직원들에게 고객의 질문에 응답하고 도움을 주도록 하고 불만족스러운 고객을 다루는 방법에 대해 가르쳐 고객감동을 이끌어 내는 노력이 필요하다.

고객이 주역이 되는 전략을 세워라

서비스철학은 '섬기는 리더십'이며 바로 고객서비스의 핵심전략이기도 하다. 우선 기업의 서비스 역량을 고객의 기대에 맞춘 다음 고객 최우선을 통한 경쟁우위 확보를 목표로 삼아 이를 전체 조직에 확산시켜야 한다. 즉 고객이 주역이 되어 실천하는 명확한 서비스 전략을 가져야 한다는 점이다. 서비스 전략이란 경쟁사와 차별화되는 요소를 말하며, 조직 내 사람들의 관심을 고객이라는 우선순위로 향하게 해준다.

고객지향적 조직이 되기 위해서는 고객이 주역이 되는 조직이 되어야 한다. 기업의 서비스역량을 고객의 기대에 맞춘다. 고객만족경영이 실질적으로 이루어지기 위해서는 먼저 고객지향적 사고가 무엇을 의미하며, 왜 고객지향적으로 사고의 전환을 해야 하는지 그리고 고객지향적으로 했을 때 어떻게 달라지는지에 대한 조직구성원들의 정확한 이해가 있어야 할 것이다. 고객 중심의 기업이 지향하는 궁극적인 목표는 고객이 원하는 환경을 계획해서 창조해 내는 것이다.

조직이 근본적으로 변하지 않으면 아무리 품질을 개선하고 향상된 기술을 개발한다 해도 진정한 서비스의 제공을 통해 얻을 수 있는 성공에는 훨씬 미치지 못한다는 것이다. 「최고의 고객만들기」의 저자 캔 셸턴(Ken Shelton)에 따르면 현재와 미래의 모든 생산성 및 품질개선 전략은 결국 하나로 귀결된다. 바로 '고객의 필요를 찾아 만족시키라'는 것이다. 흔히들 고객의 필요가 있을 때 단지 그 사안 하나에 대한 해결책을 제시하는 수준에서 멈추는데, 이럴 경우 더 중요한 부가가치를 창출할 수 있는 기회를 놓치게 된다.

노드스트롬, 아메리칸 익스프레스, 월트 디즈니, 맥도날드, 페더럴 익스프레스, 아이비엠 등 세계적인 기업들은 바로 고객을 만족시키면 그만한 보상이 돌아온다는 사실을 알고 '고객만족'을 넘어 '고객감동' 경영을 하고 있는 것이다.

퍼포먼스 리서치 어소시에이츠의 칩 R. 벨(Chip R. Bell)은 "고객을 믿어라. 때로는 고객이 여러분을 이용하려 할지라도 신뢰감을 주어라. 그러면 여러분은 성공할 수 있다"고 강조한다. 훌륭한 서비스의 핵심은 고객을 신뢰하는 것이며, 신뢰받은 고객은 회사의 마케팅 직원이나 다름없다는 것이다.

스튜 레오나드 그로서리 스토어의 스튜 레오나드 주니어 사장은 '고객은 항상 옳다'면서 직원들에게 'YES철학'을 심어 준다. Y(you, 너)는 고객의 입장에서 생각하고, E(encourage, 격려)는 고객이 우리의 제품이나 서비스, 직원에 대한 불만을 말하도록 격려하며, S(sup-port, 지지)는 직원들이 책임자로부터 전폭적인 지지를 받아 자신의 위치에서 스스로 결정을 내릴 수 있다는 의미이다.

고객의 기대와 요구를 서비스에 적용시켜라

어느 대학교 앞 중국음식점 배달원은 주고객인 학생들이 음식을 주문할 때 항상 다음 수업시간에 쫓긴다는 점과, 메뉴를 선택할 때 자장면과 짬뽕 중에서 무엇을 주문해야 할지 고민한다는 점을 파악하였다. 그러자 그는 그 지역 중국음식점 배달원 중에서 가장 빨리 배달하였고, 또 자장면에 짬뽕국물을 서비스함으로써 고객의 욕구를 만족시켰다고 한다. 후에 그 배달원은 매우 유명한 CS강사로 변신하였다.

　　훌륭한 세일즈맨의 공통점이 뭐라고 생각하는가? 자사 제품에 대해 잘 알고 설명을 잘 하면 좋은 영업사원일까? 그보다는 고객의 니즈를 잘 파악하여 거기에 대응을 잘 하는 사람이 훌륭한 세일즈맨이다.

　　고객만족은 고객의 니즈를 파악하는 데서 출발한다. 고객은 우리 제품에는 아무 관심이 없다. 자신들의 고민거리와 관심에 모든 에너지를 사용한다. 세일즈맨은 설명을 하는 사람이 아니다. 고객에게 무엇이 필요한지 질문을 하는 사람이다.

　　고전적인 사례로서 1920년대 GM사가 포드사를 추월할 수 있었던 것은 포드사의 검정색 자동차에 식상한 소비자들이 검정색 외에 다른 색깔의 자동차를 원하고 있는 것을 알아냈기 때문이다. 고객지향적인 기업은 소비자와 항상 밀접한 관계를 유지함으로써 고객의 기호와 요구변화를 알 수 있고 고객이 원하는 것을 생산함으로써 고객의 기대를 충족시킬 수 있다.

　　고객만족경영의 목표는 재구매이다. 많은 기업들이 고객만족조사를 한다. 예를 들어, 조사결과 '만족한다'고 응답한 고객의 40%만이 재구매를 했다면 만족은 했으나 재구매를 안 했다는 것은 무슨 의미일까?

　　그들이 생각하는 만족은 "참을 만하다, 나쁘지는 않았다"는 것이다. 무언가 불만이 있다는 의미이다. 그것을 찾아내 재구매와 연결시키는 것이 참다운 의미의 고객만족이다. 그저 만족했다는 것으로는 충분하지 않다. "대단히 만족합니다. 더 이상 좋을 수 없습니다. 이 이상의 서비스를 받아 본 적이 없습니다"라는 얘기가 나올 때 비로소 재구매와 연결이 되는 것이다.

고객의 입장에서 보는 눈높이가 중요하다

　　간단한 듯 보이는 간판용어지만, 표 파는 곳, 현금 자동지급기, 버스 정류장, 신차발표회의 특징은 고객 입장이 아닌 기업 입장에서 보았다는 것이다. 이것은 표 사는 곳, 현금 출금기, 버스 승강장, 신차 관람회로 바꾸어야 한다.

　　항상 역지사지의 생각으로 고객 입장에서 바라보는 노력이 필요하다. 그런 의미에서 어느 식당 입구에 써 붙여 있는 "분실한 구두에 대해서는 책임지지 않습니다" 같은 말은 어떻게 느껴지는가?

고객만족을 위해 고객을 교육시킨다

　　미국의 TARP(Technical Assistance Research Programs) 보고서에 따르면 고객불만의

원인 중 1/3가량은 고객 자신 때문에 일어나는 문제라고 한다. 즉 급속히 발전하는 기술에 의해 제공되는 서비스의 다양한 설비와 체계 등을 제대로 인지하지 못한 고객들은 오히려 불만을 갖게 될 수 있다.

특히 관여도가 높은 상황일 때, 즉 비용이 많이 드는 병원서비스의 경우 서비스 제공의 효율성을 위해 초보 고객에게는 진행과정에 대한 개괄적 설명이나 정확한 교육이 필수적이다.

조지프 슘페터(Joseph Schumpeter)는 "좋은 비누를 생산하는 것만으로는 (기업의 성공을 이루기에) 충분하지 않다. (비누를 많이 팔기 위해서는 먼저) 소비자들에게 몸을 씻어야 할 필요성을 알리는 것이 중요하다"라고 하였다. 성공적인 기업경영과 고객만족을 동시에 추구하기 위해 고객교육이 필요한 요소이다.

고객만족을 위해 고객은 서비스의 공동생산자로서 역할을 수행할 수 있어야 한다. 고객이 원하는 서비스를 제공하는데 있어서 제공자와 고객 모두가 충분한 능력을 갖추고 있어야 하므로 양질의 서비스제공에는 교육받은 고객이 필수조건이다.

나. 철저한 고객관계관리

고객접점(MOT)을 관리하라

서비스 기업의 고객만족경영 실천원칙은 고객접점(MOT)에 대해 완벽하게 이해해야 한다는 점이다. 진실의 순간은 고객이 서비스품질에 대한 강한 인상을 가지게 되는 시점을 의미한다. 바로 어느 한 순간에 고객의 인정을 받을 수도 있고 반대로 고객의 신뢰를 잃을 수도 있기 때문에 기업은 고객과의 접점의 순간을 정확히 파악하고 있어야 한다.

그러므로 거창한 구호나 플래카드보다 고객접점의 위치에서 고객만족이 이루어지도록 노력해야 한다. 대면 고객접점에 위치한 서비스맨은 고객만족의 성패가 실제는 자기 자신에 의해 결정된다는 신념을 갖고 접점의 중요성을 바르게 인식하고 그 역할과 책임을 다해야 한다.

서비스란 고객과 관계를 맺는 일이다

불경기에도 유난히 장사가 술술 잘 되는 가게가 있다면 도대체 어떤 특별한 것이 있어서 그런 걸까. 여기에 바로 장사의 원리원칙이 있는 것이다.

어떤 고객은 좌우 발 크기가 달라 구두를 사기 늘 곤란했었다고 한다. 그런데 어느 백화점에서 차이가 나는 발 크기에 맞게 짝짝이 사이즈로 바꿔 줘서 그 고객은 크게 감동하게 되었고 이후 그곳의 단골이 되었다. 불황이라고 해서 고객은 무조건 돈을 쓰지 않는 것이 아니다. 저렴한 가격뿐만 아니라 이렇게 고객을 감동시키는 최고의 서비스를 기대한다.

'상품이 팔리지 않는다'고 불평하지 말고 '살 만한 상품이 없다'는 사실을 알아야 한다. 팔리는 상품만을 만드는 데 급급하여 어떻게 팔지 생각하지 않기 때문이다.

고객은 작은 차이도 느끼는 금저울과 같다고 한다. 가격이 조금이라도 저렴하거나 서비스가 좋아도 한쪽으로 마음이 기운다는 의미다. 고객은 서비스나 상품의 종류, 가격에 대해 민감하게 반응한다.

고객관리능력은 기업의 경쟁력이다

얼마나 많은 고객을 확보하고 있는가, 각 고객과 얼마나 오랫동안 관계를 유지하고 있는가, 고객 1인당 매출 증가는 얼마나 되는가, 새로운 고객을 유치하는 데에는 비용이 얼마나 드나, 고객 유지 능력은 어느 정도나 되나 등의 고객 관계가 사업에서 중요한 위치를 차지하기 시작했다.

과거에는 지속적으로 고객에게 서비스를 제공할 방법이 없었다. 고객에 대한 정보가 있어도 어떻게 서비스를 실시해야 할지를 모르고 있는 것이다. 어떠한 방향으로 고객을 만족시킬 것인지에 대한 대책이 없다면, 아무리 좋은 투자라도, 그 무엇이라도 무용지물이 될 것이다. 지속적인 관리 방안을 통한 장기적인 계획수립을 통해 고객을 관리해야 한다. 궁극적인 목표는 고객의 경험을 전략적으로 관리하고 고객과의 관계를 갖는 것이다.

고객충성도를 결정짓는 가장 중요한 요소인 고객 경험 관리는 대부분 조직의 몫이다. 조직은 긍정적인 경험을 창출하여 고객을 만족시키고 서비스를 차별화하는가? 관리자들은 개인적으로 고객과 접촉하거나 결정적인 순간을 점검, 관리하는가? 경영전략에 고객 경험을 관리하는 것은 어느 정도 포함되는가?

고객 경험의 관리에 큰 관심을 기울이고 이를 전략에 적극 반영한다면, 그로 인해 얻는 이득은 매우 크다. 이런 방법을 이용하는 조직은 경쟁에서 자신을 차별화할 수 있고, 고객의 충성을 얻고 유지하는 데 있어서도 다른 업체보다 우위에 설 수 있을 것이다.

항상 고객 경험을 모니터하고 개선하라

고객만족경영 시대에는 고객들의 눈이 아니라 마음을 잡아야 한다. 서비스 마음가짐은 꾸준하되 서비스는 나날이 발전하고 새로워져야 한다. 고객은 시간이 흐를수록 새로운 서비스 더 나은 서비스를 요구하기 때문이다. 그렇지 않으면 고객이 외면하게 될 것이다.

고객관계는 고객 경험의 축적에 의해 이루어지며 고객들은 브랜드에 대해 좋거나 나쁜 경험을 갖고 있게 마련이다. 홈페이지를 방문하고 전화를 걸고 광고를 보고 제품을 사용하고 판매인을 만날 때마다, 그들은 브랜드와 관련된 고객 경험을 하는 것이다. 이러한 경험들은 기업에 대한 신뢰를 강화시키거나 약화시키는 작용을 한다. 고객만족경영에 성공하려면 고객 경험을 신중하게 관리함으로써 고객 신뢰를 형성하고 유지하는 방법을 알아야 한다.

고객과의 쌍방향 소통을 가능하게 하는 첨단 기술들 덕분에, 최근에 와서야 모든 고객과 따로따로 관계를 형성하는 일이 가능하게 되었다. 고객들이 얼마나 만족스러워하는지를 세심하게 평가함으로써 브랜드나 제품이나 회사에 관한 고객들의 경험을 지속적으로 개선 시킬 수 있다. 고객 경험의 중요성을 제대로 이해하는 사람들은 현장을 돌아다니면서 비행 기 연착, 재고 부족, 시간 지연, 웹사이트 운영상황 등 고객에게 영향을 미칠 수 있는 여러 업무과정들을 열심히 모니터한다.

고객관계관리(CRM) 시스템을 설치한 것으로 만족해서는 안된다. 그것은 고객을 구별하 고 고객과 접촉하는 일에 도움이 되는 도구이다. 고객관계관리 시스템을 설치한 이상 고객 들을 계속 만족하게 만들어야 하는 것은 기업의 몫이다. 고객 경험을 중시하는 기업들은 하루 종일 고객 경험을 모니터하고 측정하고 분석하고 있다.

다. 시스템적 사고와 현장중시 행동

조직에는 업무 부서라는 장벽이 존재하며 이로 인해 업무의 공조가 어려운 경우가 다반사 이다. 조직의 상·하 계층별, 혹은 각 부서별로 다른 사안과 관심사를 가지고 있는 것이다. 물론 효과적이고 효율적인 업무처리를 위해서는 이러한 장벽은 반드시 제거되어야 한다.

그러면 어떻게 장벽을 제거하고 조직을 하나로 연결시킬 것인가? '고객만족'이라는 지대 한 목표가 바로 그 방법을 제공할 수 있다. 현실적으로 조직 내의 모든 의사결정에서 고객 만족을 최우선 순위에 놓고 판단하기 위해서는 고객을 항상 의식하고 연결할 수 있는 다음의 방법들을 실천해야 한다.

첫째, 고객 친화적 시스템이다. 고객 전달 시스템은 서비스 전략과 전달하고자 하는 서비스 패키지에 기초해 조직의 자원을 배분하는 수단이다. 이 시스템은 조직보다는 고객 의 편의 관점에서 설계가 되어야 한다.

고객과의 연계는 직접 고객접촉이 필요한 부문은 물론이고 간접 연결되는 부문에까지 중요하다. 그러므로 고객의 연쇄에서는 다음 업무담당자가 바로 자신의 고객이라는 인식 을 갖도록 해야 한다. 그리고 조직은 부서나 위계에 상관없이 목적과 과업을 공유해야 한다. 업무연쇄의 각 고리는 다음 업무고리가 바라는 것뿐 아니라 마지막 고리에서 실제 고객이 바라는 것이 무엇인지도 인지해야 한다. 즉 시스템적 관점으로 생각하고 행동은 현장 중심으로 하는 것이다.

둘째, 상기 지상목표를 현장화해야 한다. 각 개인이나 집단은 '다음 업무과정이 바로 자신의 고객'이라는 자세를 가져야 한다. 그리고 자신의 현재 위치에서 고객만족을 위한 방법을 찾아야 한다. 부서 간 장벽을 제거하고 일체감을 가지게 하며 전체 부서, 작업장, 사무실 역시 다음 작업담당 연결부서가 자신의 고객이라는 믿음을 가져야 한다.

라. 고객접점의 직원만족 중시

내부고객에게 관심을 가져라

내부마케팅이란 직원을 최초의 고객으로 보고 그들에게 서비스마인드나 고객지향적 사고를 심어 주며 더 좋은 성과를 낼 수 있도록 동기를 부여하는 활동이라고 할 수 있다. 서비스 현장의 직원을 고객으로 보고 이를 대상으로 하는 내부지향적 마케팅 활동의 중요성이 강조되고 있다. 즉, 직원만족과 고객만족을 같은 방향으로 보고 직원의 욕구를 충족시키고 직원의 만족도에 따라 최종 고객의 만족도가 결정된다는 개념이다.

구성원들이 서로를 아끼고 도와주는 팀은 항상 활기가 넘치고 상대방에게 그런 기분을 전염시켜 고객 및 주위 사람들에게까지 기분 좋은 변화를 일으킨다. 그리고 그 속에서의 긍정적인 에너지가 직장 전체로 퍼져나가게 되며, 서비스 장소의 고객들도 이런 분위기를 감지하게 된다.

직무 여건은 어떤지, 보상은 적절히 이루어지고 있는지, 책임에 비해 권한은 적절히 가지고 있는지와 같은 사항을 철저히 조사하여 구성원들의 만족도를 높여야 한다. 직장 내에서 서로 돕는 관계인 동료를 고객으로 성심껏 대하는 것은 궁극적으로 서비스의 질을 향상시킨다.

서비스를 잘 받은 직원이 서비스를 잘 할 수 있다

어느 슈퍼마켓에서 경험한 일이다. 음식물을 싸는 랩을 하나 들고 계산대로 다가가니 점원이 "이 랩은 정말 좋은 제품입니다. 잘 고르셨네요. 제가 얼마 전까지 여기서 근무해서 잘 압니다. 제일이에요" 하는 것이다. 어떤 연유인지는 모르나 자신이 이미 떠난 직장의 제품을 퇴사 후에도 그렇게 칭찬하는 것을 보고 그 제품에 한층 더 신뢰감이 들었다.

훌륭한 서비스는 사람과 함께 시작된다. 직원 만족(Employee Satisfaction)이 없이는 서비스의 질이 높아질 수 없으며, 서비스의 질이 높아져야만 고객만족도와 충성도를 향상시킬 수 있다. 또한 궁극적으로는 고객만족을 통하여 회사의 목적인 수익성과 성장을 촉진시킴으로써 영속기업으로 성장, 발전할 수 있다.

국내 기업들은 제각기 고객만족, 고객감동이라는 목표를 두고 친절교육에 투자를 아끼지 않는다. 그러나 고객만족을 추구하기에 앞서 가장 중요한 직원 자신의 만족이 결여되어 있다면 그 교육의 효과는 오래가지 못한다.

만약 직원이 직장에 대하여 만족하지 못하거나, 직원 스스로 제품과 서비스에 만족하지 못한다면, 고객도 같은 생각을 갖게 된다는 것은 당연하다.

직무만족도를 증가시키면, 고객만족도는 그 이상으로 증가한다는 것이 실험적인 경험이다. 고객관계를 방해하고 있는 것이 무엇인지에 관해서는 직장에 만족하지 못한 직원에 대한 분석과 대응이 필수적이다. 조직경영의 기본은 일선 직원이 고객만족, 고객충성도와 수익성 및 성장에 대한 의미를 얼마나 중요하게 인식하느냐이다. 예컨대 월트 디즈니는 직원이 고객과 접촉할 때 적절한 서비스를 제공하도록 광범위한 오리엔테이션과 훈련을 실시한다. 만족한 직원 창출을 위해서는 훌륭한 직원을 채용하고, 적합한 교육 및 도구를 제공하는 것이 중요하다.

일선 직원이 고객에게 최상의 서비스를 제공하기 위해서는 경영자가 먼저 직원에게 서비스를 해야 한다. 경영자는 서비스의 방향을 설정하고 일선 직원들에게 서비스를 제공할 수 있는 도구와 자율권을 부여하며, 조언하고 가르치고 동기부여하는 데 최선의 노력을 기울여야 한다. 좋은 서비스를 받아 본 사람이 좋은 서비스를 할 수 있다.

내부고객만족 없이 외부고객만족 없다

직원만족은 바로 고객만족으로 연결된다. 만족한 직원이 만족한 고객을 창출하고, 만족한 고객이 다시 직원의 직무만족을 강화한다는 사실은 이미 많은 연구에서 밝힌 바 있다. 서비스 직원이 행복하지 않다면 고객만족은 달성되기 어렵다. 즉, 서비스 직원이 조직 내에서 경험하고 있는 서비스존중 풍토와 인적자원 관리가 고객이 경험하는 서비스에 반영된다는 것이다.

시어즈(Sears)사는 일찍이 고객만족이 직원의 이직률과 밀접한 관련이 있다는 것을 발견하였다. 고객만족도가 가장 높은 매장에서 근무하는 직원의 이직률이 54%인 반면, 고객만족도가 가장 낮은 매장에서 근무하는 직원의 이직률이 83%였다.

라이더 트럭 렌트회사(Ryder Truck rental)회사에 의한 연구에 의하면 회사가 부정적인 인적자원 관리로 직원을 억압하면 직원은 낮은 동기부여와 불만족으로 반응한다고 한다. 궁극적으로 직원의 불만은 낮은 품질의 서비스와 부정적인 고객반응으로 이어진다는 것이다.

자신의 업무에 만족하지 못하고 조직 내에서 비전을 찾지 못하고 있는 구성원들이 고객을 위해 충성을 다하리라고 기대하는 것은 무리이다. '10−1=0'이라는 공식이 말하듯 열 명의 구성원들이 고객만족을 위해 열심히 노력하더라도 한 명의 구성원이 고객에게 불친절하게 대한다면 고객만족은 수포로 돌아간다.

미국의 서비스 기업으로는 처음으로 말콤 볼드리지 상을 수상한 페더럴 익스프레스의 스미스 회장은 "내부 구성원이 최우선이다. 고객만족은 내부 구성원들의 만족에서 시작한다. 서비스의 품질은 구성원들의 손끝에 달려 있다"라고 말하며 내부 구성원들의 역할과 이들의 만족이 중요함을 역설한 바 있다.

서비스는 직원과 고객이 만나는 일선현장에서 이루어지므로 많은 부분이 직원의 손에 달려 있다. 우선 적성에 맞는 직원을 채용하여 훈련시켜야 하며, 노력에 대해 적절하게 보상하여야 한다. 또 고객을 직접 대하는 직원들이 고객요구를 현장에서 직접 해결해 줄 수 있는 권한을 가져야 한다.

❖ 기업의 내부고객 만족을 위한 방안에 대해 생각해보시오.

적절한 직원을 채용하라

고객만족경영의 성패는 직원 채용에서 출발한다. '최고의 태도는 훈련되거나 교육되지 않는다. 그것은 채용되어야만 한다(The best attitude can't be trained or learned, it should be hired)'는 견해도 설득력을 갖는다. 어떤 직원을 채용하여 고객접점에 배치할 것이냐가 중요하다.

그런 의미에서 사우스웨스트항공의 채용기준은 의미가 있다. "우리는 남의 말을 잘 들어주고, 다른 사람을 생각하고, 미소를 잘 짓고, '감사합니다'라는 말을 잘 하는 다정한 사람을 찾습니다"라고 광고한다.

동시에 '직원이 첫 번째고 손님은 두 번째다, 환상적인 계획 따위는 잊어라, 서로 사랑하라, 작게 생각하고 빠르게 행동하라, 실패를 두려워하지 마라, 주인처럼 행동하라' 등 직원에 관한 남다른 경영원칙을 수반하고 있다.

고객만족경영의 성공을 위한 실제적인 노력은 고객이 무엇을 원하는지, 고객접점에서 일하는 직원을 어떻게 만족시킬 것인지, 실제 만족하고 있다면 이를 어떻게 매출과 연결시킬 것인지, 그런 사람을 어떻게 채용할지를 고민하는 것이다.

접점 직원들은 지식, 정책, 문화 등을 통해 고객을 대신해 일할 수 있는 권한을 가진 사람들이다. 유능한 접점 직원은 고객의 현재 상황과 마음, 욕구에 대해 집중함으로써 상상을 뛰어넘을 정도의 집중력을 발휘한다는 것이다.

고객만족 여부는 고객접점에서 일하는 직원의 태도를 보면 쉽게 알 수 있다.

> 어느 주막에 주인의 말을 아주 잘 듣는 개가 한 마리 있었다. 그 개는 낯선 사람만 보면 짖어 대고 무척 사납게 굴었지만, 주인은 그 사실을 모르고 있었다. 시간이 지날수록 손님은 오지 않고 파리만 날리는 날들이 이어졌다. 손님이 없으니 팔리지 않는 술은 쉴 수밖에 없었다. 사나운 개 때문에 손님이 없는 것은 당연한데 주인은 오지 않는 손님만 탓했다. 이를 구맹주산(狗猛酒酸)이라고 한다. 사나운 개 덕분에 술이 쉰다는 뜻이다. 이처럼 훈련받지 않은 직원을 고객의 접점에 배치하는 것은 테러리스트를 두고 오는 손님을 쫓아내는 것과 같다.

또한 고객지향적인 인력을 유지, 발전시키고 높은 품질의 서비스를 제공하기 위해서 회사는 잘 갖춘 직원의 능력을 개발해야 한다. 즉, 일단 적임자를 채용했다면, 품질 좋은 서비스를 제공할 수 있도록 이들을 훈련시키고 개발해야 하는 것도 중요한 요소이다.

❖ 자신이 취업하기를 희망하는 기업의 직원채용 절차 및 기준을 조사해 보고 핵심평가사항을 분석해보시오.

리츠칼튼호텔의 개인별 특성을 고려한 직원 선발

직원 한 사람 한 사람의 말투와 행동이 서비스품질과 직결되기 때문에, 리츠칼튼호텔은 일찍부터 직원 선발을 매우 중요하게 생각하는 것으로 알려져 있다.

최초의 선발방법은 고객과 직원이 만나는 가상적 상황에 대한 시연(試演) 시뮬레이션으로 입사 후보자들을 비공식적인 편안한 자리에 초청하여, 고객을 만났을 때 어떻게 대응하는지를 평가할 수 있는 가상적 상황을 만들어 주고 호텔 내의 간부들이 후보자들의 접객능력을 평가하는 것이다.

기본적인 평가기준으로는 오늘날도 많이 쓰이고 있는 6가지 항목이 사용된다 : 눈 맞추기, 미소, 인사, 어조(語調), 어휘구사력, (낯선 사람에게까지) 마음속에서 우러난 관심 등이다. 서비스업에 적성이 맞는 직원을 선발하기 위해 리츠칼튼호텔은 미네소타주에 있는 네브라스카대학과 공동으로 직원선발용 설문지를 개발하였으며, 52개의 항목으로 구성된 이 설문지는 대외비로 되어 있다. 각자의 재능을 가장 잘 발휘할 수 있는 곳에 근무시킨다는 것 자체가 직원의 입장에서는 가장 큰 내적 동기부여 요인이 되었다.

새로이 설계된 직원 선발 프로세스의 핵심은 다음과 같은 11가지 영역에 대한 잠재능력을 평가하는 것이다.

1. 직업윤리(work ethic)
2. 협동정신(team spirit)
3. 정확성(exactness)
4. 적극적 태도(positive attitude)
5. 학습의욕(learner)
6. 공감성(empathy, 易地思之의 이해심)
7. 배려심(caring)
8. 서비스(service)
9. 자존심(self-esteem)
10. 설득력(persuasion)
11. 관계확대능력(relationship extension)

아무리 좋은 방법이라도 완벽할 수는 없기 때문에 직원들이 중도 퇴직할 때에는 집중적인 인터뷰를 실시한다. 인터뷰 결과와 재직시의 각종 데이터를 참고로 하여 직원 채용 프로세스에 더 개선할 점이 없는지 분기별로 검토한다. 이러한 방식으로 직원의 선발방법을 지속적으로 개선하고 있기 때문에 높은 수준의 서비스품질을 유지하고 양질의 인력을 지속적으로 공급하는 것이 가능하다.

직원에게 권한을 위임하라

고객 중심의 회사라면 고객만족을 위해 모든 직급의 직원에게 적절한 책임과 권한을 위임해야 한다. 즉 고객문제를 해결할 때 상사에게 물어보지 않고 직원들 스스로 문제를 해결할 수 있는 권한부여는 고객과 일대일 서비스를 성공적으로 수행하게 하는 원동력이 된다.

만약 문제가 생길 때마다 작은 결정에도 누군가의 허락을 받기 위해 상사나 책임자에게 보고하고 결재를 받아야 한다면 고객은 상사가 올 때까지 기다려야 할 것이다. 이로 인해 귀중한 진실의 순간은 소중한 고객을 상실하는 순간이 될 수 있다.

물론 직원에게 규정에서 크게 벗어나는 일정 이상의 권한을 주는 경우에 생기는 부작용도 있겠으나 이를 위해 고객에게 서비스하는 데 도움이 되는 유용한 기술과 방법에 대해 교육과 훈련을 시켜야 한다. 직원의 마음이 든든하도록 회사의 적절한 책임이 보장된다면 오히려 좋은 자기 서비스개발의 기회가 될 것이다.

서비스맨이 고객과 서비스에 있어서 충분한 재량권을 갖게 되는 경우 다음과 같은 효익이 있다.

- 고객의 질문과 요구에 즉각적으로 대응할 수 있으므로 문제해결 시간이 단축된다. 고객의 불평이 있을 경우 문제해결을 위해 상사를 찾아 문의하고 여러 단계를 거치는 것보다 고객에게 전달되는 서비스의 흐름을 단순화시킬 수 있다.
- 같은 상황에서도 독특한 아이디어를 낼 수 있다.
- 일에 대한 자긍심이 높아진다.
- 고객과 일대일 관계를 유지해 준다.

직원을 칭찬하고 보상하라

좋은 서비스로 충성스럽게 고객을 섬기는 직원들이 많이 늘어나기를 바란다면 바로 그런 직원들을 칭찬해 주고 인정해 주는 '제도'를 만드는 것이 필수적이다.

리츠칼튼호텔의 경우, 성공적으로 서비스를 수행해 낸 직원들에 대한 포상제도가 다양하게 마련되어 있는데, '퍼스트 클래스 카드'가 그중 하나다. 이 카드는 남다른 서비스로 고객을 감동시켰거나 고객으로부터 감사의 메시지를 받은 직원에게 수여되는 데 본보기로 삼기 위해 전 직원에게 그 내용이 공개된다.

주식회사 필립스에서는 전 직원이 부부동반으로 연말파티를 갖는다고 한다. 이때 한편의 비디오를 보는데 그 해 최고 업적상을 수상하게 되는 직원들이 누구인지 알아맞히도록 하는 비디오이다. 상을 받게 되는 주인공은 마치 아카데미 시상식의 주인공이 되는 것이고 동료들은 그를 부러워하게 된다. 그 상의 타이틀이 무엇이냐에 따라 직원들은 좀 더 그 타이틀에 접근하려는 노력들을 하게 되는 것이다.

직원에게 좋은 직장을 만들어라

좋은 직장은 '희망'을 주는 곳이다. 그러나 이제 주 5일제 근무가 일반화되었지만 "Thank God, It's Friday!(TGIF)"라는 말이 있듯이 대부분의 직장인은 월요일 아침에는 기운이 없다.

직장인의 스트레스가 직업 만족도 및 업무 성과에 부정적인 영향을 미친다는 연구결과도 발표된 바 있다.

최고의 직장으로 뽑힌 회사들은 공통적으로 풍부한 자기개발의 기회를 제공하고, 인사제도와 복리후생제도가 뛰어난 것으로 분석됐다. 인력관리 전문 컨설팅 회사인 미국 휴잇어소시어츠사는 아시아월스트리트저널 및 파이스턴이코노믹리뷰와 공동으로 아시아 10개국 355개 기업을 조사한 결과 '최고의 직장은 직원들을 평등하게 대하고 존중한다는 특징을 갖고 있다'고 말했다.

◈ 서비스기업의 고객만족경영 사례에 대해 생각해보시오.

5. 고객만족경영 실천사항 10가지

　고객서비스는 고객의 평생가치 창출의 출발점이며 기업 경쟁력 강화의 중요한 차별화 수단이 된다. 결국 고객의 평생가치의 증대를 위해서는 고객이 누구이며, 그들의 요구가 무엇인가를 파악하여 그러한 요구에 즉시 반응할 수 있도록 항상 대비하고 준비하는 것 뿐이다.

　이제 기업은 판매 후의 고객의 편의나 불편을 해소해 주는 애프터서비스(After Service)만으로는 안된다. 판매 이전에 고객에게 필요한 정보를 제공하는 비포서비스(Before Service), 판매 시점에서 고객심리에 적절히 대응하는 인서비스(In Service)를 종합적·체계적으로 실천해야 한다. 고객서비스 문제를 부분적 혹은 평면적인 활동으로 한정해서는 안 되고 고객서비스를 토털경영의 일환으로 삼아 기업 전체적인 입장에서 접근해 가야 한다.

　지금까지 고객서비스에 관해 논한 내용을 총망라하여 다음과 같이 고객만족경영 실천사항을 제시하고자 한다.

가. 서비스품질은 사전에 확인하라

　서비스 시스템이 아무리 잘 갖춰졌더라도 일선 직원이 규정대로 서비스를 제공하지 않아 문제를 일으키는 경우가 있다. 이는 심각한 불만을 야기할 수 있으므로 정해진 목표대로 서비스가 제공되고 있는지 사전에 체크할 필요가 있다. 세계적인 레스토랑 하드록(Hard Rock)카페에서는 주문 음식이 고객에게 전달되기 전에 음식이 주문대로 처리됐는지를 주방에서 다시 체크하는 더블체킹 시스템을 도입하고 있다.

나. 고객을 안심시켜라

　A/S를 신청했을 때 수리가 언제쯤 끝날지 모르는 경우가 많다. 주문한 음식이 언제쯤 나올지 궁금해 하는 경우도 많다. 실제로 고객 자신이 직원들로부터 서비스를 받고 있다고 안심하게 해주는 서비스는 드물다. 결과가 아무리 좋다고 해도 과정상 직원의 서비스를 받고 있다고 안심하지 못하게 되면 고객은 불만을 가지게 된다.

다. 고객 니즈를 정확히 파악하라

　기업이 세운 기준에 충족된 서비스를 한다고 해서 고객이 만족하는 것은 아니다.

몇 년 전 제록스사는 고객이 애프터서비스를 신청한 뒤 문제점을 해결하기까지의 시간을 단축시키는 게 고객만족이라고 생각했다. 그러나 불만이 줄어들지 않자 다시 조사를 해 본 결과, 고객들은 A/S 신청 직후 서비스맨이 처음 찾아오기까지의 시간이 짧을수록 만족한다는 사실을 발견했다.

고객은 자동차를 수리할 때 왜 수리해야 하는지를 알고 싶어하고 한 번에 제대로 고쳐 주기를 바란다. 보험가입자는 보험금을 신청할 때 직원이 고객의 편에 서서 업무를 처리해 주기를 바란다. 어떠한 서비스라도 고객이 각각의 서비스에서 가장 기본적이라고 생각하는 핵심적 측면이 있다. 그러나 기업들은 때때로 이를 놓친다.

직원의 따뜻한 배웅을 받으며 기분 좋게 식당에서 나왔지만 지하 4층 주차장에 내려와서야 주차 확인 도장을 받지 않았다는 것을 아는 경우나 햄버거와 음료를 급히 사 가지고 나왔는데 빨대를 가져오는 것을 잊어버리는 경우도 서비스 부재라고 볼 수 있다.
"주차 확인 필요하십니까?"
"빨대 챙기셨습니까?"
라는 질문이 고객을 위한 소중한 배려라는 것을 잊지 말아야 한다.
평생의 고객을 일회성 고객으로 만드는 것은 서비스의 부재 때문이다.
서비스의 부재라는 것이 고객서비스를 하지 않는다는 의미만은 아닌 것이다.

기업 간의 경쟁이 심화되면서 고객은 다양한 종류의 서비스를 체험했다. 하루하루 친절해지는 고객에 대한 서비스를 경험한 이들의 서비스 요구는 하루하루 높아져 간다. 그러나 기업의 서비스에는 한계가 있기 마련이고, 고객의 서비스 요구는 점점 다양해지고 높아간다. 또한 고객은 자신이 원하는 서비스를 받지 못하는 순간 발길을 돌릴 뿐이다.

고객의 니즈(needs)를 예측하여 적절한 서비스를 위해 다음 사항을 실천한다.

- 고객보다 한 발 앞서 생각을 한다.
- 고객의 기본적인 니즈를 이해한다.
- 고객이 하는 말을 주의 깊게 듣는다.
- 메시지를 분명하게 전달한다. 효과적인 메시지 전달은 고객이 필요로 하는 서비스의 기본이다.
- 제공할 서비스의 내용과 특징을 정확하고 상세하게 설명하고, 그 서비스로부터 얻을 수 있는 혜택을 알려 준다.

• 항상 새로운 서비스를 제공하도록 고객으로부터의 피드백을 듣는다.
  (고객은 무엇을 원하는가? 고객은 무엇을 필요로 하는가? 고객은 어떤 생각을 하는가?
  고객은 어떤 느낌을 가지고 있는가? 고객은 다시 찾아올 것인가?)

라. 고객의 입장에서 편의를 제공하라

'백화점 화장품 매장'하면 생각나는 것은 메이커별 매장배치, 브랜드별 진열, 판매직원의 간섭, 샘플 사용 불편, 화장품 구매시 선물 및 샘플 제공 등이다. 그러나 프랑스의 화장품백화점 '세포라'는 고객의 쇼핑을 방해하지 않으며 요청이 있을 때에만 서비스를 제공한다. 또 거의 모든 화장품 브랜드를 알파벳 순으로 진열해 놓음으로써 맘에 드는 브랜드를 사기 위해 여러 매장을 둘러보는 불편함을 덜어 줄 뿐 아니라 구매 전에 제품을 사용해 볼 수 있도록 진열대를 개방하고 있다. 이러한 세포라 모델은 국내 행정 및 공공서비스 기관에도 좋은 벤치마킹 사례가 될 수 있다

가장 좋은 서비스는 고객의 마음을 편하게 하고 고객이 원하는 편의를 제공하는 서비스임을 명심해야 한다.

마. 실패한 서비스에 집중하라

서비스가 문제를 일으키는 경우는 첫째, 고객이 불만을 제기했으나 이에 대한 회사의 대응이 불만족스런 경우, 둘째, 고객이 불만을 제기하지 않아 불만스러운 상태로 끝나는 경우 등 크게 두 가지로 나눌 수 있다. 고객의 불만에 효과적으로 대응하지 못하면 서비스의 실패는 치명적이 될 수 있다. 대부분의 고객들은 회사는 나의 불만에 대해 제대로 대응하지 않을 것이라는 인식을 갖고 있다. 이러한 고객의 생각을 바꾸기 위해 '고객의 소리' 카드를 놓고 안심해서는 안된다. 고객이 불만을 쉽게 제기하도록 해야 한다.

또한 불만을 토로하는 고객을 만족시키기 위하여 불만 사항의 처리에 최선을 다해야 한다. 불만이 있는 고객을 만족시킬 때 그 고객은 평생 고객이 된다.

바. 서비스 직원으로부터 정보를 얻어라

서비스 직원에 의견 수렴은 대한 조사는 매우 중요하다. 그 이유는 첫째, 이들은 내부서비스의 품질을 평가할 수 있는 유일한 사람이다. 내부서비스는 외부서비스에 영향을 미치는 결정적 요소이다. 둘째, 서비스 직원은 서비스의 품질을 떨어뜨리는 조직 내부의 문제점

에 대해 잘 알고 있다. 서비스 직원 조사는 서비스상의 문제가 어디서 발생하는지를 잘 알 수 있게 한다. 셋째, 서비스 직원 조사는 조기경보시스템의 역할을 한다.

사. 고객 경험을 소중히 하라

고객 충성은 고객 한 사람 한 사람이 우리 회사의 제품과 서비스를 접하면서 얻는 경험으로부터 나온다. 브랜드의 본질이 바로 고객 경험이다. 브랜드는 기업의 로고 만을 말하는 것이 아니다. 고객 경험에는 전화나 대면, 웹이나 이메일 등 매체를 불문하고 브랜드를 접할 때 고객이 느끼는 모든 것들이 포함된다.

고객이 기업과 접촉하면서 받는 느낌이 기업에 대한 충성도를 결정한다. 만족스러운 고객 경험이야말로 충성 고객을 확보하는 가장 중요한 요소의 하나다. 고객들은 점점 더 많은 것을 요구하고 있다. 예컨대 고객들은 기업과 직거래를 하든 유통채널(소매상, 대리점, 중개인 등)을 통해 거래를 하든 동일한 경험을 할 수 있기를 기대한다. 고객들은 우수한 제품과 서비스뿐만 아니라 고품질의 예측 가능한 경험을 원한다. 뛰어난 브랜드는 단순한 광고에 의해 만들어지는 것이 아니라 고객들에게 제공하는 경험과 가치에 의해 구축된다.

아. 충성 고객을 확보하라

만족하고 있는 고객이라고 해서 다 충성스러운 고객은 아니다. 실제로 기업에 수익을 안겨 주는 고객은 분명히 따로 존재한다. 기업에게 있어서 최고의 고객은 다른 경쟁사와는 절대로 거래를 하지 않을 정도로 충성도가 높은 고객이다. 또한 기업의 입장에서 보면 홍보에 돈 한 푼 들이지 않는데도 새로운 고객의 40%가 다시 찾아오는 기업, 고객들이 자신들의 친지와 동료들에게 제품이나 서비스를 자발적으로 소개해 주는 기업이 되기를 바란다. 그렇게 고객을 옹호자로 만드는 원동력은 바로 고객만족경영에 있다. 즉, 기업은 고객의 경험에 직접적으로 개입하여 경험을 분석하고 발전시켜 기업이 의도하는 방향으로 이끌어야 한다는 것이다.

고객들이 기업으로부터의 고객만족경영에 감동하여 우러나온 진정한 충성심과 옹호가 매우 중요하다. 이제 고객만족으로는 충분하지 않고 고객을 절대적인 옹호자로 만들어야 한다.

자. 고객과 파트너가 되어라

고객에게 친근하게 다가설 수 있는 방법은 고객과 같은 포즈를 취하는 것이다. 고객이 팔을 괴고 앞으로 당겨 앉아 있다면, 똑같이 고객 쪽으로 몸을 당겨 앉으며, 고객이 몸을 구부려 무언가를 들여다 본다면 똑같이 몸을 구부리는 것이다. 고객의 눈높이에서, 고객과 같은 행동을 보여 준다면 일단 고객의 눈길을 잡아 둘 수 있다. 같은 포즈는 고객과 어느 정도 벽을 허물고, 공감대를 형성하게 하는 효과를 가져올 수 있다. 같은 포즈로 고객의 작은 미소를 만들어 냈다면 일단 성공이다. 그러나 너무 드러나게 과장된 행동을 할 경우 오히려 거부감을 갖게 만들 수도 있다.

서비스맨의 작은 행동 하나가 스쳐가는 고객을 충성고객으로 잡아두는 계기가 된다. 서비스맨은 고객에게 정보와 지식을 전달하고, 고객과 서로의 생각을 교환하는 파트너가 되어야 한다. 고객과의 파트너 관계란 회사와 동등한 주인의식을 갖고 공동체의식을 갖는 최고의 친밀한 관계를 의미한다.

고객이 하는 일과 관심사 정도를 파악했다면 고객이 필요한 관련 정보 및 지식을 제공하도록 하자. 고객의 사업과 직업에 관련된 내용을 찾아서 이야기해 주고 조언해 줄 수 있다면 고객에게 최고의 파트너가 될 수 있다. 고객은 단순히 상품만 팔고 마는 세일즈맨이 아닌 자신의 일과 관련해서 대화를 나눌 수 있는 파트너를 찾고 있다.

고객과 파트너가 되지 않으면 고객과의 관계는 오래 지속될 수 없다.

차. 고객만족을 위한 지속적인 관심을 가져라

고객과 지속적으로 관계를 가지려면 고객서비스 활동의 하위 활동들이 유기적으로 조화를 이뤄야 한다.

첫 번째로 고객을 유치하여 이들을 고정화, 단골화시키는 '고객 창조 활동'이다. 인간적 유대와 신뢰가 없는 고객서비스는 생명력이 없어 장기적으로 지속될 수가 없다. 이를 위해서는 지속적인 서비스 인력의 개발이 요구되므로 '인재 창조 활동'이 두 번째로 필요하다. 세 번째는 '업무 창조 활동'으로 고객서비스를 토털 경영 품질의 입장에서 조직화하고 구체화하여 실행하여야 한다. 네 번째로 고객서비스 충실화를 통해 고객 가치를 확대하고 그것을 수익으로 연결시키는 '이익 창조 활동'이어야 한다.

이런 활동들을 활성화하려면 고객이 이해할 수 있는 방법으로 항상 정보를 제공하고, 고객의 요구를 수집하고, 그것을 상품 개발과 서비스 촉진에 반영할 수 있는 커뮤니케이션

기능의 강화가 중요하다. 그리고 재구매 획득을 위한 적극적 활동과 고객 요구에 즉시 부응할 수 있는 반응기능과 접근성의 강화가 필요하다.

기업은 고객서비스를 위해 지식, 정보, 기술 등을 보유하고 신속히 제공할 수 있는 능력을 갖춰야 하며 고객과의 약속을 성실히 이행해야 한다. 결국 고객 밀착을 통한 쌍방적 커뮤니케이션을 통해 고객의 요구 변화를 신속히 감지, 그에 맞는 고객서비스를 제공하고 고객 반응에 민감할 때 고객은 만족하게 된다. 또한 그러한 고객만족은 고객의 평생 가치를 확대하고 공고하게 만들게 된다.

기업은 고객 평생 가치의 중요성을 이해하고 고객의 평생 가치의 증대를 위한 장기 전략을 수립하고 실천하는 노력을 해야 한다. 그리고 그러한 고객 평생 가치 증대를 위한 전략의 중심에서 데이터베이스 마케팅, 관계 마케팅, 고객서비스 전략이 유기적으로 상호 연계될 때 소기의 목적을 달성할 수 있을 것이다.

❖ 고객만족경영 실천사항 중 고객만족을 위해 가장 중요하다고 생각되는 내용은 무엇인지 생각해보시오.

■ 고객만족경영을 위한 실천원칙에는 어떠한 것들이 있는가?

■ 자신이 어느 서비스기업의 경영자라고 가정했을 때 어떤 직원을 채용할 것인지에 대해 생각해 보라.

• 채용기준은 무엇으로 정하겠는가?

• 직원 교육의 주요 내용은 무엇으로 하겠는가?

• 직원에게 특별히 서비스마인드를 고취시키기 위한 방안은 무엇인가?

PART

3

커뮤니케이션스킬 훈련

Chapter 07 서비스맨의 이미지메이킹과 커뮤니케이션스킬

1. 서비스맨의 이미지메이킹

이미지메이킹은 사람의 겉모습을 치장하는 것으로 생각하는 경향이 있다. 물론 한 사람의 이미지에는 메이크업, 헤어스타일, 의상, 전체적인 외모 등 외적인 면이 상당 부분을 차지하지만, 그 외적인 부분도 표정, 말씨, 음성, 억양, 태도, 자세, 행동, 매너, 에티켓, 커뮤니케이션 등이 총체적으로 포함된 이미지로 표현된 것을 의미한다. 즉, 외모라 함은 단지 생김새가 아니라 그 사람이 외적으로 풍기는 분위기이며, 다양한 요소들이 복합적으로 조화되어 뿜어내는 그 사람만의 분위기를 말하는 것이다.

가. 서비스맨의 이미지

셰익스피어는 '인생은 연극무대'라고 말했다. 연극에서 배우들이 맡은 배역에 충실하기 위해서는 그 배역에 맞는 성격, 옷차림, 외모, 태도 등을 지녀야 할 것이다. 또한 그 분야의 전문가는 말 그대로 축적된 노하우를 바탕으로 짧은 시간 안에 자신의 이미지를 표현할 수 있어야 하며, 자신의 직업에 어울리는 프로 이미지를 갖추어야 한다.

그러므로 자신이 개인적으로 선호하는 이미지도 중요하지만 직업인의 경우, 직업에 맞는 이미지도 매우 중요하다. 그 직업에 맞는 이미지로 보여질 때 직업인으로서 성공할 수 있을 것이며, 업무수행을 잘 할 수 있을 것이다.

서비스맨은 서비스장소에서 항상 고객들의 시선에 노출되는 직업이다. 그러므로 서비스맨의 이미지는 '내가 타인에게 공개한 나의 부분들의 총체'이며, 본인의 의견과 무관하게 전적으로 타인이 보고 느낀 '나'의 모습이다. 그러므로 서비스맨의 이미지 평가도 서비스맨 자신이 아닌 타인에 의해 이루어지게 된다고 할 수 있다. 이는 실제와 다르게 긍정적일 수도 있고 부정적일 수도 있으며, 과장된 모습일 수도 있고 축소된 모습일 수도 있다.

이처럼 '지극히 주관적인 개개인의 생각 속에 존재하는 나의 이미지'가 타인에게 엄청난 영향력을 발휘하고 있다면, 항상 고객을 응대하고 만족시켜야 하는 서비스맨의 경우 그저 타인의 주관적인 생각일 뿐이라고 간과할 수는 없을 것이다.

서비스제공자의 외적 특성은 고객의 감각에 영향을 주어 서비스에 대한 인식, 궁극적으로 서비스의 질을 판단하는 데 중요한 영향 요인으로 작용한다는 관련 연구결과도 있듯이 우리가 무엇인가를 팔거나 상대를 설득하고 싶다면 먼저 나 자신의 이미지로써 긍정적인 관심을 끌어내야 한다. 우리 자신이 상대방에게 아무런 느낌도 줄 수 없다면, 사람들은 내가 무엇을 하고자 하는지에 대해 조금도 관심을 갖지 않을 것이다. 또한 상대방이 나에게 호감을 느끼지 않으면 자연스럽게 다가가는 것이 쉽지 않을 것이다.

상대로부터 자연스럽게 긍정적인 태도를 이끌어 낼 수 있는 힘의 근원, 그것이 바로 좋은 이미지이다.

고객을 응대하는 서비스맨의 바람직한 이미지는 무엇인가?

서비스맨에게 요구되는 공통된 이미지는 밝고 적극적이며 활기차면서 친근감있는 이미지이다. 서비스를 제공하고자 하는 정성의 마음이 고객에게 전달되어야 하는 것이다. 그러므로 무엇보다 겉모양새의 꾸밈이 아닌 고객과의 친근한 커뮤니케이션을 위한 이미지메이킹이 필요하다. 서비스맨의 이미지 전략은 호감을 주는 사람, 신뢰할 수 있는 사람으로 포지셔닝하는 것이다. 이는 비단 외향뿐만 아니라 바른 자세, 세련된 매너, 진실된 서비스마인드 등 내적인 요소와의 조합이 이루어졌을 때 진정 자신이 원하는 성공적인 모습과 이미지가 완성되는 것이다.

그러므로 서비스업체에서 서비스 직원 채용시 서류심사뿐만 아니라, 1, 2차 면접 등을 통해 대면호감도, 커뮤니케이션스킬 등을 심층적으로 평가하는 것이다.

나. 이미지 커뮤니케이션

우리 사회는 점점 이미지 커뮤니케이션화되고 있다. 한 사람의 이미지는 그 사람을 표현하고 규정하며 그 사람의 가치로 인식된다. 인간관계에서도 좋은 이미지를 구축한 사람이 호감도를 높이게 마련이다. 상대에게 호감을 주는 이미지로 대인관계가 원만해지고, 나아가 삶의 질도 점차 높아지게 될 것이다.

서비스맨의 이미지메이킹은 고객을 위해 웃고, 친절을 베풀어야 하기 때문만이 아니라 나 자신을 위해 미소를 띠고, 몸가짐을 다시 익히는 훈련이다. 서비스맨 스스로 자기 만족을 이루어야만 진정한 고객만족이 실현될 수 있다. 자기 자신을 만족시키지 못하면 절대로 상대를 만족시킬 수 없기 때문이다.

이미지 시대는 보이고 보여 주는 것으로 승부하는 시대다. 아무리 알찬 선물이라도 초라한 포장지에 담겨 있으면 풀어 보고 싶지 않다. 타인에게 첫인상이 판단되는 데 걸리는 시간은 그 사람의 얼굴에 드러나는 '찰나에 보이는 이미지'뿐이다. 마치 화가가 오랜 시간 동안 큰 화폭에 그려낸 그림처럼 말이다.

진정한 프로가 되길 원한다면, 거울을 통해 자신의 겉모습을 들여다보라. 또한 자신 내면의 모습을 내면의 거울에 비춰 보라. 바로 그러한 '내면의 거울'이 되기를 바라면서 품격 높은 이미지를 창출하여 '성공'과 악수하길 바란다.

다. 이미지메이킹 어떻게 하나

'미인은 타고나지만 인상은 만들어진다'는 말이 있다. 사람은 누구나 타고난 모습이 있지만 상대방에게 친근감 있고 신뢰할 수 있는 좋은 인상, 좋은 인격이란 부단한 노력에 의해 만들어지는 것이라는 말이다. 누구나 상대방에게 좋은 인상을 줌으로써 호감을 느끼게 하고, 보다 매력적인 자신의 모습을 찾고자 원할 것이다. 이미지메이킹이란 나 혼자만의 개성을 표현하는 것이 아니라 누구든 대상이 있는 일이다.

'저 사람과 알고 지내고 싶다', '저 사람에게만은 이 일을 맡길 수 있다', '저 사람과 거래를 맺고 싶다', '저 사람 같으면 자격이 있다' 등의 평가를 받으면 그 사람은 일단 이미지 관리에서 성공한 경우이다. 그러한 최상의 이미지를 끌어내는 기술이 바로 이미지메이킹이다.

서비스맨의 이미지메이킹 과정은 나에게 필요한 이미지콘셉트를 세우고, 내가 가지고 있는 이미지를 분석·진단하여 호감도를 높여, 직업과 개성에 맞는 가장 바람직한 이미지를 만들어 내는 것이다. 이는 상황에 따른 대인관계 능력과 역할에 어울리는 자기표현 기법을 체득하여 성공적인 자기실현과 삶의 질을 높이기 위한 자기변화 과정이라고 할 수 있다. 그러므로 이미지는 타고나는 것이라기보다는 후천적으로 개발하는 것이다.

이미지메이킹의 기본 원리는 외적 이미지를 강화하여, 긍정적인 내적 이미지를 끌어내는 시너지 효과(synergy effect : 상승효과)를 얻는 것이다. 표정, 용모, 복장, 자세, 동작, 화술 등 외적 이미지의 개선이 이루어지면서 긍정적인 내적 이미지가 구축되어 자신감이 생기고 곧 개인능력의 극대화로 이어진다.

이미지메이킹은 화장과 옷차림으로 전혀 다른 사람을 만드는 '꾸밈'이 아니라 진정한 나의 개성과 특성을 파악해 무한한 잠재력과 매력, 장점을 개발하고 향상시켜 최상의 이미지로 연출하는 것이다. 그러므로 서비스맨에게는 풍부한 외적·내적 자질이 필요한 것이며,

장시간에 걸쳐 본인의 내적·외적인 이미지를 원하는 필요한 방향으로 이끌어 가도록 노력하는 것이다.

라. 이미지메이킹 평소에 하라

이미지란 것이 어느 한 가지 면만 가지고 형성되는 것은 아니다. 그리고 일부러 꾸며서 만들어지거나 하루아침에 달라지는 것도 아니다. 그러나 평소에 표정이나 자세, 용모, 복장, 화술 등 자신을 어떻게 갈고 닦느냐에 따라 점차적으로 달라질 수 있다.

결국 취업을 위한 면접준비도 마찬가지이다. 면접에서 평가되는 요소인 호감 가는 미소, 단정한 용모와 복장, 올바른 자세와 동작, 걸음걸이, 건강한 신체, 커뮤니케이션스킬 등이 면접을 앞두고 짧은 시간에 준비할 수 있는 일은 아닐 것이며 평소 생활 속에서의 행동과 노력이 필요하다.

- '외모는 선천적인 요소이므로 좋은 이미지는 빼어난 외모를 가진 자만의 특권이다'라고 생각하는가? 그렇지 않다. 이미지는 잘생겼는가 못생겼는가의 문제라기보다 표정이 굳어 있는가 미소를 띠고 있는가의 문제에 더 가깝다.

  아무리 예쁘게 화장을 한다 해도 얼굴표정이 굳어 있다면 다른 사람에게 호감을 줄 수 없다. 누군가와 언쟁을 하고 난 후 거울을 보라. 자신의 표정이 어둡고 일그러져 있을 것이다. 일부러 얼굴을 예쁘게 가꾸려고 노력하는 것보다 평소에 얼굴 찌푸리지 않고 자주 웃으려고 노력하는 것이 실제로 좋은 인상을 갖는 방법이다.

- 평소 정장차림으로 생활하면 편안한 복장을 하고 있을 때와는 달리 자신도 모르게 긴장되어 걸음걸이와 자세가 달라지고 몸가짐이 반듯해진다.

- 일상생활 속에서 주위 사람들에게 항상 배려하는 마음으로 행동하는 자세가 필요하다. 일례로 평소에 주위 사람들에게 '이것 좀 주세요' 대신에 '죄송합니다만, 이것 좀 주시겠어요?'라고 말하고, 마주치는 사람마다 환한 미소를 지으며 '안녕하십니까' 하고 인사를 하고, 무언가를 부탁할 때는 '죄송합니다만…'으로 시작해 보라. 또 '감사합니다'는 표현을 자주 사용해 보라. 이런 행동을 통해 성격도 좋아지고 남을 배려하는 마음도 깊어질 수 있다.

- 아르바이트 등을 통해 고객과 자주 접촉할 기회를 만드는 것도 나만의 이미지 개발에 도움이 된다. 늘 고객을 응대하는 일을 하는 사람은 분명히 이미지 연출에 능숙해질 것이다.

서비스맨으로서 직업에 걸맞게 요구되는 이미지를 만들고 연출하는 이미지 전략 또한 중요하다. 즉 이미지 연출 또한 '실력'이며 '경쟁력'이다. 그러나 그 이미지 또한 내재적인 아름다움의 표출이다. 예뻐진다는 것은 결코 외모의 변화뿐 아니라 마음과 자세의 변화를 의미한다. 얼굴만 변화한다고 되는 것이 아니라 항상 남을 배려하는 마음으로 생활할 때 자신의 얼굴(표정)이 변하고 있음을 느끼게 될 것이다.

◪ 피그말리온 효과(Pygmalion effect)
심리학에서는 타인이 나를 존중하고 나에게 기대하는 것이 있으면 기대에 부응하는 쪽으로 변하려고 노력하여 그렇게 된다는 것을 의미하는 것으로, 타인의 기대나 관심으로 인하여 능률이 오르거나 결과가 좋아지는 현상을 말한다.
본인이 원하는 직업을 갖기 위해서는 이미 그 직업인과 같은 평소의 행동과 노력이 필요하다. 주위 사람들에게 항상 친절을 베풀고 배려하는 마음을 표현한다면, 사람들로부터 호감 가는 사람으로 인정받게 될 것이며, 이것이 서비스맨이 되기 위한 시작이다.

❖ 평소 이미지가 좋다고 생각되는 사람이 있는가? 그 사람에게서 나타나는 특징을 생각해 보시오.

2. 서비스맨의 커뮤니케이션스킬

커뮤니케이션(Communication)은 인간관계의 기본이라고 할 수 있으며, 서비스는 효과적인 의사소통 기술을 통해 행동으로 전달하는, 고객에 대한 설득적인 커뮤니케이션이다. 서비스의 의미 자체도 지식이나 이론보다는 이미지나 태도의 표현이 더욱 중요하다고 볼수 있으며, 양방향의 의사소통은 효율적인 고객서비스의 기반이 된다.

즉 고객서비스는 외적 표현에 의해서 전달되고 고객을 움직이는 커뮤니케이션 기술로서 그 성공의 열쇠는 긍정적이고 올바른 예절로 의사소통을 할 수 있는 서비스맨의 능력에 달려 있다. 그러므로 서비스맨은 고객과의 원활한 커뮤니케이션스킬이 필요하며, 이를 위해 바람직한 서비스맨의 이미지메이킹이 선결요건이 된다.

가. 고객과 긍정적인 상호작용이 중요하다

커뮤니케이션은 혼자 만들어 내는 이미지가 아니라, 상대방에게 긍정적인 이미지를 전달함으로써 이를 바탕으로 상호 교류하는 행위이다. 그러므로 무엇보다 상대방의 입장에서 생각하는 자세가 필요하다.

사람들은 적절하게 자신을 존중하는 표현에 감사해 하며, 좋은 태도와 예절로 대하는 사람과의 관계를 좋아한다. 고객의 인식에 영향을 미치는 행동은 고객과의 상호작용과 서비스를 제공하는 능력에도 영향을 미친다. 이 기술은 언어, 행동, 용모와 복장, 대화 등 모두가 고객에게 제공되는 유·무형의 서비스들이다. 고객은 제공되는 서비스를 통해 서비스의 가치를 느끼게 되고 그 가치를 고객만족 여부의 기준으로 삼게 된다. 고객의 말을 경청하고 바람직한 언어선택을 하며, 주의 깊고 예의바른 비언어적 행동 하나가 높은 서비스 수준으로 평가받을 수 있는 방법이 되는 것이다.

나. 커뮤니케이션의 요소

미국 캘리포니아대 심리학과 교수인 알버트 메라비안(Albert Mehrabian)은 커뮤니케이션을 할 때 시각적인 것, 음성, 언어 세 개의 채널을 통해 메시지가 전달된다고 하며, 비언어적 신호가 언어적 메시지를 반박하거나 압도할 수 있다고 하였다.

즉, 사람들이 커뮤니케이션을 할 때 시각 55%, 청각 38%, 기타 7%의 정보에 의지한다는 것이다. 이는 감정이 격앙되었을 때 특히 사실로 나타나게 되는데, 두 사람의 대화에서

의도하는 메시지의 55%가 얼굴표정, 옷차림, 눈맞춤, 자세, 제스처 등 다른 신체의 암시에서 나타나며, 38%가 목소리, 어조, 음색, 볼륨 등 음성신호에서 나오고, 7%가 실제 사용한 언어에서 나타난다는 것이다.

인류학자인 레이 버드위스텔(Ray Birdwhistell) 역시 얼굴을 맞대고 직접적으로 이루어지는 대화에서 언어적 수단이 차지하는 비율은 35%이고, 65% 이상이 비언어적 수단으로 이루어진다는 사실을 밝혔다. 또한 실험을 통해 전화로 협상할 때는 자신의 주장을 강하게 내세우는 사람이 이기는 경우가 많지만, 얼굴을 맞대고 직접 협상을 할 때는 귀로 듣는 말보다 눈에 보이는 것을 통해 최종 결정을 내리기 때문에 전화협상 때와는 다른 결과가 나올 수도 있다고 하였다.

이는 커뮤니케이션에 있어서 언어적인 면이 중요하지 않다는 것이 아니라 언어는 얼굴표정과 음성의 암시 등 비언어적인 요소들에 의해 압도될 수 있다는 것이다. 즉 짧은 순간의 인상 포착에는 말보다 이미지가 더 결정적인 역할을 한다는 것을 알 수 있다.

〈그림 7-1〉 감정의 의사소통

그러나 비언어적 신호가 강력한 메시지를 전달할 수 있다고 해도 비언어적인 신호의 이해는 인간의 배경, 문화적 차이 등에 따라 주관적인 경향이 있으므로 상당부분 오해의 소지도 있다. 오히려 서비스맨이 너무 비언어적인 신호를 중요시할 경우 의사소통을 명확하게 하기 어려워 의도하지 않은 서비스의 실패를 가져올 수도 있다.

물론 사람과 사람이 상호작용을 함에 있어, 특히 고객과의 커뮤니케이션에 있어서는 언어적인 것과 비언어적인 것이 혼합되어 활용되기 마련이다. 언어라는 메시지에 비언어적인 요소들을 계속해서 제공하게 되며 고객은 동시에 언어적인 것과 비언어적인 메시지들을 공히 받아들이고 판단하게 된다.

이때 말의 내용과 상반되는 보디랭귀지와 몸의 움직임은 오해를 불러일으킬 수 있으므로, 비언어적인 것과 언어적인 것은 일치해야 한다. 예를 들면 얼굴은 무표정한 채로 "어서 오세요, 무엇을 도와드릴까요?" 한다면 어느 고객도 자신이 환영받고 있다고 느끼지 않을 것이다. 상대가 거짓말을 하는 느낌이 든다고 한다면 그것은 상대의 말과 보디랭귀지가 서로 조화를 이루지 못한다는 것을 의미한다.

커뮤니케이션의 3가지 요소는 조화를 이루어 삼위일체가 되는 것이 바람직하다. 즉 적당한 어휘를 골라, 적당한 톤(Tone)으로, 적당한 보디랭귀지(Body language)를 곁들이는 것이다. 이때 말과 제스처(gesture)를 곁들여 의사표현을 할 경우, 말을 먼저하고 제스처가 뒤따르는 것이 공손해 보인다. 말이 없이 행동을 먼저 하면 불손해 보이며, 간혹 오해의 소지도 있다.

다. 감정과 속마음이 담겨 있는 보디랭귀지

커뮤니케이션의 방법 중 언어의 주된 역할은 정보를 전달하는 것인 반면, 비언어적인 커뮤니케이션은 상대에 대한 생각과 느낌을 전달하며 언어적 메시지 이상의 효과를 낳는다. 몸동작, 자세, 얼굴표정, 움직임 등 우리 몸의 각 부분을 이용하여 의사를 전달하는 보디랭귀지 또한 서비스 메시지를 구성하는 중요한 언어이다. 인간의 감정상태가 드러나는 것이 보디랭귀지이며, 메시지 전달이 확실치 않은 상황이라면 사람들은 오히려 비언어적인 메시지를 신뢰하는 경향이 있다.

찰리 채플린 같은 무성영화시대 배우들은 오로지 몸동작만으로 의사소통을 해야 했던 보디랭귀지의 선구자라고 할 수 있다. 또 외국 영화를 보고 있노라면 그 언어는 알아들을 수 없어도 배우들의 눈짓, 표정, 몸짓 등 모습을 통해 어느 정도 내용의 흐름을 이해할 수 있게 된다. 보디랭귀지를 보고 상대방의 의도를 파악하는 일은 문화마다, 사람마다 기준이 조금씩 다를지 모르나 어느 정도 보편성은 있다.

보디랭귀지는 의미를 명확하고 활기있게 하고 다른 사람이 더 깊은 관심을 보이도록 내용을 강조시키는 효과를 내도록 쓰여져야 한다. 말의 내용과 상반되는 보디랭귀지와 몸의 움직임은 오해를 불러일으킬 수 있다. 서비스맨의 입장에서도 고객을 보다 더 깊이 이해하고 인간관계를 즐겁게 이끌어 나가기 위해 보디랭귀지를 연구할 필요가 있다.

라. 좋은 첫인상은 커뮤니케이션의 시작

누구라도 다른 사람에게 호감을 얻고 싶어하며 자신이 일하는 분야에서 성공하기를 원한다. 상대방에게 좋은 이미지를 심어 주기 위해서는 무엇보다 첫인상이 중요하다.

대부분의 사람들은 첫 만남을 통해 상대방의 이미지를 기억하고 그 이미지에 의해 그 사람을 판단한다. 사람을 처음 만나 몇 초간 아무 말이 오가지 않더라도 눈으로 몸으로 태도로 커뮤니케이션이 이루어지게 된다. 즉 말하지 않아도 보는 순간부터 상대에 대한 정보를 얻게 된다. 첫인상이야말로 '나'를 표현하는 단 한 번의 기회이다.

흔히 진실의 순간은 15초라고 한다. 그러나 사람의 첫인상은 처음 7초 이내에 결정된다고 하며, 카밀 래빙턴(Camille Lavington)은 일찍이 저서 「첫인상 3초 혁명」에서 '3초 안에 이미지가 결정된다'고 하였다. 즉 첫 만남이 이루어지는 대인관계에서 미치는 첫인상의 영향력은 매우 크다고 할 수 있으며, 외견으로 보이는 전체적인 인상, 차림새로 그 사람의 이미지가 대부분 결정된다.

경영학의 권위자 메긴슨(L. C. Megginson)은 첫 만남, 즉 첫인상에서 호감을 주면 심리적 계약이 발전하여 신뢰가 형성되고 영향력이 커지지만 거부감을 주면 계약 발전에 실패하여 관계가 정지된다고 했다.

미국 IBM사에서 '성공하는 데 가장 중요한 요소는 무엇인가'라는 질문에 38%에 달하는 사람들이 그 사람의 '이미지'라고 대답했다. 그만큼 자신이 상대방에게 어떤 이미지로 비쳐지느냐 하는 것은 비즈니스 세계에서 무엇보다 중요하다. 직장 생활의 기본을 형성하는 것이 인간관계라는 사실은 변함이 없고, 인간관계의 기본은 상대에게 좋은 이미지를 주는 것이라는 사실은 의심의 여지가 없다. 개인의 능력을 향상시키는 데 투자하는 것 이상으로 이미지 경영에 투자해야 하는 이유가 여기에 있다. 「이미지경영」의 저자 매리 미첼(Mary Mitchell)은 '첫 이미지를 만들 수 있는 두 번의 기회란 없다', '옷차림, 자세 등 상대방에게 전달되는 나에 대한 정보를 바꿀 수 있는 방법과 기술을 익히면 좋은 이미지를 전달할 수 있다'고 말한다.

자신이 경험한 인상적인 만남을 한 번 생각해 보라. 어떤 느낌을 받았으며 그 느낌은 언제부터였는가? 처음의 만남 몇 분 동안 그 사람에 대해 어떤 이미지를 굳혔을 것이다. 어쩌면 순간이었는지도 모른다. 첫인상이 중요한 것은 그것이 진위와 상관없이 오랫동안 강한 영향을 미치기 때문이다. 나 자신은 만나는 사람에게 어떤 첫인상을 준다고 생각하는가? 나 자신의 눈, 표정, 몸짓, 음성은 어떤 이미지를 전달하고 있는가?

마. 첫인상, 무엇이 결정하나

사람을 처음 만났을 때 인식되는 첫인상은 웬만해서 바꾸기가 어렵다. 마치 그 순간 콘크리트처럼 단단하게 굳어져 그 사람을 규정짓기 때문이다. 처음 만났을 때 좋은 인상을 심어 줬다면 자신이 가지고 있는 능력 몇 배의 평가를 받게 될 수도 있겠지만 만약 좋지 않은 인상을 심어 줬다면 그것을 바꾸기 위해서 몇 배의 노력을 기울여야 한다. 첫인상이 중요한 것은 첫인상은 두 번 줄 수도, 고칠 수도 없기 때문이다. 즉 이미지메이킹의 첫걸음은 좋은 첫인상을 만드는 것이다.

그러나 한 번 첫인상이 좋았다고 해서 성공이 저절로 모두 따라오는 것은 아니다. 나 자신의 일거일동은 항상 어디서나 나 자신의 이미지를 만들고 그 조각조각의 모음들이 나 자신의 삶을 형성해 나가기 때문이다.

다음 자신의 이미지를 생각해 보라.
각각의 상황에 따른 매순간의 이미지들이 타인에게는 나 자신의 첫인상이 될 수 있다.
• 아침 출근길 버스정류장이나 지하철역에 서 있는 나의 이미지는
• 엘리베이터에서 같이 탄 사람에게 주는 나의 이미지는
• 출근하자마자 자리에 앉아 있는 나의 이미지는
• 사무실에서 바쁘게 움직일 때 나의 이미지는
• 서비스현장에서 고객을 응대하는 나의 이미지는
• 점심시간 식사를 할 때 나의 이미지는
• 나른한 오후 일의 피로가 누적되었을 때 나의 이미지는
• 일을 끝내고 집으로 돌아갈 때 나의 이미지는

그렇다면 무엇이 첫인상을 결정하는 것일까?
한 개인의 이미지는 표정, 헤어스타일, 옷차림, 자세, 스피치, 매너와 에티켓, 보디랭귀지(제스처) 등에 의해 결정되는데, 그중에서도 첫인상을 결정짓는 가장 큰 요소는 얼굴에 나타난 표정이다. 얼굴은 모든 대인관계의 첫 관문이다. 아무리 멋진 의상과 자태를 뽐내는 사람이라도 얼굴이 굳어 있으면 상대에게 결코 좋은 느낌을 전달할 수 없다.

'웃지 않으려면 가게 문을 열지 말라.'는 중국 속담이 있다. 서비스직에 종사하는 사람의 얼굴이 굳어 있다면 고객은 불쾌감을 느끼게 된다. 의무적으로 웃어야 한다는 발상을 버리고 자신을 위해 미소 짓는다고 생각하라. 웃는 얼굴은 삶의 질을 높이려는 현대인 모두에게 필수적인 요소가 된다.

❖ 첫인상에 영향을 미치는 요소들이 무엇인지 생각해보시오.

바. 자신감은 좋은 첫인상의 기본

이미지메이킹은 겉모습 꾸미기에 그치는 것이 아니라 진정한 이미지의 알맹이는 시각적인 것에 앞선 정서적이고 감성적인 어떤 것이다. 사람의 진가는 많은 대화를 통해 여러 가지를 복합적으로 판단하며 알아가게 되겠지만, 그 사람이 보여 준 첫인상의 느낌은 오래 갈 뿐만 아니라 일종의 선입견이 되어 그 다음 행동의 평가기준이 된다.

가장 억울한 경우는 자신이 가지고 있는 '내면의 장점'을 제대로 표현하지 못해서, 오해를 사거나 대인관계에서 손해를 보는 것이다. 게다가 그런 일이 반복될수록 자신감을 잃고 위축될 수밖에 없다. 자기 자신에 대해 자신감이 없는데, 타인이 나를 존중해 줄 리가 있는가? 진정한 이미지메이킹을 위해선 자신감을 갖고 자신을 표현하는 것이 무엇보다 중요하다. 즉 어떤 사람이 자기 자신의 이미지에 자신이 있으면 그 자신감 자체가 주위 사람에게 영향을 주어 자신의 말과 행동에 몇 배 이상의 효과와 설득력을 가지게 된다. 역으로 자신의 이미지에 자신이 없으면 그 무기력함이 자신의 결점을 몇 배 더 확대시켜 상대에게 부정적인 이미지를 더욱 강하게 줄 것이다. 즉, 자기 자신이 자신에 대해 만족해야 타인에게 좋은 이미지를 나타낼 수 있다.

아침에 바쁘게 서두르다가 옷차림, 헤어, 메이크업 등이 잘못된 것이 무척이나 신경이 쓰여 하루 종일 일이 제대로 안된 경우가 있을 것이다. 남들은 나에게 별로 신경을 쓰지 않는데도, 혼자 신경이 쓰여서 주춤거리고 머뭇거려 상대에게 자신감 없는 태도를 보인 적도 있을 것이다.

자기 자신의 이미지를 잘 표현한다는 것은 무엇보다도 자신을 사랑하는 것이고, 스스로에 대한 존중의 의미가 있다. 또한 이것은 자신의 이미지인 아이덴티티를 강화시켜 준다. 자신의 이미지 디자인을 중요시해야 하는 가장 큰 이유 중에 하나인 것이다. 자기 자신을 사랑하고 스스로를 존중하고 귀하게 여겨야만 자신의 이미지가 성공적인 이미지로 각인될 것이다.

사. 서비스맨의 매너는 경쟁력이다

서비스맨에게 있어 중요한 것은 서비스 패러다임의 변화를 제대로 이해하고, 그것을 기반으로 새로운 서비스 테크닉을 훈련해 나가는 것이다.

고객만족의 범위가 훨씬 다양화되고 있는데 그 경쟁력이 친절이미지에 있다고 한다. 친절은 이 시대의 진정한 경쟁력이다. 우리 주위의 많은 기업들 중에는 직원들의 헌신적인 친절서비스 덕분에 어려운 상황에서 회생한 사례가 많이 있다. 친절 하나로 매출의 상승은 물론 전 직원의 자부심까지 높이고 있다.

친절은 마음으로 하기보다 '좋은 표현하기'의 행동적 훈련이다. 착한 일, 선한 일도 훈련된 사람이 잘한다고 하니 친절에서의 훈련은 당연하고 아마도 필수적인 과정이 될 것이다. 인간의 마음은 행동을 조정함으로써 자연히 조정된다. 결국 기분이 내키지 않을 때도 자세를 바르게 하고 밝은 목소리를 내며 웃는 얼굴을 지음으로써 자신의 몸과 마음을 바꿀 수 있는 것이다.

서비스맨이 어떤 마음가짐을 갖고 일에 임하고 있는가는 외면적인 매너로 나타나게 된다. 밝은 표정, 정감 있는 인사, 단정한 용모, 공손한 말씨, 아름다운 자세와 동작을 체득한 서비스맨은 고객과 따뜻한 마음의 상호교류를 하는 메신저(Messenger)이다.

Chapter

08

비언어적 커뮤니케이션스킬
(Non-Verbal Communication Skills)

1. 호감 가는 표정

가. 성공하는 사람에게는 표정이 있다

'표정으로 운명을 바꾼다', '인상이 변해야 인생이 변한다'는 말을 들어 보았을 것이다. 얼굴은 수십 가지의 감정을 표현하며, 그 얼굴 표정만으로도 그 사람의 감정, 기분상태, 건강상태, 교양 정도를 가늠할 수 있다. 사람의 얼굴 표정이란 신체 중 가장 잘 표현되고 눈에 먼저 띄는 부분으로 시각적 이미지의 80% 이상을 차지한다.

대인관계에 있어서 특히 첫 만남에서 표정은 중요한 요소가 된다. 잘생기고 못생기고를 떠나서 얼굴은 그 사람의 모든 것을 나타낸다고 해도 과언이 아닐 것이다. 특히 표정은 자신의 속마음을 감추려 해도 드러나게 되므로 누구나 상대방의 표정을 보고 그 사람의 기분을 판단하기도 한다. 그러므로 고객은 얼굴 표정만으로도 서비스맨의 마음을 읽는다.

지금 자신의 표정이 굳어 있다고 생각한다면 억지로라도 좋은 표정을 한번 지어 보라. 나의 표정은 어떠한가?

- 밝고 상쾌한 표정인가?
- 편안하고 자연스러운 미소인가?
- 자세를 바꾸면서 표정이 굳어지지 않는가?
- 상황과 상대에 맞는 표정을 짓고 있는가?

나. 웃는 얼굴의 효과

표정은 이미지 형성에 가장 큰 역할을 한다. 밝고 긍정적인 표정은 상대방에게 호감을 줄 수 있고, 긍정적인 반응부터 이끌어 낼 수 있기 때문에 편안한 분위기 연출로 최고의 인간관계 효과를 낼 수 있다. 표정이 좋지 않은 사람에게는 다가가기도 어렵고 부정적인

181

선입관을 갖게 되기 쉽다.

"웃어 보세요" 하면 대부분의 사람들은 "웃을 일이 없어요"라고 하는데, 웃는 얼굴을 내가 먼저 만들면 주변이 다 즐거워지게 된다. 아침에 출근할 때 웃으면서 "좋은 아침입니다!" 하고 인사하는 상사에게는 적극적으로 "안녕하세요" 하고 같이 웃으면서 인사할 수 있지만, 반대로 아침부터 무표정한 얼굴에 찌푸리기까지 한 상사에게는 인사하기도 멋쩍을 것이다. 아침 출근길에 반갑게 인사를 받아 주는 버스기사님을 만나면 하루가 즐겁게 시작되지 않는가?

주변이 다 즐거워져서 호감효과를 일으키고, 나의 이미지를 높이는 가장 기본적인 얼굴은 바로 웃는 표정이다. 웃는 얼굴을 기본으로 갖추고 있으면 다른 표정들도 효과적으로 표현해 낼 수 있다. 웃는 표정의 위력은 대단하다.

미국에서는 웃음 강좌라는 것이 있을 정도로 웃음을 통한 건강관리를 강조하는데 스탠퍼드 의과대학의 윌리엄 프라이(William Fry)교수는 웃음을 '앉아서 하는 조깅'(stationary jogging)에 비유하기도 했다. 그에 의하면 하루에 백 번을 웃으면 10분 동안 보트 레이스(boat race) 운동을 한 것과 같은 효과가 있다는 것이다.

웃음은 자신의 직업은 물론 자신의 건강까지, 피곤한 현대를 살아가는 모든 이들에게 분명 피로회복제와 같은 역할을 할 수 있을 것이다.

다. 내면에서 우러나오는 미소

인간관계에 있어서 내면에서 우러나오는 타인에 대한 배려의 마음을 밖으로 나타내는 것이 가장 좋은 이미지 관리이다. 그 사람의 매력을 최고로 표현해 줄 수 있는 방법은 겉으로 꾸며지는 것이 아니라 내면에서 우러나와야 한다. 마음이 우울한데 억지로 웃는 표정을 짓는다고 진정한 미소로 보이지는 않기 때문이다. 표정은 심리적인 면을 가장 잘 나타내 주는 방법이다. 좋은 마음에서 좋은 표정이 나온다.

오랜만에 만난 친구들을 보면 몰라보게 예뻐진 얼굴이 있는가 하면, 어딘가 걱정거리에 싸인 듯한 어두운 그림자가 있는 얼굴을 발견하게 되는 경우도 있다. 굳이 얘기하지 않아도 얼굴에 드러난 표정으로 그 사람의 생활 면면을 읽게 되기도 한다.

우선 내면을 가꿔야 이미지도 개선되므로 항상 스스로 밝고 즐거운 마음을 갖도록 노력해야 한다. 미소를 지을 때에는 눈과 입만 웃는 것이 아니라 마음속으로 즐거워하며 우러나오도록 해야 한다.

거울을 얼마나 자주 보는가? 나의 얼굴은 늘 타인에게 노출되어 있으나 정작 나 자신은 아침에 세수를 하거나 화장할 때 외에는 별로 내 얼굴을 볼 기회가 많지 않다. 표정은 일시적인 연출이 아니라 꾸준한 습관에서 나온다. 자신에 대해 관심을 가지고 표정을 개발한다는 측면에서 거울을 자주 볼수록 외모가 나아진다는 것은 일리 있는 말이다.

라. 고객을 위한 서비스맨의 얼굴 표정

표정은 이미지메이킹에서 핵심 키워드이다. 표정은 수없이 많은 모습으로 자신을 대표하는 이력서와도 같다. 서비스맨에게 필요한 좋은 표정이란 무엇이며, 바람직한 표정을 만들기 위해선 어떻게 해야 할까?

서비스맨이라면 자신의 얼굴 표정이 고객에게 친근감을 주는지, 그렇지 않은지를 반드시 생각해 보아야 할 것이다. 고객에게 친근감을 주는 서비스맨의 얼굴 표정은 고객응대 매너에 있어 가장 기본적인 요소라고 할 수 있다. 고객이 서비스맨에게서 무엇을 보는가 하는 것은 곧 고객이 서비스맨에게서 무엇을 얼마만큼 얻을 수 있는가를 의미한다. 즉 웃는 얼굴은 고객응대의 첫 액션이 된다. 첫인상은 두 번 줄 수 없다. 그러므로 첫인상은 끝인상이 될 수 있다. 간혹 똑같은 일을 매일 반복하는 업무를 하는 사람들에게서는 친근감을 주는 표정은 고사하고 어떤 표정이든 표정 자체를 기대하기 힘든 경우가 있다.

고객을 처음 대면했을 때 고객의 표정을 살펴 응대하게 되는 것은 지극히 당연한 일이다. 왜냐하면 고객의 표정에서 곧 고객의 마음을 읽을 수 있기 때문이다.

그러나 서비스맨은 그 이전에 기본적으로 고객이 편안한 마음을 가질 수 있는 친근감을 주는 표정을 갖추고 있어야 한다. 고객도 서비스맨의 표정에 따라 서비스맨의 친절과 상냥함을 판단하게 되기 때문이다. 고객에게 어떠한 형태의 서비스를 하건 고객 앞에 얼굴이 가장 많이 보여지게 되는 서비스맨은 고객과의 좋은 인간관계 형성을 위해 고객의 입장에서 보았을 때 친근감있는 표정 관리가 필요하다.

그러나 고객을 대하는 표정은 웃는 얼굴만이 아닌 '상황'에 맞는 것이어야 한다. 슬픈 일을 겪은 고객의 이야기를 들었을 때 서비스맨의 표정은 어떠해야 할지 생각해 보라.

어떤 서비스 장소에 들어섰을 때 서비스맨으로부터 환영받고 있다는 느낌이 들었던 경험이 있을 것이며, 그 반대의 부정적인 경험도 있을 것이다.

말의 내용과 함께 말하는 사람의 태도도 매우 중요하다. 서비스맨이 앉아 있거나 서 있거나 얼굴 표정의 연출, 모두 긍정적이거나 부정적인 메시지가 될 수 있다.

"환영합니다"라는 진부한 말 한마디보다 항상 웃는 얼굴, 거기에 적절한 인사말까지 덧붙이는 것이 더 효과적이다. 심지어 고객과의 전화통화에서 조차도 서비스맨의 미소는 전화선을 타고 전달되게 된다.

아무리 예뻐도 표정이 없거나 어색한 사람에게서는 좋은 인상을 받지 못한다. 표정이 따르지 않고 입과 몸으로만 하는 예의바른 인사도 좋은 이미지를 줄 수 없다.

고객에게 미소짓는 것과 같은 단순한 비언어적 암시는 서비스맨이 고객 중심적이라는 효과적인 메시지를 전달한다. 고객을 응대함에 있어서 항상 미소짓고 고객을 기꺼이 돕겠다는 열정과 의지를 표현해야 한다. 항상 최고의 호감 가는 표정을 표현해 내야 한다.

서비스 직원 열 명이 일렬로 서서 고객을 안내하고 있다고 하자. 문에 들어서는 고객이 제일 먼저 다가가는 서비스 직원이 바로 누구라도 쉽게 다가갈 수 있는 친근감 있는 이미지를 갖고 있는 것이다.

마. 표정은 훈련으로 만들 수 있다

사람들의 얼굴엔 반드시 표정이 뒤따르게 되는데 아무리 진지한 이야기를 해도 표정이 진지하지 않다면 그 말을 신용할 사람은 없을 것이다. 예를 들어 "오래 기다리시게 해서 죄송합니다"라고 말하면서 귀찮다거나 쌀쌀한 표정을 짓는다면 고객은 과연 무슨 생각을 하게 될까? "어서오십시오, 안녕하십니까?" 비록 입에 발린 인사말이라도 표정으로 반가움이 나타나지 않는다면 고객에게 좋은 이미지를 줄 수 없을 것이다.

말이 좀 서툴더라도 진지한 표정으로 대화를 나누는 태도, 그리고 그러한 의도가 표정에 듬뿍 담겨져 있는 서비스맨이라면 일단 고객을 응대할 때 좋은 느낌을 전달할 수 있을 것이다. 서비스맨의 풍부한 표정연출은 고객응대를 위한 중요한 열쇠가 된다.

서비스맨은 어느 상황에서든 다양한 고객의 표정과 만나게 되는데 표정이 풍부한 고객이라면 대화도 활기 있게 된다. 다양한 상황에서 고객을 대면하는 서비스맨은 때로는 연기자들 못지않게 풍부한 표정을 연출할 수도 있어야 하며 고객과 대화할 때 상황에 따라 교감을 나눌 수 있는 정감 있는 '풍부한' 표정 연출이 필요하다.

자신의 마음은 고객을 향해 웃고 있는데도 얼굴 표정으로 나타나지 않아 오해를 사는 경우도 있다. 그리고 습관적인 무표정으로 있다 보면 마치 일을 하기 싫은 불성실한 사람으로까지 비춰지기도 하며 때론 화가 나 있는 사람처럼 보이기도 한다. 그 원인은 평소 풍부한 표정을 짓기에는 얼굴 근육들이 너무 굳어 있기 때문이다.

고객이 정확히 판단할 수 있는 풍부한 얼굴 표정을 짓기 위해서는 다른 운동과 마찬가지로 평소에 안면 근육운동이 필요하다. 밝은 표정, 호감 가는 표정은 타고나는 것이라기보다 연기자들이 하는 것처럼 훈련에 의해 만들어질 수 있다.

얼굴의 근육을 잘 움직이면 자신이 원하는 표정을 생기있게 표현할 수 있다.

특히 스마일 훈련은 매우 적극적으로 해야 한다. 간혹 본인은 밝게 웃고 있다고 생각하는데 상대방은 무표정하다고 느끼는 경우가 있다. 자신은 웃고 있다고 생각하는 것이 중요한 것이 아니라 보는 사람이 느껴야 하는 것이다.

❖ 상대방에게 호감을 주는 표정은 어떠한 것인가? 예를 들어 생각해보시오.

Exercise

- **얼굴 부분별 표정 연출 연습**

  표정 연출은 훈련에 의해 만들어질 수 있다.

  거울을 보고 매일 조금씩 연습하여 자연스러우면서도 상냥한 자신만의 표정을 만들어 보라.

- **눈썹**

  눈썹은 얼굴의 표정을 연출하는 데 있어서 중요한 부분이다.
  - 양손의 검지손가락을 수평으로 해서 눈썹에 가볍게 붙인 상태에서 눈썹만 상하로 여러 번 움직인다.
  - 눈썹을 양 미간 사이로 내려 눈썹의 각도를 세모꼴로 만들어 본다. 아마 거울 속에는 화가 난 표정이 보일 것이다.
  - 눈썹을 바싹 위로 올려 눈썹의 각도를 둥근 모양으로 만들어 보라. 거울에 나타난 표정은 밝은 모습일 것이다.

  이렇듯 눈썹의 각도를 이용한 표정만으로도 고객에게 친근감을 보낼 수 있다.

- **눈**

  총명하고 밝은 눈빛은 고객에게 많은 신뢰감을 줄 수 있다. 이처럼 얼굴 표정에 있어 중요한 눈의 표정 연출을 하기 위해 역시 눈 주위의 안면운동을 해 보자.
  - 먼저 조용히 두 눈을 감는다.
  - 반짝 눈을 크게 뜨고, 눈동자를 오른쪽 → 왼쪽 → 위 → 아래로 회전시킨다.
  - 다음엔 눈두덩이에 힘을 주어 꽉 감는다.
  - 그리고 나서 반짝 눈을 크게 뜨고, 다시 한번 눈동자를 오른쪽 → 왼쪽 → 위 → 아래로 회전시킨다. 이러한 눈의 근육운동은 하루 종일 피곤한 눈의 피로를 풀어 주는데도 아주 좋은 운동이 될 수 있다.

  거울을 보고 눈으로 표현할 수 있는 표정을 연출해 보자. 거울을 눈 가까이 두고 눈만 집중해서 본다.
  - 깜짝 놀랐을 때의 표정을 지어 보자. 눈과 눈두덩이가 올라가 있지 않은가?
  - 곤란할 때의 표정은 어떠한가? 아마 양 미간에 잔뜩 힘을 주어야 할 것이다.
  - 지적인 표정을 지어 보자. 역시 눈동자를 긴장시켜야 할 것이다.
  - 슬픈 표정, 기쁜 표정, 놀란 표정 둥 다른 감정을 표현해 보자.

  이렇듯 눈동자로도 많은 표정을 연출할 수 있다.

- **코**

  코로도 표정 연출이 가능할까?

  먼저 코의 근육을 풀어 보자. 불쾌한 냄새를 맡았을 때 대체로 코를 단번에 쑥 올려 코에 주름이 생기게 될 것이다. 이렇게 반복해서 코의 근육을 풀어 준다.

그리고 나서 거울을 코에만 비춰 코로 표정을 연출해 보자.

- 찡그릴 때의 코의 표정은 어떠한가? 한쪽으로 주름진 코의 모습이 보이는가?
- 그러면 이번엔 코로 웃는 표정을 만들어 보자. 양 콧망울이 당겨져 코의 삼각형 모양이 바로 보일 것이다.

코로 하는 표정 연출은 좀 제한되기는 하나 이처럼 코로도 표정 연출이 가능하다.

■ **입, 뺨, 턱**

입 주위는 표정을 결정짓는 가장 중요한 부위이다.

다양하고 풍부한 표정 연출을 해 보기 위해 먼저 입 주위의 근육운동을 해 본다.

먼저 턱 운동을 해 보자.

- 입을 '아' 벌리고 턱을 오른쪽에서 왼쪽으로 움직여 보자. 계속 반복해서 해 본다.

  다음은 뺨 주위의 안면근육을 풀어 보자.
- 입을 다물고 한껏 뺨을 부풀려 공기를 머금은 채 오른쪽 → 왼쪽 → 위 → 아래로 움직여 보자. 서너 차례 반복한다.

  그 다음은 입술운동을 해 보자.

  입가를 최대한 당긴 다음 입술을 뾰쪽하게 내밀고 다시 옆으로 당기는 것을 반복한다.

  그리고 나서 입을 최대한으로 크게 벌려 높은 톤으로 또박또박 아 → 이 → 우 → 에 → 오의 입 모양을 발성해 보자.

그러면 지금부터 거울을 입 가까이 대고 입으로 할 수 있는 표정을 연출해 보자.

토라진 표정을 지어 보자. 입술을 다물고 약간 앞으로 내미는 모양이 될 것이다.

화난 모양은 어떠한가? 입술이 세모꼴로 일그러지지 않은가?

그러면 이제 마치 종이 한 장을 입술에 살짝 무는 상태로 입술 꼬리만 위로 올려 보자. 입술이 웃고 있지 않은가?

다음은 활짝 웃는 모습을 지어 보자. 치아가 반짝이며 입술이 가볍게 열릴 것이다.

여러 표정 중에서 어떤 표정이 가장 아름다워 보이는가?

아마도 역시 입술꼬리를 올린 웃는 표정일 것이다.

입을 항상 절반쯤 벌리고 있거나 입 끝을 아래로 내려뜨려서 축 처지게 하고 있으면 그다지 좋은 느낌은 들지 않는다. 대체로 한국 사람들은 평상시 의식을 하고 있지 않으면 입술꼬리가 축 내려지기 쉽다고 하므로 의식을 하고 항상 입술꼬리를 올리도록 한다. 그것만으로도 웃는 얼굴이 만들어지게 되고 입가가 야무지게 보일 수 있다.

바. 스마일 파워(Smile Power)

사람들은 사진을 찍을 때나 자신을 가장 아름답게 표현해 보라고 한다면 대부분 밝게 웃는 표정을 연출하게 된다. 다양한 얼굴 표정 중 미소는 친근한 관계나 무엇에 대한 긍정의 의미를 지닌 대표적인 비언어적 신호의 하나이다. 즉 미소는 말하는 것에 동의하며, 경청하고 있다는 것을 의미한다.

웃는 얼굴은 리더의 조건이라고도 한다. 살다 보면 누구라도 괴로울 때, 고통스러울 때가 있으나 그래도 따뜻한 미소를 잃지 않고 살아가는 사람은 누구한테나 호감과 신뢰를 받고 있다. 웃는 얼굴과 마주친 누군가는 다른 누군가에게 그 미소를 반드시 전해 준다. 그만큼 웃는 모습은 자신을 가장 아름답게 만들어 주기도 하지만 남에게 호감을 주는 아주 중요한 요소가 되기도 한다.

서비스맨으로서 모든 고객이 호감을 느낄 수 있도록 밝은 스마일을 연출할 수 있는 능력을 갖추어야 한다.

Exercise

■ 스마일 연습

웃음은 하나의 습관이다. 일부러라도 자주 웃다 보면 이상하리만큼 웃음이 잘 나오게 된다. 언짢은 일이 있더라도 웃다 보면 즐거워지고 그래서 다시 웃게 되는 것이다. 이게 웃음의 마력이다. 속이 상할 때면 일부러라도 히죽 웃어 보라.

• 웃는 얼굴에 대해 상대방으로부터 칭찬을 받은 적이 있는가?
• 크게 웃을 때 웃음소리는 어떠한가?
• 거울 앞에서 즐거운 일을 생각하며 활짝 웃어 보라.
  거울을 보며 자신의 웃는 얼굴의 눈썹, 눈, 코, 입 등을 그림으로 그려 보라. 어떠한 모양인가?

여러 가지 표정 중에서도 가장 아름다운 표정은 물론 웃는 얼굴이다.
일상생활에서 사진을 찍을 때 카메라를 향해서 전원이 위스키~ 하는 모습을 많이 보게 된다. 입모습은 끝까지 '~이'의 입모습을 하게 되고 더군다나 '위~' 할 때는 뺨의 근육이 약간 위로 치켜 올라가 훌륭한 웃는 얼굴을 만들 수 있다.
한번 연습해 보자. 위스키~

사. 스마일은 서비스맨의 기술이며 의무이다

서비스맨의 최고의 매너는 스마일을 잘하는 능력이라고 해도 과언이 아닐 것이다. 서비스맨이라면 즐거워서 웃는 것이 아니라 스스로를 즐겁게 하기 위해서 달관한 듯 웃을 수 있는 여유를 터득해야 한다. 즐거운 일이 있으면 누구든지 웃는다. 오히려 웃지 않는 것이 비정상일 것이다. 중요한 것은 웃을 일이 없을 때에도 웃는 것이다.

제임스-랑케효과(James-Ranke Effect)란 "사람은 슬퍼서 우는 것이 아니라 울기 때문에 슬퍼지는 것이고, 즐거워서 웃는 것이 아니라 웃기 때문에 즐거워진다"는 심리이론을 말한다. 다시 말해 동작이란 감정에 따라 일어나는 것처럼 보이지만 실제로 동작과 감정은 병행하는 것이다. 동작은 의지로써 직접 통제할 수도 있지만 감정은 그렇게 할 수가 없다. 그러나 감정은 동작을 조정함으로써 간접적으로나마 조정이 가능하다. 따라서 쾌활함을 잃었을 때 그것을 되찾는 최선의 방법은 아주 쾌활한 것처럼 행동하고 쾌활한 것처럼 말하는 것이다.

스마일은 흥미로운 TV 코미디물을 보았을 때처럼 외부의 자극에 의해 무심코 반사적으로 터져 나오는 웃음이 아닌 본인이 미리 의식하여 만들어 내는 능동적인 웃음을 의미한다. 즉 스마일은 무의식의 상태에서 만들어지는 것이 아니라 의식의 상태에서 항상 긴장하며 만들어야 하기에 능력 있는, 특히 현명한 사람들의 어려운 능력 중의 하나이다.

서비스맨의 스마일은 하고 싶을 때만 표현하는 것이 아니라 반드시 의무적으로 해야 한다. 서비스맨은 어떤 상황에서라도 본인의 감정에 무관하여 필요할 때에는 즉각 자연스럽고 자신감 있는 스마일을 표현할 수 있는 수준까지의 기술이 필요하다.

서비스맨으로서 스마일을 유지한다는 것은 자신의 이미지를 좋게 만드는 것뿐만 아니라 고객을 안심시키고 편안한 마음이 되게 한다. 스마일은 서비스맨이 반드시 갖추어야 할 기본 매너이며 의무이다.

스마일은 직업적인 의미에서의 기본 매너가 아닌 자신의 인생을 위한 기본 요건이라 할 수 있다. 자신의 행복한 인생을 위해 항상 스마일을 생활화해보자.

Exercise

■ 다음 얼굴 표정들을 잠시 보고 느껴지는 감정을 각각 생각해 보라.

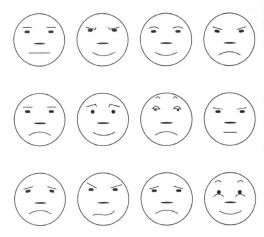

서비스맨의 얼굴은 어떤 표정이어야 할까요?

• 위의 그림을 참고로 하여 상대방에게 긍정적인 이미지를 전달하는 비언어적 요소들을 그림 (얼굴 표정)으로 그려 보자.

• 거울을 보고 다음과 같은 얼굴표정이 어떠한지 실제로 표현해보자. 과연 각각의 풍부한 표정연출이 가능한가?

슬픔	좌절	싫증
행복	두려움	화남
관심	지루함	회의적
안심	공감	동의

2. 신뢰감을 주는 시선 처리

가. 눈맞추기(Eye Contact)

'눈은 입보다 많은 말을 한다', '눈빛만 봐도 안다'는 말처럼 사람의 눈빛은 모든 것을 표현하는 중요한 요소이며 상대방에게 주는 인상의 파급효과가 크다. 눈을 맞추는 것은 언어적, 비언어적 의사소통시 메시지를 전달하는 데 있어 중요한 요소로 작용한다. 눈맞추기 하나만으로도 가장 효율적인 의사소통방법이 될 수 있다.

눈을 맞추지 않는 서비스맨의 서비스를 받는 고객은 관심과 성의가 부족하다고 생각하고 신용이 없음을 느끼게 될 것이다. 일반적으로 서양 식음료 서비스시 와인을 제공할 때 서비스맨이 와인을 따른 후 자신과 눈을 맞추기를 기다리고 있는 고객에게 와인만 따르고 그냥 돌아선다면 와인의 품질과 무관하게 좋지않은 와인서비스가 되는 것이다.

서양문화에서는 눈맞추기를 유지하기에 편안한 일반적인 시간을 5초에서 10초로 본다. 이때 눈의 움직임, 깜빡거림, 눈맞추는 시간, 횟수 등이 상대를 대하는 자세와 마음과 연관되어 있다.

눈을 맞추는 목적은 다음과 같다.
• 주의와 관심의 정도를 나타낸다.
• 친밀한 관계를 나타내고 유지할 수 있다.
• 태도변화와 설득에 영향을 미친다.
• 상호작용을 조절한다.
• 감정을 전달한다.

눈은 상대가 바라보는 나의 첫 번째 창이다. 사람의 얼굴에서 50% 이상의 인상을 좌우하는 부분은 눈이다. 어떤 눈매를 가지고 있느냐, 혹은 어떤 눈빛을 가지고 있느냐가 타인에게 어떤 이미지로 비춰질 수 있느냐를 판가름하는 주요한 요건이 된다.

나. 눈으로 말한다

유아용 교육비디오에 나오는 율동 동요를 보다 보면 컴퓨터 기술로 사람의 동작은 다양하게 보여 줄 수 있지만 유독 사람의 눈과 눈동자는 제대로 표현해 내지 못하는 것을 느낄 수 있다. 또한 몇몇 음식점에서는 출입구에 인사하는 마네킹을 세워 놓는 경우가 있는데 아무 눈빛이 없이 고개만 까딱하는 그 마네킹의 인사를 받고 환영받는 느낌을 가질 손님은 없을 것이다.

'눈은 마음의 창'이라고 하지 않는가? 눈의 표정을 능숙하게 활용하면 말 이상의 효과를 얻을 수 있다. 진실된 눈빛은 열 마디 말보다 더 강한 호소력을 가진다. 눈으로 열정과 의지를 나타내고 고객에게 신뢰와 믿음을 심어 줄 수 있다.

고객을 대할 때 바람직한 눈의 표정은 어떠한 것인가?
• 시선은 상대와 같은 높이가 좋다.
• 눈으로 포용하듯 두루 살핀다.
• 부드럽고 따뜻한 눈의 표정을 연출한다.
• 눈으로 수긍한다.
• 강한 시선으로 확신을 보인다.

그러나 이러한 눈의 표정은 고객을 멀어지게 한다.
• 눈을 많이 움직인다.
• 갑자기 먼 산을 보거나 한눈을 판다.
• 얼굴을 움직이지 않고 눈동자만 굴려서 바라본다.
• 지나치게 두리번거린다.
• 항상 시선이 아래로 향해 있다.

다. 눈동자의 크기와도 관련이 있다

눈은 신체의 초점 부분이며 눈의 동공은 우리의 의식으로 통제할 수 없는 것이므로 눈에는 인간의 모든 의사소통 신호가 정확하게 드러난다. 눈동자의 크기가 빛의 강도에 따라 다양해지고, 어두움 속에서 확대되고 빛에 수축되는 것은 잘 알려진 사실이다. 눈동자와 관심 사이에 직접적인 연관이 있는 것도 연구에 의해 밝혀진 사실이며, 눈동자의 크기는 얼굴 표정에 결정적인 영향을 준다.

확대된 눈동자는 밝음, 높은 관심, 진실함, 솔직함, 안식과 편안함 등의 이미지를 느끼게 해주며, 수축된 눈동자는 관심이 적은, 불만족스러운, 피로한, 스트레스가 쌓인, 우울한 이미지를 느끼게 해준다.

고객에게 좋은 이미지를 전달하기 위해서는 고객에게 많은 관심을 가지고 있는 확대된 눈동자가 되어야 많은 이야기를 할 수 있다.

또한 서비스맨의 입장에서도 고객의 눈동자의 크기를 관찰하는 것은 대단히 중요한 일이다. 왜냐하면 그것은 고객이 얼마나 만족하고 있는지를 말해 주기 때문이다. 밝게 웃고 있는 입모양에도 눈동자에 미소가 없으면 그것은 자연스럽지 못한 인위적인 미소로 보이기 쉽다.

라. 올바른 시선 처리

아무리 말씨나 태도가 훌륭한 서비스맨이라 할지라도 얼굴 표정에 있어 시선 처리를 바르게 하지 못하면 서비스의 효과는 반감되고 만다. 서비스맨의 올바른 시선 처리는 곧 서비스맨의 자신감과 고객에 대한 공손함을 의미한다.

평소 시선처리의 나쁜 습관 때문에 본의 아니게 신뢰할 수 없는 이미지를 갖게될 수 있다. 누군가와 대화를 나눌 때 주변 사람들의 반응을 살피거나 곁눈질을 하는 등 시선의 방향이 불안한 사람은 상대방에게 불안감을 가지게 만든다. 그러므로 밝고 명랑한 표정과 함께 안정된 시선처리가 매우 중요하다.

고객응대시 다음 사항을 주의하도록 한다.

- 눈은 상대의 눈을 바라보되 너무 직시하면 오히려 부담이 될 수 있으므로 고객과 장시간 대화를 할 경우에는 일반적으로 고객의 양 미간과 눈을 번갈아 보면서 시선처리를 하는 것이 고객 입장에서 편안함을 느낄 수 있다. 고객의 미간을 보다가 여백, 즉 고객과의 대화의 중심이 되는 쪽, 앞에 놓인 서류, 제시하는 방향, 찻잔 등으로 시선 처리를 한다.
- 어떠한 경우라도 고객의 신체 위 아래로 시선을 돌리는 것은 좋지 않다.
- 다른 사람의 말을 들을 때 될 수 있으면 눈을 보고, 자신이 이야기할 때는 시선을 조금 아래로 향하는 것이 좋다. 단 이야기의 핵심을 강조하거나, 고객의 동의를 구하고 싶을 때는 시선을 고객의 눈에 두어 의지를 표현할 수 있다.
- 서비스맨의 시선의 위치가 고객보다 높이 있거나, 너무 아래에 있는 경우 바람직하지 않으므로 적당한 위치에서 눈의 위치를 맞추도록 해야 한다. 눈의 위치를 맞추어서 허리를 굽혀 몸의 높이를 조절할 수 있다.
- 서비스맨의 시선과 얼굴의 방향, 그리고 몸과 발끝의 방향까지 고객의 시선을 향하도록 한다.

> ✢ 평소 아이컨택(eye contact)이 갖는 중요성을 느낀 경험에 대해 생각해보시오.

3. 바른 자세와 동작

어떤 회사를 방문했는데 두 명의 접수 담당직원이 있었다고 하자. 한 명은 등을 구부리고 어쩐지 피곤해 보이는 느낌으로 앉아 있고, 또 다른 한 명은 단정한 자세로 웃으며 고객을 보고 있다. 고객의 발길은 어느 쪽의 접수처로 향하겠는가?

첫 눈에 보이는 서비스맨의 모습, 그 모습으로 고객은 대부분 서비스맨의 마음자세와 이미지를 느끼게 된다. 그만큼 서비스맨의 바른 자세는 중요하다. 자세를 잘 가다듬는 일부터 시작함으로써 업무에 임하는 자기 자신의 기분도 긴장될 것이며, 일상생활 속에서 아름다운 몸가짐을 익힌다면 인생에 있어서 귀중한 재산이 될 것이다.

고객응대시 나타나는 다양한 자세로 고객은 서비스맨의 행동에 반응하게 된다.

바른 자세로 앉아 있거나, 서 있거나, 자신 있게 걷거나, 적극적인 자세를 취하는 것은 진정으로 고객을 돕겠다는 준비의 표현이 된다. 반면 구부정하게 앉아 있거나, 어깨를 늘어뜨리고 서 있거나, 신발을 끌며 걷는 자세는 고객서비스 태도가 좋지않게 보일 수 있다.

자세가 바르지 못한 사람은 왠지 신뢰감이 생기지 않는다. 신체의 자세는 마음의 자세에서 비롯되므로 자세는 곧 마음가짐으로 해석될 수 있는 것이다. 여기에 머리, 손, 팔, 어깨 등을 사용하는 몸짓은 언어적 메시지를 강조하기 위해 의사소통에 부가적인 의미를 갖게 한다.

- 허리와 가슴은 펴고, 턱과 고개의 위치는 고객을 향해 정면으로 한다.
- 눈은 자연스럽게 상대를 본다.
- 상체를 10도 정도 숙이며 응대하면 정중한 인상을 줄 수 있다.
- 서 있을 때에는 반드시 손가락을 모으고 올바른 손모음을 유지한다.
  (남성은 왼손이 위로, 여성은 오른손이 위로 오도록 모은다.)
  이때 팔은 자연스럽게 내린다(특히 긴장하면 손과 함께 팔이 올라가게 되므로 유의한다).
- 몸의 무게중심을 한쪽 다리에 두지 않는다.

가. 아름답게 선 자세

모든 동작의 기본은 바르게 서 있는 자세에서 비롯된다. 또한 바르게 선 자세는 직업인으로서 당당함의 표현이 된다.

새 옷을 입어 볼 때 거울 앞에서 자기도 모르게 등을 쭉 펴고 배를 살짝 넣어 본 경험이 있는가? 평상시에 주의하지 않으면 결국 등은 굽어지고 턱은 쑥 나와 버리기 쉽다. 이렇게 해서는 모처럼 멋있는 옷을 입었더라도 젊어 보이거나 근사해 보이지 않을 것이다.

그러므로 자신의 어깨가 구부정하거나 허리가 굽어 있는 경우 반드시 자세를 교정해야 한다. 하루에 일정 시간 뒷머리, 어깨, 등, 엉덩이, 종아리, 뒤꿈치를 벽에 닿게 기대 서서 유지하는 훈련을 해 보면, 바른 자세를 만드는 데 효과적이다. 거울 앞에서 자신의 서 있는 정면과 옆 모습을 모두 점검해 보자.

Exercise

■ **아름답게 서는 연습**

- 발뒤꿈치를 붙이고 발끝은 V자형으로 한다.
  이때 두 다리는 힘을 주고 서서 다리 사이로 뒷부분이 보이지 않도록 두 무릎은 반드시 붙인다.
- 몸 전체의 무게중심을 엄지발가락 부근에 두어 몸이 위로 올라간 듯한 느낌으로 선다.
- 머리, 어깨, 등이 일직선이 되도록 허리는 곧게 펴고 가슴을 자연스럽게 내민 후, 등이나 어깨의 힘은 뺀다.
- 아랫배에 힘을 주어 당기고, 엉덩이를 약간 들어 올린다.
- 여성의 경우 오른손이 위로 가게 하여 가지런히 손을 모아 자연스럽게 앞으로 내린다. 남성의 경우 손을 가볍게 쥐어 바지 재봉선에 붙인다. 이때 양손을 약간 둥글게 하면 보다 정중한 인상을 준다.
- 얼굴은 턱을 약간 잡아당겨 움직이지 않도록 한다.
- 시선은 정면을 향하고 입가에 미소 또한 잊지 않는다. 그리고 머리와 어깨는 좌우로 치우치지 않도록 유의한다.
- 대기 시 오래 서 있어야 할 때에는 여성의 경우 한 발을 끌어당겨 뒤꿈치가 다른 발의 중앙에 닿게 하여 균형을 잡고 서 있도록 하면 훨씬 편안하게 느껴진다.
- 남성의 경우라면 양 발을 허리 넓이만큼 벌려 서 있는 것이 좋다.
  대기 자세에서 고객을 응대할 때는 즉각 대기 자세를 풀고 고객에게 다가가는 제스처가 필요하다. 이때 고객을 정면으로 하여 45도 각도 정도를 유지하고, 공간에 따라 차이가 있을 수 있으나, 80cm에서 1m 정도의 거리에서 고객과 마주 보고 서는 것이 가장 편안한 거리이다.

나. 바르게 앉은 자세

평소 생활 속에서 좋은 습관 중의 하나는 상체를 바르게 하는 자세이다. 일상생활에서 기력이 쇠하고 힘이 들 때 혹 상체가 휘어진 듯한 경험이 있지 않은가?

카운터나 책상 앞에서의 작업량이 많은 사람들은 하반신이 보이지 않는다고 해서 안심하고 다리를 꼬고 앉는다든지 단정치 못하게 하고 있으면 반드시 상반신에 영향을 주기 마련이다. 등이 굽어지면 무릎도 벌어지게 된다.

바르게 앉기 위해서 상반신은 항상 선 자세와 같은 자세여야 한다. 즉, 바르게 서 있는 자세에서 그대로 앉는 동작이다. 신체의 중심이 되는 허리를 항상 긴장하여 바로 세운다는 것은 바로 젊음을 유지하는 비결이 되기도 한다.

Exercise

- **바르게 앉은 자세 연습**
  - 의자 깊숙이 엉덩이가 등받이에 닿도록 앉는다. 의자 끄트머리에 걸터 앉는 것은 보기도 좋지 않고 불안정해 보인다.
  - 등과 등받이 사이에 주먹 한 개가 들어갈 정도 거리를 두고 등을 곧게 편다.
  - 상체는 서 있을 때와 마찬가지로 등이 굽어지지 않도록 주의하고 머리는 똑바로 한 채 턱을 당기고 시선은 정면을 향한다.

  - 손은 양 겨드랑이가 몸으로부터 떨어지지 않도록 해서 가지런히 무릎 위에 모으고 발은 발끝이 열리지 않게 조심하고 발끝은 가지런히 모아 정면을 향하게 한다.
  - 양 다리는 모아서 수직으로 하며 오래 앉아 있을 경우 다리를 좌우 어느 한쪽 방향으로 틀어도 무방하다. 특히 소파처럼 낮은 의자의 경우에는 무리하게 다리를 수직으로 세우지 말고 양 다리를 모은 채 무릎 아래를 좌우 한 방향으로 틀면 다리가 아름답게 보인다. 다리선은 가지런히 하여 발끝까지 쭉 펴서 반듯하게 보이도록 한다.
  - 팔짱을 끼고 무릎을 떨거나, 다리를 꼬아 앉거나 벌어지지 않도록 유의해야 한다.

다. 멋있게 앉고 서는 법

대체로 의식하지 않고 무의식 중에 하는 것이 앉고 서는 법이다. 그러나 앉고 서는 모습만 보아도 평소 자세와 연령을 분명히 알 수가 있다. 자칫 긴장하지 않으면 털썩 주저앉는다거나 일어설 때도 상체를 많이 굽힌 지친 모습으로 일어서기 쉽다.

Exercise

■ 여자
- 한쪽 발을 반보 뒤로 하고 몸을 비스듬히 하여 어깨 너머로 의자를 보면서 한쪽 스커트 자락을 살며시 눌러 의자 깊숙이 앉는다.
- 뒤쪽에 있던 발을 앞으로 당겨 나란히 붙이고 두 발을 가지런히 모은다.
- 양손을 모아 무릎 위에 스커트를 누르듯이 가볍게 올려놓는다.
- 어깨를 펴고 시선은 정면을 향하도록 한다.

■ 남자
- 의자의 반보 앞에 바르게 선 자세에서 한 발을 뒤로 하여 의자 깊숙이 앉는다.
- 정지 동작을 살리며 바른 자세로 앉는다.
- 발을 허리만큼 벌리고 양손은 가볍게 주먹을 쥐어 양 무릎 위에 올려놓는다.
- 어깨를 펴고 시선은 정면을 향하도록 한다.

라. 어깨와 머리의 위치

일반적으로 사람들은 자극을 받거나 긴장할 때 어깨를 올리고 안정적일 때 내리는 경향이 있다. 머리와 어깨의 자세만으로도 부정적인 이미지가 전달될 수 있다.

- 어깨를 높이고 머리를 낮추는 경우에는 왠지 긴장되고, 부정적이고 혹은 소극적으로 느껴지며, 또한 항상 어깨를 축 늘어뜨리고 머리를 떨어뜨리는 사람들에게서는 무언가 자신이 없고 어두운 이미지마저 느껴진다.
- 머리가 한쪽으로 항상 비스듬하게 기울어져 있거나 앞 머리카락이 흘러내려 습관적으로 머리가 한쪽으로 기울어져 있는 자세는 불안정한 느낌이 든다.
- 턱이 들려 머리가 젖혀진 채 시선을 아래로 하는 자세는 거만한 느낌이 든다.

마. 씩씩하고 스마트하게 걷기

옷을 잘 차려 입고 용모가 깨끗해도 등이 구부정한 채 무릎까지 굽히고 뒤뚱뒤뚱, 종종, 터덜터덜 걷고 있는 사람들을 보게 된다. 반면 곧은 자세로 씩씩하고 활기차게 걷고 있는 사람은 보는 사람으로 하여금 신뢰감을 느끼게 해준다. 걸음걸이는 그 사람의 품성과 교양을 나타낸다. 자신 있고 매력적인 걸음걸이를 위해서는 평소 생활 속에서의 연습이 필요하다.

계단 오르내리기

누군가와 함께 계단을 걸어갈 때나 반대 쪽에서 누군가 계단을 이용할 때 상체를 곧게 펴서 몸의 방향을 비스듬히 걷는다면 좁아 보였던 계단의 공간이 더 넓어 보일 것이다. 아주 사소한 차이지만 계단을 오르내릴 때 몸을 비스듬히 하는 것과 앞으로 향해 걷는 것과는 느낌이 매우 다르다. 자로 잴 수 없는 작은 공간이라도 상대에 대한 공간의 배려는 자세의 세련미를 더해 줄 것이다.

계단을 올라갈 때는 남자가 먼저 올라가고, 내려갈 때는 여자가 먼저 내려가도록 한다.

Exercise

■ 걷는 자세 연습

바르게 선 자세를 기본으로 하여, 허리로 걷는다고 생각하고 앞으로 내민 발에 중심을 옮겨 가면 바르게 걸을 수 있다.

- 상체를 곧게 유지하고 발끝은 평행이 되게 하여 다리 안쪽과 바깥쪽에 주의하면서 발바닥 이 보이지 않도록 직선 위를 걷는 듯한 기분으로 걸으면 된다.
- 무릎을 굽힌다든지 반대로 너무 뻣뻣해지지 않도록 양 무릎을 스치듯 걷도록 주의한다. 걸을 때 팔을 크게 흔드는 것도 보기 좋지 않다.
- 어깨와 등을 곧게 펴고 턱을 당기고 시선은 정면을 향하고 자연스럽게 앞을 보고 걷는다. 배는 안으로 들이밀고, 엉덩이는 흔들지 않는다. 팔은 부드럽고 자연스럽게 두 팔을 동시에 움직이는 편이 바람직하다.
- 보폭은 자신의 어깨 넓이만큼 걷는 것이 보통이나, 굽이 높은 구두를 신었을 경우는 보폭 을 줄인다.
- 걷는 방향이 직선이 되도록 한다.
- 걸을 때 시선은 바닥을 보지 않는다.

걸음의 속도는 자신감과 비례한다

자신감을 갖고 열심히 자신의 일을 추진하는 사람들의 걸음걸이는 남들과 달리 조금 빠른 템포로 걷는다는 것을 알 수 있다. 실제로 일반적인 걸음걸이 속도보다 약간 빠르게 걷는 것이 더 진취적이고 자신감 있어 보인다고 한다.

반면 언제 어디서든지 항상 처진 어깨로 걸음이 느린 사람은 왠지 모든 일에 자신감이 없고 일을 처리하는 속도도 느릴 것 같은 느낌이 든다.

고객에게 다가올 때 축 처진 느린 걸음으로 걷는 사람들이 있는가 하면 발걸음도 경쾌한 리듬을 가지고 가슴을 쭉 펴고 또렷한 눈빛으로 정면을 향해 스마트하게 걸어오는 직원들 도 있다. 고객은 어느 쪽을 더 신뢰하게 될 것인가?

발소리까지 상대를 배려해 보라

발소리가 크게 나지 않도록 걷는 것도 타인에 대한 배려이다. 사무실이나 다른 장소에서 무심코 들려오는 요란스런 발소리가 귀에 거슬린 경우가 있다. 매너가 좋은 사람들은 발소리까지도 남의 귀를 거슬리지 않게 하기 위해 자신의 걸음걸이에 주의를 기울인다.

체중은 발 앞부분에 싣고, 허리로 걷는 듯한 느낌으로 걸어야 한다.

발소리가 소음공해가 되지 않도록 발 앞끝이 먼저 바닥에 닿도록 하여 전면에 일직선이 그어져 있는 듯 가상하여 똑바로 걷는다.

바. 물건과 함께 '마음'을 전한다

서비스맨은 고객에게 무언가 제공하는 동작을 많이 하게 된다. 서비스맨은 수없이 하는 동작일지 모르나, 고객에게는 서비스맨에게서 받는 단 한 번의 동작이 될 수도 있으므로, 이 동작 하나로 불쾌한 느낌이 전달되기도 하고 감동을 주기도 한다.

일상생활 속에서도 누군가에게 신문이나 물 컵 등을 건네줄 때, 상대편이 손을 미리 떼어버려 바닥에 물건을 떨어뜨린 경험이 있을 것이다. 서비스맨의 경우 고객의 물건을 소중히 여기는 마음으로 취급한다면 물건과 함께 마음을 전하는 따뜻함이 자연스럽게 느껴지리라 생각된다.

고객과 주고받는 물건은 모두 소중한 것이므로 전달하는 위치도 몸의 가슴과 허리 사이에서 옮겨 전달해야 한다. 너무 아래로 떨어뜨려 전달할 때는 하찮은 물건으로 생각되기 쉽기 때문이다.

- 전달받을 고객과의 적절한 거리를 확보한 다음 반드시 양손을 사용하도록 한다.
- 물건을 전달할 때도 밝은 표정과 함께 시선은 고객의 눈에서 물건으로 갔다가, 다시 고객의 눈으로 옮겨 물건이 올바르게 전달되었는지를 확인한다.
- 작은 물건일 경우, 한 손을 다른 한쪽 손의 밑에 받쳐 전달한다.
- 받는 사람의 편의를 최대한 고려하여 전달한다.

사. 방향 지시의 모습

"연회장이 어디 있어요?"라고 물어 왔을 경우, "네, 연회장 말씀이십니까? 제가 안내해 드리겠습니다"라고 하며 고객을 직접 안내하는 것이 원칙이다.

부득이 그 자리를 비울 수 없는 경우에는 "네, 연회장은 저쪽입니다"라고 재빨리 응대하며 다음과 같이 방향을 지시한다.

- 방향을 묻는 사람의 눈을 보고 팔을 길게 뻗어 손가락 끝을 가지런히 모아 손바닥을 비스듬히 전체로 가리킨다. 손바닥이 위로 향하거나 손목이 굽어 있으면 방향이 애매하게 된다.

- 팔꿈치를 펴는 각도로 거리감을 표현하여 먼 곳은 팔을 길게 뻗어 가리키고 가까운 곳은 손을 조금만 내민다. 이때 다른 한 손을 팔꿈치 위치에 받치면 공손한 모습이 된다.

- 시선은 상대의 눈에서 지시하는 방향으로 갔다가 다시 상대의 눈으로 옮겨 상대가 이해했는지를 확인한다. (고객의 시선이 손 끝을 확인할 때까지 잠시 멈춘다.) 고객의 시선을 확인한 후 이동한다.

  이때 "네, ○○○곳은 이쪽으로 가시면 됩니다" 등의 안내의 말을 분명하게 한다.

- 우측을 가리킬 경우는 오른손, 좌측을 가리킬 경우는 왼손을 사용한다. 만약 반대로 할 경우 고객과의 사이를 어깨로 가로막는 것이 되어 좋지 않다.

- 사람을 가리킬 경우는 두 손을 사용해야 한다.

- 뒤쪽에 있는 방향을 지시할 때는 몸의 방향도 뒤로 하여 가리킨다.

- 한 손가락으로 지시하거나 턱이나 고개 짓으로 안내하거나 상대의 눈을 보지 않고 지시하는 등의 자세는 상대에게 매우 큰 불쾌감을 줄 수 있으므로 유의해야 한다.

- 동작은 하나하나 절도 있게 하며 항상 시선과 함께 동작을 마무리하는 것에 유의한다.

▶ 올바른 동작은 진실한 마음이 담긴 친근하고 부드러우면서 절도있는 동작을 의미한다. 이때 절도있는 동작이란 딱딱하고 경직된 어색한 동작이 아닌, 불필요한 동작이 없는 정돈된 자세와 동작을 말한다.

◈ 바른 자세와 동작을 위한 연습을 해보고 자신이 보완할 점은 무엇인지 생각해 보시오.

4. 마음의 문을 여는 인사

가. 인사의 의미

인사는 인간관계의 시작이다

우리는 매일같이 가족, 친구, 직장의 동료, 상사, 그 밖의 많은 사람들을 만나게 되고 "안녕하세요", "안녕하십니까?", "반갑습니다" 등의 인사말로 만나는 사람마다 정답게 인사를 하곤 한다. 이렇듯 인사는 우리의 생활, 그 자체라고 할 수 있다.

'인사'란 '人事'의 한자말을 풀이해 보면 알 수 있듯이 우리의 생활에서 빠질 수 없는 바로 사람이 해야 하는 일이다.

우리가 만나는 사람들과 주고받는 인사는 인간관계에 큰 플러스 역할을 하게 되며 일상생활에서 부딪히는 수많은 사람들 간에 주고받는 인사란 밝은 표정과 마찬가지로 역시 아름다운 사회를 만드는 기본이 된다.

'말 한마디에 천 냥 빚을 갚는다'는 속담처럼 "직장 내에서 인사를 잘해서 인정을 받았다" 는 이야기도 흔히 듣게 된다. 그만큼 직장 내에서 인사는 윗사람과의 긍정적인 스트로크이자 업무의 활력소이며, 인간관계의 윤활유 역할을 한다고 할 수 있다.

직장은 나이, 사고방식, 경험, 입장이 서로 다른 사람들이 함께 일을 하기 때문에 여러 가지 힘든 일이 많이 발생하므로 매일매일 유쾌한 직장생활과 업무 만족도를 높이기 위해서는 동료들에게 마음이 깃든 인사가 몸에 배어 있는 생활을 해야 한다. 그것은 자신의 인격을 높임과 동시에 친절한 사회인이 되는 첩경이다.

이렇게 중요한 인사도 나라별로 상황에 따라 다른 방식의 인사를 나누곤 하나 내면의 표현은 같다고 할 수 있다. 글로벌시대 서비스맨이라면 나라별 인사의 매너도 반드시 습득해야 할 부분이다.

우리나라의 인사는 정중히 서서 허리를 앞으로 숙임으로써 존경과 반가움을 표시하는 것이다. 만약 외국인이 정중히 서서 허리를 숙이면서 "반갑습니다"라고 한국말로 인사를 한다면 매우 인상 깊을뿐만 아니라 우리나라의 문화와 예법을 존중하며, 우리에 대해 미리 연구하고 왔다는 긍정적인 이미지를 갖게 될 것이다.

이와 같이 인사는 첫 만남에서 반드시 하게 되는 것이며, 헤어질 때 보여 주게 되는 마지막 모습이다. 혹여 첫 만남에서 인사를 제대로 하지 못하였거나 서비스 중에 고객과 서로 마음 상하는 일이 있었더라도 헤어지는 인사에서 정중하고 진심어린 인사를 한다면 그 고객은 좋은 느낌을 가지고 돌아가게 될 것이다.

먼저, 웃으며 다가가 인사하라

인사란 '당신을 보았습니다'라는 사인이라고 했다. 그렇다면 상사, 부하, 선배, 후배 구별 없이 먼저 본 쪽이 먼저 인사를 하는 것이 자연스럽다. 누구라도 자신의 존재를 인정받으면 기쁜 것이다.

자신이 속한 사회에서 인정받고 성공하고 싶다면 항상 먼저 인사를 하라. 먼저 웃으며 다가가 반가움을 표시하며 상대를 기억하라. 언제나 변함없이 진심어린 위로, 격려, 축하의 인사를 건네는 사람은 이미 성공한 이미지를 가지고 있는 것이다.

> 모 대기업에서 근무하던 평범한 직장인이 있었다. 그는 입사 첫날부터 직장 내에서 만나는 모든 사람에게 밝게 인사를 했다. 틀에 박힌 소극적 인사가 아닌 적극적이며 밝고 활기 넘치는 인사를 자신의 부서 사람들뿐만 아니라 복도, 구내식당에서 마주치는 모든 사람들에게 하기 시작했다. 인사가 지속되자 점점 안면이 쌓이고 서로 기억하게 되는 사람들이 많아졌다. 어느 날부터는 그 기업에서 그를 모르는 사람이 없을 정도였으며 업무성과도 우수했다. 스스로 다가가서 적극적으로 인사를 했던 그런 용기와 실천력은 한 번 의미있게 생각해 봄직하다.

사람을 보면 우선 먼저 인사하라. 인사의 찬스는 극히 순간적인 것이므로 타이밍을 놓치지 않고 과감히 실행해야 한다. 상대방이 내 인사를 받아 줄까, 나를 알아볼까… 등을 따지지 말고 용기를 내어 자신이 먼저 인사를 하는 적극성이 필요하다.

그만큼 '인사는 순간의 승부다'라고 하는 것처럼 만나는 순간에 조건반사처럼 바로 인사해야 한다. 즉 누군가를 만나면 저절로 허리가 굽어져야 하는 것이다.

간혹 먼저 인사하기를 꺼리는 사람들을 보는 경우가 있는데 이는 어리석은 생각이다. 만나는 사람들이 고객이든 상사이든 부하직원이든 상대보다 먼저 인사함으로써 만나는 사람들과 인간관계에 있어서 주도권을 먼저 잡게 되는 것이다. 진정한 마음을 담은 "안녕하십니까", "부탁합니다", "수고하셨습니다", "감사합니다" 등 인사를 생활화할 때 자신의 브랜드 가치는 더욱 높아질 것이다. 또한 인사는 밝고 자신감 있게 그리고 당당하게 해야 자연스럽다.

Exercise

■ 나의 친절도는?

• 아침에 가족, 동료에게 "안녕하세요?" 하고 밝게 인사하는가?

• 가정에서 "다녀오겠습니다", "다녀왔습니다", "다녀오셨습니까?"라는 인사를 하는가?

• 아는 사람을 만났을 때 목례와 함께 미소를 지으며 인사하는가?

• 누군가의 옆을 지나갈 때 "실례하겠습니다. 잠시만 지나가겠습니다"라고 말하는가?

• 엘리베이터에서 내리거나 탈 때 같이 있는 사람에게 "먼저~"라는 말을 하는가?

• 누군가와 대화하는 중에 핸드폰을 받을 때 "실례하겠습니다"라고 말하는가?

• 사과할 때 솔직하게 "죄송합니다"라고 말할 수 있나?

• 누군가에게 부름을 받았을 때 밝게 "예"라고 답하는가?

• 식사할 때 "잘 먹겠습니다", "맛있게 드십시오"라는 말이 습관화되어 있는가?

• 다른 사람에게 사소한 일이라도 도움을 받거나 고마움을 표시해야 할 때, "감사합니다", "고맙습니다"라는 말을 하는가?

좋은 고객 응대는 인사부터 시작된다

인사는 서비스의 첫 동작이요, 마지막 동작이다.

또한 인사란 서로 간에 마음의 문을 열고 상대방에게 다가가 친근감을 표현하는 수단이 되거나 상대방에 대한 존경심의 표현 수단이 되기도 한다. 인사는 존경과 친애의 표시로서 대고객 관계의 첫걸음이며 서비스의 중요한 기법이다.

수많은 고객을 대하는 서비스맨의 인사하는 태도는 이와 같은 의미에서 생각해 볼 때 더욱 중요하다고 볼 수 있다.

기업 간 경쟁 속에서 고객은 적극적인 요구를 할 수 있는 서비스맨의 느낌이 좋은 응대를 바라고 있는 것이 현실이다. 그러므로 고객을 대할 때는 전문기술이나 전문지식도 중요하지만, 고객의 요구를 충족시켜 주고 편안하게 대하는 고객응대스킬을 높이는 것이 고객만족에 더욱 필요한 요소가 될 것이다.

고객 응대스킬에서 무엇보다 기본이 되는 것은 '인사의 이해와 적극적인 실행'이다. 인사는 '고객과 만남의 첫걸음'이며, 무엇보다 인간적인 교감을 하기 위한 시작이기에 아무리 강조해도 지나치지 않을 것이다.

인사의 시작은 고객에 대한 마음가짐의 표현이며, 인간관계의 청신호를 알리는 적극적인 표현이다. 그러므로 인사란 자신을 타인에게 알리는 방법 중에 가장 적은 비용으로 가장 큰 효과를 발휘하는 능동적이고 적극적이며 타인을 즐겁게 하는 행위라고 규정할 수 있다.

나. 올바른 인사의 기본동작

눈맞춤(eye contact)으로 시작해서 눈맞춤으로 끝난다

서투른 고객서비스는 고객과 눈맞추기를 유지하지 못했을 때이다. 눈맞춤이 없는 인사야말로 무성의하고 형식적으로 느껴지게 된다. 인사를 하면서 엉뚱한 곳에 시선을 준다면 오히려 실례가 될 수도 있다.

눈맞춤은 눈을 본 상대의 마음끼리 서로 통한다는 증거이므로 눈을 보지 않고는 인사를 하더라도 마음이 와 닿지 않는다. 인사하는 처음 만남에서부터 상대의 마음을 사로잡아 자신을 강렬한 인상으로 남기는 것이다.

눈은 인사의 중요한 포인트라고 할 수 있다. 우선 상대방의 눈을 보고 인사를 한 후에 한 번 더 상대의 눈을 본다. 무심코 상대방도 답례를 하고 싶어질 것이다. 인형이 아닌 사람이 하는 인사는 눈을 마주치는 인사이다. 여기에 표정, 바른 자세, 밝은 목소리가 어우러져 반갑고 친근한 마음을 자연스럽게 전달할 수 있어야 한다.

상황을 고려하지 않고 반복적이고 형식적·기계적인 마음에도 없는 인사를 할 경우 인사를 받는 상대방 역시 부담스럽기만 할 것이다.

인사할 때 손과 발의 자세

예로부터 어른을 모시거나 경건한 의식행사에 참여할 때, 두 손을 모아 잡아 허리 아래로 내려놓은 듯이 공손한 자세를 취하는 공수(拱手)가 있다.

전통적으로 남자는 양(陽), 즉 동쪽, 여자는 음(陰), 즉 서쪽을 뜻한다고 한다. 이는 사람이 태양을 바라보고 섰을 때 왼쪽은 동쪽, 오른쪽은 서쪽이 된다고 해서 손을 모을 때는 남자는 왼손을 위로 포개고, 여자는 오른손을 위로 하여 공수를 해야 한다. 이를 여우남좌(女右男左)라고 한다. 단, 흉사시의 공수는 평상시의 반대로 한다.

가장 한국적인 것이 가장 세계적이라는 말이 있다. 우리나라 전통 예절의 근본을 바르게 이해하고 지키는 것은 세계화로 가는 서비스맨의 역할이기도 하다.

주변에서 '인사를 잘한다, 못한다'의 시시비비를 가릴 때 '인사 동작이 나쁘다'는 평가는 의외로 없다. 바쁜 현대 사회에서는 느린 속도의 형식적인 인사 동작을 두고 실제로 실용적이지 못한 방법으로까지 여기곤 한다. 그러나 때로는 바르지 못한 인사 동작으로 인해 상대방에게 더욱 좋지않은 느낌을 전달할 수도 있게 된다. 바른 자세로 하는 인사 동작을 습관화한다면 개인의 이미지는 더욱 빛날 수 있을 것이다.

올바른 인사자세는 그 사람의 인격과 호감가는 이미지를 표현한다.

Exercise

■ **인사연습**

• **1단계**
곧게 선 상태에서 상대방과 밝은 표정으로 시선을 맞추고 난 후, 등과 목을 펴고 배를 끌어당기며 허리부터 한 동작으로 숙인다.

• **2단계**
머리, 등, 허리선이 일직선이 되도록 하고 허리를 굽힌 상태에서의 시선은 자연스럽게 밑을 보고 '잠시 멈추어' 인사 동작의 절제미를 표현한다. 아주 짧은 순간이지만 잠깐 머무는 동작에 정중함과 공손함이 표현된다.
인사하는 동안 미소가 얼굴에 머물도록 한다.

• **3단계**
너무 서둘러 고개를 들지 말고 '굽힐 때보다 다소 천천히' 상체를 들어 허리를 편다. 고개를 까딱하는 인사가 아니라 허리로 인사해야 품위 있게 인사할 수 있다. 인사는 허리를 굽혀 자연히 머리가 숙여지는 것이지 고개만 까딱하는 것이 아니다.

- 4단계

상체를 들어 올린 다음, 똑바로 선 후 다시 상대방과 시선을 맞춘다.

1단계　　　　2단계　　　　3단계　　　　4단계

■ **여성**
- 손은 오른손이 위로 오도록 양손을 모아 가볍게 잡고 오른손 엄지를 왼손 엄지와 인지 사이에 끼워 아랫배에 가볍게 댄다.
- 몸을 숙일 때는 손을 자연스럽게 아래로 내린다.
- 발은 뒤꿈치를 붙인 상태에서 시계의 두 바늘이 11시 5분을 나타낸 정도로 벌린다.

■ **남성**
- 차렷 자세로 계란을 쥐듯 손을 가볍게 쥐고 바지 재봉선에 맞춰 내린다.
- 발은 발뒤꿈치를 붙인 상태에서 시계의 10시 10분 정도가 되게 벌린다.
- 몸을 숙일 때는 손이 바지 재봉선에서 떨어지지 않도록 유의한다.

인사의 각도는 마음을 전달하는 방법 중 하나이다

우리나라에서는 몸의 중심인 허리를 굽히는 방법을 이용해 인사하는 사람의 마음의 깊이를 상대에게 전달한다. 허리를 굽히는 이러한 인사 동작은 서양의 악수에 비해 동양적인 색채가 강한 겸손의 미덕이 느껴지는 인사 방법이다.

인사는 각도가 중요한 것이 아니라 인사하는 상황에 따라 마음의 깊이를 전달하는 것이 더 중요하다.

사과, 감사의 마음을 전달하는 45도 정도의 정중례

정중례란 정중히 사과를 하거나 감사의 마음을 전할 때, 그리고 배웅할 때 하는 인사 방법으로 상체를 45도 정도 앞으로 깊게 숙여 정중함을 표현해야 한다.

일상생활의 반가운 마음을 전달하는 30도 정도의 보통례

실제 생활에서 가장 자연스럽게 보이는 인사의 각도로서 30도 정도의 보통례는 가장 일반적인 인사로 일상생활에서 가장 많이 행해지는 인사 방법이다. 이는 윗사람에게나 고객을 맞이할 때 적당하다.

목을 떨어뜨리지 않고 허리를 굽히는 15도 정도의 목례(目禮)

목례란 서로 눈이 마주쳤을 때 눈으로 인사의 예의를 표시하는 것으로서, 친한 사람에게나 또는 좁은 장소에서 하는 가벼운 격식의 인사 방법이다.

예를 들면 잠시 전에 만나고 또 만나게 되는 경우, 버스나 승강기, 복도 등 협소한 장소에서 만나는 경우, 화장실이나 식당, 손님 응대 중이거나 전화통화 중일 때 상사나 동료와 눈이 마주치면 밝은 미소와 목례로 대신할 수 있다. 경우에 따라 인사말을 생략하기도 한다. 간혹 목례를 가볍게 목만 떨어뜨리는 것으로 잘못 이해하는 경우가 있으나 실제로 목으로 까딱하는 인사는 참으로 성의 없는 인사 중 하나이다.

상체를 15도 정도 허리를 굽혀 잠깐 멈추었다가 원래대로 바로 선다. 목만 굽힌다든지 등을 둥글게 구부린다든지 얼굴을 치켜든다든지 하는 것은 좋은 인사 자세가 아니다. 또한 상체를 드는 시점이 너무 빨라서 상대가 아직 인사를 하고 있는 도중에 일어서지 않도록 주의해야 한다. 허리를 적게 구부릴수록 인사 동작의 2단계인 고개를 숙이고 멈춘 동작에서 조금 더 있다가 상체를 세우는 것도 아주 세련된 인사 동작이 된다.

잘못된 인사

- 인사의 시작과 끝에 눈맞춤(eye contact)이 없는 인사
- 무표정한 인사
- 인사말 없이 동작만 하는 인사
- 고개만 끄덕이는 인사
- 뛰어가면서 하는 인사

다. 인사를 풍성하게 하는 인사말

덧붙이는 말 한마디로 풍성한 인간관계를 만들 수 있다

최근 전철 속이나 엘리베이터 속에서 "실례합니다, 먼저~" 같이 사소한 서로 간의 인사말이 없는 것 같다. 심지어 누군가의 발을 실수로 밟았을 때 그 즉시 "죄송합니다"라는 말은 않고 민망한 듯 그저 앞만 쳐다보고 있는 사람들도 있다. 마찬가지로 누군가에게 도움을 받았을 때 "감사합니다", "고맙습니다"라는 말도 쉽게 하지 못하는 게 사실이다.

실제로 마음은 그렇지 않다 하더라도 서로 간에 인사말이 없다는 것은 삭막한 사회의 단면으로까지 해석될 수밖에 없다. 또한 상황에 따라 해야 할 인사를 할 줄 모르는 것은 사회인으로서 무능력하다고 볼 수 있다. 고객을 응대하는 서비스맨이라면 항상 상황에 따라 풍성한 인사말을 적절히 사용할 줄 알아야 한다.

일상생활 속에서도 "안녕하십니까?", "다녀왔습니다" 등과 같은 정해진 인사말 뒤에 "안녕하십니까? 휴가는 어떠셨어요?", "다녀왔습니다. 오늘 저녁 반찬은 뭐예요?"라는 식으로 한마디를 추가하는 것에서 따뜻한 대화가 시작된다.

인사 뒤에 이어지는 한마디는 말하는 사람의 연구와 노력에 달려 있으며, 이는 상대방에 대한 관심과 배려의 마음으로부터 나온다. 겉치레의 말, 성의 없는 말투, 직업적인 인사가 아닌 진심에서 우러나오는 인사말로 고객의 마음을 움직일 수 있다. 인사말에 마음을 담아 보라.

마음으로 인사한다

요즘 상점 어디를 가나 입구에서 똑같은 어조와 기계적인 몸짓으로 "안녕하십니까!" 하는 공허한 외침 같은 인사를 자주 듣는다. 가끔은 소음으로까지 들릴 때가 있다.

한 사람이 모든 고객을 위해 사용할 인사말을 정해놓을 수는 없다. 인사는 다양하게 한마디를 해도 정감 있고 성의 있게 해야 한다. 형식적인 느낌이 아닌 진심어린 인사만이 고객에게 전달된다. 그저 아무 생각 없이 반복적인 "안녕하십니까!"라는 인사말보다 고객의 입장에서 어느 시점에서 어떠한 인사말을 건네는 것이 좋은지 헤아려 자연스럽게 상황에 맞는 인사말을 덧붙이는 것이 바람직하다.

'밝게 인사해 보라'고 하면 큰 목소리로, 목소리의 톤을 높여 인사하는 경우를 보게 된다. 밝게 인사한다는 것은 큰 목소리로 외치는 것이 아니라 상대방의 마음을 자연스럽게 밝게 할 수 있는 그런 인사를 말하는 것이다.

큰 소리를 내지 않고도 마음을 담아 음정을 다소 높이면 밝은 인상을 주게 된다.

인사말도 자연스럽게 건네는 시점이 있다

인사말은 고객이 들을 수 있는 정도의 크기로 밝게 인사하는 것이 좋으며 상황에 따라 인사 시점이 달라질 수 있어야 한다. 어수선한 주위를 환기시키거나 고객의 시선을 집중해야 할 경우 인사말을 먼저 하는 것이 효과적이다.

그러나 이미 고객이 나를 보고 있을 때에는 몸을 숙이는 동작을 먼저 한 후, 다가가서 인사말을 건네는 것이 보다 자연스럽다.

또한 상대방이 전화통화 중이거나, 좁은 장소, 식당, 화장실 등에 있는 경우 인사말을 생략하는 것이 좋다.

시간대에 따라 인사하는 방법도 요령이 있다

일상생활에서 아무렇지 않게 주고받는 인사말 중에도 신선한 인상을 남겨 주는 인사가 있는 반면 불쾌감을 주는 인사도 있다. 시간에 따라서도 더 효과적인 인사 요령이 있다.

아침과 낮에는 조금 더 상쾌하고 활기찬 인사가 되도록 밝은 톤으로 한다. 아침부터 처진 목소리, 형식적인 무표정한 인사는 인사를 받는 사람까지 맥이 빠지게 할 것이다.

마이너스 심리를 생기게 하는 인사라면 오히려 하지 않는 편이 낫다. 플러스의 심리가 통하는 만남의 인사는 나 자신의 일상적 생활에 반드시 밝은 변화를 가져다 줄 것이다. 아침인사가 그저 "안녕하십니까?"뿐인가?

상황에 맞는 다양한 인사말을 생각해 보라.

라. 상황에 따른 인사 요령

걸어가고 있을 때

걸어가다가 상사를 만나 인사하게 될 때는 자연스럽게 계속 걷다가 2~3미터 가까이에 가서 상사에게 인사를 한 다음, 비켜서서 상사가 지나간 후에 움직이도록 한다. 상사는 나의 인사를 받고 지나가지만 그 상사의 시야에는 나의 뒷모습까지 남아 있다는 것을 유의해야 한다. 인사를 하자마자 등을 돌리고 획 돌아서는 나의 뒷모습을 보게 될 수도 있다는 것이다.

계단을 오르내릴 때

계단에서는 상대와 눈이 마주쳤다면 먼저 눈빛과 표정으로 인사한 다음 서로 비슷한 위치가 되면 기본 자세를 취하고 인사말과 더불어 인사를 다시 한다.

계단은 비교적 협소한 공간이므로 15도 정도 굽혀 목례를 하는 것이 바람직하다.

또 여러 사람이 지나가는 경우나 상대가 바쁘게 지나가는 경우도 있으므로 상황에 따라 밝은 목소리나 표정만으로 인사하더라도 충분히 마음이 전달될 것이다.

앉아서도 바르게 인사할 수 있다

부득이하게 앉아서 인사하는 경우가 많다. 예를 들어 은행 창구에서 고객을 맞이하거나 투명 유리창으로 가려진 안내카운터에 앉아서 고객에게 인사해야 할 경우이다.

이때 앉은 자세에서는 머리를 너무 숙여 얼굴 표정이 가려지지 않도록 해야 한다. 이러한 경우는 밝은 표정과 환대의 인사말이 허리를 굽히는 인사 동작보다 더 효과적이다.

다양한 상황에 맞게 인사해야 한다

- 엘리베이터에서 인사할 때는 협소한 장소이므로 환한 표정으로, 그리고 목소리는 낮추어 인사말을 건네고 가볍게 목례하는 것이 좋다.
- 입구에서 많은 고객에게 연이어서 인사해야 할 경우, 마치 로봇처럼 기계적으로 하는 반복적인 인사가 되지 않도록 유의해야 한다. 보통 목소리보다 조금 큰 목소리로 인사말을 하되 개개인에게 인사말을 하는 것이 불가능할 경우, 2~3명에 걸쳐서 인사한다. 단, 가급적 눈인사는 개별적으로 한다.
- 외국인들을 대할 때 외국인은 대부분 격의없게 인사를 하는 것으로 잘못 생각하는 경우가 있으나 한국적인 정중하고 예의바른 인사로 좋은 느낌을 전달해야 한다.
- 고객을 다시 만나게 되었다면 처음에 만나는 것보다 더 반가운 마음을 표현하도록 한다.

연령에 따라서도 인사하는 방법이 달라져야 한다

어린이 고객에게는 눈높이를 맞추어 이모나 삼촌처럼 친근하고 다정한 인사가 되도록 한다. 어린이라고 해서 반말을 하는 것은 좋지 않다. 어린이는 미래의 잠재 고객이다. 어릴 때의 좋은 인상으로 먼 훗날에 다시 고객이 될 수 있을 것이다.

연세 드신 노년층 세대에게는 손자나 손녀처럼 존경심을 표현하고, 40~50대의 부모님

세대에게는 자녀로서 가질 수 있는 존경심이나 친근감을 가지며, 20~30대 연령층에는 선배나 후배처럼 다정한 느낌을 가지고 인사해 보라.

변함없는 인사가 호감도를 지키는 큰 비결이다

혹시 기분이나, 몸 컨디션에 따라 인사를 하지 않는 경우가 있는가? 언제 찾아가도 항상 느낌이 좋은 곳은 고객에게 안정감을 줄 수 있듯이, 항상 느낌이 좋은 인사를 계속하는 것은 고객에게 좋은 인상을 주는 중요한 포인트가 된다.

언제 어떠한 상황에서도 변함없이 인사를 잘하는 습관은 자신의 성격을 밝게 해주고 적극적이고 활동적인 명랑한 사람으로 변화시켜 준다. 결국 인사란 상대에게 따뜻한 마음을 담아 전달하는 것만으로 끝나는 것이 아니다. 상대를 위한 것만이 아닌 나 자신의 좋은 이미지를 형성하는, 나 자신을 위한 것임을 알아야 한다.

클로징이 중요하다

인사의 마지막 동작인 헤어짐의 인사는 서비스의 총체적인 인상을 결정짓는 것이므로 첫 번의 인사보다 더욱 진심어린 마음으로 한다.

고객을 응대할 때는 '마지막 10초가 중요하다'는 말이 있다. 밝은 환영의 인사도 중요하고 서비스 과정에서의 친절한 응대도 중요하나 고객이 서비스를 받은 후에 그 서비스를 오래 기억할 수 있게 하는 요인이 '최후의 10초'라는 의미이다. 간혹 서비스를 잘 해놓고 마무리 인사가 엉성하여 실망감을 주는 서비스맨을 보는 경우가 있다. 다음에 또다시 나의 고객이 된다는 점을 잊지 말고 고객이 시야에서 사라질 때까지 성실히 응대해야 한다.

Exercise

▪ 나의 인사 점수는?

1. 인사는 항상 먼저 하는가? 상대방과 시선이 마주쳤을 때 피해버린 경험은 없는가?

2. 인사를 할 때 항상 미소 띤 표정으로 하는가?

3. 목만 구부리지 않고 허리를 구부려 정중하게 인사하는가?

4. 상대의 눈을 보고 인사하는가?

5. 다양한 인사말로 상대에게 관심과 성의를 보이는가?

6. 누군가의 옆을 지나갈 때 "실례하겠습니다"라고 말하거나 가벼운 목례를 하는가?

7. 늘 시선을 넓게 하여 먼저 인사하는가?

8. 인사한 후 친근한 마음의 Eye Contact을 하는가?

9. 인사하는 목소리는 밝고 경쾌하며 활기차게 하는가?

10. 인사가 끝난 후 자신의 얼굴이 갑자기 무표정해지지 않는가?

Exercise

- **상황별 인사 실습**
  - 상황에 맞는 적절한 인사말과 인사 자세는 고객에게 호감을 준다.
    다음에 나오는 상황의 순서에 따라 인사를 연습해 보라.

맞이인사 (보통례)	고객을 맞이할 때 밝고 활기찬 목소리로 "안녕하십니까? 어서 오십시오."
자리를 권할 때 (목례)	"이쪽으로 앉으시겠습니까?" "제가 도와드리겠습니다. 잠시만 기다려 주시겠습니까?"
감사·사과할 때 (정중례)	업무처리가 지연되거나 업무착오가 발생했을 때, "죄송합니다" 감사함을 표현할 때, "감사합니다"
배웅인사 (보통례)	고객을 배웅할 때, "찾아 주셔서 감사합니다. 안녕히 가십시오."

◈ 평소 기억에 남는 인사와 인사말은 무엇인지 생각해보시오.

5. 직업의식을 표현하는 용모와 복장

서비스맨의 신체적인 모습이나 의상은 자신과 회사의 이미지를 반영하게 되며 고객에게는 그 서비스맨이 아마추어인지 프로인지를 가늠하게 해준다. 용모의 흐트러짐은 업무에 임하는 자세와 만나는 상대방에 대한 마음가짐의 이완을 나타낸다.

즉 직장인의 용모는 직업의식의 표현이 되며 고객은 서비스맨의 용모와 복장을 기반으로 서비스의 질을 판단하게 된다.

서류가 여기저기 정신없이 책상 위에 널려 있는 경우, 마치 일을 열심히 하고 있는 것처럼 보인다고 생각할 수 있으나 보는 사람은 무질서하고 비전문적이며 그 사람이 하는 일에 대한 신뢰도를 낮게 평가할 것이다. 마찬가지로 옷을 단정히 입고 세련된 용모를 갖춘 경우 보는 이로 하여금 신뢰감과 긍정적인 메시지를 주게 됨은 당연한 일이다.

그러므로 고객에게 좋은 인상을 주는 세련되면서 단정한 용모와 복장을 갖추어야 하며, 특히 식음료 서비스업종의 경우 단정함과 청결함이 매우 중요한 요소이다.

가. 위생과 청결

자신이 느끼는 청결함도 중요하나 고객이 느끼는 단정함도 중요하므로 항상 제 3자의 시각에서 단정하게 보이도록 해야 한다. 청결하고 단정한 몸가짐에서 그 사람의 인격을 엿볼 수 있으며 신뢰감을 갖게 하는 요소가 될 수 있다. 단정하고 청결한 용모는 고객에게 첫인상을 결정짓는 매우 중요한 기본 요소임을 항상 유념해야 한다.

특히 식음료업종에 종사한다면 더더욱 서비스맨의 용모와 위생문제는 직결되게 된다. 이는 개인의 청결문제뿐만 아니라 고객이 보는 앞에서 손을 주로 사용하게 되므로 주의 깊게 관리해야 한다. 특히 손톱과 같이 서비스 동작 시 본인의 몸에서 멀어지는 부분은 고객의 시선에 가까워지므로 항상 고객의 가시권에 있는 서비스맨의 손은 깨끗하고 청결하게 관리되어야 한다.

항공기 객실승무원의 경우도 근무여건상 승객에게 장시간 노출되는 만큼 승객이 보는 앞에서 복도에 떨어진 오물을 맨손으로 집거나, 앞치마를 착용한 채 화장실을 다니거나 하는 일은 모든 기내 서비스에 있어 위생문제를 의심하게 한다.

서비스맨은 기본적으로 청결함을 유지하기 위해 다음과 같은 사항에도 세심한 주의를 기울여야 한다.

- 머리나 손과 발 등을 항상 깨끗이 한다.
- 손톱은 청결하게 하고 짧게 깎는다.
- 냄새가 강한 음식을 먹은 후에는 양치질을 잘해야 한다.

나. 화장(Make-Up)

Make-down이 아닌 Make-up

'메이크—업'이란 말 그대로 화장은 나의 이미지를 업(up)시켜 주어야지 나를 이미지상으로 없애거나 깎아내려서는 안된다. 타인에게 혐오감을 주어서도 안된다. 즉, '메이크—업' 이란 자신의 장점을 부각시키고 단점을 커버하는 것을 말하며, 정도를 넘는 화장은 오히려 보는 이로 하여금 부담스럽고 신뢰감을 잃게 한다.

요즘은 일반 잡지나 매스컴 등을 통해 화장하는 기술이 보편화될 정도로 누구나 화장에 관심이 많고 또한 잘 할 수 있다. 그러나 화장을 해서 더 아름답게 보이는 경우도 있지만 잘못하게 되면 그렇지 않은 경우도 있다. 자신의 매력을 강조하고 상대방으로 하여금 마음 편하고 따뜻함이 느껴지는 온화한 메이크업을 하는 것이 중요하다.

화장이 아름답다고 느껴지는 것은 다음과 같이 메이크업을 했을 때이다.

- 밝고 건강한 자연스러운 메이크업
- 입고 있는 옷에 어울리는 메이크업
- 상대방에게 부드러운 인상을 줄 수 있는 자연스러운 메이크업
- TPO에 맞는 메이크업

Exercise

■ Make-Up 실습

• BASE 메이크업

자연스럽고 지속성 있는 메이크업을 하려면 유분과 수분의 밸런스가 잡힌 맑고 투명한 피부
가 기초가 되어야 한다. 메이크업에 앞서 정성스러운 세안과 마사지로 충분한 영양을 공급해
줘야 보다 자연스럽고 산뜻한 메이크업을 할 수 있다.

- 메이크업베이스(Make-up Base)

• 파운데이션을 바르기 전에 발라주는 밑화장용 화장품으로서 피부톤을 조절하고 파운데
  이션의 퍼짐을 좋게 하여 균일하게 잘 밀착되도록 한다.
  피부색에 따라 색상을 선택하여 사용할 수 있으며, 지나치게 많이 바르면 오히려 파운데
  이션이 밀리게 되므로 소량을 바르는 것이 좋다.

- 파운데이션(Foundation)

• 완벽한 메이크업은 맑고 깨끗한 피부 표현에서 시작된다. 피부 표현을 위한 Base 메이크
  업의 완성은 파운데이션을 바른 후 파우더의 마무리로 끝난다. 자연스러운 메이크업을
  위해 자신의 피부색에 맞는 파운데이션을 선택하여 청결하고 투명한 피부를 연출할 수
  있도록 해야 한다.

- 파우더(Powder)

• 파우더는 파운데이션의 수분이나 유분을 눌러 피부에 잘 스며들도록 하여 메이크업을
  오래 지속시켜 주는 역할을 한다. 여러 가지 색상이 있으나 일반적으로 투명 타입의 파우
  더가 가장 자연스럽게 마무리된다.
• 색조는 가능한 밝게 표현해야 한다. 얼굴 전체가 밝아지면 건강하고 밝은 느낌 들기 때문이다.
  밝고 건강한 이미지 연출을 위해 이마를 하이라이트로 강조할 수 있다.

• POINT 메이크업

- 눈썹(Eye Brow)

• 눈썹은 얼굴 전체의 이미지(인상)를 좌우하므로 자신의 얼굴형 및 모발색과 어울리는
  자연스러운 눈썹을 그리는 것이 무엇보다 중요하다. 눈썹을 그릴 때 눈썹산의 모양을
  각지게 그렸을 경우 지적으로 보이긴 하나 다소 차가운 인상으로 보여지기도 한다. 밝은
  얼굴 표정을 위해 약간 둥근 모양의 눈썹으로 메이크업하는 것이 좋다.

• 눈썹을 그릴 때는 코의 모양도 함께 생각해야 한다. 얼굴 중앙에 있는 코에는 그 사람의 성격이나 의지가 표현될 수 있으므로 좋은 이미지를 나타내도록 유의해야 한다.
얼굴에 비례해 큰 코를 작게 보이려 할 때는 눈썹을 벌어지게 그려 주고, 작은 코를 크게 보이려 할 때는 눈썹을 좁게 그려 준다.

알맞은 눈썹 길이　　　　눈썹산의 위치

- 눈화장(Eye Shadow)
• 눈은 그 사람의 인상을 좌우할 수 있는 중요한 포인트이므로 맑고 또렷한 눈매가 연출될 수 있도록 메이크업 하는 기술이 필요하다.
눈 주위에 음영을 넣어 눈을 보다 크고 아름답게 만드는 것이 눈화장의 역할이라고 볼 수 있다. 색상은 본인의 피부색에 맞추어 잘 어울리는 것으로 선택하는 것이 좋으나 지나친 개성 위주의 메이크업보다는 보는 이로 하여금 편안한 느낌을 갖게 하는 온화한 색상의 눈화장이 바람직하다.

- 아이 라인(Eye Line)
• 아이 라인은 눈의 이미지를 자유롭게 변화시키고 눈의 인상을 보다 강하게 해준다. 아이 라인은 섀도 위에 그려지는 부분으로 실패하지 않도록 신중하게 그려야 하며 너무 두껍게 그려 탁해 보이거나 부담스럽지 않도록 눈의 선을 따라 자연스럽고 가늘게 그려 눈망울이 더욱 또렷하고 맑게 보이도록 하는 것이 좋다.

- 마스카라(Mascara)
• 짙고 풍부한 속눈썹은 아름다움의 상징이다. 속눈썹은 마스카라를 바름으로써 더욱 길고 짙게 하여 깊이 있는 눈매 분위기를 연출할 수 있다. 마스카라 사용시에는 본래의 눈썹 색이 두드러지지 않도록 세심하게 발라서 보다 그윽한 눈매를 연출할 수 있도록 한다. 간혹 너무 뭉쳐 있어 보기에 답답할 경우도 있으므로 뭉침을 막고 자연스러운 마무리를 위해 속눈썹이 반 정도 말랐을 때 브러시로 빗어 마무리한다.

- 입술
• 얼굴에서 가장 두드러지며 많이 움직이는 부분이 입술이다. 실제로 입술은 메이크업할 때 색상이나 모양이 유행을 많이 따르는 부분으로 자신의 입술 모양에서 너무 벗어나지 않도록 자연스럽게 그리는 것이 중요하다.
립스틱의 색상 또한 의상과 자신의 피부색에 어울리는 것을 선택하는 것이 좋은데 어둡지 않은 붉은 계열의 색상을 선택하는 것이 좋다. 특히 서비스맨은 유행을 좇아 지나치게 번들거리거나 어두운 색조는 개성이 너무 두드러지게 되므로 피하도록 한다.

- 볼터치
• 볼터치는 메이크업의 마무리 단계로 얼굴의 혈색을 좋게 하고 음영을 주어 얼굴형의 결점을 보완해 준다. 색상은 눈화장과 같은 계열을 선택하는 것이 자연스러우며 경계선이 두드러질 정도로 얼굴형을 수정하는 지나친 개성 연출의 화장보다는 피부에 혈색을 주는 차원에서 볼 부위에 살짝 덧바르는 것이 좋다. 대체로 뺨이나 턱은 얼굴의 형태를 이루는 선을 결정하는 데 중요한 부분이다. 얼굴이 큰 사람은 얼굴을 좀 더 가늘어 보이게 하기 위해, 그리고 볼 살이 없는 사람도 나름대로의 결점을 화장으로 보완한다.
밝고 붉은 색상의 섀도로 하이라이트를 주어 건강하고 부드러운 느낌의 이미지를 만들도록 한다.

블러셔의 기본 위치

- 매니큐어(Manicure)
• 서비스맨에게 있어서 손은 제2의 얼굴이라고 할 수 있을 만큼 고객에게 자주 노출되며 서비스시 가장 가깝게 다가가는 부분이다. 손톱은 적당한 길이를 유지하는 것이 좋다. 매니큐어가 벗겨진 손톱은 불결해 보이고 게을러 보이므로 손톱도 관리가 필요하다. 유행을 좇아 형광빛이 나거나 어두운 색 등 개성이 강한 색조는 사적인 장소에서 표현하는 것이 좋다. 손톱 색상 하나만으로도 그 사람의 이미지가 달리 보이기도 하기 때문이다. 손톱을 가다듬고 메이크업, 복장과 조화로운 적절한 매니큐어를 칠해 깔끔하고 세련된 손의 분위기를 연출한다.

Make-up 순서

- BASE 메이크업
  클렌징 → 기초화장 → 메이크업베이스·썬크림 → 파운데이션 → 컨실러 → 파우더
- POINT 메이크업
  눈썹 → 아이섀도 → 아이라이너 → 마스카라 → 블러셔 → 립스틱

직장분위기에 맞는 화장이 필요하다

특히 서비스업종이라면 근무장소에 따라, 직장분위기에 맞는 적절한 화장이 필요하다. 항공기 객실승무원의 경우, 10시간 이상의 장거리 비행근무시 기내 조명이 어둡기 때문에 밝고 건강해 보이는 지속성 있는 화장이 필요하다. 반면, 일반 사무실에서는 자연스러운 화장이 바람직하다.

깔끔하고 성의 있는 화장은 실제로 고객에게 좋은 느낌을 전해 주게 된다.

Make-up Tip!

- Base Make-up을 잘해야 지속성이 있다. Base Make-up을 대충 하는 경우, 퇴근시간이 되면 코 부분 등 피부의 번들거림과 화장의 피로도가 심해지게 된다. 특히 수면이 부족한 아침 눈 밑이 거뭇거뭇해진 경우 기초화장에 더욱 신경을 써야 한다.
- 지나치게 하얗거나 두꺼운 파운데이션, 혹은 볼과 목의 경계가 눈에 띄는 파운데이션은 보기에 좋지 않다. 원래 자연스러운 화장은 색의 경계가 눈에 띄지 않게 잘 섞어 주는 기술로 차이가 난다.
- 잘못된 화장은 그 사람을 처음 봤을 때, 진한 눈썹, 두껍게 그려진 아이라인, 진한 아이섀도, 볼터치, 립스틱 색깔 등 어느 특정 부분이 눈에 띄는 경우이다. 화장을 다 끝낸 후 전체적으로 두드러지는 부분이 없는지 체크해 본다.

다. 단정한 머리 손질

고객을 응대하는 서비스맨의 머리 손질은 항상 청결, 단정해야 한다. 특히 일의 능률과도 관련이 있으므로 업무 특성에 맞는 헤어 스타일을 유지하는 것이 중요하다.

또한 유니폼을 입는 직업이라면 그 유니폼에 맞는 Hair-Do로서 유니폼 색상 및 얼굴형과 조화를 이루어야 한다.

라. 옷차림

차림새에도 성공 전략이 필요하다

사람의 옷차림도 얼굴표정과 마찬가지로 첫인상을 결정하는 중요한 요소가 된다. 특히 복장은 그 사람의 취향을 드러내는 메시지가 되므로 의상연출도 전략적으로 할 필요가 있다.

같은 직장 동료나 고객에게 좋은 느낌을 갖도록 자신을 가꾸는 것이 차림새이다. 옷차림에 있어 멋쟁이는 상황에 맞는가를, 유능한 사원이라면 회사의 분위기에 어울리는가를 가장 먼저 생각해야 한다.

직장에서는 개성이 드러나는 옷이나 화려하고 값비싼 옷보다는 일하기 편하면서도 맵시 있는 복장이 바람직하다.

센스있는 옷차림은 TPO에 맞는 옷차림이다

센스있는 옷차림은 시간, 장소, 상황(Time, Place, Occasion)에 맞추어 입는 것이다.

옷을 잘 입는다는 것은 값비싼 의상이나 최신의 유행을 따르는 것이 아니라 자신에게 어울리는 옷을 맵시 있게 차려입는 것을 말하며, 무엇보다 근무장소, 시간, 형태, 내용 등에 맞는 복장을 말한다.

야유회에 정장차림을 하고 가거나, 공식적인 행사 참석시 캐주얼한 차림을 하고 간다면 큰 낭패가 아닐 수 없다.

단정하고 깔끔해야 한다

어떤 옷차림을 하느냐도 중요하지만 잘 다려진 옷, 깨끗하게 손질된 옷을 입는 것도 매우 중요하다. 아주 사소한 부분이 전체 이미지를 흐리게 하는 경우가 있다.

흔히 유니폼이나 신발 등이 좀 구겨지고 낡아야 열심히 근무하는 모습으로 보인다고 생각할 수도 있겠으나 서비스맨의 복장은 항상 깔끔하고 단정해야 한다. 이는 자신의 품격을 나타내는 것이다.

고상하며 소박해야 한다

용모는 자신이 가지고 있는 품격을 나타내며, 연마된 내면의 아름다움과 지적 교양이 내면에서부터 밖으로 배어 나오는 것이 고상함이다.

지나친 유행이나 화려함을 좇는 개성의 표현은 친근감이 없어 보여 상대에게 부담감을 줄 수 있다. 친근감은 소박한 모습에서 느껴진다.

유니폼을 입었을 경우라면 소박한 인상으로 고객이나 직장 동료에게 친근감을 가지고 가까이 다가갈 수 있도록 해야 한다. 따라서 조직의 구성원인 직장인의 경우 회사의 분위기와 흐름에 조화롭게 맞추어 나가는 노력이 필요하다.

색맞춤이 조화로워야 한다

색채심리이론에 의하면 옷의 색은 그 사람의 이미지를 결정하는 중요한 요소라고 한다. 예를 들면 선거 때 여성 입후보자가 빨간 옷을 입는 것은 적색이 투쟁심을 표현하는 것을 심리적으로 잘 이용하고 있기 때문이다. 이것과 반대로 일반 사람들 중 일부 빨간색을 꺼려하는 것은 많은 사람 가운데 눈에 띄지 않게 하기 위한 하나의 테크닉인 셈이다.

자신의 피부색, 머리색, 눈동자색 등을 기본으로 하여 자신에게 맞는 색을 연구해 보고 선택한다. 자신이 좋아하는 색에만 관심을 갖지 말고 새로운 자신을 아는 의미로도 좋은 발견이 될 수 있다.

멋쟁이라고 생각되는 사람을 보면 으레 전신에 색이 많이 드러나지 않고 또 톤이 잘 맞아 있다. 예를 들면 색조를 동색 계열로 정리하고 명암으로 갖추면 예쁘고 조화롭게 정리된다. 이것은 화장색, 머리색, 옷색, 구두색을 합하여 비로소 균형이 잡히고 소품으로 색을 달리하든가 반대색을 조화시킴으로써 멋스럽게 되는 것이다. 색의 톤을 조합하는 데 능숙하다면 분명 자연스러운 멋스러움을 표현할 수 있을 것이다.

작업공간이나 의상의 색깔 또한 고객에게 긍정적인 정서적 반응을 일으키는 영향을 준다.

Best Dresser와 Worst Dresser

멋쟁이란 말을 들으면 기분이 으쓱해지기 마련이다. 그리고 대부분의 사람들은 자신도 멋쟁이라고 생각하는 경우가 많다. 그러나 주변에서 진짜 멋쟁이라고 일컬어지는 사람들의 경우 실제로 값비싼 옷이 아니라도 작은 소품 하나에서 옷의 전체적인 조화까지 비교적 미적 감각을 가지고 연출해 내는 사람들이 있다.

유니폼 착용은 규정에 따른다

유니폼은 외부적으로 소속 회사, 직장의 문화를 표현하며, 내부적으로는 조직구성원의 일체감을 향상시키고자 하는 목적으로 착용한다. 그러므로 유니폼은 해당 직장의 이미지와 상당한 관련성이 있으며, 청결하고 잘 정돈된 유니폼은 직업적 이미지를 한층 높여준다.

이는 근무시 활동하는 복장인 동시에 회사와 개인의 이미지까지 표현하는 수단이 된다. 특히 업무에 임하는 태도와 마음가짐, 열의가 드러나게 된다.

유니폼은 자신의 개성을 두드러지게 살리기보다, 유니폼의 디자인, 색상, 스타일, 구두, 스카프, 모자 등 규정에 따라 착용하는 것이 중요하다.

또한, 유니폼을 착용하므로 출퇴근 복장은 유니폼과 달리 자유롭게 입어도 된다고 생각할 수 있으나 출퇴근 복장도 근무에 준하는 것이다. 지나치게 캐주얼하거나 유행을 따르는 디자인 및 형태의 복장보다 직업인으로서 직장의 이미지를 고려하고 품위를 지킬 수 있는 단정한 복장을 유지하도록 한다.

유니폼 착용시 다음 사항을 준수하도록 한다.

청결함과 단정함

다림질 상태
더럽혀지거나 얼룩이 있지 않은가
소매끝, 치맛단, 치마 뒤트임, 단추 등 터진 곳은 없는가
구두가 청결한가(식음료 서비스의 경우 고객이 앉아서 서비스를 받게 되므로 시선이 구두에 가는 경우가 많다.)

몸에 맞는가(fitting 정도)

치마길이, 바지길이가 적당한가
(유니폼이 작거나 크면 활동하기 불편하고 품위가 없어 보이므로 자신의 몸에 맞는 적당한 치수의 유니폼을 입어야 한다.)

유니폼 규정준수

지급된 유니폼 이외의 것을 착용하지 않았는가

규정 외 액세서리를 지나치게 화려하게 착용하지 않았는가
규정, 세부지침을 따르고 있는가(이름표나 기본 장식이 제 위치에 있는가)

❖ 자신이 희망하는 직업의 바람직한 용모 복장은 어떠한 것인지 생각해보시오.

마. 그 외 옷차림의 요소들

멋쟁이는 구두로 연출한다

구두는 그 사람의 이미지를 완성시키는 역할을 하므로 항상 정돈되고 청결하게 유지해야 한다. 아무리 멋진 옷을 입고 있어도 구두 뒤축이 다 낡았거나 청결하지 않다면 모두 소용없는 일이 된다.

정장용 구두로는 전통적인 디자인의 가죽 소재 제품으로 준비하면 싫증이 나지 않고 어느 옷에나 잘 조화시킬 수 있다. 검정, 감색, 브라운색 계열의 세 가지는 기본적으로 갖추어 두는 것이 좋다.

구두는 양복의 일부분이라 생각하고 구두 끝까지 신경을 써야 한다. 이를 위해서는 아프지 않은, 발에 잘 맞는 구두를 신어야만 한다.

몸에 부담을 줄일 수 있는 걷기 쉬운 구두가 3cm 높이의 것이라고 하므로 사무실에서는 슬리퍼 대신 적어도 2~3cm 정도 높이의 구두를 신는 것이 무난하다.

멋진 스타킹, 타이즈, 양말의 이용법

스타킹이나 타이즈의 조화에 따라서 옷의 이미지가 상당히 바뀌며 마치 다른 옷처럼 보이게 하는 훌륭한 멋쟁이도 있다. 예를 들면 구두와 스타킹의 색을 맞추어 신는 것은 단정한 느낌을 준다.

그리고 불투명 스타킹은 스커트를 점잖게 보이게 할 수도 있으므로 적절히 활용하는 것이 좋다.

특히 스타킹은 손상이 많이 가는 소재이므로 늘 주의를 기울여야 하며 항상 여벌을 지참하는 것이 좋다.

남성의 경우 양말은 바지와 같은 계열로 약간 진한 색상이 바람직하다.

벨트로 단정함을 플러스한다

머리에서 발끝까지 신경을 썼다고 해도 신체의 가장 중앙에 위치한 벨트에서 흐트러질 수도 있다. 정장 수트를 입을 때에는 가죽 소재의 좋은 제품을 선택하는 것이 좋다.

벨트의 굵기는 의상의 소재나 디자인에 맞추어 너무 넓거나 좁지 않도록 하며, 옷과 같은 색상이 허리를 좀 더 날씬하게 보이게 하며 단정해 보인다. 현란한 버클(buckle)보다는 옷의 무늬나 소재에 따라 단순한 모양의 버클이 더 무난하다.

남성의 경우 앉은 자세에서 재킷으로 가려진다고 생각한 나머지 무심코 벨트를 느슨하게 풀어놓는 경우를 자주 보게 되는데 공적인 자리에서는 주의해야 한다.

핸드백은 우아하면서도 실용적인 것으로 준비한다

핸드백은 옷과 달리 유행을 많이 타지 않아 오래 사용할 수 있기 때문에 구입할 때 좋은 소재의 제품을 선택하는 것이 유리하다.

핸드백은 구두, 옷과 잘 조화되는 것을 선택하는데 반드시 색상, 소재를 통일할 필요는 없으며 소재나 색상 중 하나만 통일시키면 무난하다. 단, 핸드백에 물건을 너무 많이 넣어 불룩해 보이지 않도록 주의한다.

중요한 포인트는 TPO에 맞게 드는 것이다.

비즈니스할 때에 캐주얼한 백을 들고 가거나 파티에 갈 때 서류가방을 들고 간다면 역시 어울리지 않는다.

백을 아름답게 들려면 우선 자세를 바로 해야 한다. 단정하고 바른 자세로 걸어가는 모습에 손이나 어깨에 걸쳐진 핸드백이야말로 그 가치를 더욱 돋보이게 할 것이다.

스카프, 액세서리는 포인트가 되어야 한다

의상과 조화롭게 활용한 스카프는 우아함을 더해준다. 의상이 단색이면 화려한 스카프를, 의상이 화려하면 단색의 스카프를 매는 것이 좋은 연출법이다.

복장에 어울리는 적절한 액세서리는 자신의 개성을 나타내고 복장의 이미지를 향상시키는 역할을 한다. 여러 종류를 하기보다는 한두 개로 최소화하여 그 효과를 극대화하는 것이 좋은 연출법이다.

남성의 경우 안경을 썼다면 안경도 액세서리에 속하므로 안경, 시계, 반지와 같은 필수적인 장신구 세 가지 정도가 좋을 것이다.

여성의 경우 간혹 광택 있는 단추가 많이 달린 재킷을 입고 머리띠, 귀걸이, 목걸이, 반지, 브로치를 모두 하게 된다면 오히려 액세서리는 역효과일 것이다.

정장용 액세서리는 세련되고 마무리가 잘된 제품으로 구입하는 것이 좋다. 귀걸이는 직장 여성이라면 덜렁거리거나 큰 귀걸이보다는 적당한 크기의 단순 부착형의 디자인이 적당하다. 얼굴이 큰 사람은 작은 사이즈를, 얼굴이 둥근 사람은 일자형이나 각진 모양의 귀걸이가 무난하다.

목걸이는 기본적으로 목이 깊게 파인 옷이나 목을 감싼 옷에 액센트를 줄 때 사용하는 것이 좋다. 값비싼 진주라도 두 줄, 세 줄로 되어 있는 것은 나이에 비해 늙어 보이거나 목이 굵어 보이게 될 수 있으므로 피하는 것이 낫다.

액세서리만으로도 분위기는 매우 달라진다. 심플하고 소재가 좋은 양질의 옷에 고급스러운 액세서리를 포인트로 하나만 곁들인다면 또 다른 자신을 발견하기도 하고 색다른 분위기가 나올 수 있다. 액세서리는 화려한 옷보다는 단순한 디자인의 옷에서 더욱 돋보이며 비슷한 느낌이 나는 디자인을 선택하는 것이 더욱 맵시가 난다. 중요한 것은 액세서리 하나라도 우아하고 조화롭게 연출하는 센스이다.

향수 사용법

향수는 같은 꽃향기라도 향료의 농도, 알코올 함유량, 향기의 지속시간에 따라 일반적으로 네 가지로 구분되므로 TPO에 맞게 좋아하는 향을 강약에 맞게 사용하는 방법을 생각할 수 있다.

향수의 종류

■ **퍼퓸(Perfume)**
일반적으로 향수라고 불리는 것을 말한다. 향 중에는 제일 농도가 짙고 최고 브랜드이다. 향의 지속시간은 대개 5~7시간이며 목 뒤나 손목 등 맥박이 뛰는 부분의 포인트에 적당량을 찍어 바른다.

■ **오 드 퍼퓸(Eau De Perfume)**
향수에 가까운 농도로 양이 많고 경제적인 낮 동안의 향수를 말한다. 포인트에는 향수보다 조금 넉넉하게 사용하든지 전신에 스프레이를 해도 효과적이다. 지속시간은 5시간 정도이다.

▪ 오 드 트왈렛(Eau De Toilette)

지속시간 3~4시간 정도의 가벼운 향이다. 부드러운 향을 즐기고 싶거나 처음으로 향을 사용하는 사람에게 좋다. 스프레이타입으로 가장 많이 사용하는 향수타입이다. 같은 향의 향수나 오 드 퍼퓸의 기초 준비에도 사용 가능하다.

▪ 오 드 코롱(Eau De Cologne)

가장 순한 종류이므로 목욕 후나 운동 후 등 기분전환을 하고 싶을 때 사용하는 것이 좋다. 지속시간은 1~2시간이다.

사용법

• 향수는 외출하기 30분 전에 피부에 직접 발라 주는 것이 좋다. 알코올이 증발하고 비로소 향이 나기 시작하는 시간이기 때문이다.
• 향수는 손목이나 귀 뒤 등 동맥이 뛰는 위치에 발라 주어야 향이 오래 지속된다.
• 머리가 긴 사람이라면 머리끝에 가볍게 뿌리는 것도 좋다.
• 향수를 흰 옷 위에 직접 뿌리면 옷 색이 변할 수 있고 액세서리 등에도 직접 뿌리지 않도록 주의한다.
• 여러 사람과 함께 근무하는 사무실에서는 자신에게서 향을 발산시키는 것보다는 땀 냄새 등을 억제하는 방향에서 향을 생각하여 오히려 타인에게 불쾌감을 주지 않도록 한다.
• 향수를 선택할 때는 자신의 분위기나 체취에 적합한 것을 택하는 것도 중요한 포인트가 된다. 강한 향수를 사용하면 향 공해가 될지도 모른다. 예를 들어 너무 진하게 향수를 뿌려 3미터 이상 떨어진 곳에서부터 자신이 나타난 것을 타인이 알 수 있을 정도라면 가까이 왔을 땐 두통이라도 일으키게 될 것이다. 가까이 다가갔을 때 손을 닦고서 금방 나는 상쾌한 비누 냄새처럼 은은한 향기가 전달될 정도로만 사용한다.
• 고객을 응대하는 서비스맨은 은은한 이미지의 향으로 표현될 수 있도록 해야 하며, 특히 식음료 서비스시는 향수사용을 삼간다.

바. 복장준비와 점검

출근할 아침이 되어서 당황하지 않도록 전날 밤에 다음날의 일정이나 TPO(Time, Place, Occasion)에 맞게 모든 옷차림을 갖추어 놓는 것이 좋다.

옷은 옷걸이에 걸어 놓고 옷에 적합한 벨트와 액세서리도 미리 골라 놓는다.

백은 용도와 옷의 색깔 등에 어울리게 골라서 필요한 물건을 전부 넣어 구두와 함께 현관에 놓아둔다.

바쁜 일상생활에서 멋내기에도 시간을 아끼는 전략적인 센스가 필요하다.

약속이 두 건 이상 있을 때에는 스카프나 액세서리로 변화를 줄 수 있게 갖고 나가며 일이 끝난 후에 파티 같은 모임이 계속되는 경우는 코사지(corsage) 등도 준비해 보라.

비즈니스 백 이외에 어깨에 메는 작은 핸드백을 들면 파티에서는 경쾌하게 변신할 수 있어서 편리하다.

자신의 소지품을 사용하여 그 시간에 가장 아름답게 보일 수 있도록 작은 소품 하나에도 신경을 써서 구색을 갖추어 준비해 가는 것이 멋있어 보이는 요령이다.

최종 점검으로 자신감 있게 일하라

머리 모양부터 구두까지 체크할 수 있는 큰 거울을 꼭 구비하여 복장이 준비되면 이 거울 앞에 서서 전신의 분위기, 머리 스타일, 화장, 옷의 색깔, 소재 등이 전체 이미지에 어울리는지 체크해 본다.

끝마무리에는 스타킹의 색도 의외로 중요한 포인트가 되는 것을 기억하고 다음에 액세서리를 결정하면 좋다.

직장생활을 시작하는 신입 직원들은 출근 전 반드시 용모를 점검하는 시간이 필요하다. 무심히 넘겨 버리는 부분에 다른 사람들의 눈길이 의외로 많이 간다는 것을 유의해야 한다. 자신만의 체크리스트를 작성해 두고 아침마다 점검한다면 매일매일을 단정하고 청결하게 시작할 수 있을 것이다.

그렇다면 점검해야 할 항목에는 어떠한 것들이 있을까?

다음의 자기 점검표로 자신의 용모를 체크해 보자. 과연 몇 점이 되어야 할까?

90점 정도라면 충분할까? 스스로에게도 만점을 줄 수 없는 모습으로 고객에게 호감을 얻을 수 있다는 생각은 너무 무책임한 일이다.

예를 들어 모든 항목들이 각각 만점인데 손톱이 지저분하다고 가정해 보자. 고객은 서비스맨의 용모에 대해 호감을 느끼다가 손톱을 보고 받았던 호감이 사라지고 말 것이다. 결국 0점이 되고 마는 것이다. 말하자면 서비스맨의 용모는 어느 항목이라도 빠짐없이 만점이 되도록 해야만 한다.

여성의 용모

- **화장**
  - 자연스럽고 밝은 분위기의 화장인가
  - 건강미가 표현되어 있는가
  - 너무 진하거나 요란하여 사람들에게 불쾌감을 주지는 않는가
  - 옷이나 유니폼에 잘 어울리는가

- **머리**
  - 머리 모양이 유행에 치우쳐서 거부감을 주지는 않는가
  - 머리 길이가 너무 길지 않은가
  - 비듬이 있지는 않은가
  - 단정하고 깨끗하게 정리되어 있는가(앞머리가 내려와 눈을 가리지 않는가)
  - 헤어스프레이나 무스를 지나치게 사용하여 번들거리지는 않는가

- **손**
  - 손톱이 잘 정리되어 있고 길이가 적당한가
  - 매니큐어를 칠했는가
  - 눈에 띄는 색상이 아닌가
  - 매니큐어는 적절한 색이며 벗겨지지 않고 잘 유지되어 있는가

- **상의**
  - 옷깃이나 소매 등이 더러워져 있지는 않는가
  - 얼룩이나 주름은 없는가
  - 속옷이 비치지는 않는가
  - 활동하기 편한가
  - 유니폼일 경우 규정대로 착용하고 있는가
  - 직장 분위기와 조화를 잘 이루는가
  - 눈에 너무 띄는 디자인이나 색상, 소재는 아닌가
  - 다림질 상태는 양호한가
  - 단추를 잠가 입었는가

■ **스커트**
- 적당한 길이인가
- 너무 꽉 맞지 않는가
- 다림질이 제대로 되어 있는가
- 단은 터진 곳 없이 잘 정돈되어 있는가

■ **스타킹**
- 착용하였는가
- 광택이 있거나 지나치게 화려한 색은 아닌가
- 의상과 어울리는 소재나 무늬인가
- 낡아서 주름이 있거나 올이 풀려 있지 않은가

■ **구두**
- 발에 잘 맞는가
- 광택이 있거나 화려한 색은 아닌가
- 잘 닦아 청결한 상태인가
- 직장 분위기와 어울리는가

■ **액세서리**
- 정장(유니폼)에 어울리는 것인가
- 지나치게 요란하거나 대담한 디자인은 아닌가
- 개수는 적당한가

■ **핸드백**
- 정장에 어울리는가
- 내용물이 너무 많아 모양이 흐트러지지 않는가
- 지나치게 유행을 따르는 디자인과 색은 아닌가

■ **향수**
- 향이 진하여 불쾌감을 주지는 않는가

남성의 용모

- **얼굴**
  - 흡연으로 인한 구취는 없는가
  - 면도는 잘 되어 있는가
  - 코털은 잘 정리되어 있는가

- **머리**
  - 너무 길어 셔츠의 깃이나 귀를 덮지는 않는가
  - 스프레이나 무스 등으로 잘 정리되어 있는가
  - 지나치게 유행을 따르지는 않는가

- **넥타이**
  - 수트와 잘 어울리는가
  - 현란한 무늬나 색상은 아닌가
  - 끝부분이 벨트 선에 닿을 정도의 길이로 단정히 매었는가

- **셔츠**
  - 너무 진한 색은 아닌가
  - 깃이나 소매 부분이 청결한가
  - 내의는 흰색을 입었는가
  - 셔츠가 빠져 나와 있지는 않은가

- **상의**
  - 자주 세탁하여 청결한가
  - 잘 다려 입었는가
  - 단추를 잠가 입었는가
  - 볼펜 등 필기구를 많이 부착하고 있지는 않는가
  - 지갑으로 호주머니가 불룩해 보이지 않는가

- **지갑**
  - 바지 뒷주머니에 넣어 다니지 않는가

- **손**
  - 손톱 길이가 적당한가
  - 손톱 밑이 청결한가

- **하의**
  - 무릎이 나오지 않는가
  - 줄을 바로 잡아 다렸는가

- **양말**
  - 바지와 어울리는 색깔인가

- **구두**
  - 정장용 구두인가
  - 깨끗하게 닦여 있는가
  - 뒤축이 닳지는 않았는가

6. 세련된 공간적 신호

가. 고객의 공간을 침범하지 마라

일반적으로 '매너'라고 하면 타인에게 자리나 길을 양보하는 '타인을 배려하는 마음'에서 나온 말임은 누구나 알고 있다. 그러나 자칫 여기에 타인의 공간에 대한 배려를 간과하는 경향이 있다. 남의 공간을 침범하지 않는 것 또한 상대방에 대한 기본적인 배려이며 매너이며, 비언어적인 표현의 요소가 된다. 지하철이나 버스에서 옆에 앉은 사람이 다리를 벌려 편히 앉아 가려는 경우 불쾌한 기분까지 들곤 한다. 서비스맨이 서 있는 공간의 위치도 세련된 동작의 일부로 표현될 수 있다.

사람은 누구나 자기만의 일정 공간을 무의식적으로 혹은 의식적으로 인식하고 있다. 일반적으로 누군가 자신의 공간을 침해하게 되면 사람들과 편안한 단계에서 벗어나 방어적으로 변하고 불쾌한 감정이 생길지도 모른다. 사람들이 공간의 방해에 어떻게 반응하는지 인식하는 것이 고객서비스 측면에서 중요하다. 즉 공간적 거리에 따라 상호관계에 유의해야 하는 요소가 된다.

　매너가 좋은 사람들은 상대의 고유 공간까지 배려해 준다. 남의 공간을 침범하는 것은 결코 좋은 느낌을 줄 수 없는 것이다. 고객에게 불쾌감을 주지 않도록 고객과의 적당한 거리도 생각해서 자신의 위치를 결정하는 것이 중요하다. 서비스맨이 고객 앞에 적당한 거리를 정중하게 응대하는 자세 하나만으로도 충분히 바람직한 비언어적 표현이 된다. 그러므로 고객과 친해지는 거리와 멀어지는 거리를 파악하는 것이 중요하다.

　미국과 많은 서구문화에서 근접하기 편한 영역의 정의를 내리는 여러 연구들이 있다. 미국의 문화인류학자 에드워드 홀(Edward T. Hall)은 저서 『숨겨진 차원(The Hidden Dimension)』에서 대인관계의 소통에서 공간 이용의 영향을 강조했다. 상황이나 여건에 따라 약간의 차이는 있을 수 있으나, 타인이 어디까지 접근하면 경계심을 느끼는가에 대해서는 다음 네 가지 종류의 공간 간격으로 나눠진다.

〈표 8-1〉 공간적 신호

친밀한 간격(15~46cm)	전형적으로 가족과 친척 등을 상대할 때 적당한 간격으로서 고객 대부분은 이 공간에 서비스맨이 들어올 경우 불편함을 느끼게 된다.
개인적 간격(46~120cm)	친한 친구, 동료 등 편안하고 신뢰감을 갖고 대하는 대상. 오랜 기간 맺어온 고객과 친근한 관계라면 이 간격이 적당하다.
사회적 간격(120~360cm)	서로 잘 알지 못하는 사람들을 대할 때, 일반적인 사업거래와 비즈니스의 상황 등
대중적 간격(360cm 이상)	형식적이거나 공식적인 모임에서 청중을 대상으로 연설할 때 등

Exercise

■ **서비스 공간에서의 역할 연습**
두 사람이 한 공간에서 가로질러 마주 보고 선다.
한 사람은 고객, 한 사람은 서비스맨으로 가정한다.
어떤 주제에 관해 자연스럽게 대화하면서 서비스맨 역할의 사람은 천천히 고객 역할을 한 사람을 향해 움직인다. 그 움직임 동안 고객 역할의 사람은 공간의 간격에 따라 느껴지는 감정에 대해 생각해 본다.

• 어느 정도 거리에서 가장 편안하게 느꼈는가? 왜 그러한가?

• 어느 정도 거리에서 가장 불편하게 느꼈는가? 왜 그러한가?

• 역할을 바꿔 고객과 서비스맨 사이로 마주 서서 응대해 보라.

나. 정돈되지 않은 주위의 모습도 비언어적인 표현이다

책상 위에 흐트러진 서류, 종이 조각에 낙서처럼 쓴 이름과 숫자들, 스태플러, 끈, 테이프, 펜, 연필이 필요할 때 없는 경우, 사용하지 않는 도구들이 보관 장소로부터 벗어나 널려 있는 경우, 마루 위의 엎질러진 쓰레기가 쓰레기통의 주변을 덮고 있는 경우….

지저분하고 찢어진 유니폼, 고객 자리 위에 떨어진 음식 조각, 빈 컵, 빈 유리잔, 사무실의 커피 얼룩….

고객은 이처럼 정돈되지 않은 비조직화된 작업장을 볼 때 어떤 느낌을 갖게 될까? 고객은 서비스맨이 고객의 일을 얼마나 효과적으로 취급하고 있는지에 관해 다음과 같이 생각하기 시작할 것이다.

- 나는 이 직원이 주변에 흩뜨려 놓은 다른 것들처럼 종이 쪽지에 적은 나의 전화번호를 잃어버리지 않기를 바란다.
- 저 직원이 내 서류를 본부에 보낼 때 스태플러를 찾지 못한다면 어떡하나…
- 내 은행예금을 잘못된 계좌에 부치면 어떡하나…
- 나는 그들이 내 물건들을 손상시키지 않기를 바란다.

한편 정리되고 조직화된 작업장은 서비스맨이 고객의 업무처리나 정보를 주의 깊고 효과적으로 다룬다는 것을 고객에게 들리지 않는 큰 목소리로 말하고 있는 것과 같다. 고객은 서비스맨이 고객의 일을 마치 서비스맨 자신의 설비도구나 서류를 다루는 것처럼 조심스럽게 처리해 줄 것으로 믿고 안심을 할 것이다.

정돈되고 조직화된 작업장의 가치는 바로 고객을 환대하는 매우 중요한 요소가 된다.

다. 비언어적 커뮤니케이션시 유의점

서비스맨이라면 누군가의 개인적 공간을 우연히 침범하거나 불쾌한 상황이 발생하지 않도록 시간, 거리, 접촉, 눈맞추기, 색깔의 사용 같은 문제들에 대해 다른 관점과 접근방식을 인식하는 것을 배우도록 한다.

반대로 고객을 괴롭히거나 부정적인 인식을 만드는 메시지들을 전달할 수 있는 습관이나 매너리즘을 인식해야 하며 이를 최소화하도록 노력해야 한다.

서비스맨의 표정, 자세, 동작 등에 있어서 산만하고 불안한 개인적인 습관 등은 부정적 메시지로서 불확실한 메시지를 전달하거나 어떤 것을 숨기고 있다는 사실을 시사하는 것이다. 이는 고객과의 관계형성에 방해가 될 수 있다.

◈ 고객응대 중에 표현되는 서비스맨의 비언어적 요소들은 어떠한 것들이 있는지 생각해보시오.

다음은 항목별로 긍정적, 부정적 메시지를 정리한 것이다.

긍정적 메시지	부정적 메시지
인 사	
• 안녕하세요? 무엇을 도와드릴까요? • 기다려 주셔서 감사합니다.	• 성의 없이 고개만 끄덕임 • 다음 손님~
자 세	
• 똑바로 서 있음 • 양 발로 서 있음 • 전신에 몸무게를 실어서 똑바로 서 있음 • 목을 똑바로 하고 서 있음 • 활동적인 모습으로 서 있음	• 구부정한 자세로 서 있음 • 한발로 비스듬히 서 있음 • 벽에 기대 서 있음 • 목을 떨어뜨리고 서 있음 • 피곤한 모습으로 서 있음
표 정	
• Eye Contact • 똑바로 봄 • 웃는 눈 • 미소 • 즐겁고 행복한 표정 • 자신감 있는 표정	• No Eye Contact • 눈을 굴리며 위쪽을 보는, 노려 보는 눈 • 엄숙하게 보는 • 눈살을 찌푸리는 표정 • 슬픈 표정 • 걱정스러운 표정
몸 동작, 움직임	
• 부드럽고 유연한 • 자신감 있는 • 자연스러운 • 손가락으로 지적하거나 흔들지 않는 • 액세서리나 머리카락으로 인한 산만함이 없는 • 침묵을 잘 견디는 • 적절한 거리 • 부적절한 접촉이 없는	• 갑자기 움직이며 빠른 동작 • 부끄러워하고 불안정한, 서두르는 듯한 • 동작이 강하고 기계적인 • 손가락으로 지적하며 흔드는 • 액세서리나 머리카락으로 장난치는 • 한숨짓는 • 너무 가깝거나 너무 멀리 서 있는 • 부적절한 접촉
주변 환경	
• 정리가 잘된 서류 • 보관되어 있는 깨끗한 기물 • 버려질 곳에 버려진 쓰레기 • 퀴퀴한 냄새가 없는 • 산란하게 하는 잡음이 없는	• 여기저기 흩어진 어수선한 서류 • 아무데나 널려 있는 닳고 더러운 기물 • 아무데나 버려져 있는 쓰레기 • 담배냄새, 심한 향수냄새, 음식냄새 • 마음을 산란하게 하는 잡음이 많은

Chapter
09

언어적 커뮤니케이션스킬
(Verbal Communication Skills)

1. 마음을 읽는 듣기

가. 듣는 것부터 배워라

누구나 상대방의 말귀를 못 알아들어서 곤혹을 치른 경험이 있을 것이다. 또한 귓속말로 말을 전달하는 '말 릴레이'게임을 해 보면, 맨 마지막 사람은 대부분 처음 전달된 메시지와 전혀 다르게 이해하고 있는 경우가 많다. 정확하게 듣기란 생각만큼 쉬운 일이 아니다.

고객과의 성공적인 커뮤니케이션을 위해서는 우선 듣는 사람의 입장에 충실해야 한다. 여기서 듣는다는 것은 상대방의 말소리를 듣는 것(hearing)이 아니라 그 사람의 말소리를 듣고 이해하는 것(listening)을 말한다.

미국의 위대한 리더이자 연설가였던 루스벨트(Franklin D. Roosevelt) 대통령은 훌륭한 대화를 하기 위한 비결로 '123법칙'을 실천하는 것이라고 하였다. 훌륭한 대화란 한 번 말하고, 두 번 듣고, 세 번 공감하는 데서 이루어지는 것이라는 뜻이다. 즉 상대와의 대화에서 말하기보다 듣기를 잘하고 상대방의 말을 북돋워 주는 맞장구는 상대로 하여금 자신의 이야기를 경청하고 있다는 느낌을 갖게 한다. '굿 스피커(Good Speaker)'란 '얼마나 말을 잘하느냐'가 아니고 '얼마나 경청을 잘하느냐'에 달려 있다. 말을 잘하려고 하기 전에 듣는 것부터 배워라.

나. 고객의 마음을 읽어라

고객은 자신의 특정한 요구를 서비스맨에게 설명할 때 서비스맨이 귀 기울여 듣고 이해하여 그것에 대응해 주기를 기대한다. 자신이 하는 말을 듣지 않으면 고객의 태도와 감정은 친근감에서 적대감으로 신속히 변화할 수 있다. 그리고 고객은 서비스맨이 이야기를 주의 깊게 듣거나 때에 맞는 맞장구를 칠 때 상품의 신뢰를 느낄 수 있다고 한다. 그러므로 대화를 이끌어 갈 때에는 3(고객) : 1(자신)의 비율이 좋다. 상대방의 말에 귀 기울이는 것은 커뮤니케이션의 효과를 극대화시키는 일이다.

고객과의 대화에서 서비스맨은 말을 하기보다 듣는 입장에 있어야 하며, 고객이 더 많은 말을 하도록 유도하는 것이 바람직하다. 어느 순간엔가 고객이 말을 많이 하고 서비스맨이 듣는 쪽이라면 이는 성공한 응대이다. 즉 고객으로 하여금 신나게 이야기를 하도록 해야 하는 것이다. 이를 위해 경청의 자세가 중요하다. 진지한 태도로 상대의 눈을 응시하며, 맞장구를 치며 열심히 듣자. 고객만족을 위한 노력의 시작이다.

성공적인 서비스는 고객의 마음까지 읽어내어 고객의 입장을 잘 이해할수록 쉬워진다. 이를 위해서는 고객이 말해 주는 정보를 귀담아 들을 줄 알아야 한다. 고객이 물을 한 잔 가져다 달라고 주문할 경우, 시원한 물이 필요한지 더운물이 필요한지부터 생각해야 할 것이다. 센스 없는 서비스맨은 고객의 마음을 알아내기는커녕 고객이 알려 주는 정보를 모두 무시하고 서비스를 잘하겠다고 하는 것이다.

다. 마음으로 듣는다

효과적으로 듣는 것은 고객의 요구를 파악하기 위해 사용하는 중요한 수단이다. 고객이 나타내는 신호를 파악하고 계속적인 고객과의 대화를 이끌어가기 위해서는 잘 듣는 것이 중요하다. 고객의 메시지를 받아들이는 데 듣기 능력기술이 부족하다면 결과적으로 서비스는 실패하게 된다.

고객의 말을 '잘 듣는다'는 것은 우선 마음으로 듣는 것이다. 고객의 걱정, 기쁨, 희망까지도 이해하려고 노력하는 것을 의미한다. 말하는 소리만을 듣는 것이 아니라 고객의 감정과 고객이 진정으로 원하는 것이 무엇인가를 이해하는 것이다.

가령 뜰에 핀 꽃을 보고 지나가던 사람이 "정말 아름다운 꽃이군요"라고 말했을 때 그저 "감사합니다" 하고 대답했다면 보통의 대화 수준에 머무는 것이다. 그러나 '이렇게 아름다운 꽃을 내 방에 한 송이 꽂았으면 좋겠다.'라는 상대의 마음까지 읽고서 "좋으시다면 한 송이 드릴게요"라고 말할 수 있다면 듣기 실력은 상당 수준일 것이다.

듣는 능력이란 편견이나 선입관을 갖지 않고 선의를 갖고 들으려고 하는 힘이다. 말로써 표현된 메시지만이 아니라 말하는 사람의 몸 전체, 분위기, 어조로 표현되는 보디랭귀지가 말하는 사람의 마음을 전달하는 커다란 부분을 차지하고 있는 것이다. '만약 내가 상대방의 입장이었다면…' 하고 생각하는 상상력의 풍부함이 듣는 능력을 신장시키는 데 필수 불가결한 요소라고 할 수 있다.

라. 잘 듣는 요령

고객이 말하고자 할 때 말을 멈추고 여유있게 듣는다

누군가의 말을 듣기 위해서는 듣기 전에 받아들일 준비가 되어야 한다.

주위의 산만한 요소들을 정리하되 하던 일이 있다면 잠시 양해를 구하고 빨리 일을 마친 후 응대한다.

바르게 앉거나 서 있고 고객과 눈을 맞추고 적절히 고객에게 몸을 굽혀 귀 기울여 기꺼이 듣고 있음을 보여라.

주관적인 의견이나 판단을 피해 선입견 없이 열린 마음으로 듣는다

흥미를 갖고 듣게 되면 상대방의 마음은 활기 있게 되며 성의를 갖고 들어 주면 마음이 안정되고 자신감이 넘치게 된다.

주의집중을 하라

고객에게 완전히 주의집중함으로써 고객의 메시지를 잘 이해하고 고객의 요구를 만족시킬 수 있다.

경청을 방해하는 잡음 요인을 피하라

* 외적 장애요인: 청각적 소리(시끄러운 근무환경)
  시각적 장면(시각적으로 산만한 것)
  후각적 요인 등
* 내적 장애요인: 정신적(자기중심적 사고, 방어적 성향, 경험적 우월성, 이기주의)
  감정적(타인에 대한 선입관, 상대방의 지위), 내용 자체의 산만함, 피곤함

감정이입을 보여 준다

자신을 고객의 위치에 놓고 고객의 요구와 관심에 부합하고자 노력하는 것이다.

고객의 요구를 확실히 이해하도록 적극적으로 듣는다.

맞장구를 쳐라

시기적절하게 맞장구를 치면서 이야기 상대와 일체가 되어 대화를 진행시킨다. 상대방이 말하고 있는 중에 가끔씩 들은 내용을 바꾸어 말하되 말참견을 하거나 끊지 마라.

고객이 하는 말 중에 개인적인 정보가 들어 있다면, 고객은 그것에 대해 얘기하고 싶어하는 것이다.

고객들은 이렇게 말할 수 있다.

"이게 내 첫 번째 여행인데 비행기를 제대로 탔는지 걱정스러워요"

"잘 보관해 주세요. 내가 사랑하는 조카의 졸업 선물이거든요"

서비스맨이 아무 대답 없이 이런 말들을 무시해 버리는 것은 고객에게 '난 관심 없어요'라고 말하는 것과 같다. 따라서 적절한 관심과 반응을 보여서 고객으로 하여금 자신의 말에 귀 기울이며 자신의 감정과 상황을 이해한다고 느끼게 해주는 것이 중요하다.

실제로 고객관리란 고객에게 많은 관심을 갖는 그 순간부터 가능하다.

대화를 활기 있게 하는 맞장구의 유형

- 일반적인 반응 : 네, 그러시군요(이때, 고객의 말을 반복하는 것도 효과적인 맞장구의 하나이다.). 네, 잘 알겠습니다.
- 동의할 때 : 그렇지요, 그렇고말고요. 예, 저도 그렇게 생각합니다, 전적으로 동감입니다, 말씀하신 대로입니다.
- 놀람을 나타낼 때 : 설마, 그런가요(그렇군요).
- 의문을 나타낼 때 : 왜 그럴까요?
- 다음 말을 끌어낼 때 : 그래서, 그리고, 그런데, 그렇게 말씀하시면

이렇게 여러 가지 말을 번갈아 사용하면 효과적이다.

▶ 그러나 잘 듣고 있다는 것을 알리기 위해 지나치게 반복적으로 '네, 그러셨군요', '아~ 그렇군요' 라고 대답한다면 오히려 습관적으로 대답하고 있다고 여겨질 수 있으므로, 가끔은 고개를 끄덕이거나 눈빛으로 적절히 반응할 수 있다.

질문하고 메모하라

고객을 응대할 때 간혹 불분명하게 의사표현을 하는 경우에 서비스맨이 머뭇거리며 응대하는 경우가 있다. 이때 머뭇거리지 말고 고객의 요구를 재확인하여 임무수행을 확실하게 할 필요가 있다.

고객의 정보를 확인하고 명확하게 하기 위해 적절히 질문을 하여 고객의 메시지를 철저히 이해하도록 한다. 이는 고객이 요구한 사항에 반응하는 서비스맨의 올바른 자세이기도 한다. 특히 정보가 복잡하거나 이름, 숫자 등의 세부항목이 내용에 들어있다면 앞에서 메모하는 것이 좋다. 일단 메모 후에는 이해한 사실을 확인하라. 이는 업무상 실수도 방지할 뿐만 아니라 고객의 말에 귀 기울여 전념하고 있다는 증거가 된다.

◈ 바람직한 듣는 자세는 어떠한 것인가? 자신의 경험을 예로 들어 설명해보시오.

Exercise

■ 듣기능력 자가평가

자신이 실제로 얼마나 잘 들을 수 있는지 객관적으로 응답해 보자.

1. 대화할 때 상대방에게 나의 모든 주의를 기울인다.

2. 대화하는 동안 의식적으로 문제나 세부사항을 찾아본다.

3. 메시지를 전부 듣고 난 후까지 다음 소견을 준비하지 않는다.

4. 진심으로 듣고자 하는 관심을 가지고 의사소통에 접근한다.

5 나의 감정으로 인해 듣기가 방해되지 않도록 한다.

6. 이야기를 들으면서 공상에 잠기는 것을 피한다.

7. 나 자신이 상대방의 입장이 되도록 노력하고 상대방이 말하려는 것에 감정이입을 하려고 노력한다.

8. 대화 중 앞서서 비약하는 것을 피하기 위해, 다른 사람이 무엇을 말하려는지 알고 있다고 생각하지 않는다.

9. 상대방이 말한 메시지를 이해한다는 것을 증명하기 위해 질문을 하여 그 의미를 이해하고 있는지 체크한다.

10. 내가 이해하지 못하는 단어나 문장을 명확히 하기 위해 질문을 하여 그 의미를 이해하고 있는지 체크한다.

11. 상대방이 말하고 있는 동안 집중하도록 다양한 기술을 사용한다.

12. 상대방이 이야기할 때 눈을 맞추든지 그를 쳐다본다.

13. 내가 말하는 것에 상대방이 어떻게 응답할지에 대해서 의식적으로 생각한다.

14. 나에게 예민한 주제라고 해도 상대방에게 자신의 생각을 제시하도록 한다.

15. 들을 때 다른 소리나 활동에 방해받지 않는다.

16. 객관적으로 들으면서, 상대방을 판단하지 않는다.

17. 들으면서 메모한다.

18. 단지 사실이나 세부사항뿐 아니라 생각과 개념에 대해서 들으려 한다.

19. 효과적인 듣기를 위해 가장 좋은 환경을 제공하며 주위가 산만하지 않은 장소를 택한다.

20. 상대방의 자세와 제스처를 관찰하고 평가한다.

〈출처 : Lucas, 「Customer Service」〉

2. 효과적으로 말하기

서비스맨의 화술은 우아하면서도 품격 있는 태도와 행동을 뒷받침하는 중요한 요소가 된다. 대화할 때 표준어, 예의바른 언어, 상황에 맞는 적절한 표현 등을 사용하는 것은 서비스맨의 가장 기본적인 커뮤니케이션스킬이다.

가. 호감을 주는 화술

'말씨는 마음씨다.'
'말씨는 다듬어 만드는 예술품이다.'
'말은 마음을 담아내는 그릇이다.'
'말씨는 그 사람의 인격과 교양의 표현이다.'

좋은 화법을 가진 사람은 그렇지 못한 사람보다 타인에게 좋은 인상을 줄 수 있으며, 겉모습보다 훨씬 깊은 인상을 줄 수 있다.

예절의 실제는 마음속에 있고 그 마음을 상대방에게 인식시키는 첫 번째 방법이 말을 이용한 대화이다. 대화할 때에는 우리가 전달하려는 의사를 상대방에게 정확히 이해시킴은 물론 그 과정을 통해 친절함과 공손함이 동시에 전달되어야 한다. 그러므로 좋은 말씨의 기본 원칙은 밝고, 상냥하고, 아름답게 말하는 것이다.

대화는 알고 있는 단어를 나열하는 것이 아니라 다듬어 만드는 예술품과 같다. 같은 말을 하더라도 그 사람의 마음에서 우러나오는 말씨에 따라서 상대의 반응이 달라지며, 이 대화를 통해서 서로의 인격과 성품을 알 수 있게 된다.

말을 단지 도구로 사용하면 그것은 말장난이 되어 버린다. 말씨는 마음 씀씀이의 표현으로서 고객에게 따뜻한 마음이 전달되도록 배려하는 것이 그 첫째 조건이다. 준비 없이 말을 하게 되면 의도하지 않게 단 한마디로 고객의 마음을 불쾌하게 하는 경우도 있다. 고객응대시 서비스맨의 언어는 곧 서비스의 수준을 나타낸다.

이미지메이킹의 핵심은 커뮤니케이션 능력이다

'일을 못해도 말을 잘 하면 출세한다.' 미국의 직장인들이 즐겨 사용하는 말이다. 말을 잘 하면 일을 좀 못해도 고객과 동료에게 좋은 인상을 줄 수 있지만 일을 잘 해도 말을 못하면 자기 생각을 제대로 표현하지 못해 좋은 평판을 얻기가 어렵다고 믿는 것이다.

미국 사회를 이끌어가는 톱 리더들을 대상으로 설문조사한 결과에서도 리더가 갖춰야 할 제1조건이 '스피치'였다고 한다. 경영이론가인 피터 드러커(Peter Drucker) 박사도 '인간에게 가장 중요한 능력은 커뮤니케이션 능력이며, 경영이나 관리도 커뮤니케이션에 의해서 좌우된다'고 한 바 있다.

사람의 이미지를 높이는 데는 옷을 잘 입거나 외모를 잘 가꾸는 것 못지않게 말하기와 태도 등이 매우 중요한 역할을 한다. 따라서 이미지메이킹의 핵심은 '어떻게 말하고, 쓰며, 행동하는가'하는 커뮤니케이션 능력이라고 할 수 있다.

또한 커뮤니케이션을 잘한다는 것은 단지 말을 유창하게 잘하는 것을 뜻하는 것이 아니라 말하는 사람의 의도를 정확하게 전달하는 것을 말한다. 눈빛, 제스처, 서 있거나 앉아 있는 태도, 억양, 목소리의 톤, 발음, 발성, 말할 때의 옷차림, 매너 등이 모두 합해져서 말하는 사람의 의도를 전하기 때문에 이 모든 것들이 커뮤니케이션의 요소가 된다.

나. 음성의 효과적 사용

사람의 이미지를 결정하는 데 표정이나 용모, 복장 등 눈에 보이는 것 못지않게 중요한 요소가 바로 음성이다.

특히 언어적 의사소통에 음성적인 특성들, 즉 음의 높이, 음량, 속도, 질, 발음, 기타 다른 특징들이 언어적 메시지를 고객에게 전달하는 데 매우 중요한 역할을 하게 된다.

텔레비전을 보거나 라디오를 듣다가 사회자나 출연자의 목소리가 거슬려 채널을 돌리게 되는 경우가 있다. 꼭 방송인이 아니더라도 음성이 나쁘면 사회생활을 하는 데 마이너스가 되는 것이 사실이다.

이상적인 목소리는 맑고, 부드럽고, 거침이 없고, 톤과 음량도 적절하고, 듣기 편안한 속도의 목소리이다. 또한 좋은 음성은 낮고 차분하면서도 음악적인 선율이 있고 느낌이 풍부한 소리를 말한다.

목소리는 직업에 따라 요구되는 사항도 있는데, 특히 서비스맨에게 적합한 목소리는 밝고 명랑하면서 친근감 있는 목소리이다. 반면, 발음이 부정확한 목소리, 작아서 듣기 어려운 목소리, 톤이 지나치게 높아 신경에 거슬리는 목소리, 날아가는 듯한 가벼운 목소리, 콧소리가 나거나 짜증 섞인 목소리 등은 피해야 한다.

음성 이미지 형성 요소

억 양

말의 강약, 어조에 변화를 주며 자연스럽게 말한다.
말이나 메시지를 강조하기 위해 음절을 조절할 경우 내용에 설득력이 있게 된다.
뉴스를 진행하는 아나운서의 문장은 적당히 문장 말미에서 톤이 떨어짐을 알 수 있는데 문장 끝이 높게 끝나는 경우 안정감과 신뢰감을 얻기 힘들기 때문이다.

음의 높이

어떤 고객이 값을 깎아 달라고 하자 직원이 "안 됩니다"라고 소리쳤다.
고객 : 아니 안 되면 안 됐지, 왜 언성을 높여요?
직원 : 내 목소리가 원래 커서 그런 거지, 내가 뭐 어쨌다고 트집이에요?
고객 : 뭐, 트집?

음의 높낮이는 다양한 메시지를 추가하여 극적으로 의미하는 것을 판단하는 데 영향을 미칠 수 있다. 목소리는 상승작용을 하는 것이다. 한 사람이 큰소리로 말하면 상대방도 덩달아 목소리가 커지고 나중에는 싸움이라도 하는 것처럼 되어 버려 다른 고객에게도 불쾌감을 주게 된다. 일단 높은 어조(톤)는 듣는 사람으로 하여금 날카롭다고 느끼게 만든다.
서비스맨의 경우 너무 낮은 톤은 분위기를 무겁게 만들 수도 있으므로, 목소리는 중간 정도의 톤으로 밝고 무게감 있는 것이 호소력이 있다.

음 량

목소리가 너무 크거나 작지는 않은지 주위 상황과 공간의 크기, 듣는 사람의 여건에 따라 적절히 음량 정도를 조절하여 밝은 목소리로 말한다.
음량의 변화는 감정을 나타내고 의도하지 않는 부정적인 메시지를 전달할 수도 있으므로 유의해야 한다.
소음이 많은 곳에서 목소리를 너무 작게 내는 것은 고객과의 소통에 어려움이 있고 무성의한 응대 태도로 느껴질 수도 있다. 또한 대화할 때 큰 목소리 만이 환기를 집중시키는 것이 아니므로 상황에 따라 목소리 크기를 때로는 크게, 때로는 작게 조절하여 고객의 주의를 집중시키도록 해야 한다.

말의 속도

말의 속도는 메시지를 받고 정확하게 판단하는 데 영향을 미친다.
일반적으로 말의 속도는 본인의 성격과 관계가 있다. 말의 속도를 조절하여 너무 빠르거나 너무 느리지 않도록 적당한 속도로 가끔씩 숨을 쉬고 말한다.

말이 빠른 경우 듣는 사람이 불안감을 느끼게 되며 급하게 일을 빨리 처리하려고 하는 것으로 들리기도 한다. 또 반대로 너무 느릴 경우 산만하고 주의 집중이 되지 않으며 자신감이 없거나 성의가 없는 것처럼 여겨질 수도 있다.

목소리의 질

목소리의 질은 고객들의 반응에 영향을 미친다. 신경질적인 목소리, 거칠고 쉰소리, 콧소리, 금속성의 소리 등 거슬리게 들리기 쉽다. 훈련이나 노력에 의해서 충분히 개선함으로써 좋은 음질을 표현할 수 있다.

발 음

단어의 발음을 명확히 함으로써 듣는 고객으로 하여금 의미를 왜곡하지 않도록 한다. 정확한 발음이야말로 고객에게 정보를 전달하거나 의사소통할 때 중요한 요소이다.

신뢰와 호감을 주는 음성 개발하기

사람마다 자신의 독특한 목소리가 있어서 좋은 음성은 타고나는 것이기는 하지만 음성도 훈련을 통해 개발할 수 있다. 그러므로 자신의 음성이 상대방에게 호감을 주기 힘들다고 판단되면 음성연습을 통해 이를 교정할 필요가 있다. 전문가의 도움을 얻을 수도 있겠지만 충분히 자신만의 연습으로도 음성을 효과적으로 사용할 수 있다.

사람은 누구나 자신이 말하는 소리를 듣고 있다. 그러나 이 소리와 상대방에게 들리는 음성과는 약간의 거리가 있다. 자신의 목소리를 자신이 듣게 될 경우 두개골 내에서 약간의 울림을 거친 후 듣게 되기 때문에 남에게 들리는 음성보다 약간 낮은 톤으로 인식된다.

자신의 목소리를 가꾸기 위해서는 녹음기에 자기 목소리를 녹음해서 들어 보라. 대부분이 마음에 들지 않거나 깜짝 놀라고 어색해 한다. 자신의 목소리를 반복해서 들으면서 발성과 발음연습을 한다면 몰라보게 향상될 것이다.

음성도 훈련 여하에 따라 충분히 맑고, 부드럽고, 거침이 없고, 톤과 음량도 적당하고, 속도도 상대방이 듣기에 매우 적절하게 될 수 있다. 호감을 주는 매력 있는 목소리는 단지 꾸며서 나오는 것이 아니다. 깊고 풍부한 목소리가 나오도록 평소에 발음연습과 복식호흡을 연습해야 한다.

복식호흡

스피치에서의 호흡법은 숨을 들이마시면 배가 자연스럽게 나오고 말을 할 때에는 배에 힘이 들어가는 복식호흡이 바람직하다. 가슴으로 얕게 숨을 쉬는 흉식호흡을 하는 경우, 빈약하고 조급한 목소리를 내고 짧은 스피치에도 호흡이 짧아 목이 쉽게 잠기게 된다. 복식호흡을 생활화하여 좋은 음성과 건강을 유지하도록 한다.

발음 연습

단어의 발음을 명확히 함으로써 듣는 고객으로 하여금 의미를 왜곡하지 않도록 한다. 정확한 발음이야말로 고객과 정보를 전달하거나 의사소통할 때 가장 중요한 요소이다.

발음을 분명하고 정확하게 하려면 일정기간 발성연습을 하는 것이 좋다.

우선, 입을 과장되게 크게 벌리고 배에서 울리는 소리로 복식호흡을 하면서 하루 10분 이상 신문사설이나 책을 읽으면 발음이 크게 향상될 것이다.

또한, 또박또박한 발음할 수 있는 연습으로 나무젓가락을 입에 물고 책을 소리 내어 읽는 방법이 있다. 이때 횡격막을 단련시켜 자연스럽게 복식호흡이 될 수 있도록 한쪽 다리를 제기 차는 포즈로 들어주고, 저 멀리 얘기한다는 기분으로 또박또박 읽는다.

Exercise

■ **발음 연습**

다음을 읽어보며 자신의 발음이 정확한지 점검해 보라.

- 저기 저 콩깍지가 깐 콩깍지냐? 안 깐 콩깍지냐?
- 저기 저 말뚝이 말을 맬 수 있는 말뚝이냐? 말을 맬 수 없는 말뚝이냐?
- 저분은 백 법학 박사이고 이분은 박 법학 박사이다
- 한영 양장점 옆 한양 양장점, 한양 양장점 옆에 한양 양장점
- 강낭콩 옆 빈 콩깍지는 완두콩 깐 빈 콩깍지고 완두콩 옆 빈 콩깍지는 강낭콩 깐 빈 콩깍지 이다
- 간장 공장 공장장은 강 공장장이고 된장 공장 공장장은 장 공장장이다
- 신진 샹송 가수의 신춘 샹송 쇼우
- 멍멍이네 꿀꿀이는 멍멍해도 꿀꿀하고 꿀꿀이네 멍멍이는 꿀꿀해도 멍멍한다
- 우리집 깨 죽은 죽은 검은 깨 깨죽인데 사람들은 햇콩 단콩 콩죽 깨죽 죽먹기를 싫어하더라
- 내가 그린 구름 그림은 새털구름 그린 그림이고 니가 그린 구름 그림은 뭉게 구름 그린 그림이다

음성 관리

피곤할 경우에는 음성도 거칠게 나오게 된다. 그러므로 중요한 일정이 있는 전날에는 충분한 휴식을 취해 두는 것이 좋다. 목소리가 잘 나오지 않을 때에는 길게 숨을 쉬거나 충분한 휴식으로 성대에 무리가 가지 않도록 하며, 따뜻한 레몬차 등을 마시는 것이 좋다.

다. 효과적으로 말하는 요령

의사표현을 잘하는 사람과 못하는 사람의 가장 중요한 차이는 말의 억양이나 속도에 변화를 주며 말하느냐 그렇지 않느냐에 달려 있다. 처음부터 끝까지 단조롭게 말하면 듣는 사람을 지루하게 만들고, 의미전달을 효과적으로 할 수도 없다. 음성의 강약과 높고 낮음, 그리고 빠르고 느림이 잘 조화된 화술을 익혀야 한다.

자세를 바로 하라

음성을 효과적으로 사용하기 위한 기본 전제가 바른 자세이다. 바른 자세의 기본은 가슴을 올리고 배를 집어넣는 것이다. 서 있는 자세라면 양쪽 다리에 체중을 균형 있게 배분하는 것이 중요하다. 그리고 앉아 있을 때에는 다리를 꼬지 않도록 한다.

음성을 낮춰라

목소리는 낮고 무게감 있는 것이 호소력이 있다. 특히 다른 사람을 설득하고 확신을 주려면 목소리의 톤을 약간 낮추는 것이 좋다. 전화 대화나 마이크를 사용하는 경우 낮은 목소리가 좀 더 신뢰감 있고 호소력이 있다.

서비스맨의 경우도 지나치게 높은 목소리보다는 낮은 목소리가 안정감 있게 들릴 뿐 아니라 따뜻하게 들리게 된다는 점을 기억하고 평소에 꾸준히 연습하는 것이 좋다.

음성의 강약, 완급의 조절

대화를 하다 보면 일정한 톤과 속도로 말을 함으로 해서 전달력이 떨어지는 경우가 있다. 중요한 부분에 강세를 두어 말을 하게 되면 자연스럽게 억양이 생기고 더욱 명확하게 의사가 전달된다.

같은 말이라 해도 그 높낮이에 따라 뜻이 달라질 수 있으며, 음성의 고조로 긴박감을 표현하는 등 다양한 표현이 가능하다. 음성을 일상생활 속에서 내용과 상황에 따라 다양하게 사용해 보도록 한다.

관심있는 내용의 신문사설을 선택하여 말의 강약, 어조의 빠르기에 변화를 주며 말하되, 읽는 게 아니라 마치 친구에게 이야기하듯이 자연스럽게, 천천히 그리고 약간 큰소리로 읽는다. 문장 끝에 '있다', '없다', '것이다'를 '있습니다', '없습니다', '것입니다' 등의 대화체로 바꾸어 읽는다.

띄어 말하기

우리나라 말은 띄어읽기와 쉼표의 위치에 따라 문장의 의미가 완전히 달라지므로 적절한 위치에서 띄어 말해야 상대방이 이해하기 쉽다.

또한 적절히 띄어 말하는 것을 통해 중요한 내용을 강조할 수 있으며 명확하게 말을 전달할 수 있다. 글을 쓸 때에는 단어 중심으로 띄어쓰지만 말에서는 그 의미나 흐름에 맞추어 어구를 한 단위로 묶어서 말하는 게 보통이다. 즉 한 어구 안에서의 낱말은 붙여서 표현하는 것이 물 흐르듯 자연스럽다는 뜻이다.

콧소리와 날카로운 소리는 금물

흔히 평소에도 비음이 섞인 목소리를 내는 사람이 있는데 이처럼 콧소리를 내는 사람은 말을 할 때 턱과 혀를 느슨하게 하고 목과 입을 열어 소리가 코로 나오는 대신 입으로 나도록 의식적으로 연습할 필요가 있다.

그리고 날카로운 목소리는 감정이 고조될 때 나오는 경향이 있는데 자신이 이와 같은 소리를 내고 있다고 스스로 인식되면 자세를 바로 하고 가슴을 진정시켜야 한다. 또한 의도적으로 내용에 맞게 천천히 띄어 말하면서 숨을 고르는 것도 좋은 방법이다.

감정이입

목소리에도 자신만의 마음과 독특한 표정을 담도록 가꾸어 나가야 한다.

매번 "~하시겠습니까?"로 책을 읽는 듯한 일률적인 어투, 늘 같은 톤의 "어서 오십시오.", 날아갈 듯 높은 톤의 "안녕하십니까?" 등 결국 발음하는 사람의 목소리를 통해 개인의 음성 이미지가 느껴지게 된다. 이는 곧 그 사회의 이미지에도 상당히 중요한 부분을 차지한다.

"말 속에 자기를 투입하라" 데일 카네기(Dale Carnegie)의 말이다. 억양이나 속도에 변화를 주고 띄어 말하기를 한다 하더라도 화자가 자기의 말에 진심과 열성을 담지 않고 건성으로 말한다면 결코 듣는 사람의 마음을 사로잡을 수 없다. 말할 때 내용과 일치되는 감정을 목소리와 표정에 담아야 한다.

생동감 있게 하라

목소리에 생동감이 있는 사람은 혹시 피곤한 상태라 해도 활력이 넘쳐 보이기 마련이다. 반면, 음성을 잘못 사용하면 의욕이 없거나 힘이 없게 들릴 수도 있다. 그러므로 피곤한 음성으로 말하기보다는 항상 어느 상황에서라도 가능한 한 활기 있게 말하는 습관을 들이는 것이 좋다.

> ✥ 사람들의 다양한 목소리를 들어보고 좋은 이미지를 전달하는 음성을 생각해보시오.

Exercise

■ 밝은 목소리 연습

어떻게 하는 것이 밝은 목소리로 말하는 방법일까?

실제로 웃는 얼굴을 하고 있을 때 목소리는 가장 부드럽고 따뜻하게 들린다.

똑같은 인사라도 웃으면서 말하는 것과 그렇지 않은 소리는 분명 차이가 있다.

앞서 연습한 표정 연출과 함께 그 결과를 실험해 보자.

• 먼저 눈썹을 위로 동그랗게 긴장시켜 웃는 표정을 지어 본다.

그리고 매우 화가 난 듯한 낮은 목소리로 "제 이름은 ○○○입니다"를 발성해 본다. 아마 목에서 부자연스럽게 나오는 발성으로 어색할 것이다.

• 이번에는 눈썹을 잔뜩 찌푸려 화가 난 표정을 지어 본다.

그리고 아주 밝은 목소리로 "제 이름은 ○○○입니다"라고 발성해 본다. 역시 어색한 목소리가 흘러나올 것이다.

• 그렇다면 눈썹을 위로 동그랗게 긴장시킨 후 밝은 목소리로 발성해 보자. 아주 자연스럽게 밝은 목소리가 흘러나올 것이다.

이와 같이 밝은 목소리는 밝은 표정에서 나온다. 고객의 귀에 항상 밝고 즐거운 목소리를 건네줄 수 있는 밝은 마음을 가질 수 있도록 노력해야 한다.

3. 대화의 기술

　말씨의 포인트는 발성, 발음, 표현방법, 화제선택 등 여러 가지 요소들이 있으나 무엇보다 고객의 마음에 밝고, 상냥하고, 아름답고, 알기 쉽고, 부드럽게 다가서는 표현을 사용해야 한다.

　서비스맨이 익혀야 할 화술은 웅변이나 연설이 아닌 대화술이다. 이 대화능력의 차이가 고객관계와 서비스의 결과에 엄청난 차이를 나타낸다. 유능한 서비스맨이 되기 위해서는 항상 예의에 벗어나지 않도록 하며 대화능력을 보다 갈고 다듬는 노력을 끊임없이 기울여야 한다. 단순히 말 주고받기 식이 아닌 고객의 기분을 헤아리고 예절을 갖춘 '대화'를 하도록 해야 한다.

　대화의 기본원칙은 다음과 같다.

가. 부드럽고 상냥하되 자신있고 명확하게 말하라

　"그렇게 생각합니다" vs "그렇습니다"

　어떤 차이가 느껴지는가? 두 말 모두 의미전달에 별 차이가 없더라도, 상대방이 받아들이는 정도에는 큰 차이가 있다. 서비스맨이라면 자신 있게 그리고 강하게 느껴지는 '그렇습니다', '우리 제품은 다릅니다', '좋습니다' 등의 말을 사용해야 한다.

　고객의 질문에 '좋다고 생각합니다', '좋을 것 같습니다' 등과 같이 말한다면 믿음을 줄 수 없다. 자신의 말과 자사의 제품에 대해 자신 있게 말할 수 없는데, 고객이 그 제품에 흥미와 관심을 가질 수는 없는 법이다.

　말끝을 흐리지 말고 단호하게 말하라. 자신 있는 끝맺음은 고객에게 강한 인상을 남기고, 제품에 대한 신뢰를 갖도록 하며 자신에게는 만족을 가져온다.

　단호함은 자신감 있게 생각을 표현하는 것을 말한다. 예를 들면, 손과 발을 바르게 한 자세로 상대방의 눈을 보고 미소지으며 대화에 몰입하는 것이다. 말끝을 작고 흐리게 말하는 경우, 말의 전달력이 낮을뿐더러 무성의해 보여 신뢰감이 떨어지게 된다.

나. 정확한 발음으로 분명하게 말한다

　서비스맨의 발음이 불분명하거나, 웅얼웅얼 말하게 되면 고객에게 의사전달이 안될뿐더러 신뢰감을 얻기 힘들다. 처음 한두 번은 다시 한 번 말해 달라고 요청하겠지만 반복되면 제대로 알아듣지도 못하고 듣기를 포기할 것이다.

- 서비스맨이 비용, 날짜, 세부사항 등 정보를 전달할 때 특히 상품설명이라면 더욱 구체적이고 명확하게 말한다.
- 숫자를 즐겨 사용하라. 숫자는 전달하려는 내용을 보다 쉽고, 빠르게 설명할 수 있게 하며 설득력을 가지게 한다. 몇 퍼센트 절감효과를 가져오는지, 몇 배의 생산성 향상을 볼 수 있는지, 숫자를 사용하는 습관을 들이는 것이 좋다. 그런 습관이 고객의 눈과 귀를 서비스맨의 입으로 향하게 하고 훨씬 더 신뢰감을 준다.

  고객을 앞에 두고 뜬구름 잡기 식의 추상적이고 일반적인 이야기를 한다면 그 고객을 붙들어 놓을 수 없으며 아마 본론으로 들어가기 전에 고객은 집중하고 있지 않을 것이다. 고객은 제품을 구매함으로써 얼마나 비용을 절감할 수 있는지, 또는 어느 정도 효과가 있는지 등의 구체적인 설명을 듣고 싶어 한다.

다. 목소리는 조용하고 안정적으로 하라

말할 때의 속도와 높이를 이용함으로써 지적이며 언행에 믿음이 가는 사람으로 인식될 수 있다. 같은 말을 하는데도 어떤 이미지를 주느냐에 따라 성공의 여부가 달려 있다. 알아듣기 편안한 빠르지 않은 속도와 높지 않은 적절한 톤으로 이야기해야 전달하고자 하는 뜻을 쉽게 전할 수 있다.

라. 부드럽고 편리한 쿠션 언어를 사용한다

'저기…, 있잖아요, 여보세요…'보다 '실례합니다만…, 죄송합니다만' 등으로 말을 하기 시작하면 우아하게 말 붙임이 가능하다. 영어에는 'Excuse me'라고 하는 편리한 단어가 있다.

특히 부정적인 답변을 해야 하거나 부탁할 때 '죄송합니다만…, 번거로우시겠습니다만…, 실례합니다만…, 바쁘시겠습니다만…, 괜찮으시다면…' 등의 쿠션 언어는 뒤에 따라오는 내용을 부드럽게 연결시키고 보완하는 윤활유가 된다. 이 같은 쿠션 언어를 이용해 부드럽고 품위있게 고객을 응대할 수 있다.

마. 효과적인 pause와 침묵

대화 도중 말을 잠시 쉬는 것은 어떻게 이용하느냐에 따라 긍정적이거나 부정적일 수 있다. 적당한 시간 동안 말을 쉬는 것은 긍정적인 견지에서 고객이 서비스맨의 메시지에 대해 반응할 시간을 제공하는 것이다. 반면 오랜 시간 말을 쉬는 것은 무성의한 응대로 느껴져 상대를 화나게 할 수 있다.

침묵은 무언의 의사소통형식이다. 신체언어들을 사용함으로써 동의하거나 포용한다는 것을 나타낼 수 있는 반면 비언어적 행동과 침묵이 결부될 경우 부정적인 의미이거나 무관심이 될 수 있으므로 이는 고객과의 관계를 손상시킬 수 있다.

바. 부정어는 긍정어로, 부정문은 긍정문으로 고쳐서

대화 중에 긍정적인 단어를 최대한 많이 사용하게 되면 상대방에게 좋은 인상을 심어 줄 수 있다.

무언가를 사러 나가서 "그 상품은 품절되었습니다. 없습니다"라는 부정적인 대답을 듣는 것보다 "지금은 없습니다만, 창고에 재고가 있는지 알아 보고 오겠습니다" 등의 적극적인 말을 듣게 되면 설령 상품이 없어도 일단 기분이 나쁘지 않다. 또 "마침 같은 상품은 없지만 대신에 새로 나온 이 상품은 어떠세요?"와 같은 방법으로 대안을 제시하는 것도 한 가지 방법이다.

"없습니다", "안 됩니다", "그렇게 해 드릴 수는 없습니다" 등의 부정문은 고객의 기대를 한순간에 어긋나게 해 버린다.

"지금은 바빠서 안 돼요"라는 표현보다는 "죄송합니다만, 급한 일을 먼저 처리하고 20분쯤 후에 해 드려도 괜찮으시겠습니까?", "죄송합니다만, 지금은 …하기가 어렵습니다"라고 하는 것이 바람직하다.

"신분증 없으면 안 돼요"는 "이 업무를 처리하려면 반드시 신분증이 필요합니다"라는 긍정 표현을 사용해서 조금이라도 고객의 기대에 부응하려는 노력을 해야 한다.

〈표 9-1〉 바람직한 표현

일상 표현	바람직한 표현
그건 안 되는데요.	죄송합니다만, 말씀하신 것은 곤란합니다. 다른 방안이 있는지 곧 알아보겠습니다.
지금 안 계십니다.	지금은 안 계십니다만, 3시 이후에는 들어오실 예정입니다.
그건 제가 잘 모르거든요.	○○건은 ○○부서에서 담당하고 있습니다. 제가 담당자를 안내해 드리겠습니다.

사. 긍정적으로 말하라

질문의 용어도 주의 깊게 선택하여 부정적인 느낌을 주는 질문은 피한다.

'왜'라는 질문은 도전적인 것처럼 들릴 수 있고, 부정적 감정의 반응을 촉진시킬 수 있다. "왜 그렇게 하시죠?"는 "무엇 때문에…", "어떤 다른 일이 있으신가요?"로 "…라고 생각지 않으세요?"는 "…을 어떻게 생각하시나요?"라고 표현하는 것이 바람직하다.

어떤 경우라도 될 수 있는 한 부정문을 사용하지 않아야 듣는 사람이 부담스럽지 않다.

다음의 두 가지 표현 가운데 어느 쪽이 더 마음에 드는가?

"나는 네가 좋지만 조금 싫은 점도 있어"

"조금 싫은 점도 있지만 나는 네가 좋아"

아마도 두 번째가 더 마음에 들고 기분이 좋을 것이다. 이처럼 긍정적인 말과 부정적인 말을 함께 사용해야 할 때에는 먼저 부정적인 말을, 나중에 긍정적인 말을 사용해야 다른 사람에게 호감을 줄 수 있다.

〈표 9-2〉 긍정적인 표현

부정적인 문장	긍정적인 문장
또 늦었네요. 어디 계셨어요?	다음에 늦으시게 되면 미리 알려 주시겠습니까?
미안합니다. 손님에게 맞는 사이즈로는 파랑색이 없네요.	저희는 손님에게 맞는 사이즈로 분홍색, 녹색, 자주색 등 다양하게 있습니다.

아. 명령문은 의뢰형이나 청유형으로 고쳐서

레스토랑에 가서 음료수나 식사를 주문할 때 간혹 "와인!", " 스테이크!" 등의 단어만으로 주문하는 사람들이 있다. 어린 아이들도 "주스", "콜라" 식으로 말하는 경우가 쉽게 눈에 뜨인다. 또는 같은 방법으로 외국의 레스토랑에서도 "Water!", "Beer!" 등 단어만으로 말하기도 한다.

사람은 누구나 자신의 의지로 움직이고 싶어 하며 타인으로부터 지시나 명령을 들으면 마음속에 저항감이 생긴다. 어떤 사람이라도 명령을 받고 기분 좋은 사람은 없을 것이다. '차 드세요.'라는 소리보다는 '차 드시겠습니까?'라는 소리가 듣는 사람의 기분을 훨씬 좋게 할 것이다.

마찬가지로 서비스맨의 입장에서도 고객에게 '어떻게 하라, 하세요' 등의 명령형의 표현보다 '~해주시겠습니까?', '~해주시기 바랍니다', '~해주시면 감사하겠습니다' 등의 의뢰형 문장표현을 사용하는 것이 바람직하다.

항공기 객실승무원도 "벨트 매세요, 창문 여세요"보다는 "벨트 매 주시겠습니까? 창문 좀 열어 주시겠습니까?" 등의 표현으로 필요한 요구나 지시도 부드럽게 할 수 있다.

고객을 응대할 때 항상 "부탁드립니다", "Please" 등의 한마디를 붙이는 것만으로도 고객과의 대화가 부드럽게 될 수 있으며 서비스맨의 품격도 높아질 것이다.

자. 경어를 올바르게 사용하라

경어는 말을 통해 바로 '나를 중요하게 여겨 준다', '나에게 경의를 나타내 준다'라는 느낌을 전달하는 역할을 한다. 그러나 간혹 경어를 전혀 사용할 줄 모르거나, 잘못 사용하여 자신을 높이고 상대를 낮추어 말하는 경우도 볼 수 있다.

'여쭙다, 뵙다, 말씀드리다…' 등의 겸양어를 아래와 같이 잘못 사용하는 경우가 있다.

"저 아이에게 여쭈어 보세요" "선생님에게 물어 보세요"

"제가 말씀한 내용은….." "아까 제가 선생님께 말했듯이"

"영희야, 선생님이 오시라고 한다"

"선생님, 보고 싶어요"

▶ 어느 대형병원에서의 일이다. 진료를 기다리는 환자를 안내하는 직원이 "곧 진료하시께요 ~", "여기서 조금만 기다리시께요"라고 말하는 것을 들었다. 아마도 "곧 안내해 드리겠습니다" "여기서 조금만 기다려 주시겠습니까"의 의미인 듯한데 잘못된 경어사용이다.

또한 경어를 자연스럽게 사용하는 것도 중요하다.

매번 문장마다 "…습니다, …습니까, 하십시오…"를 연속적으로 말하다 보면 듣는 사람에게 딱딱한 기계적인 느낌과 함께 거리감을 주게 되어 진솔한 대화를 하기 어려울 수도 있다. 경어를 구사하되 "…그렇지요. 네, 알겠습니다" 하는 식으로 자연스럽고 조화롭게 부드러운 표현을 적절히 사용하는 것이 좋다.

대상에 따라, 상황에 따라 어떠한 경어가 어울리는지를 재빨리 알아차려 적절한 말을 쓸 수 있는 사람이 경어에 능숙하다고 할 수 있다. 이를 위해서는 평소에 올바른 말씨를 생활화하는 것이 중요하다. 경어를 품위 있고 정중하게 구사하여 고객과 기분 좋은 커뮤니케이션을 가질 수 있다면 정말 멋진 서비스맨이 될 수 있을 것이다.

Exercise

■ 다음 대화문을 긍정적인 바람직한 대화문으로 바꾸어 적어 보라.

- 무슨 용건이세요?
- 잠깐만요.
- 지금 자리에 없습니다.
- 다시 한 번 말해 주세요.
- 필요한 거 없어요?
- 글쎄요, 확실치는 않아요.
- 내가 하겠습니다.
- 손님은 이해할 수 없겠지만…
- 손님이 틀렸습니다. (실수하셨습니다.)
- 이해하시겠어요?
- 안 됩니다.
- 손님의 문제는…
- 내 말 좀 들어 보세요.
- 손님은 …을 했어야 했습니다.
- 그것은 나의 일이 아닙니다.
- 우리는 …을 금지합니다.
- 나는 …을 할 수 없습니다.
- 손님은 …을 해야만 합니다.

차. 간단하고 알아듣기 쉽게 말하라

대화는 상대방과의 의사전달이 목적이므로 상대방이 이해하고 알기 쉽게 말하는 것이 기본매너이다. 단어선택은 메시지의 전달과 판단의 중요한 요소가 된다. 사용하는 단어와 구사하는 방법으로 인해 효율적인 의사소통을 촉진시키거나 떨어뜨릴 수 있다.

고객을 대할 때 전문적인 지식이라면 고객에게 맞고 쉽게 이해되는 용어와 표현을 사용하라. 대화도중 질문을 통해 고객의 비언어적 신체언어를 관찰함으로써 고객의 이해 정도를 파악할 수 있다. 만약 전화 통화 중이라면 고객이 이해하지 못하는 경우 질문할 수 있는 여유를 주며 귀를 기울여야 한다. 이는 고객으로부터 들은 메시지를 반복함으로써 확인할 수 있다.

"말씀하신…"

앞장에서 메시지 의미의 7%가 단어에서 기인한다고 했듯이 만약 특수 용어나 복잡한 전문용어를 사용할 경우 고객을 화나게 하거나 실망시킬 수 있다.

항공기 객실승무원의 다음과 같은 표현은 어떠한가?

"특별히 손님은 Bulkhead Seat을 배정했습니다"

"항공기 좌석은 No Show에 대비해서 Overbooking을 하고 있음을 양지하시기 바랍니다"

그 외에도 무의식적으로 사용하는 속어나 은어사용은 절대 피해야 한다. 속어나 은어는 듣는 이로 하여금 어느 정도 주의를 끌게 만드는 특성이 있으나 말하는 사람의 품위를 떨어뜨리고 말 속에 포함된 진정한 의미의 전달에 실패하기 때문이다.

❖ 평소 화술이 좋다고 생각되는 사람들의 특징을 생각해보시오.

4. 고객과의 커뮤니케이션스킬

고객과의 원활한 커뮤니케이션을 위해 다음 사항을 기억하라.

우선, 말이란 하는 사람을 위한 것이 아니라 듣는 사람을 위한 것이다. 자신의 의견을 말하기 전에 항상 상대방이 어떻게 느낄까를 먼저 생각해야 할 것이다. 그래야만이 대화시 적절한 단어선택이 가능할 것이다. 무심코 한 말이 상대방의 감정을 자극하기도 하고 상대방의 입장을 나름대로 해석하여 원하지 않는 대화로 이끌어가게 되는 경우가 있기 때문이다.

또한, 말하는 자세와 태도 등 비언어적(Non-verbal) 커뮤니케이션 요소가 큰 메시지가 된다는 점을 기억해야 한다. 상대편이 열심히 말하는 동안 엉뚱한 곳에 신경을 쓰면 말하는 사람은 무시당한 느낌을 받게 되어 불쾌해진다. 말하는 동안에 필요 이상으로 고개를 끄덕이거나 불필요한 행동을 하는 것도 말의 내용에 무게가 실리지 않아 좋은 인상을 주기 어렵다.

말의 내용이 진지해도 태도가 바르지 못하면 상대편에게 좋은 이미지를 줄 수 없다. 세련되고 친근감 있는 대화는 상대의 눈과 마주친 상태에서 미소 띤 얼굴과 밝은 목소리로 이루어진다. 또한 상대방(고객)의 목소리 톤에 맞추는 것도 응대기술의 하나이다. 효과적인 커뮤니케이션을 위한 음성, 발음, 보디랭귀지 등을 향상시키기 위해 우선 나 자신의 말하는 스타일을 아는 것이 시급하다.

다음 질문을 통해 객관적으로 자신을 평가해 보라. 아니면 주위 사람들에게 솔직하게 평해 달라고 해 보라.
- 자기 얘기만으로 상대방의 관심을 끌려고 독점하지 않는가.
- 상대방에게 얘기할 기회를 주는가.
- 자신의 느낌을 잘 전달하고 배려와 관심을 표현하는가.
- 솔직하게 얘기하는가.
- 얘기할 때 감정이입을 하는가.
- 상대방의 기분을 생각하는가.
- 미소 짓고 활기 있게 얘기하는가.
- 다른 사람들의 관심을 끌만한 화젯거리가 풍부한가.
- 말을 너무 많이 하지 않는가.
- 장황하게 설명하기를 좋아하는가.
- 언제 끝내야 할지 아는가.

가. 먼저 자신을 소개하라

대화의 시작은 먼저 자신의 이름부터 정확히 말하는 것이다.

"반갑습니다. 저는 ○○○입니다" "안녕하세요. 저는 ○○○입니다"

대상이 누구든, 만나서 얘기하든 전화로 얘기하든 자신의 이름을 우선 밝히는 데 주저하지 마라. 이는 대화의 시작이며 기본적인 예의이다. 이때 상대방도 자신을 소개했다면 상대방의 이름을 기억하고 대화 도중에 호칭하도록 한다.

나. 라포 형성(establishing rapport)이 중요하다

고객과의 커뮤니케이션은 우선 고객이 편하게 말할 수 있도록 진정한 관심을 보이며 공감대를 형성하는 것이 중요하다. 마음을 열고 선입견과 고정관념, 방어적 태도를 버려야 하며 고객이 관심과 도움을 받고 있다는 느낌을 가질 수 있도록 해야 한다.

이를 위해서는 고객의 커뮤니케이션 스타일을 파악하고 이해함으로써 대화할 때 고객의 언어로 고객의 눈높이에 맞춰 대화한다. 이때 적절한 언어적, 비언어적인 반응과 자세가 중요하다.

다. 경어를 사용하는 것보다 서비스맨의 정중한 태도가 더 중요하다

아무리 경어를 잘 사용하고 있어도 로봇처럼 무표정하게 반복하는 형식적인 말씨나 일의 절차를 서둘러 처리하는 듯한 위압적인 말투는 오히려 역효과를 줄 수 있다. 고객에게 친근함이나 경의를 느끼게 하는 데에도 요령이 필요하다.

우리가 타인과 얘기할 때 상대방의 말만 듣고 있는 것은 아니다. 말과 함께 상대방의 태도나 표정, 몸짓 또는 어조 등으로부터 그 사람의 마음을 직접 느끼고 분별하게 된다. 마찬가지로 고객의 눈을 보고 있지 않았다든지 책을 읽는 것 같은 억양으로 귀찮다는 듯이 말한다든지 하게 되면 비록 경어를 잘 쓰고 있다고 해도 고객에게 불쾌감을 주게 된다. 서비스에 관한 평가가 주로 서비스맨의 태도에 관련되는 경우가 많은 것과 같이, 경어도 말하는 사람의 태도와 하나가 될 때 비로소 그 힘을 발휘할 수 있다.

라. 자신의 언어를 표현하라

자신의 언어로 상대방에게 매력적으로 말할 수 없으면 능력 있는 인간적인 서비스맨이라고 말할 수 없다.

너무나 틀에 박혀 있어서 만날 때는 '안녕하세요', 헤어질 때면 '안녕히 가십시오'라는 상투적인 인사말보다는 상대방을 좀 더 생각하고 배려해서 구체적으로 마음을 써주는 인사를 건네는 것이 어떨까? '회의가 잘 되었으면 좋겠네요.' 혹은 '이번 주말 여행 잘 다녀오세요.'와 같이 말에 변화를 주어 대화를 나누면 따뜻한 대화가 될 수 있을 것이다.

이처럼 항상 판에 박은 듯 똑같지 않고 그 사람이나 장소에 적합한 매력적인 인사말이나 표현방법을 찾아서 자신의 언어로 말해 배려해 주는 대화법이야말로 상대를 기분 좋게 하는 기술이다. 고객에 대한 관심과 배려의 마음으로 자신만의 언어를 표현해 보도록 한다.

마. 초면에 사적인 이야기를 하지 않도록 해야 한다

느닷없이 "결혼하셨습니까?"라는 사적인 문제를 초면에 태연하게 묻는 경우가 있다. 그것보다는 오히려 즐거운 농담 하나라도 소개해야 '재치 있고 멋진 사람이다'고 생각할 것이다.

초면에 "○○대학 출신으로…", "옛날에는…" 하면서 과거 자신의 경력을 끝없이 말하는 사람, 또는 유명인을 열거하여 이러한 사람을 알고 있다거나, 자신의 친척, 연고가 있는 사람의 이야기로 대화를 이끌어가는 사람도 많다. 이런 식으로 말을 하기 시작하면 상대방은 이미 '아, 네' 하고 듣고 있는 수밖에 없다.

이야기할 때에는 상대방과 상황을 잘 판단해서 대화의 화제를 반드시 서로 주고받는 것으로 한다. 시사뉴스, 날씨, 여행, 스포츠, 문화, 음악, 예술, 취미를 중심으로 최근 자신이 감격했던 일이나 멋지다고 생각했던 일 등 즐거운 화제를 선택하는 것이 좋다. '이런 일은 싫고, 그 사람이 이렇게 말했다' 등 자신의 일, 상급자, 동료, 다른 고객들에 대해 불평하는 등 만남의 시간을 남의 이야기로 낭비해 버리는 것은 바람직하지 못하다.

대화의 시작부터 사람을 불쾌하게 만들어 버리는 것은 말씨 이전의 중요한 문제이다. 사적인 화제나 타인(회사 상사)에 관한 험담 등은 피하는 것이 좋다.

회화를 풍요롭게 하는 화제 찾는 방법

- 자신이 체험한 것은 무엇보다도 큰 설득력이 있으므로 '무엇이든 해 봐야지' 하는 적극적인 정신으로 생활의 범위를 넓히도록 한다.
- 자신의 감성 안테나를 언제나 펼쳐 놓고 일상사에도 마음을 감동시키는 이야깃거리나 지식이 들어 있으므로 놓치지 않는다.
- 매스미디어는 화제의 보고이다. 조간신문 하나에도 단행본 한 권에 가까운 활자가 들어 있으므로 늘 가까이 한다.

바. 고객의 의견을 선별해서 동의하라

사람은 누구나 다른 사람들이 자신에게 동조해 주기를 바라므로 그 상황이나 얘기 중에 동조할 수 있는 점을 찾아야 한다. 고객과 의견대립을 하기보다는 그 얘기 중에 긍정과 동의할 수 있는 부분을 찾는 것이 중요하다. 비록 고객의 말이나 감정에 다른 함축된 뜻이 있더라도 제한적인 부분만이라도 동의를 해서 그 고객을 확신시키도록 하라. 이때 고객과의 대화의 흐름을 놓치지 않도록 유의한다.

> **▶ 주의해야 할 고개 끄덕이기**
> 일반적으로 고개를 끄덕이는 것은 동의의 표현으로 사용하고 있으며 상대방이 나의 말을 듣고 이해하고 있는지의 여부를 알 수 있다. 그러나 막연히 고개만 끄덕이는 경우 오히려 건방져 보일 수도 있다. 예를 들어 고객의 이야기를 들으며 가끔 "네, 그렇습니다" 같은 말로 응대해야 고객은 자신의 이야기에 응답하고 있다고 생각하게 되는 것이다.
> 그러나 서비스맨의 권한을 넘는 회사 규정 등에 관한 조정 사항이라면 무조건적 끄덕임은 이해를 넘어 동의를 하고 있다는 의미가 되므로, 특히 서비스과정 중 발생한 문제를 해결하는 경우 고객이 오해하지 않도록 고개의 끄덕임 하나도 주의해야 한다.

사. 대화를 종결시키는 어구를 사용하지 않는다

일상생활에서도 대화를 자연스럽게 이끌어가고자 한다면, 가급적 대답이 'yes', 'no'로 나오는 닫힌 질문으로 대화를 시작하지 않는다. 대화가 종결되어 버리기 쉽기 때문이다. 고객과의 대화를 부정적인 상황으로 몰고 가는 가장 나쁜 방법은 대화를 종결시켜 버리는 것이다.

대화의 종결요인에는 화자의 말을 즉시 중단하게 만드는 단어나 어구가 포함된다. 고객과의 대화를 종결시키는 다음과 같은 어구는 삼가야 한다.

- 말도 안 됩니다.
- 그러니까 손님이 잘못하신 것이지요.
- 다른 사람들도 손님이 틀렸다고 합니다.
- 손님이 이해를 잘 못하신 것 같습니다.
- 손님이 그런 말씀을 하시면 곤란하지요.
- 지금 제겐 결정권이 더 이상 없습니다.

바람직하지 못한 대화법

- 신선미가 결여된 화제
- 남의 소문이나 험담
- 쉬지 않고 계속 이야기함
- 전문용어, 외래어의 빈번한 사용
- 반복되는 말버릇
- 유행어의 남발

- 상대방이 꺼리는 화제
- 자기 얘기만 계속하는 원맨쇼
- 말끝을 흐리는 대화
- 너무 낮거나 높은 음색, 음량
- 과장된 제스처

아. 긴장을 풀고 대화한다

고객과의 대화에서 가장 중요한 부분은 바로 고객의 마음을 읽는 것이다. 그러나 첫 만남에서 상대의 마음을 읽기란 쉬운 일이 아니므로 너무 조급하게 생각하지 말고 스스로 긴장을 풀고 침착하게 말한다.

서비스 직원이 가장 실수하는 부분이 어떻게 해서든지 자신의 고객을 만들고자 여러 가지 상품의 대한 정보를 늘어놓는 경우이다. 그래서 고객이 부담을 느끼는 것이다. 대화를 하기에 앞서 고객과 눈맞춤을 자주 하도록 노력하고 부드러운 미소로 표정관리에 조금만 신경 쓴다면 서로 긴장은 풀리게 마련이다.

"어서 오십시오. 고객님, 무엇을 찾으십니까?"

"글쎄요, 아직 모르겠습니다"

"아 참! 이번에 신상품이 나왔는데 한 번 보시겠어요? 이 상품은…."

"그게 아니고요, 제가 천천히 살펴볼게요"

누구나 한 번쯤 위와 같은 상황을 겪었을 것이다. 그냥 별 무리 없이 대화를 하는 것 같아 보이지만 대부분의 사람들은 그저 구경만 하고 그 매장을 나왔을 가능성이 높다.

첫 만남에서 시작되는 불과 몇 마디의 고객과의 대화에도 스킬이 필요하다. 물론 그 스킬이 나쁘게 사용되는 것이 아니라 고객에 대한 서비스 차원으로 생각하면 좋을 것 같다. 가장 편안한 대화에서 고객은 친근감을 느끼며 그 친근감이 형성될 때 비즈니스는 성립되는 것이다.

자. 밝고 적극적으로 고객을 리드한다

고객을 응대할 때 항상 밝은 어조와 긍정적인 화제를 가지고 고객에게 다가간다. 고객이 자유자재로 이야기할 수 있는 분위기를 연출해야 한다.

대화 중에는 고객의 이야기가 엉뚱한 방향으로 흐르지 않도록 도와야 하며, 너무 이야기가 길어지거나 할 경우엔 상황에 맞게 끊을 수 있는 스킬도 필요하다. 이 부분이 너무 어렵다면 이야기 도중에 긍정적인 제스처와 함께 본인이 끌어가고자 하는 내용으로 자연스럽게 질문을 던지면 된다. 상대방은 긍정적인 제스처를 했기 때문에 자신의 이야기를 잘 받아들였다고 생각하게 될 것이다.

또한 서비스맨의 적극적인 자세가 필요하다.

- 신혼부부인 듯 보이는 꽃바구니를 들고 있는 고객이 앉아 있다면?
- 두리번거리며 어딘가를 찾는 듯한 고객이 눈앞에 있다면?

서비스맨인 당신은 어떻게 하겠는가? 그저 지나치겠는가?

무엇보다도 고객이 주는 정보를 파악하여 그에 대응할 수 있는 능력이야말로 세련된 응대기술이다.

차. 유머와 칭찬을 활용하라

서비스맨이라면 상황에 맞는 화제를 재빨리 알아채야 한다. 상황에 따라 서먹해지기 쉬운 분위기를 친밀감 있고 부드럽게 바꿀 줄 알아야 한다. 필요하다면 유머로 고객을 미소 짓게 할 수도 있다. 이를 위해서 평소에 상대방에 대한 관심, 그리고 다양한 방면으로 풍부한 경험과 지식이 구비되어 있어야 한다. 그래야만 고객의 관심과 취향에 맞는 화제를 적시적소에 끌어낼 수 있다.

또한 고객을 칭찬하기 위한 기회를 찾는다. 이를 위해서 개인적인 상황이나 의사소통 내용 등 고객이 말하는 것을 잘 듣고 공통으로 갖고 있는 특별한 관심사들을 찾아보도록 한다. 맞장구를 치며 고객의 화제에 호응하고 질문하고 동의한다.

칭찬과 관심은 상대방의 기분을 좋게 하고 사고력까지 마비시킨다. 누구든지 칭찬거리는 갖고 있게 마련이므로 그것을 찾아 고객을 칭찬하거나, 고객과 함께 축하할 일을 찾는다.

칭찬이야말로 고객에 대한 배려이며 관심이다. 다만 진심에서 나오는 칭찬이어야 하며, 고객이 제공하는 정보의 범위 내에서 활용해야 한다. 즉 사적인 영역을 침범하지 않아야 한다. 유효적절한 칭찬의 기술을 터득한 사람이야말로 서비스맨의 자질이 충분하다고 할 수 있다.

예를 들어 "지금 ○○지방에서 막 돌아왔다"고 말하는 고객이 있다면 그 지방에 관해 공통점을 찾아 대화를 이끌 수 있을 것이다. 이로써 고객과 결속되고 고객에게 갖는 관심에 감사할 것이다. 때로는 고객에게 듣기 좋은 말을 하는 것도 좋다. "스카프가 멋지십니다", "넥타이가 잘 어울리십니다" 등 얼마나 무궁무진한가?

카. 보디랭귀지도 잘 사용하면 효과적이다

음성만큼이나 말을 할 때 상대방의 주목을 끄는 것이 바로 손짓, 눈빛 등의 긍정적인 제스처인 보디랭귀지라 할 수 있다. 흔히 말을 하면서 습관적으로 손을 흔드는 사람을 볼 수 있는데 이 같은 보디랭귀지는 상대방의 시선과 정신을 산란하게 할 뿐 자신의 이미지를 호감 있도록 형성하는 데는 전혀 도움이 되지 않는다.

그러나 보디랭귀지를 도외시해서는 안된다. 몸의 움직임을 어떻게 하느냐에 따라 보다 진지하고 자신감 있게 보일 수 있기 때문이다. 따라서 보디랭귀지를 효과적으로 사용하면 의미를 명확히 할 수 있을 뿐만 아니라 대화를 활기 있게 하고 다른 사람이 자기 자신에게 더욱 깊은 관심을 보이도록 할 수 있다. 그러나 말하고자 하는 내용과 상반되는 몸의 움직임은 오히려 하지 않느니만 못하다고 할 수 있다.

타. Service Speech는 I message이다

'나의 마음'을 전달하라.

고객에게 말을 할 때나 혹은 우리가, 고객을 위해 혹은 고객과 함께할 수 있는 것에 초점을 맞추어라.

"손님이…" 하는 단어는 도전적으로 들릴 수 있다. 반면 "저는…" 하는 단어는 책임의식이 있게 들린다.

"손님이 모르셨군요…"라는 말보다 "제가 미리 말씀드리지 못해 죄송합니다" 하는 식이다. 이는 도전적인 자세를 취하지 않고 문제를 해결하는 태도로 고객의 불만을 해소시킬 수도 있다.

흔히 부부 사이에서 대화를 할 때도 '나 전달법(I Message)'을 사용해야 한다고 한다. "일찍 들어와!(명령형)"라는 표현은 '유 전달법(You Message)'이며 대화가 단절되는 화법인 반면, "당신 좋아하는 찌개 끓여 놓을게요"는 '나 전달법(I Message)'으로서 이해와 사랑의 표현으로 느껴진다.

'나 전달법'은 나의 입장에서 느끼는 것을 상대방에게 말하는 것으로 "나는 ~를 하는게 좋을 것 같다"라고 전달하게 된다. 반면 '유 전달법(You Message)'은 상대방을 화자로 삼아 "너 때문이야", "너는 왜~"라는 말로 상대에 대한 불만을 이야기하는 경우가 많다. '너 전달법(You Message)'이 아니라 차분하게 마음을 가라앉히고 "그런 말을 들으니까 나는 섭섭하다" 등의 '나 전달법(I Message)'으로 자신의 마음을 표현해야 한다.

또한, 극장이나 음악회 등 줄을 지어 입장해야 하는 장소에서 "줄 서세요"보다는 "한 분씩 모시겠습니다"라는 말로 서비스맨의 입장에서 유도하는 말의 기술이 필요하다.

그러나 반면 누군가에게 보답을 하려고 할 때 "내가 해줄게"라고 말하기를 좋아하는 사람이라면 자신이 주제넘게 나서도 괜찮은 일인지 아닌지 깊이 생각해 보기 바란다. 무언가 상대방을 도와주고 싶은 마음이 든다면 "내가 해줄게"라고 말하지 말고 "필요하면 내게 도와 달라고 말해 줘"라고 표현해야 한다. 그래야만 상대방도 이쪽의 호의를 순수하게 받아들이게 된다. 그리고 어느 시점에 이르러 상대방이 정말로 "네가 도와주었으면 좋겠어. 부탁이야"라고 말할 때 행동으로 옮기는 편이 가장 바람직하다.

이는 곧 어떤 말의 격식이나 형식을 지키기 위함이 아닌 상대를 배려하는 마음을 표현하는 언어습관을 기르도록 하자는 의미임을 나타낸다고 할 수 있다.

파. 단 한마디라도 주의 깊게 한다

고객으로부터 무언가 부탁을 받으면 "예" 하고 소극적으로 응대하기보다는 "예, 곧 갖다 드리겠습니다"라고 자신감 있게 말하는 것이 고객입장에서 볼 때 신뢰감이 든다.

또 준비시간이 지체될 경우에는 "죄송합니다만, 지금 준비 중이니 5분 정도 기다려 주시겠습니까?" 등으로 정확하게 안내할 수 있어야 한다.

> ▣ 피해야 할 화법
> 레스토랑 직원이 "주문하신 요리, 지금 준비 중이니까 기다려 주세요"
> 혹은 어느 유명인이 "열심히 할 테니까 지켜봐주세요" 하는 식으로 문장 중 조건의 '~니까'의 표현을 쓰는 경우가 있는데 이는 부드럽지 못한 대화법이다.
> 차라리 "주문하신 요리, 지금 준비 중입니다. 기다려 주세요"
> "열심히 하겠습니다. 지켜봐 주세요" 하는 표현이 낫다.

고객이 기다리는 시간은 같으나 서비스맨의 주의 깊은 말 한마디로 고객이 기다리는 시간은 길게 느껴질 수도, 아주 짧게 느껴질 수도 있을 것이다. 또한 이러한 고객응대 말씨는 고객에게 서비스맨의 세심한 준비성을 일깨워 사소한 것에서부터 서비스를 더욱 신뢰하는 계기가 될 수 있다.

단 한마디가 달라도 고객이 받는 인상은 크게 달라질 수 있는 것이다. 작은 일에서부터 '항상 무엇에든 책임을 지고 틀림이 없다'는 확신으로 고객에게 좋은 이미지를 보여 주어야 한다. 직장에서 상사의 질문에 간단히 대답하는 경우에도 충실하고 유능한 이미지를 보여 줄 수 있다. 단순히 "예", "아니요"뿐인 대답보다는 일의 진행이나 결과에 대한 상황을 간단히 덧붙여 설명하는 것이 바람직하다.

하. 고객을 호칭하라

대화의 첫인상은 호칭에서 결정된다.

고객을 따뜻하게 맞이하겠다는 마음이 그 말 속에 녹아 있다면 "고객님", "손님"은 가장 적절한 호칭이 될 것이다. 최근 어느 장소에서나 고객을 호칭할 때 이름에 '님'을 붙여 친근하게 사용하는데, 고객을 존중하는 친근한 느낌을 준다.

고객의 입장을 고려한 올바른 호칭을 사용하도록 한다.

호칭은 고객이 듣고 싶어 하는 것을 들려 주는 것이 가장 바람직하다. 직함을 알고 있는 경우 함께 붙여 사용하며 보편적인 호칭은 성에다 직함을 붙여서 하는, 예를 들어 "김 교수님" 같은 방식이 무난하다. 호칭을 계속 반복해서 해야 될 경우 성은 생략해서 '교수님'이라 칭해도 무방하다. 그리고 외국인의 경우 정확한 호칭을 사용할 수 없을 때는 남자인 경우 'Sir', 여자인 경우 'Ma'am'이 무난하다. 내국인의 경우는 '선생님, 여사님, 손님' 등의 호칭을 사용한다.

사전에 정보가 없거나, 직위에 대한 기록이 없는 경우 호칭에 어려움이 있으나 서비스 중에 우연히 고객의 직위를 알게 되었다면, 고객의 의사를 파악하여 조심스럽게 호칭하는 것도 하나의 방법이다.

TPO(Time, Place, Occasion)에 따라 센스 있고 공손한 말씨를 써야 한다

고객을 맞이할 때

• 어서 오십시오, 어서 오세요.
• 안녕하십니까? 안녕하세요?

- 어떤 일로 오셨습니까?, 어디를 찾으십니까?
- 무엇을 도와드릴까요?

고객의 용건을 받아들일 때

- 네, 잘 알겠습니다.
- 네, 손님 말씀대로 처리해 드리겠습니다.

고객에게 감사의 마음을 나타낼 때

- 찾아 주셔서 감사합니다.
- 항상 이용해 주셔서 감사합니다.
- 멀리서 와 주셔서 감사합니다.

고객에게 질문을 하거나 부탁할 때

- 괜찮으시다면, 연락처를 말씀해 주시겠습니까?
- 실례지만, 성함이 어떻게 되십니까?
- 번거로우시겠지만, 제게 말씀해 주시겠습니까?

고객을 기다리게 할 때

- 죄송합니다만, 잠시만(5분만) 기다려 주시겠습니까?
- 다시 확인해 보겠습니다, 잠시만 기다려 주시겠습니까?

고객 앞에서 자리를 뜰 때

- 죄송합니다만, 잠시 실례하겠습니다.

고객으로부터 재촉받을 때

- 대단히 죄송합니다, 곧 처리해 드리겠습니다.
- 대단히 죄송합니다. 잠시만 더 기다려 주시겠습니까?

고객을 번거롭게 할 때

- 죄송합니다만….
- 대단히 송구스럽습니다만….
- 번거롭게 해 드려서 죄송합니다.

고객에게 거절할 때

- 정말 죄송합니다만….
- 말씀드리기 죄송스럽습니다만….

상급자와의 면담을 요청받을 때

- 실례지만, 누구시라고 전해 드릴까요?
- 실례지만, 어디시라고 전해 드릴까요?

용건을 마칠 때

- 대단히 감사합니다.
- 오래 기다리셨습니다. 감사합니다.
- 바쁘실 텐데 기다리시게 해서 정말 죄송합니다.

동작에 대응한 말이 금방 나올 수 있도록 훈련을 해야 한다

고객과 스쳐가며 부딪혔을 때

- 실례했습니다. 죄송합니다.

고객 뒤를 지나갈 때

- 실례하겠습니다. 뒤로 지나가겠습니다.

고객의 뒤에서 말을 걸 때

- 실례합니다.

입구나 출구, 엘리베이터 등에서 고객과 맞부딪힐 때

- 실례했습니다. 먼저 가시지요.

고객에게 물건을 넘길 때

- 여기 있습니다.

물건을 가리킬 때

- 저쪽에 있습니다(이쪽에 있습니다).
- 계단을 올라가서 우측에 있습니다(손의 동작도 함께).

대화의 원칙

- **위 치**
  - 고객과 45° 각도, 80cm~1m 정도의 거리를 두고 고객을 향해 선다.
  - 너무 바짝 붙어 서서 소곤거리는 것은 삼간다.
- **자 세**
  - 등을 곧게 펴고 어깨의 힘을 빼며 가슴은 자연스럽게 펴고 턱은 당긴다.
  - 양다리, 발꿈치는 붙이고 중심은 양다리에 둔다.
  - 양손을 가지런히 모은다.

- **시 선**
  - 대화의 Point, 또는 상대의 동의를 구하고 싶을 때는 상대의 눈에 시선을 둔다.
  - 2인 이상일 경우는 각각의 상대에게 시선을 균등하게 둔다.
  - 고객과의 대화가 길어지거나 또는 노약자, 어린이와의 대화시에는 고객이 편안한 마음으로 대화에 임할 수 있도록 가능한 한 상체를 낮추어 고객과 눈높이를 같이하는 것이 좋다.

- **표 정**
  - 온화하게 미소지으며, 밝고 상쾌한 표정을 한다.

♦ 바람직한 고객과의 커뮤니케이션 경험 사례를 생각해보시오.

Exercise

■ Communication 호감도 체크

열심히 상대의 말에 귀를 기울이며 상대방의 입장에서 생각하고 아름답고 예의바른 말씨를 쓰고 있다면 상대방에게 바람직한 인상을 줄 수 있다. 매일같이 이루어지는 상대방과의 대화 속에서 주위 사람들과의 달라진 인간관계를 발견할 수 있을 것이다.

다음 communication 호감도 리스트를 통해 자신을 객관적으로 체크해 보라.

■ 듣는 법
• 상대가 이야기하기 쉽게 따뜻한 분위기를 몸에 익히고 있는가.
• 이야기를 들을 때 상대의 눈을 보면서 진지한 태도로 듣고 있는가.
• 상대의 이야기를 선입관이나 편견 없이 들을 수 있는가.
• 상대의 이야기 중간을 끊지 않고 끝까지 들을 수 있는가.
• 사실과 의견을 바르게 구분하여 듣고 있는가.
• 5W1H를 확실히 파악하면서 듣고 있는가.
• 업무 지시를 받았을 때 복창하고 있는가.
• 나와 이야기하는 사람이 자신감과 안정감을 갖도록 적절한 맞장구를 아끼지 않고 칭찬의 말을 해 가며 듣고 있는가.

■ 말하는 법
• '안녕하십니까', '어서 오십시오' 등의 인사말을 항상 자기 쪽에서 먼저 하고 있는가.
• '감사합니다', '수고하셨습니다' 등의 감사와 위로의 말을 마음속으로부터 아낌없이 쓰고 있는가.
• 솔직히 '죄송합니다'라는 사과의 말을 할 수 있는가.
• 밝고 상냥하고 즐겁게 이야기하고 있는가.
• 경어를 바르게 쓸 수 있는가.
• 'NO'라는 말을 해야 할 때 상대방의 기분이 상하지 않는 말을 쓰고 있는가.
• 주위 사람들의 장점을 찾아내어 진실이 담긴 칭찬을 하고 있는가.

Exercise

■ 다음 고객과의 서비스상황에서 바람직한 표현을 연습해 보시오.

- 우물쭈물 망설이고 있는 손님에게 말을 건다.

- 손님으로부터 "아직 안 되었어요? 빨리 좀 해줘요"라고 재촉을 받았다.

- 손님에게 상품을 두 가지 보이고 비교해 보도록 한다.

- 손님 응대 중 다른 사람으로부터 전화가 걸려왔다.

- 오랜 망설임 끝에 손님이 "다음에 또 들리겠어요" 하고 말했다.

- "일전에 산 ○○○ 좋지 않았어"라고 손님이 말했다.

- 희망하는 물건이 매진되었을 때(없을 때 / 가져올 수 있을 때).

- 고객의 주소, 성명을 기입해 받는다.

■ 다음 직장에서의 상황에서 바람직한 표현을 연습해 보시오.

- 상사에게 휴가를 신청한다.

- 동료 사원에게 손님의 차 준비를 의뢰한다.

- 외출에서 돌아온 상사에게 말을 건다.

- 점심식사 후 바로 상사와 마주쳤을 경우

- 상사보다 먼저 퇴근할 경우

- 상사를 면회 온 손님에게 기다려 달라고 하는 경우

  (예 : 전화 중, 회의 중)

5. 전화 응대

전화를 통해 남기는 첫인상은 사람을 직접 대면했을 때의 첫인상만큼이나 중요하다. 상대방을 직접 만나지 않아도 전화상으로 충분히 호감 가는 인상을 남길 수 있으며 서비스의 온기를 전할 수도 있다.

전화는 상대가 보이진 않지만, 확실하게 다가오는 이미지이다. 또한 얼굴이 보이지 않기 때문에 상대방이 오해하기 쉽다. 웃으면서 받아도 보통으로 느껴지고, 보통 표정으로 받으면 오히려 퉁명스럽게 느껴지기 쉽다.

전화 목소리만 상냥하고 친절해도 전문가가 되는 시대이다. 직업의식이 투철한 어느 여성 텔레마케터는 비록 고객을 직접 대면하지 않지만 복장은 항상 정장이다. 왜냐하면 '복장이 흔들리면 마인드와 목소리까지도 흔들리기 때문'이라고 한다.

전화로만 알던 사람을 직접 만났을 때 마음속으로 상상했던 인물과 아주 다른 사람인 경우를 경험한 일이 있는가? 자신은 전화할 때 상대에게 어떤 이미지를 주고 있다고 생각하는가? "여보세요" 하는 자신의 음성은 과연 상대방에게 어떤 느낌을 전달하는지 생각해보라.

전화상으로 고객서비스를 효과적이며 성공적으로 제공하는 가장 기본적인 전략은 전화의 모든 특성을 이해하고 효과적으로 그것을 활용하는 것이라고 할 수 있다.

가. 전화 응대의 특성과 중요성

서비스맨은 외부고객 뿐 아니라 내부고객과 커뮤니케이션을 하고 매일의 일상 업무를 수행하기 위해 전화를 주로 사용한다. 그러므로 그 사용 능력을 향상시키는 것은 곧 업무 능력의 향상과 직결된다. 고객은 서비스맨이 친절하고 상냥하게 응대해 주기를 바라고, 빠른 시간에 일이 해결되기를 원하며, 서비스맨이 업무에 대해 잘 알고 있기를 바란다.

전화 응대는 회사의 이미지 결정의 중요한 요소로서 하나의 회사이자 대표자의 얼굴이며 고객과 전화상의 만남으로 고객접점의 최일선에 서게 된다. 고객이 한번도 회사를 방문하지 않았어도 직원의 전화 응대가 성의 있고 친절하면 회사의 이미지와 신뢰도가 높아지게 된다. 반면 그 반대의 경우가 될 수도 있다.

또한 단지 음성에만 의존하는 것이기 때문에 잘못 들음으로써 오해가 생길 수도 있으므로 주의해야 한다. 서비스맨은 누구나 전화를 올바르게 사용하고 항상 친절하고 예절 바르게 응대할 수 있는 매너가 필요하다. 전화상으로 긍정적인 이미지를 전달하도록 해야 한다.

전화 응대의 기본 원칙

친 절	- 친절성은 고객이 가장 기대하는 사항이다. - 음성에만 의존하기 때문에 목소리에 상냥함이 배어 있어야 한다. - 음성뿐 아니라 고객의 요구 충족을 위해 노력하는 태도도 전달되어야 한다.
신 속	- 전화를 빨리 받는 것부터 친절한 응대이다. - 전화벨이 3번 울리기 전에 받는 것이 좋다. - 부득이하게 시간이 지체된 경우 상대의 입장까지 배려해야 한다.
정 확	- 정확한 업무 내용은 전화응대 서비스를 완성시킨다. - 고객이 전화를 하는 이유는 궁극적으로 자신이 궁금한 것을 알아보기 위함 이므로 업무에 대해 정확히 알고 응대해야 한다.

나. 전화를 받는 요령

전화 벨이 3회 이상 울리기 전에 받는다

• 벨이 3회 이상 울렸을 경우에는 '늦게 받아 죄송합니다'라고 우선 말한다.
• 인사말과 소속 부서, 성명을 명확히 밝힌다. 이때 다소 천천히, 정확히 말하여 상대가 되묻는 일이 없도록 한다.
• 수화기를 받음과 동시에 메모 준비가 되어 있어야 한다.
• 상대를 직접 대면하는 것과 같은 바른 자세를 한다.

상대를 확인하고 용건을 듣는다

• 들을 때에는 응답을 하면서 끝까지 차분하고 정확하게 경청한다.
• 찾는 사람이 없을 때에는 용건을 메모한다.
• 어떤 사람이 전화를 해서 "난데, 김 과장 있어?"라는 식으로 말할 경우는 "저는 영업과 ○○○입니다"라고 밝히고, "지금은 안 계십니다. 실례지만 들어오시면 누구시라고 전해 드릴까요?"라고 한다.

응답은 책임 있게 한다

- 요점을 명료하게 메모, 정리, 복창하여 내용을 재확인한다.
- 의문점 및 용건 해결에 필요한 질문을 한다.
- 무성의하게 응답하지 말고 용건 해결을 위한 해결방안을 상대방이 이해하기 쉽게 답변한다.
- 잘 모르는 내용인 경우에는 양해를 구한 다음 담당자를 바꾸거나, 확인해서 연락드릴 것을 약속한다.

끝맺음 인사를 한다

"(전화 주셔서) 감사합니다. 안녕히 계십시오."
- 나에게 온 전화가 아니더라도 감사의 표현과 인사말을 잊지 않는다.
- 해결되지 않은 용건은 없는지 확인한다.
- 상황에 따른 적절한 끝인사를 하고 상대방이 끊은 뒤에 조용히 수화기를 내려놓는다. 상대가 끊기 전에 내가 먼저 끊어 버리면 상대에게 무례한 느낌을 줄 수 있으며, 혹 마지막 전할 말을 못 듣는 경우가 있다.

다. 전화를 거는 요령

전화 걸기 전 POINT

- 고객의 시간(Time), 장소(Place), 상황(Occasion)을 고려한다.
- 전화를 거는 것은 남의 집을 방문하는 것과 같은 주의가 필요하다.
- 전화를 걸 때는 식사 시간이나, 너무 이른 시간, 심야 시간은 피한다.

통화할 용건을 점검한다

- 통화할 용건과 순서를 메모한다. 통화 중 필요할 만한 자료는 미리 빠짐없이 준비해 둔다.
- 상대방의 전화번호, 소속, 성명, 직함 등을 다시 확인한다.
- 5W1H를 염두에 둔다.
- 음성을 가다듬고, 자세를 바르게 한다.
- 전화가 잘못 걸렸을 때 말도 없이 끊지 않도록 한다. "죄송합니다"라고 사과한 뒤, 반드시 "혹시 몇 번이 아닙니까?"라고 전화번호를 확인한다. 그래야 또다시 잘못 거는 실수를 피할 수 있다.

먼저 자신을 밝힌다

"안녕하십니까? 저는 ○○회사 ○○부의 김친절이라고 합니다"
"안녕하십니까? 영업과 ○○○입니다. ○○건 때문에 전화 드렸습니다"
"죄송합니다만, ○○○씨가 있으면 바꿔 주시겠습니까?"

- 전화를 걸 때는 반드시 자신을 먼저 밝힌다.
- 상대를 확인한 후 지명인을 부탁한다.
- 상대와 연결되면 인사를 하고 상대편이 지금 전화를 받을 수 있는 상황인지 반드시
  확인한다.

통화가 길어질 것이 예상될 경우는, "통화가 좀 길어질 것 같은데 지금 시간이 괜찮으시
겠습니까?"라고 먼저 말한다.

용건을 말한다

- 상대방 입장에서 관심 있는 용건을 간단명료하게 말한다.
- 결론을 미리 간단히 말한 뒤에 설명을 시작한다.
- 용건에 대해 확인한다. 숫자, 시간, 장소, 이름, 연락처 등 주요 결정사항은 반드시
  재확인한다.
- 일방적인 통화가 되지 않도록 한다.
- 메모를 남길 경우
  "번거로우시겠지만 메모 좀 전해 주시겠습니까?"라고 메시지를 다 말한 후, 감사의
  표현을 하고 메시지를 받아 적는 상대편 이름을 확인한다.
- 상대가 자리에 없을 때에는 반드시 돌아올 시간을 확인해 둔다.

끝맺음 인사를 한다

- 통화에 대한 감사인사 또는 상황에 따른 적절한 끝인사를 한다.
- 끊을 때에는 원칙적으로 건 쪽에서 먼저 끊는다. 다만 상대방이 윗사람이거나 고객일
  경우는 나중에 조용히 끊는다.

라. 전화를 연결하는 요령

전화를 연결할 때는 상황에 맞게 언제 어떻게 연결해야 할지를 파악하는 것이 중요하다.

▮ 찾는 사람이 있을 때

(김 과장님 좀 부탁드립니다.)
"네, 김 과장님 곧 연결해 드리겠습니다. 혹시 연결 중 끊어지면 000-0000번으로 전화해 주십시오."

- 연결 중 끊어질 것을 대비하여 상대가 원하는 사람의 직통번호를 알려주고 전화받을 사람에게 친절히 연결한다.
- 전화 통화 중에 다른 사람과 상의할 일이 생기면 양해를 구하고 상대방에게 대화가 들리지 않도록 송화기를 막는다.
- 서비스센터에 전화를 걸어 다른 담당자에게 전화 연결시 무성의하게 이리저리 돌려 시간이 많이 걸리고 한없이 기다리게 되는 경우 고객은 매우 불쾌해진다. 게다가 똑같은 이야기를 여러 번 해야 하는 경우도 있다. 통화 중인 상태에서 고객에게 다른 직원을 연결할 필요가 있다면 담당자에게 그 고객의 용건을 간략히 전달하여 통화내용이 지속되도록 한다. 고객이 다시 처음부터 설명해야 하는 불편을 사전에 줄여 준다.
- 일단 연결이 되면 기다리도록 양해를 구하고 전화에 감사표시를 하며, 조용히 수화기를 내려놓는다.

▮ 담당자가 통화 중일 때

"지금 ○○○씨가 통화 중인데 괜찮으시다면 잠시만 기다려 주시겠습니까?"
- 업무 중의 통화는 길지 않으므로 잠시 기다릴 것인가를 물어 본다.
  즉 전화받을 사람이 즉시 전화를 받을 수 없을 때, 이를테면 다른 전화 통화 중이거나 중요한 대화 중일 때에는 상황을 상대방에게 알려 주어 다시 전화하거나 기다리도록 한다.
  "죄송합니다만, ○○○씨의 통화가 길어질 것 같습니다. 메모 남겨 주시면 곧 전화 드리도록 하겠습니다"
- 바로 전화가 불가능할 경우 양해의 표현과 함께 메모를 받아 전화를 드리도록 한다.

담당자가 부재 중일 때

"지금 ○○○씨가 부재 중으로 두시쯤 후에 돌아올 예정인데, 메모 남겨 주시면 전해 드리겠습니다"

"잠시 자리를 비우셨습니다만, 메모를 남겨 드릴까요?"

"지금 사무실에 안 계십니다. 제가 도와드릴까요? 메시지 남기시겠습니까?"

"지금 자리에 없습니다. 메시지 전해 드릴까요?"

"제가 도와드릴 수 있습니다"

• "지금 없는데요, 나중에 다시 하세요"와 같은 표현은 삼간다.
• 부재 중인 사유와 예정을 알려 주고, 용건을 정중히 묻는다(자신의 이름을 알려 준다.). 단, 조퇴라든가 병원에 있다거나 하는 개인적인 정보전달은 피한다.
• 통화가능 시간을 알리고 메시지를 받아 이쪽에서 전화를 거는 것이 도리에 맞다.
• 메시지를 받을 때 반드시 이름, 회사명, 전화번호(지역번호), 간단한 메시지, 답신할 수 있는 시간, 전화 건 시간, 날짜, 받은 사람 이름 등을 받아 적어 놓는다.
• 전화를 끊고 메시지를 수신자에게 전달한다.

전화를 받을 사람이 보이지 않거나 멀리 있을 때, 담당이 아닐 때

• 전화받을 사람이 즉시 받을 수 없을 때에는 그 상황을 알려 준다.
• 설령 잘못 걸려온 전화일지라도 친절히 응대하고, 상대가 필요한 곳을 알고 있다면 친절히 알려 주는 것이 좋다.
• 이때 무조건 전화를 연결하는 것은 피해야 한다. 본인이 담당이 아니라면 전화를 연결하기 전에 다른 직원에게 연결해도 될지 고객으로부터 항상 허락을 받는다.
• 고객이 전화를 오래 기다리게 될 경우 중간에 그 고객에게 전화를 잊지 않고 있다는 것을 알려 주도록 하며, 시간이 더 걸릴 경우 고객의 의사를 물어 후에 다시 통화하도록 한다. 또한 일단 전화를 다시 받았을 때에는 전화를 건 사람에게 기다려 준 것에 대한 감사 표시를 한다.

메모를 받을 때

(저는 ○○산업의 홍길동이라 합니다.)

"네~ ○○산업의 홍, 길자, 동자님이세요"

• 이름을 복창할 경우 한 자 한 자 정확히 발음하며, 성에는 字를 붙이지 않는다.

(전화번호가 000에 0012번입니다.)

"네~, 영 영 영에 영영하나 둘 맞습니까?"

1, 2가 섞여 있거나 번호의 끝에 있을 경우는 '일', '이'라고 말하는 것보다 '하나', '둘'이라고 말하는 것이 정확하다.

(김 과장님께 꼭 좀 전해 주십시오.)

"네, 저는 김친절이라고 합니다"

"김 과장님께 꼭 전해 드리겠습니다"

특별히 전언을 당부받았을 경우, 자신을 밝히면 상대에게 신뢰를 줄 수 있다.

> ▶ 유의 사항
>
> 전언 메모는 전달해 줄 사람의 책상 위에 보기 쉽게 올려놓고 당사자가 오면 구두로 "○○회사의 ○○○ 씨가 전화했었습니다" 하고 알린다.
>
> **메모할 사항**
> • 전화받은 일시
> • 찾는 사람의 이름/상대의 회사 부서명 이름
> • 용건-향후 다시 걸 것인지 아니면 걸어 달라는 것인지(상대방 연락처 기록)
> • 전화받은 사람 이름

마. 전화 응대 예절

전화를 받을 때 바로 내 자신이 회사를 대표한다는 마음으로 성의껏 응대하여야 한다. 전화 응대는 주로 청각적 요소로 친절을 표현해야 하므로 음성, 말씨, 정중한 표현, 정확한 언어, 적당한 속도 등의 표현에 주의한다.

• 대면서비스와 마찬가지로 전화를 건 고객과 직접 마주앉아 대화하듯이 고객의 말을 적극적으로 경청하는 것이 중요한 전화기술이다.

• 상대방의 표정, 태도, 주변의 환경을 알기 어려우므로 상대방의 전화 응대 상황을 항상 고려하여 적절하고 신속하고 확실한 답변을 취한다.

• 메모를 받는 경우, 해당자에게 정확한 내용을 반드시 전달하고 중요한 내용인 경우 재차 확인한다. 번호, 금액, 수량, 일시, 장소, 품명 등을 말할 경우 강조하여 또박또박 말하면서 상대에게 정확히 전달되었는지 확인한다.

- 업무상 전화는 처음부터 끝까지 항상 바른 말로 정확하게 전문적인 대화표현을 유지하도록 하고 유행어나 속어, 낯선 외국어 등은 피한다.
- 내 시간뿐 아니라 상대방의 시간도 중요하다. 고객에게 전화할 경우 미리 생각을 정리하여 용건만 간단히 한다.

  고객에게 정보를 제공하는 데 시간이 걸리는 경우 중간보고를 하며 무작정 기다리게 하기보다 알아본 후 연락할 것을 제안한다. 간결하게 통화하며, 보고나 결과 통보의 경우 예정시간 등을 미리 알린다.

  ▶ Call Back Service
  통화가 길어질 경우 상대방에게 통화가 가능한지, 잠시 후에 다시 걸지 등을 묻는 것으로 "통화가 길어질 것 같은데, 괜찮으시겠습니까? 아니면 제가 10분 정도 있다가 다시 전화 드릴까요?"라고 한다.

- 상대방이 말하는 도중 끊지 않고 끝까지 경청하며 적극 호응하도록 한다. 필요시 재확인하거나 질문을 한다.
- 통화 도중 끼어들거나 주변 사람의 대화를 엿듣고 같이 웃거나 하는 것은 무례한 행위이며, 의사소통이 단절되게 된다.
- 가끔 간격을 두고 말한다. 말을 하거나 질문할 때 잠시 간격을 두어 대화의 흐름을 여유 있게 하고 긴장감을 해소한다.
- 업무 중에는 사적인 전화를 되도록 삼간다.
- 공중전화나 핸드폰으로 전화를 걸 때에는 미리 양해의 표현을 하는 것이 에티켓이다. 그래야 통화 도중에 갑자기 끊겨도 상대가 불쾌하게 느끼지 않으며, 상대에게 신속, 간단하게 전화해야 함을 알려 주는 것이 된다.
- 자신의 할 말만을 얘기하고 먼저 끊는 경우가 있다. 이 경우 상대는 매우 불쾌한 느낌을 가지게 된다. 전화 통화를 어떻게 마무리 짓는가는 전화상으로 전달되는 이미지에 큰 영향을 끼친다. 우선 상대에게 고맙다는 인사말로 통화를 마무리한다. 좋은 이미지를 주려면 상대방이 수화기를 놓을 때까지 방심해서는 안된다.

  "전화 주셔서 감사합니다"

  "안녕히 계십시오."

  "좋은 시간 되십시오."

  "즐거운 하루 되십시오"라는 마무리 인사말과 상대가 끊는 것을 확인한 후에 수화기를 내려놓는다.

- 고객응대 때 다음과 같은 무성의한 전화 응대는 상대방이 전화상으로도 충분히 느낄 수 있으므로 피한다.
  - 옆 사람과 얘기하면서 하는 통화
  - 음식물을 먹으면서 하는 통화
  - 수화기를 턱과 어깨 사이에 걸치고 하는 통화
  - 다른 작업을 하면서 하는 통화

바. 전화상의 효과적인 의사소통 기술

전화에도 표정이 있다

Voice with Smile! 세계적인 통신회사 AT&T의 광고문구이다. 이는 미소를 띠고 얘기하면 그것이 전화선을 타고 상대방에게 전달된다는 생각에서 비롯되었을 것이다.

누구나 목소리만 들어도 상대의 표정을 충분히 읽을 수 있다. 그래서인지 어느 호텔의 전화응대 업무를 하는 직원의 책상에는 거울을 놓고 전화 벨이 울리면 먼저 미소부터 짓는다고 한다.

전화 응대의 기본은 밝은 얼굴에서 시작된다. 말하는 동안 미소를 짓고 항상 밝은 목소리로 응대한다. 전화통화 때 미소를 지으면 목소리의 톤과 고객이 받아들이는 느낌이 다르다. 얼굴 표정뿐 아니라 어떻게 앉아 있느냐에 따라 음성의 명확함, 강도, 생동감이 달라진다. 바른 자세와 밝은 얼굴로 말하면 전화는 항상 긍정적인 톤으로 끝나게 된다.

목소리를 화장하라

청각적 이미지를 결정 짓는 목소리는 전화상으로 특히 그 위력을 발휘한다. 목소리뿐만 아니라 말투 역시 중요하다. 웅얼거리는 말투는 상대방에게 호감을 줄 수 없다. 또한 목소리의 질에도 신경을 써서 자신의 말이 신경질적이거나 짜증스럽게 들리지 않도록 주의한다. 전화 응대는 얼굴은 보이지 않지만 목소리만으로 따뜻함이 배어 있어야 한다.

전화상의 자신의 목소리를 녹음하여 주의 깊게 들어 볼 필요가 있다. 그리고 그 목소리를 향상시킬 수 있는 방법을 생각해 본 후 다시 녹음하여 들어 보라.

사람들이 말을 할 때 미소를 지으면 그것이 목소리를 통해 전달된다고 한다. 시간과 장소에 맞게 목소리를 화장해 보라.

- 기초화장 : 호흡 훈련, 발성, 발음, 속도

- 색조화장 : 억양, 속도 변화, 어조
- 향　　수 : 호감 가는 화법, 적절한 어휘의 선택

전화 목소리는 상냥하고 자연스럽게 한다

판에 박힌 말이나 발표하듯 하지 말고 자연스럽게 대화체로 말한다.

명확하게 말한다

명료한 발음, 소리의 음량, 말하는 속도는 적당히 이해할 수 있게 말한다.
청량감 있고 자신감 있는 톡톡 튀는 밝은 목소리로 생동감 있게 이야기한다.

목소리 변화를 활용한다

톤과 볼륨을 적절히 조정하고, 날카로운 소리, 콧소리를 없애고 음성을 잘 관리한다.
고저 강약이 없는 기계적이고 사무적인 단조로운 타성에 젖은 목소리는 부자연스럽고 고객은 무성의함을 느끼게 된다. 중요한 내용에 밑줄을 긋는 것처럼, 내용의 중요도에 따라, 고객의 반응에 따라 목소리 크기를 조절해 나가도록 한다.
작게 말하다가 크게 말하고, 들뜬 목소리에서 가라앉은 목소리로, 즉 목소리로 포인트를 주면서 이야기한다. 억양변화를 이용하여 단조로운 어조의 말투를 피하고 말하는 것은 고객의 관심을 지속적으로 끌 수 있는 방법이다. 이로써 첫 번 전달된 메시지가 정확하게 전달되어 반복해서 말하지 않아도 되기 때문이다.
본인은 업무상 항상 하는 말이라고 어조도 없이 중얼거리듯 말하는 경우, 고객이 제대로 알아듣지 못해 몇 번씩 되묻게 하는 어리석은 서비스를 하는 경우가 많다.

〈표 9-3〉 음성의 특징

바람직한 음성의 특징	개선해야 할 음성의 특징
• 미소가 느껴지는 음성 • 부드럽고 친절한 음성 • 멜로디가 담긴 음성 • 중음 톤 음성 • 정확한 발음 • 힘 있는 음성	• 콧소리가 울리는 음성 • 톡톡 내던지듯 퉁명스럽게 말하는 어투 • 발음이 부정확한 목소리 • 너무 작거나 큰 목소리(울림, 높은 톤) • 거칠고 쉰 듯한 음성 • 단조롭고 무기력한 음성 • 금속성의 날카로운 음성 • 아기처럼 어린 양이 밴 목소리 • 짜증 섞인 목소리

〈표 9-4〉 고객과의 전화 응대 방법

상황	지양해야 할 응대	바람직한 응대
여보세요.	네, 말씀하세요.	네, 인사부입니다. 무엇을 도와드릴까요? 네, 안녕하십니까? 무엇을 도와드릴까요?
수고하십니다.	무응답, 네.	감사합니다. 무엇을 도와드릴까요?
거기 ○○죠? ○○맞죠?	네, 맞습니다.	네, 그렇습니다. 네, ○○입니다. 무엇을 도와드릴까요?
감사합니다.	네.	네, 감사합니다. 네, 전화 주셔서 감사합니다. 네, 이용해 주셔서 감사합니다.
기다리게 할 때	잠깐만요. 잠시만요.	죄송합니다. 잠시 기다려 주시겠습니까? 죄송합니다. 잠시 기다려 주시면 도와드리겠습니다.
기다리게 했던 전화를 다시 받을 때	네, 그런데요? 네, 말씀하세요.	기다리시게 해서 죄송합니다.
이름을 물을 때	성함은요? 누구신데요?	실례지만, 성함이 어떻게 되십니까? 실례지만, 성함을 말씀해 주시겠습니까? 실례합니다만, 어디신지 여쭈어 봐도 되겠습니까? 실례합니다만, 누구시라고 전해 드릴까요?
말을 전할 때	누구라고 할까요?	전하실 말씀이 있으십니까? 메모 전해 드리겠습니다. 말씀 전해 드리겠습니다.
안 들릴 때	네? 여보세요? 뭐라구요?	죄송합니다. 다시 한 번 말씀해 주시겠습니까?
전화를 끊을 때	(무응답)	감사합니다. 전화 주셔서 감사합니다. 이용해 주셔서 감사합니다.
(문의시) 뭐 좀 물어 보려고 하는데요.	말씀하세요. 뭔데요? 왜 그러시는데요?	네, 무엇을 도와드릴까요?

◈ 서비스맨의 바람직한 전화 서비스, 효율적이고 친근한 전화 서비스의 사례를 들어보시오.

전화 응대 CHECK LIST

- 전화기 근처에 메모용지와 펜이 준비되어 있는가?
- 전화걸기 전에 필요한 용건은 메모해 두었는가?
- 날짜를 이야기할 때 요일까지 정확하게 전달하고 있는가?
- 벨이 울리면 3회 이내에 받고 있는가?
- 늦게 받았을 때 적당한 인사를 하는가?
- 전화 받을 때 인사말, 회사, 부서, 이름을 말하는가?
- 전화 걸고 받을 때 자세와 표정에 신경을 쓰고 있는가?
- 말의 속도를 조절하는가?
- 목소리의 톤이 너무 낮거나 높지 않은가?
- 분명히 말하는가?
- 미소를 지으며 말하는가?
- 적극적으로 상대방의 말을 듣는가?
- 중요한 용건은 확인하는 습관이 있는가?
- 메모를 하면서 응대하고 있는가?
- 경어는 적절히 사용하고 있는가?
- 종종 고객의 이름을 사용하는가?
- 상대방을 오래 기다리게 하지는 않는가?
- 내용에 대한 정리를 요약, 확인하는가?
- 통화가 길어질 때 call back service를 유도하는가?
- 끝맺음 인사말을 하고 있는가?
- 장거리 전화나 휴대폰인 경우 시간을 염두에 두고 있는가?
- 고객이 먼저 전화를 끊도록 하는가?
- 수화기는 조용히 내려놓는가?

6. 전자우편(e-mail) 응대

전자우편은 또 다른 이미지 표현의 매체이다. 다른 상호작용기술과 마찬가지로 고객에게 서비스를 제공하고 소통하는 전자우편 응대에 있어서 지켜야 할 예절이 있으며, 이를 무시할 경우 고객을 대면해 보지도 않은 채 불쾌감을 주게 되어 고객을 잃을 수 있다. 온라인상으로도 충분히 서비스의 온기를 전할 수 있다.

효과적인 전자우편 응대 요령은 다음과 같다.

- 전자우편 한 줄도 회사의 이미지를 대표하므로 메시지를 보내기 전에 반드시 문장구조, 철자, 단어 사용법 등을 점검하고, 내용을 확인한다.
- 간결하고 명확한 용어와 문장을 사용하며, 핵심적인 내용을 적는다. 단, 고객을 혼란하게 하거나 당황하게 하는 약어, 전문용어 등은 피한다.
- 기업의 이메일을 개인의 사적인 용도로 사용하지 않는다.
- 이메일로 개인정보 등을 보내지 않도록 한다.
- 가급적 함께 받는 사람을 사용하지 않는다. 고객에게 개별적으로 서비스하듯이 전자메일도 가급적 개개인에게 보내는 것이 바람직하다.
- 문자를 이용한 얼굴 표정인 이모티콘을 사용하는 것은 비즈니스 관련문서에는 적절치 않다.
- 메시지 주소는 마지막에 기입한다. 주소를 입력하기 전에는 전송되지 않으므로 메일을 실수로 보내지 않기 위한 안전대책이 된다.
- 전자우편을 받을 때 가능한 한 즉시 답장한다. 만일 즉시 응하지 못할 경우 적어도 24시간 이내에는 답장하도록 한다.

✤ E-mail 작성 시 주의해야 할 사항은 무엇인가?

Exercise

- 서비스맨이 갖추어야 할 기본 매너에는 어떠한 것들이 있는가?

- 상대방의 첫인상을 결정하는 요소에는 어떠한 것이 있나?

- 인사를 함에 있어 가장 중요한 요소는 무엇이라고 생각하며 그 이유는 무엇인가?

- 인사에 있어 각도의 의미는 어떤 것인가?

- TPO에 맞는 인사란 무엇을 말하는가?

- 고객에게 호감을 주는 차림새는 어떤 것인가?

- 직장인의 용모가 직업의식으로 평가되는 이유는 무엇인가?

- 좋은 말씨의 기본원칙에는 어떠한 것들이 있는가?

- 대화를 잘하려면 어떻게 해야 하는가?

- 고객응대시 마지막 10초가 중요하다는 말의 의미는?

■ 커뮤니케이션스킬 훈련 후의 나의 비언어적/언어적 모습들을 다시 분석해 보라.
서비스맨으로서 바람직한 긍정적인 이미지가 무엇인지 그리고 나의 이미지를 어떻게 더
욱 향상시킬 수 있을지 그 방안을 적어 보라.

항목	훈련을 통해 개선된 부분	더욱 보완해야 할 사항
표정		
인사		
자세		
용모		
대화		

Chapter 10

고객서비스 응대

✪ Warm-up

- 어느 장소에서 긴 줄에 오랜 시간 서서 기다리고 있을 때의 경험을 생각해 보라.
  - 오랜 기다림 끝에 내 차례가 왔을 때 서비스맨은 어떻게 응대했는가?

  - 이때 서비스맨이 "다음 분~" 하고 응대한다면?

  - 서비스맨은 어떻게 해야 했을까?

- 자신이 경험한 인상적인 고객서비스 응대의 좋은 사례를 한 가지 들어 보라. 서비스맨의 어떠한 응대가 인상적이었나?

- 글로벌 시대의 서비스맨으로서 다양한 고객을 응대하기 위해 갖추어야 할 요건은 무엇이라고 생각하는가?

1. 고객서비스 응대의 기본

가. 작은 행동 하나가 최고의 서비스를 만든다

서비스맨의 친절하고 세련된 응대는 회사를 찾는 고객에게 좋은 인상을 심어 줄 수 있다. 따라서 서비스맨의 표정, 복장, 말씨, 태도 등 일거수 일투족은 고객에게 회사에 대한 호감 또는 불쾌한 인상을 줄 수 있으므로 고객으로부터 호감을 받을 수 있는 고객응대 기술이 필요하다. 이는 앞장에서 살펴본 단정한 용모, 아름다운 매너와 자세, 적극적인 마음가짐, 친절한 말씨와 세련된 대화 등 고객이 좋아하는 직원은 행동이 다르다.

고객응대의 마음가짐

- 따뜻한 마음으로 항상 성의를 갖고 응대한다.
- 친절한 미소와 친근한 인사로 예의바르게 행동한다.
- 형식적인 말투가 아닌 마음을 담아 고객의 요구에 적극적으로 응한다.
- 항상 용모복장을 단정히 한다.
- 자신감 있는 응대를 위해 평소 업무지식을 충분히 갖춘다.
- 고객과 약속한 사항은 반드시 지키도록 한다.
- 고객의 이야기를 더 많이 듣고, 고객의 감정상태에 마음으로 공감한다.
- 고객과 인간적인 교감을 나눈다.
- 고객이 요구하기 전에 미리 알아서 서비스한다.
- 즐거운 마음으로 고객에게 도움이 되는 작은 친절을 베푼다.
- 항상 관심을 기울이고 있음을 보인다.

고객응대시 주의해야 할 태도

- 고객의 요구나 문의에 무관심한 모습을 보이지 않는다.
- 바쁜 때라도 항상심을 잃지 않는다.
- 양해도 구하지 않은 채 고객을 기다리게 하지 않는다.
- 근무 중에 동료와 잡담하거나 고객에 대해 얘기하지 않는다.
- 고객과 논쟁하지 않는다.

나. 고객을 최우선으로, 고객의 입장에서 생각하고 판단하라

서비스 정신은 상대와 입장을 바꿔서 생각하는 '역지사지(易地思之)'가 기본이다. 이는 맹자가 즐겨 쓴 말로 사물을 사유(思惟), 관찰함에 있어 정의롭고 신중하게 함은 물론이고, 주관에 치우침이 없도록 처지를 바꾸어 생각해 보아야 한다는 것이다. 즉, 고객의 입장에서 생각하고, 고객의 심정이 되어서 고충을 느끼고, 배려해서 일 처리를 하는 역지사지(易地思之)와 역지감지(易地感之)의 정신이 곧 서비스정신이다.

기업 측면에서 아무리 훌륭한 시설과 서비스를 제공한다고 해도 고객의 입장에서 판단해서 만족하지 못하면 의미가 없다.

상대방의 입장에서 불편과 불만족을 파악하고 감정이입을 통해 상대방과 정서적으로 하나가 되는 입장을 취함으로써 고객을 진정으로 이해할 수 있는 자세를 갖출 수 있다. 항상 고객의 목소리에 귀 기울이고 입장을 바꿔 생각해 보는 것이야말로 고객응대의 기본이다. 고객의 입장에서 냉정하게 고객이 원하는 서비스가 무엇인지 그리고 고객이 원하지 않는 서비스는 무엇인지 생각해 보라.

다. 고객 개개인에게 정성을 다하라

획일화되기 쉬운 서비스의 문제점을 극복하는 길은 서비스를 개별화하는 것이다. 개별화 서비스란 고객 개개인의 개성과 취향을 존중하는 개인에게 초점을 둔 차별화된 서비스를 의미한다. 고객의 개성을 존중하고 고객의 요구 및 감성까지 염두에 두어 이에 맞는 다양한 서비스를 제공해 나가야 한다.

줄을 서서 기다리는 고객들을 응대할 때 무심코 서비스맨은 "다음 분!" 하고 응대한다. 고객 개인에 초점을 맞추어 고객의 기다림, 시간, 노력 등에 인간적으로 응대하는 세심함이 필요하다. 서비스맨이 모든 고객에게 같은 말을 되풀이해서 말하고 있음을 오랜 시간 줄을 서서 기다리고 있는 다음 고객에게 알리지 마라.

다양한 유형의 고객들에게 성공적으로 서비스하는 방법은 그들의 행동으로 일정하게 분류하여 유형화하지 않고, 고객 한 명 한 명을 특별하게 대하는 것을 말한다.

즉, 서비스맨은 한 가지 유형의 고객을 한 가지 커뮤니케이션 기술로 응대하는 것이 아니라, 다양한 유형의 고객에 맞는 다양한 커뮤니케이션 기술을 발휘해야 한다.

또한 처음 만난 고객에게도 차별하지 않고 공평하게 응대한다.

Exercise

■ 고객의 입장에서 다음과 같은 서비스는 결코 받고 싶지 않는 서비스일 것이다. 그 외에 어떤 사례가 있을지 자신의 경험에 비추어 생각해보라.

- 매일 갔는데도 고객을 모르는 경우
- 가까이 다가가도 알아채지 못하는 경우
- 고객이 기다리는 동안 사적인 일로 통화를 길게 하는 경우
- 약속이 되어있음에도 불구하고 기다리게 하는 경우
- 추후에 연락하겠다고 하고서 연락하지 않는 경우
- 옷차림이 단정하지 못한 경우
- 의미없는 기계적인 미소만 짓는 경우
- 시선을 마주치지 않고 일을 처리하는 경우
- 어떻게 문제를 해결해야 할지 고객의 의견을 묻지 않는 경우
- 이미 말해 준 정보를 되물어 오는 경우
- 내키지 않는 일에 대해서 '할 수 없다'라고 일축하는 경우
- 아무런 해명이나 설명없이 규정을 적용시키는 경우
- 자신의 실수를 인정하려 들지 않는 경우
- 자신의 잘못을 오히려 고객에게 설득하려는 경우
- 자신의 실수를 컴퓨터 등 기기의 탓으로 돌리는 경우
- 정확한 답을 모를 때 대충 넘기려는 경우
- 귀찮은 듯 건성으로 대답하는 경우
- _____
- _____

라. 고객의 마음을 읽어라

고객의 마음을 사로잡는 것은 무엇일까 생각해 보고 고객이 기뻐하고 만족하는 모습에서 자신의 기쁨을 찾는다면 고객의 보이지 않는 마음까지 읽어낼 수 있다.

서비스맨의 사명이 서비스를 통해 고객에게 작은 정성으로 큰 감동을 느끼게 하는 것이라면 그 첫걸음은 항상 고객에게 관심을 갖는 것이라고 할 수 있다. 고객의 마음을 미리 알아차려 구체적인 형태로 대응하는 적극적인 자세야말로 서비스맨에게 꼭 필요한 조건이다.

일례로 비행기 내에서의 일이다. 탑재된 허니문케이크를 전달하면서 주문한 승객에게 "허니문케이크 주문하셨죠? 여기 있습니다" 하고 가 버리는 승무원이 있는가 하면, "결혼 축하드립니다. 주문하신 허니문케이크입니다. 즐거운 신혼여행되십시오"라고 축하의 말을 덧붙이는 승무원이 있는 것이다.

단순히 묻는 말에 대답만 하는 서비스가 아니고 미리 알아서 요구하기 전에 먼저 더 많이, 더 빨리, 더 잘 서비스하도록 한다. 그리고 나서 고객에게 도움이 될 수 있는 일이 무엇인지 더 찾도록 한다. 그리고 이것으로 만족하겠는가를 계속 생각해 보는 것이다.

> 항공기 내에서 승무원이 한 사람의 승객에게 한 잔의 물을 서비스하는 경우에도 세 가지 형태의 서비스가 이루어진다.
> 첫 번째, 비행 중 객실의 건조함으로 인해 갈증을 느낀 승객이 승무원에게 물 한 잔을 주문할 경우, "네, 곧 가져다 드리겠습니다" 하고 돌아서서는 아무 소식이 없다. 승객의 마음에 불만이 쌓여 갈 것이다.
> 두 번째, 승객의 주문을 받은 승무원이 곧 바로 물 한 잔을 가져다 드린다. "시원하게 드십시오." 승객은 당연한 서비스를 받았다고 생각할 것이다.
> 세 번째, 승객이 승무원에게 주문을 하기도 전에 승무원이 승객의 마음을 읽고 물 한 잔을 들고 다가간다. "비행기 안이 건조해서 갈증이 많이 나시죠? 시원한 물 한 잔 드시겠습니까?"

이제 서비스는 고객이 요구하기 전에 고객의 마음을 읽고 미리 적극적으로 응대하는 것이다. 이를 위해서는 고객에 대한 무한한 애정으로 고객의 일을 내 자신의 일처럼 여기고 신경을 써야 한다. 항상 고객으로부터 눈과 귀를 떼지 않아야 고객의 요구를 알아낼 수 있다. 변하는 고객의 요구와 기대를 읽고 그에 따라 서비스맨의 서비스도 업그레이드 해야 한다.

고객 개개인의 행동을 잘 관찰하라. 그들이 서두르고 있는지, 관심을 갖고 있는지, 그냥 둘러보는 것인지 살펴보는 것이다. 고객의 요구를 충족시키기 위해 서비스맨 자신이 어떻게 행동해야 하는지 그 속에서 실마리를 찾을 수 있게 된다.

어느 커피전문점 주인은 카운터에서 멀리 떨어진 구석자리에 앉은 손님이 커피를 마실 때 잔이 기울어지는 각도를 보고 때맞춰 커피 리필을 한다고 한다. 고객의 필요에 맞추어 서비스를 제공하려면 고객의 입장에서 고객과 한마음이 되도록 노력해야 한다.

서비스맨은 고객에 대해 많이 알수록 감동적인 서비스의 방법을 찾기가 수월하다.

마. 고객에게 즉각 반응하라

고객서비스에 있어 중요한 핵심이자 가장 쉬운 방법은 고객의 요구에 즉각적으로 '반응' 하는 것이다. 언제든 "무엇을 도와드릴까요?" 하는 자세로 임한다. 고객이 장소를 물어 본다면 그 자리에서 손으로 지적하거나 가리키지 말고 직접 발로 안내하라.

서비스품질 요소의 하나인 반응성은 고객을 돕고 즉각적으로 신속한 서비스를 제공하려 는 자세, 고객 요구의 반응 정도를 말하며 서비스맨의 중요한 자질이다.

직장에서도 "○○○씨~" 하고 부르면 말이 끝나기도 전에 "네!" 하고 대답하며 상사의 눈 앞에 서 있는 직원이 있는가 하면, 몇 번씩 불러도 못 듣는 직원도 있다. 어느 쪽에 더 호감이 가겠는가? 어느 직원을 더 신뢰할 수 있겠는가?

서비스에 대한 고객의 첫인상은 서비스맨이 고객에게 접근하는 첫 단계에서 결정된다. 고객에게 접근하는 첫 단계의 성패는 그 50%가 첫 번째 자세로 좌우된다. 고객이 들어서면 반사적으로 우선 일어서야 한다. 즉 반갑게 고객을 맞이하는 것이다. 그리고 친근한 표정으로, 고객의 시선을 바라보며, 상황에 맞게 허리 굽힌 자세로 "어서 오십시오. 안녕하십니까?" 하고 인사하는 것이 진정으로 고객을 환대하는 마음을 보이는 것이다.

고객에게 응대하는 속도는 고객의 중요성에 대한 표현이다.

만약 고객에 대한 서비스 도중 시간이 지체될 것 같다면 고객에게 이유를 설명하고 적절하고 유용한 대체 서비스를 제공하도록 한다.

바. 고객의 입장에 서서 최대한 예의바르고 친절하게 응대하라

고객에게 장소를 안내하거나, 고객의 질문에 답변을 하거나, 고객이 무엇을 원하는지 고객의 고충을 듣거나, 고객이 떠날 때까지 어느 것 하나 소홀함이 없도록 고객의 입장에서 예의바르고 친절하게 응대해야 한다.

어떠한 일이 있더라도 고객의 앞에서 얼굴을 붉히거나 화를 내지 않는다. 항상 고객의 시선을 마주보고 밝은 표정과 기쁜 마음으로 반갑게 인사하며 열정적으로 도움을 제공할 의사를 보인다.

- 안녕하십니까? 어서 오십시오.
- 반갑습니다.
- 어디를 찾으십니까? 무엇을 도와드릴까요. 어느 분을 찾으십니까?
- 담당자에게 안내해 드리겠습니다.
- 잠시 기다려 주시면 바로 처리해 드리겠습니다.

형식적인 인사가 아닌 마음에 남는 여운을 담은 감사의 인사를 한다.

- 이용해 주셔서 감사합니다.
- 궂은 날씨에 찾아 주셔서 감사합니다.
- 안녕히 가십시오.
- 다음에 또 뵙기를 바랍니다.

사. 고객을 기억하여 호칭하라

고객을 기억하는 것은 고객관리의 첫걸음이다. 상대방을 안다는 것이 무엇보다 중요하다. 사람을 기억하기 위해서는 고객에 대한 관심과 노력이 필요하며 사람을 잘 기억하는 능력은 서비스맨에게 필수불가결하다고 할 수 있다.

서비스를 잘한다는 서비스의 달인들은 고객의 이름만 기억하는 것이 아니라 고객이 언제 방문했는지 무엇을 원했는지도 정확하게 기억한다. 고객을 기억하는 것은 고객을 중요시 여긴다는 것을 단적으로 보여 주는 것이다.

고객의 이름을 기억하여 사용하는 것은 고객과의 관계를 친밀하게 하는 좋은 방법이며 서비스맨의 의지가 있어야 한다. 또한 중요한 것은 언제나 호칭하는 것 그 자체가 중요한 것이 아니라 한 분 한 분 고객에게 관심을 갖는 것이 목적이다. 고객에게 어쩌다 '한 번 정도만 하면 되겠지' 하고 호칭하는 것은 고객에게 형식적인 느낌을 줄 수도 있다. 반면에 지나치게 남발하여 사용하게 되면 오히려 부담스러울 수 있다. '이때쯤이다'라고 생각될 때 자연스럽게 호칭하기 위해서는 그 타이밍, 상황 등을 파악하는 센스가 필요하다. 고객의 호칭은 인사말을 하고 나서 대화 중간에 언급하는 것이 무난하다.

자신을 기억해 주는 서비스가 좋은 서비스이며 고객으로부터 불평을 들었을 때 서비스 회복의 기회가 되기도 한다.

대부분의 사람들은 특별하게 인식되고 특별한 개인으로 보여지는 것처럼 느끼고 싶어한다. 고객이 어떤 식으로 불려지길 원하는지 아는 것은 그 고객을 응대하는 데 있어서 매우 중요한 영향을 미칠 수 있다. 그러나 만약 고객과의 대화를 시작하자마자 호칭으로 인해 실수를 한다면 회복하기 쉽지 않다.

고객의 이름을 알고 있다면 대화를 통해서 몇 번 그리고 헤어질 때 인사하면서 이름을 사용하라. 손님이란 호칭 대신 고객의 직함을 부르라. 이는 서비스맨이 고객을 중요하게 인식하고 그들의 시간을 존중하는 것처럼 들릴 것이다.

아. 플러스 대화로 응대하라

서비스는 말과 행동으로 이루어진다. 그 가운데서도 적절하게 말로써 응대하는 것은 친절한 서비스에서 매우 중요한 부분이 된다.

고객이 '서비스맨이 무성의하다'라고 느낄 때는 바로 행동만 하고 말을 하지 않을 때이다. 말하지 않고 무표정한 행동으로 서비스를 한다면 친절과는 거리가 멀어지게 된다. 고객서비스시 한 가지 행동을 할 때 반드시 한 가지 말을 하라.

또한 고객은 두 단어, 즉 복수로 말할 때 친절함을 느끼게 된다.

다음 중 고객이나 상사가 부를 때 어떻게 하는 것이 바른 행동일까?

1. 그냥 다가간다.
2. 다가가서 "부르셨습니까?"라고 한다.
3. 부르면 즉시 "네"라고 대답하고, 다가가서는 "부르셨습니까, 손님?" 혹은 "부르셨습니까, 부장님?"이라고 밝은 목소리로 응대한다.

당연히 3번이 친절하고 바람직한 응대가 될 것이다.

단순한 것 같지만 복수로 응대하는 것이 친절함을 느끼게 하는데 크게 좌우하게 되므로 평소에 실천하고 습관화 해야 한다.

고객이 도착하거나 서비스맨에게 다가올 때 일어서서 고객에게 인사하고 마음으로 다가가라.

복수 응대의 예

"네, 그렇게 하겠습니다"

"네, 다녀오겠습니다"

"손님, 무엇을 도와드릴까요?"
"고객님, 잠시만 기다려 주시겠습니까?"

자. 허락을 얻어라, 먼저 말하고 행동하라

버스나 전철에서 앉아 있는 사람이 앞에 서 있는 사람의 가방을 미리 잡고 "들어 드릴게요" 하는 경우가 있다. 좋은 의도였다 하더라도 상대방에게는 오히려 불쾌감을 줄 수 있다.

앞서 승인되지 않은 행동을 하기 전에는 반드시 고객에게 허락을 얻어라. 고객이 요청하지 않은 상태에서 갑자기 고객을 돕는 행위는 오히려 고객을 당황하게 할 수 있으며, 오히려 불만과 불쾌감을 초래하게 될 것이다.

차. 고객에게 재촉하지 말고 도움을 제공하라

고객을 서둘러 밀어내듯 서비스하지 말고 어떤 도움이든 기꺼이 제공하라.

항상 서비스 말미에는 "제가 더 도와드릴 수 있는 것이 있습니까?"라고 물어 고객에게 요구사항을 말할 여유 있는 기회와 시간을 제공하라.

현명한 서비스맨이라면 고객에게 "치워드릴까요?"라고 하기보다 "더 필요하신 것은 없으십니까?" 하고 물을 것이다.

특히 도움이 필요한 연세드신 고객이나 장애고객일 경우 도움이 필요하다면 기꺼이 도움을 제공하되 고객이 원하지 않을 경우 조용히 물러서라. 원하지 않는 도움은 고객을 당황하게 하거나 불쾌하게 할 수 있다. 고객을 가장 편하게 하는 것이 가장 좋은 서비스이다.

카. 고객과 파트너십을 맺어라

고객은 서비스맨이 직업을 갖고 일할 수 있고 회사가 존속될 수 있는 근원이 된다. 그 이유 하나만으로도 고객과의 관계를 향상시킬 수 있는 일은 무엇이든 해야 한다.

고객과 심리적으로 동료가 될 수 있도록 고객응대시 고객의 의견을 묻고 대화를 통해 친밀한 관계를 형성하고 참여하도록 하여 관여도를 높인다. 고객의 의견, 제안 등을 수용하여 만족감을 높이는 것도 좋은 방법이다.

- 열린 마음으로 대하라.
- 솔직한 응대는 언제나 최선의 방법이다.
- 항상 미소를 띠고 긍정적인 이미지를 형성한다.

- 열심히 듣고 적절히 반응한다.
- 고객과 회사가 상생할 수 있는 상황을 만든다.
- 고객과의 단 한 번의 서비스 대신 지속적인 관계로 발전시킨다.
- 고객이 '내 가게'라고 생각하게 만들어라.

타. 고객은 인간적이고 열정적인 서비스를 원한다

고객은 누구나 기계적인 서비스가 아닌 인간적인 서비스를 원한다. 규칙에만 얽매이거나 틀에 박힌 태도를 버리고 인간의 감성이 배어 나오는 서비스를 하라. 단 10원이라도 모자라면 커피 한 잔이 절대로 나올 수 없는 자동판매기를 과연 서비스라 부를 수 있는가?

열정이 있는 서비스맨이라면 규칙을 지키는 것도 중요하지만 어느 정도 허용되는 범위 내에서 그런 규칙을 유연하게 적용할 줄도 알아야 한다. 규칙을 너무 엄격하게 적용하면 고객은 발길을 돌리게 된다. 규칙은 고객을 위해, 고객에게 더 나은 서비스를 제공하기 위해 만들어졌다는 것을 기억하라.

평범한 서비스, 열정이 없는 서비스는 더 이상 고객의 발길을 붙들지 못한다. 자신의 서비스성향을 높여 자신의 관심과 열정을 밖으로 표현하라. 고객을 먼저 생각하고 현재의 고객뿐 아니라 미래의 고객에게도 최선을 다하라. 열정 있는 행동은 기대 이상의 성과를 올리며 고객만족은 물론 자기만족도도 높아질 것이다.

> "저 승무원 아가씨! 아까 기내식에 나오던 그 작은 고추장 하나 줄 수 없을까? 외국에서는 음식이 입맛에 맞지 않을 텐데…"
> 어느 승객 한 분이 한 승무원에게 조심스레 말을 건넸을 때, 승무원에 따라 역시 서비스는 다를 수 있다.
> "손님, 여기 있습니다" 하며 고추장 한 개를 가져오는 승무원이 있는가 하면, "뭐니 뭐니 해도 우리 입맛에는 고추장이 최고지요? 여행 중에 음식이 맞지 않으시면 드세요" 하며 고추장 몇 개를 봉투에 넣어 드리는 승무원도 있다.

> ❖ 훌륭한 서비스를 제공하기 위해 할 두 가지는 무엇인가?
> 훌륭한 서비스를 제공하기 위해 하지 않아야 할 두 가지는 무엇인가?

Exercise

- 나의 서비스기술 평가

  위에 제시된 서비스맨의 고객서비스 응대 기술을 모두 검토한 후 자신에게 가장 부족한
  서비스기술 두 가지를 적고 향상방안을 계획해 보라.

	1.	2.
나의 부족한 기술		
나의 행동계획		

2. 상황별 고객 응대

가. 고객을 안내할 때

어떤 장소로 안내할 경우

"제가 모시겠습니다. 이쪽입니다"라고 말을 하고 정성을 다해 안내한다. 이때 고객이 중앙으로 걸을 수 있도록 고객에게 등을 보이지 않도록 비스듬히 반걸음 앞서서 걸어가는 것이 좋다. 이때 고객의 바로 앞에 서지 않고 한두 걸음 고객의 오른쪽 또는 왼쪽에서 비스듬히 걸어가며 안내하며, 가끔 뒤돌아보면서 고객과의 보조를 맞춘다.

고객과 함께 걸을 경우

윗사람과 나란히 걸을 때는 윗사람의 왼쪽에 서는 것이 예의이다. 단, 상황에 따라 우측이 위험한 경우는 꼭 이것을 지키지 않아도 된다. 고객도 윗사람과 마찬가지로 적용하면 된다. 그리고 남성이 여성과 나란히 걷는 경우는 일반적으로 여성이 우측에 서게 되지만 남성이 윗사람일 경우는 여성이 좌측으로 서는 것이 예의이다.

계단을 오르내릴 때

기본적으로 계단을 오르내릴 때는 올라갈 때는 남성이 먼저, 내려갈 때는 여성이 앞서며, 상사와 함께 오를 때는 상사가 먼저 오르도록 하는 것이 예의이다.

고객을 안내하며 계단을 오르내릴 때는 2~3계단 앞서 안내하는 것이 원칙이며, 가끔 뒤돌아보면서 고객과의 보조를 맞춘다.

문을 통과할 때

당겨서 여는 문을 통과할 때에는 문을 먼저 당겨 열고 서서 고객이 먼저 통과하도록 안내한다.

반대로 밀고 들어가는 문을 통과할 때에는 안내자가 먼저 통과한 후 문을 잡고 고객을 통과시키도록 한다.

엘리베이터나 에스컬레이터를 이용할 경우

엘리베이터를 조작하는 사람이 있을 때는 고객이 먼저 타고 내리도록 한다. 조작하는 사람이 없을 때는 안내자가 먼저 엘리베이터에 타고 버튼을 조작한 후 고객이 타도록 해야 하며 내릴 때에는 고객이 먼저 내리도록 한다.

타기 전에는 "○○○(목적지 장소)는 ○층입니다"라고 미리 행선층을 예고한다.

나. 고객을 소개할 때

직장생활을 하다 보면 여러 부류의 사람들을 소개하는 경우가 많은데 방금 소개받은 사람의 이름을 잊어버려 당황하게 되는 경우도 많다.

소개할 때는 어느 쪽을 먼저 소개해야 하는지를 생각하고 자연스럽게 말을 건넨다. 소개를 하는 사람이나 소개를 받는 사람이나 반드시 일어서서 웃는 얼굴로 '안녕하십니까, 잘 부탁합니다.'라고 인사해야 한다.

- 남성을 여성에게 먼저 소개한다.
- 아랫사람을 윗사람에게 먼저 소개한다.
- 연소자를 연장자에게 먼저 소개한다.

다. 고객과 악수할 때

악수는 서양의 인사 방법 중 하나로 허리를 굽혀 인사하는 우리의 전통적인 인사 방법과는 달리 인사하는 방식이 다소 차이가 있다. 그러나 요즘에는 국제화 시대에 맞게 악수하는 것도 많이 보편화되어 가고 있다.

악수도 서로 만나 반가운 마음을 표현하는 것이다. 손을 잡음으로 해서 일체감을 느끼고 한두 번 잡은 손을 흔들며 마음의 문을 열게 되는 의미가 있다.

그런데 서양의 문화적 관습에서 오는 차이 때문인지 우리의 전통적인 인사와 악수하는 것이 혼용되어 어설픈 또 다른 인사 변모되는 경우도 있다. 예를 들면 악수하면서 동시에 허리를 굽히고 두 손으로 상대의 손을 감싸 쥐며, 절을 함께하는 어설픈 악수가 있다.

악수를 할 때 중요한 포인트는 상대의 얼굴을 보면서 하는 Eye Contact이다. 따라서 허리를 굽혀 시선을 아래로 떨어뜨리는 것은 바람직하지 못하다.

윗사람과 악수할 때 수평적인 시선이 부담스러울 경우에라도 한 손으로 상대의 손을 잡고 다른 한 손은 흔들리지 않게 몸 옆으로 붙여 놓고 허리를 약간만 구부려 시선을 피하지 않는 것이 좋다.

악수는 윗사람이 먼저 청하는 것이므로 아랫사람이 먼저 손을 내밀지 않도록 유의해야 한다.

• 손윗사람이 아랫사람에게

• 선배가 후배에게

• 상급자가 하급자에게

• 여성이 남성에게(업무상으로는 남성이 먼저 악수를 청해도 무방)

우선 상대와 적당한 거리에서 오른손으로 상대의 손을 깊게 잡아 성의 없는 느낌이 들지 않도록 잡아야 한다. 손을 쥐는 것은 우정의 표시이므로 엄지손가락과 검지손가락 사이가 서로 닿도록 하여 손을 감싸 쥐는 정도로 해서 너무 세게 쥐거나 약하게 쥐지 않도록 주의해야 한다.

손을 잡은 채로 세 번 정도 흔들면 무난하다. 이때 마구 흔들거나 3초 이상 손을 잡은 채로 계속해서 말을 해서는 안 되며 인사말이 끝나면 곧 손을 놓도록 한다. 아는 사람을 만났을 때는 악수에 대비해서 오른손에 들었던 물건을 왼손으로 바꿔 드는 센스도 필요하다.

상대가 윗사람이거나 고객일 때는 상체를 10도 정도 숙이고 왼손을 팔꿈치 위치에 가볍게 댄다.

상대가 악수를 청할 때 앉아 있는 모습은 외관상 좋지 않으므로 일어서서 하는 것이 좋다. 또한 집무용 책상이라면 책상 옆으로 벗어나서 악수하는 것이 매너이다.

사교 모임 등에서는 여성이 먼저 악수를 청하는 것이 에티켓이므로 주저하지 말고 즉시 악수를 청하는 것이 자연스럽게 보인다.

라. 고객과 명함을 교환할 때

명함은 자기 소개서이자 자신의 얼굴이다. 명함은 명함집에 넣어 상의 안주머니에 보관하여 꺼내어 상대에게 건네는 것이 좋다. 지갑에 자신의 명함을 넣고 지갑의 돈과 함께 노출되는 경우나 지갑을 바지 뒤쪽에 넣어두어 구겨진 채로 건네지 않도록 한다. 명함을 보관할 때는 나의 명함과 상대로부터 받은 명함을 구분하여 관리한다.

명함을 건넬 때

미리 충분한 매수를 지니고 다니며 필요시 사용하도록 한다.

명함을 주고받을 때는 항상 '만나뵙게 되어 반갑습니다.'는 인사말과 함께 이름을 정확히 말하며 밝은 미소를 띠는 것도 잊지 않는다.

고객에게 먼저, 아랫사람이 윗사람에게, 찾아온 사람이 주인에게 먼저 명함을 건네도록 한다.

명함을 건넬 때는 자신의 이름이 상대방 쪽에서 바로 보이도록 하여 양손으로 상대의 가슴과 허리선 사이에서 내밀면 자연스럽다. 그리고 반드시 일어서서 '○○○에 있는 ○○○입니다'라고 소개를 해야 한다.

명함을 받을 때

가볍게 목례하며 오른손으로 받고 왼손으로 팔꿈치를 가볍게 받친다.

명함을 받으면 두 손으로 받쳐서 회사와 부서, 성함을 바로 확인한다.

받은 명함은 그 자리에서 보고, 읽기 어려운 글자는 바로 물어 보도록 한다. 명함은 자신의 얼굴이기도 하지만 상대의 얼굴이기도 하므로 명함을 구기거나 명함에 메모하는 것은 결례이다.

받은 명함은 명함철에 보관한다. 복잡한 현대를 살아가는 데 있어 언젠가 두툼한 명함철이 큰 자산이 될 수 있을 것이다.

명함이 없는데 상대방이 명함을 주며 자신의 명함도 받기를 원할 때에는 일단 명함이 없음을 사과하고 상대방이 요구할 경우에는 메모지에라도 적어 전한다.

서로 명함을 주고받을 때

동시에 주고받는 경우에는 오른손으로 건네고 왼손으로 받은 다음 두 손으로 읽는다.

서양에서는 회의가 끝날 때 명함을 교환하는 것이 일반적이나 요즈음은 비즈니스를 하는 사람들의 경우 첫 만남에서 그들의 명함을 제시하는 경우가 많다. 이때 의식적으로 직위가 높은 사람에게 먼저 주고 다음 직위의 사람에게 준다. 또한 명함을 주고받은 후에는 고객에게 앉으시라고 의자를 권한 후 먼저 앉으시는지 확인하고 착석하는 것이 중요하다.

마. 고객에게 차를 대접할 때

한 잔의 차는 긴장된 분위기를 풀어 주고 마음을 편안하게 해주는 효과가 있다. 진심이 담긴 한 잔의 차는 고객과 원활한 대화를 진행하는 윤활유가 될 수 있다.

고객에게 차를 서비스하기 전에 체크할 사항

- 손은 깨끗한가?
- 찻잔에는 흠이 없는가?
- 찻잔과 받침은 손님 숫자만큼 준비되어 있는가?
- 찻잔을 따뜻하게 데워 놓았는가?
- 찻잔의 손잡이 및 티스푼을 찻잔 받침의 오른쪽에 오도록 미리 준비해 두었는가?
- 차의 양은 적당한가?
- 차의 농도와 온도는 적당한가?
- 쟁반이 더럽혀져 있거나 물기가 있지는 않은가?
- 서비스 전 용모와 복장은 단정한가?

응접실에서 차를 서비스할 때

- 먼저 노크를 가볍게 두 번 한 후, 응접실로 들어간다.
- 들어간 다음 조용히 문을 닫고 '실례합니다'라고 인사한다.
  그러나 상사와 고객이 대화하는 중에는 인사말을 생략하는 것이 좋다.
- 차는 고객에게 먼저 서비스한다.
- 찻잔을 옮길 때는 소리가 나지 않도록 조용하게 하며 양손으로 정중히 고객 앞에 전달하도록 한다. 서류나 물건 등의 위에는 놓지 않도록 유의해야 한다.
- 차를 서비스한 다음에는 목례를 한 다음 조용히 나오도록 한다.

❖ 다양한 상황별 고객응대 사례를 생각해보시오.

3. 유형별 고객응대

인간관계에서는 상대방의 사정을 알고 나면 달리 대응해야 되는 경우가 있다. 고객과의 관계에 있어서도 보편적인 고객의 심리를 파악하는 한편, 고객 한 사람 한 사람의 특수한 사정까지 헤아려서 응대하는 유능한 서비스 전문가가 되어야 한다.

서비스맨에게는 수많은 만남의 기회가 있다. 고객과의 만남을 자신에게 긍정적이고 발전적인 방향으로 이끌어 가는 것이 중요하다.

가. 까다로운 고객응대법

서비스맨으로서 다루어야 하는 많은 어려운 상황은 고객의 필요, 요구, 기대에서 비롯하게 된다. 고객의 요구에 응대함에 앞서 우선 고객의 감정상태가 어떠한지 이해해야 하며 진정시키도록 노력해야 한다.

모든 고객에게는 고객으로서 '이렇게 대접받았으면…' 하는 공통된 심리가 있지만 그 표현 방법은 각양각색이다. 이러한 고객의 요구를 만족시키기 위해서는 상대방에 맞춘 응대 방법이 필요하다. 즉 다양한 유형의 고객에게 성공적으로 서비스하는 열쇠는 각각의 고객을 한 개인으로서 다루어야 한다는 것이다.

궁극적으로 효과적인 의사소통, 긍정적인 태도, 인내심, 기꺼이 고객을 돕고자 하는 마음을 통해 성공적인 고객서비스를 할 수 있다. 사람에 초점을 맞추기보다 상황과 문제 자체에 집중할 수 있는 능력이 중요하다. 고객의 행동을 상식적으로 이해하지 못한다 하더라도 '고객'이다. 상호관계를 긍정적인 것으로 만들도록 노력해야 한다.

고객을 응대함에 있어 벌어지는 상황은 가지각색이다. 고객을 알아야 문제를 해결할 수 있다. 특히 까다로운 고객을 응대할 때는 침착하게 전문가다운 모습을 보이도록 한다. 화내고 목소리를 높이며 감정적으로 행동하는 고객은 대부분 서비스맨이 해결할 수 없는 구조, 과정, 조직 등에 화가 난 경우이므로 상황을 잘 듣고 고객의 입장에서 말과 행동을 하며 이해해야 한다. 이러한 경우는 우선 고객의 감정상태를 배려하는 것이 중요하다.

고객과 쉽게 친해지려면 현재의 상황이 어떤지를 먼저 파악하는 것이 중요하다. 고객이 미리 예보하는 징후들을 감지하고 고객을 대하면 오히려 수월하게 응대할 수 있다.

화가 난 고객

- 지적받은 사항에 대해 일단 사과하고 고객의 불만을 귀 기울여 경청한다.
- 긍정적인 태도로 제공이 불가능한 것보다 가능한 것을 제시한다.
- 고객의 감정을 인지하고, 고객을 안심시킨다.
- 객관성을 유지하고, 원인을 규명한다.

예민한 고객

- 서비스를 받기 전부터 좋지 않은 일이 있거나 해서, 보통 사소한 일을 대단히 불쾌해 하고 마음에 걸려 하는 고객이다.
- 말씨나 태도에 주의해서 고객을 자극하지 않도록 한다.
- 불필요한 대화를 줄이고 신속히 고객의 요구에 조치한다.

무리한 요구사항이 많거나 거만한 고객

- 세세한 일에 주관적인 태도를 취하는 편이므로 상황에 따라서는 예기치 못했던 일이 발생할 수도 있다. 고객의 의견을 경청한 후에 이쪽의 상황을 있는 그대로 설명한다.
- 목소리를 높이거나 말대꾸하지 말고, 고객을 존중하라.
- 전문적이 되라.
- 문제해결을 위해 긍정적으로 임하라.
- 고객의 요구에 초점을 맞추고 확고하고 공정한 태도를 유지하라.
- 부정적이고 불가능한 것에 초점을 맞추지 말고 가능하고 할 수 있는 것을 말하라.
- 융통성 있게 고객의 요구를 적극적으로 들어 주는 자세가 필요하다.

깐깐한 고객

- 별로 말이 없으나 잘못은 꼭 짚고 넘어가는 편이며 서비스맨에게 예의있게 대하는 고객이다.
- 정중하고 친절하게 응대한다. 잘못을 지적할 때는 반론을 펴기보다는 "지적해 주셔서 감사합니다" 하고 받아들이는 자세를 보인다.

무례한 고객

• 침착하고 단호하게 대처하며 전문가답게 행동하라.
• 고객의 높은 음성, 무례한 태도에 대해 차분히 예의있게 응대한다.
• 고객과 논쟁이 되지 않도록 말 한마디라도 주의한다.

말수가 많은 고객

• 따뜻하게 성심성의로 대하되 대화의 초점은 맞춘다.
• 원활한 대화를 위해 개방형의 질문을 하되 대화의 조절을 위해서는 '예, 아니요'를 답하도록 하는 폐쇄형 질문을 한다.
• 간략하고 명료하게 설명하며 근무 중임을 감안하여 대화시간을 관리한다.

뽐내고 싶어 하는 고객

• 자기를 과시하고 싶은 심리는 누구에게나 있는 것이지만 그것을 특히 표면에 나타내는 타입이므로 이를 인정하고 존중하는 태도로 친절히 응대한다.
• 오히려 솔직한 면이 나타나 선뜻 협력해 주는 일도 적지 않다.

조급한 성격의 고객

• 얼굴을 대하자마자 무언가 쫓기는 듯한 심정으로 급하게 이것저것 요구하는 고객이다.
• 서비스맨도 고객의 상황에 맞추어 민첩하게 행동하는 것이 중요하다. 서비스가 지연될 경우 적절한 상황설명이 필수적이다.

말수가 적은 승객

• 머릿속에서는 이렇게 생각하고, 마음속으로는 여러 가지를 원하고 있어도 일단은 사양하고 좀처럼 확실한 의사표시를 하지 않는 고객이다. 진의를 살피듯이 조용하고 친절하게 물어 보고 응대한다.
• 수동적이고 서비스맨의 응대에 무반응인 고객은 적절한 질문으로 적극적인 자세로 서비스하도록 한다.

활달하고 무신경한 듯 보이는 고객

• 밝고 솔직하게 응대하는 것이 중요하나, 의외로 주의성이 없이 경솔하거나 무례하게 행동하는 경우 더 큰 불만을 초래하는 경우도 있으므로 유의한다.

의심 많은 고객

• 충분히 납득할 수 있을 때까지 질문을 하므로 대충 정확하지 않은 설명은 금물이다. 자신감을 갖고 확실한 태도와 언어로 응대해야 한다.

위와 같은 다양한 고객의 유형은 사실 특별하고 까다롭다기보다 평소 친구나 동료, 상사와의 관계에서 항상 접할 수 있다. 인간은 누구나 타인으로부터 존중받고 싶어한다는 기본적인 심리를 이해하고 상대방의 입장에서 배려한다면 어떠한 유형의 고객과도 마음을 서로 합쳐 나갈 수 있다.

Exercise

■ **다음의 고객들은 어떻게 응대해야 할까?**

• 큰소리로 말하는 고객

• 모르는 질문을 할 때

• 거절할 때

• 고객의 말이 길어질 때

• 경쟁사 제품을 선호하고 칭찬하는 고객

• 냉담한 고객

• 막무가내로 요구하는 고객

• 마음을 읽기 힘든 고객

• 다 안다고 생각하는 고객

• 실수를 용납하지 않는 고객

나. 다양한 유형의 고객응대

고객은 각자의 성격이 상이함은 물론이고 서비스 경험 또한
다양하다. 그러므로 항상 고객 개개인에 대해 각별한 주의와
높은 관심을 가져야 하며, 이러한 근무태도가 보다 좋은 서비스
를 제공하게 함은 물론이고, 나아가 종사자 자신 개개인에게도
유익한 일이 될 것이다.

여 성

• 일반적으로 실내온도, 음식, 서비스에 대해 예민하다. 응대하는 서비스맨의 사소한
  말이나 행동 하나하나에 감성적이고 세심한 편이다.
• 유아나 어린이를 동반한 여자고객은 도움을 더 많이 필요로 하면서도 잘 요구하지
  않는 경향이 있으므로 미리 헤아려 서비스한다.

어린이

• 어린이 고객의 요구에는 즉시 응대하는 것이 바람직하다.
  아이들은 쉬지 않고 놀이를 즐기고 싶어 하므로 경우에 따라 다치지 않게, 혹은 다른
  고객들에게 방해가 되지 않도록 부모의 협조를 요청할 필요가 있다.
• 어린이 눈높이에 맞추어 대하되 자아를 인식할 수 있는 어린이에게는 반말을 하지
  않도록 주의하고, 고객을 대하는 말씨와 태도를 유지하는 것이 효과적이다.

노년층 고객

• 어떠한 경우라도 예의와 공손함을 잃지 않는다.
• 고객의 반응에 충분히 시간을 배려하고 끊임없이 응답한다.
• 특히 경어 사용과 호칭에 유의해야 한다. 친근감 있는 '할아버지, 할머니'의 호칭을
  사용해도 된다고 판단된다면 '할아버님, 할머님'으로 호칭하도록 한다.

VIP

• VIP란 특별한 관심을 갖고 환대하여야 할 고객을 말하며, 일반적으로 '국가 및 회사
  차원에서 국가나 회사의 특별한 이익을 도모, 보전하기 위해 특별히 대우하여야 할

고객'을 말한다.

- 항공기의 경우 VIP 고객은 대부분 사전에 필요한 정보를 받게 되며, SHR(Special Handling Request)에 제시되어 있다.
- 서비스 종사자로서 주의해야 할 점은 VIP 응대에 있어서 각별한 관심을 기울이는 것이 당연하나 과다하게 치중하여 다른 고객에게 불쾌감을 주지 않도록 'VIP에 대한 각별한 예우와 다른 고객에 대한 원만한 서비스'라는 두 가지 측면을 모두 고려하여 충족시켜야 한다.

언어불통 고객

- 특수한 언어를 사용하여 의사소통이 어려운 고객이 있을 경우에는 언어 소통이 가능한 다른 종사자가 서비스하도록 조치하는 것이 좋다.
- 고객이 말하는 것에 집중하여 의도를 이해하려고 노력한다.
- 서비스맨이 말할 경우 보통의 어조와 크기로 분명하고 천천히 말하되 고객이 못 알아듣는다고 해서 영어나 한국어로 말할 때 농담이나 약어, 반말 등을 해서는 안된다.

❖ 다양한 유형별 고객응대 사례를 생각해보시오.

다. 장애고객의 응대

장애고객은 특별한 사람이 아니라 서비스맨이 특별히 관심을 갖고 서비스를 제공해야 하는 고객이라는 인식이 중요하다.

전면에서 서비스를 제공하는 사람으로서 자주 당황하게 되는 경우는 장애고객에게 언제 어떻게 도움을 주어야 할지 혹은 도움을 주어도 되는 건지 어쩔지를 모르는 경우가 있다. 불필요한 도움을 주어서 고객을 당황하게 하지 않도록 하되 도움이 필요한 상황에는 민감해야 한다.

고객이 도움을 진정으로 원하는지 여부를 알기 위해서는 얼굴 표정과 눈을 살피고 어떤 도움을 필요로 하는지 결정하도록 한다. 장애고객이 먼저 요구하기 전에 어떻게 도와드려야 하는지 물어 보는 것이 바람직하다. 사전에 준비하고 지식을 갖추도록 하며, 고객에게 의사를 묻지도 않은 채 무조건 행동으로 옮기지 않도록 한다.

휠체어 고객

- 정보나 자료를 제공하거나 대화를 할 때에는 눈높이에 맞추어 "필요하신 게 없으십니까?" 등 친근한 말로 배려한다.
- 고객의 허락 없이 휠체어를 움직이거나 밀지 않도록 한다.

시각장애 고객

- 가능한 고객의 이름을 기억하고 이름을 호칭한다.
- 상황에 따라 옆에 있는 다른 일반 고객에게 먼저 제공하여 장애고객으로 하여금 마음의 준비를 할 수 있도록 배려한다.
- 시각장애고객을 처음 맞이할 때는 부드럽고 정감 있는 말씨로 친근감을 유도해 본다. 또한 한 잔의 음료수를 드릴 때에도 적절한 양을 제공하여 미리 헤아려 서비스해야 한다.
- 시각적으로 어려움이 있는 경우이므로 절대로 억양을 높일 필요가 없다.
- 고객에게 직접 이야기한다.
- 맹인견이 있을 경우 주인의 허락 없이 접촉하지 말아야 한다.
- 고객을 놀라게 할 수 있으므로 허락 없이 고객의 팔을 잡거나 하지 않는다.
- 가능한 상세한 정보와 방향을 알리도록 한다.

청각장애 고객

- 부드러운 Eye Contact으로 고객의 불안을 제거하도록 한다.
- 가능한 소음을 줄이고 밝은 곳에서 대화한다.
- 그림이나 도표 등 시각적인 자료를 사용하여 이해를 돕는다.
- 강조의 표정이나 제스처를 쓰되 비언어적 신호에 유의한다.
- 얼굴을 보면서 이야기하며, 발음을 정확하게 하고 입 모양이 보이도록 천천히 말한다.
- 짧은 단어와 문장을 사용한다.
- 지속적으로 고객의 이해도를 확인하고 고객이 자신의 대답을 표현할 수 있도록 한다.

4. 글로벌 서비스응대

가. 다국적 문화의 고객응대를 위해 국제 매너는 필수이다

글로벌 시대에 다양한 문화적 배경을 지닌 고객의 수가 급속도로 증가함에 따라 이문화에 대한 이해가 필요하다. 이문화 혹은 문화 간의 커뮤니케이션은 문화나 습관, 관심이 다른 타 문화권 사람들과의 교류를 통해 생활방식, 문화습관을 이해하고 인간의 다양한 사고나 경험들을 교류하는 것을 의미한다.

이문화권의 사람들 사이에서 분명히 차이점이 존재하지만 한 개인으로 이해한다면 공통점이나 비슷한 점을 발견할 수 있으며 이러한 점들이 성공적인 대인관계 유지에 중요한 요소가 된다. 만약 한 사람을 이해하는데 그 사람이 아니라 단순히 그 사람이 속하는 집단 공동체를 통해서만 이해한다면 그들에게 동일한 방법밖에 사용할 수 없는 서비스의 한계를 갖게 되며 고객응대에 있어서 실패를 자초하게 될 것이다.

이문화 간의 차이점들을 인식하고 정확히 이해하는 것이 성공적인 서비스응대의 열쇠가 될 수 있으므로 다른 문화에서의 사람들과 상호작용에 능숙해지기 위해서는 다양한 문화, 습관, 가치 그리고 사람들에 대해 익숙할 필요가 있다. 다른 사람들과 원활한 상호작용을 위해서는 이문화를 이해하고 배려하는 마음이 필요하다.

글로벌 시대의 서비스맨이라면 다른 문화권의 고객에게 서비스를 제공함에 따라 고객들과 대화할 수 있는 능력에 있어서 커다란 벽을 발견하게 되고, 다양한 문화에 따라 고객에게도 다양한 서비스를 제공해야 하는 필요성을 절실히 깨닫게 될 것이다.

나. 다른 국가와 문화의 보디랭귀지를 이해하는 것은 국제적인 상식이다

한 나라의 언어를 습득할 때에도 반드시 그 나라의 언어 저변에 깔려 있는 문화와 의식을 같이 연구하여 그 나라의 정서에 맞추어 사용하는 것이 국제화 시대를 살아가는 현대인들의 필수적인 요건이라 할 수 있다. 특히 다국적 고객을 응대하는 서비스맨이야말로 더 말할 필요도 없을 것이다.

물론 세계가 글로벌 사회화되면서 각 국가별로 몇 가지를 특징지어 규정해 놓고 그들의 문화를 단정지어 이해하는 것에 문제가 있을 수 있겠으나 오랜 세월 지녀온 각국의 문화적 가치관과 습관을 이해하는 것은 서비스맨에게 있어 그 나라 사람을 응대하는 데 필수적인 요건이라고 하겠다.

서구문화의 경우 말로만 'lady first'가 아니라 생활 속에서 몸에 배어있으므로 남성과 여성이 함께 있을 경우 여성고객에게 먼저 서비스해야 한다.

또한 한국과 일본에서는 고개를 숙여 인사하는 것과 달리, 어떤 사람들은 악수를 하고 또 어떤 사람들은 존경과 겸손함을 나타내기 위해 손을 앞으로 모으기도 한다.

다양한 나라와 문화 배경을 가진 사람들을 만나는 서비스맨에 있어 이러한 보디랭귀지의 차이를 아는 것은 중요하다. 이러한 전통을 모른다면 외국인 고객과의 응대에 있어 자칫 무례한 인상이나 친절하지 못한 인상을 심어 주게 되고, 심지어 공격적인 인상을 줄 위험도 있기 때문이다. 또한 보디랭귀지의 동작은 각 나라마다 다르기 때문에 어느 한 부분에만 신경을 쓰다 보면 오히려 이해할 수 없게 된다. 눈, 손, 마음의 3박자로 알 수 있는 것을 기본으로 한다.

이처럼 서비스맨은 외국어 능력뿐만 아니라 이문화에 대한 이해와 국제적 상식인 글로벌 에티켓을 익혀 나가는 것이 중요하다. 세계에서 통용되는 친밀감 있는 우아한 보디랭귀지를 표현하는 국제적인 서비스맨이 되도록 해야 한다.

다. 고객의 특성을 파악하여 서비스한다

현대사회에서 서비스맨의 고객은 다양한 국적으로 구성되어 있다. 결국 고객의 필요를 나타내는 언어적, 비언어적 메시지들에 더욱더 신경 써야 하는 상황이 된다. 따라서 서비스맨은 각각 상이한 관습, 기호, 사회규범, 종교 등 모든 차이점을 숙지하고 수용할 수 있어야 한다. 이를 위해서는 사실상 많은 경험이 요구되는 것이지만 문화의 상이함에 대한 특별한 관심과 노력을 기울임으로써 단기간 내에 파악할 필요가 있다.

다양한 고객들을 효과적으로 응대하기 위해서는 이문화에 대해 지속적인 관심을 갖고, 열린마음으로 응대하는 것이 바람직하다.

❖ 고객서비스 현장에서 이문화 이해의 필요성을 느낀 사례를 생각해보시오.

Exercise

● 다음에 나오는 고객의 심리를 이해하고 응대하는 방안을 고객응대요령에 근거하여 적어
보시오.

고객의 심리	응대 방안
환영받고 싶다	
도움을 받고 싶다	
편안하게 느끼고 싶다	
감사를 받고 싶다	
중요하게 느껴지고 싶다	
특별히 대접받고 싶다	

● 글로벌 시대에 이문화를 이해하는 방안은 무엇인가?

● 고객지향적인 고객서비스 응대요령에는 어떠한 것들이 있는가?

PART

4

서비스맨의 자기경영

Chapter

11

프로의 서비스마인드

1. 프로의 서비스마인드

가. 서비스의 철학을 세워라

서비스맨으로서 다양한 상황에서 발생하는 문제들을 해결해 나갈 수 있는 능력을 갖추려면 자신만의 서비스 철학을 갖고 있어야 한다. 고객서비스 현장에서 매뉴얼에 없는 상황은 무수히 발생한다. 이 모든 상황을 일일이 누군가에게 묻거나 교육받을 수는 없는 것이다. 모두 서비스맨 자신의 몫이다.

서비스 철학이 없는 서비스맨에게 고객은 그저 힘든 업무이지만 나름의 서비스 철학을 지닌 서비스맨에게 있어 고객은 자신의 일에 진정한 기쁨을 주고 비전을 제시하는 '가치 있는 존재'가 될 것이다. 즉 서비스맨의 역할이 고객을 즐겁게 하고 행복하게 만드는 것임을 인식하게 될 것이며, 자기 스스로가 일정한 규율과 규칙에 얽매이지 않는 창조적인 서비스를 할 수 있을 것이다.

나. 진정한 서비스 정신과 사명의식을 가져라

고객에게 만족을 주는 진정한 서비스가 무엇인가에 관해서는 일본 굴지의 재벌회사 마쓰시타의 창업자 고노스케의 정의가 있다.

"비즈니스에는 서비스가 따르기 마련이고 그것은 하나의 의무라고도 할 수 있다. 그러나 그것을 단순히 의무라고 생각해서 하려고 한다면 그것처럼 피곤한 일이 없을 것이다. 또한 나만 피곤한 것이 아니라 고객에게도 그 느낌이 전달되고 만다. 서비스란 상대에게 기쁨을 주고 또한 내게도 기쁨이 생기는 것이어야 한다. 자신이 기뻐하고 고객에게 기쁨을 주는 그러한 모습 가운데 참된 서비스가 존재할 수 있는 것이기 때문이다"

서비스는 제공하는 것이 아니라 고객이 받아서 서비스라고 느낄 때, 진정한 서비스가 된다. 서비스맨은 서비스를 받는 고객에게 평가받는 것이기 때문에, 다른 기업과 경쟁하는 것보다 고객과의 경쟁에서 이겨야 인정받는 것이다. 결국 나의 경쟁상대는 고객이 되는 것이다.

다. 고품질 서비스 바이러스를 감염시키자

서비스의 목표가 고객에게 편안함과 즐거움을 주고 궁극적으로는 행복을 주는 것이라면, 그 어떤 것보다 먼저 실현되어야 할 것은 서비스를 전달하는 서비스맨의 마인드 변화이다. 서비스에 대한 사명의식, 가치관, 직업관, 리더십, 비전을 갖고 서비스맨 스스로 마인드를 바꾸어 나가는 일이 중요하다.

고객은 누구나 특별하다고 느끼고, 고객을 머리가 아닌 가슴으로 이해하는 것, 이것이 고객서비스의 핵심이다. 이를 위해서는 서비스기업의 조직 구성원 모두가 서비스 바이러스를 전파시켜 서비스 조직으로 거듭나기 위한 서비스문화를 정착시켜 나가야 한다.

지금 고객과 보다 좋은 관계를 만들기 위해 노력하는 서비스맨의 모습들을 둘러보라. 밝은 미소, 친절한 자세, 호감 가는 말씨, 단정한 용모와 복장, 정감 있는 인사로 이 사회를 아름답게 수놓고 있는 사람은 바로 서비스맨이다. 그들의 모습이 모든 사람에게 전이되어 이 사회를 아름답게 만들고 있는 것이라고 할 수 있다. 상대방의 마음을 헤아리고 배려해 주는 서비스맨의 따뜻한 마음이야말로 이 사회를 더 살 만하고 즐거운 곳으로 만들어 준다.

라. 무대 위에서 내려오기까지는 언제나 서비스맨

서비스맨은 고객에게 좋은 기억을 심어 주고, 고객이 오래 기억하는 서비스무대를 창조하는 것, 고객이 또 찾고 싶은 마음이 들게 해야 한다. 이것이 명품서비스이다.

프로는 유니폼을 벗고 있더라도 비록 근무시간이 아니더라도 고객이 있는 곳은 언제나 무대 위라는 것을 잊지 말아야 한다.

마. 서비스맨은 스타 플레이어(Star Player)이자 팀 플레이어(Team Player)

무대 위의 서비스맨은 분명 스타이다. 그러나 스타로 빛나기 위해 내부고객인 팀원들이 존재한다는 것을 알아야 한다. 고객에게 양질의 서비스를 제공하기 위해서는 우선 밝고 건전한 팀의 분위기가 선행되어야 한다.

팀워크(team work)란 동료끼리의 협동심은 물론 조직의 계층별, 직종별로 서로 협력하는 연대감을 말한다. 이러한 동료, 부서 간의 연대감의 플레이나 정보의 교환은 외부고객이 만족하는 좋은 서비스로 반드시 연결된다. 업무 중 비록 사소한 것이라 할지라도 담당자에게 알려 주도록 한다. 내가 옳게 판단했고 보고가 필요없다고 생각한 것들이 때로는 나중에 고객 불만으로 이어지는 경우도 있다. 무대 뒤의 탄탄한 조직력을 가진 팀 플레이어들이 없이는 결코 스타가 무대 위로 올라갈 수 없다는 것을 알아야 한다.

직장의 동료들도 나의 내부고객이며 서로의 일을 완수하기 위해 나의 서비스를 필요로 한다. 동시에 나도 그들의 내부고객 중의 한 사람이다. 나의 일을 위해 나도 그들의 서비스가 필요하다는 사실을 명심해야 한다. 내적 서비스란 조직 내에서 위로, 아래로, 양옆으로, 존중과 협력의 서비스를 제공할 때 생길 수 있는 것이다. 팀워크를 위해서는 개인의 사소한 기분이나 감정 표출에도 주의해야 한다.

서로가 다른 사람의 내부고객이라는 사실을 이해하는 것이 바로 내부서비스의 기초가 된다. 내부적으로 서비스가 훌륭하지 않은 곳에서 훌륭한 외부고객서비스는 기대할 수도 없다. 내부고객 간의 상호 응대방식이 외부고객에게 좋은 서비스를 제공할 수 있는 기틀을 마련해 주는 것이다. 각 팀원들은 모두 각각의 역할을 하지만 팀워크는 그 시너지 효과로 커다란 서비스의 생산성을 만들어 낼 것이다. 스타 플레이어가 되기 이전에 먼저 팀 플레이어가 되어야만 진정한 프로이다.

바. 나는 '나 주식회사'의 CEO이다

고객은 항상 변화한다. 과거와 동일한 수준의 상품이나 서비스로는 고객을 만족시킬 수 없다. 고객의 기대를 넘어서는 감동 서비스로 기쁨을 주어야 한다. 이를 실천하기 위해서는 직원의 입장에서 주어진 의무 이상의 열정과 사명감이 필요하다.

나만의 서비스를 브랜드화시켜 나를 종업원이 아닌 서비스의 주인으로 생각하고 임하도록 한다. 책임감과 주인의식은 진정한 엘리트 서비스맨의 필수요건이다.

우선 업무의 효율성을 위해 업무를 체계화하고 조직화하는 스킬을 발휘해 보자.

회사의 상사, 지배인 혹은 관리자처럼 생각하도록 노력해 보자. 아마도 적절한 고객응대에 커다란 밑그림이 그려지기 시작할 것이다.

그 다음에 고객을 위한 적극적인 경험들을 참조하기 위해 무엇을 할 수 있는지를 돌아보고 어떤 상황에 부딪혔을 때 변화가 필요하면 누가 가르쳐 주기를 기다릴 것 없이 적극적으로 개선해 보고자 노력해보자.

서비스에 대한 자긍심은 바람직한 판단과 의사결정에 큰 힘이 되어 서비스 성과를 더욱 높여 주고 자신이 몸담고 있는 조직이나 회사에서 엘리트 서비스맨이 될 것이다.

❖ 자신이 나름대로 갖고 있는 서비스철학은 무엇인가?

2. 서비스맨의 자세

가. 열의, 성의, 창의력을 지닌 프로는 아름답다

첫째, 열의는 모든 것을 성취하는 원동력이다. 열의가 없으면 아무리 뛰어난 능력을 갖고 있더라도 소용이 없다. 자신의 잠재력을 끌어낼 수 있는지 없는지는 전적으로 본인이 어떠한 일에 열의를 갖고 임하는가에 달려 있다.

둘째, 성의는 반드시 통하기 마련이다. 자기 중심적인 태도에서 벗어나 진심을 다해 고객을 대하면 고객은 서비스맨의 프로정신에 감동할 것이다.

셋째, 생활의 즐거움은 창의력에 있다고 할 수 있다. 누구든지 매일 같은 일의 반복이 계속된다면 금방 지루해질 것이다. 그러나 '오늘은 어제보다 더 멋진 서류작성을 하자', '좀 더 맛있는 커피를 만들자', '어제는 사용하지 않았던 쿠션어를 써 보자', '나밖에 할 수 없는 멋진 서비스를 해 보자' 등 창의력을 발휘해서 발전과 변화가 있는 즐거운 매일 매일을 보낼 수 있다. 이를 위해 나만의 서비스 매뉴얼을 만들어라. 고객서비스 기술목록을 작성하고 고객과 서비스에 대한 지식과 기술을 계속 높여 나감으로써 자기 계발을 꾀할 수 있다.

프로의 세계에서는 경쟁력 있는 특색을 갖고 있어야 한다. 특히 서비스맨은 자신 있게 권할 수 있는 나만의 서비스를 개발하고 창조하는 노력이 필요하다.

나. 고객서비스의 일인자가 되어라

다양한 계층의 고객을 만족시키기 위해서는 끊임없이 고객에게 관심과 애정을 갖고 고객의 요구와 기대를 상황에 따라 빨리 파악하는 것이 중요하다. 그리하여 '최상품'의 서비스를 만들어 냄으로써 가장 뛰어난 서비스의 일인자가 되어야 한다.

간혹 자신이 하는 일에 대해 깊은 회의에 빠져 있는 사람들을 보게 된다. '난 늘 커피 심부름만 해.' 혹은 '나는 사무실에서 늘 복사만 해.' 하며 푸념에 빠진 사람이 있다면, 일단 '커피를 가장 잘 만드는 사람', '복사를 가장 잘 하는 사람'부터 되라고 충고하라.

어디서나 쉽게 접할 수 있는 것이 아니라 누구나 쉽게 할 수 있는 것이 아니라 개성 있고 최고의 품격 있는 서비스를 연출해 내기 위해서는 우선 최고의 서비스맨이 되어야 한다.

다. 항상 긍정적이고 적극적인 자세로 도전하라

긍정적인 마음과 행동으로 서비스를 실천하는 서비스맨은 고객을 기분 좋게 한다.

서비스맨은 도전의식이 있어야 한다. 현재에 안주하지 않고 새로운 고품질 서비스에 대한 도전, 변화하는 고객의 기대에 부합하고자 하는 도전의식이 필요하다.

고객의 기대수준을 넘는 서비스맨으로서 새로운 서비스 기술 개발과 비전을 창출해 나가는 일이 서비스 문화를 창출하는 것이다. 직장에서 새로운 도전과 기회에 대응하기 위해서는 지식과 기술을 연마하고 태도를 개선해야 한다.

라. 자신감으로 무장하라

고객을 사로잡으려면 자신의 일에 자신감이 있어야 한다. 그렇지 않을 경우 서비스맨은 업무를 수행해 내지 못하게 되며, 결국 고객으로부터도 신뢰감을 잃게 된다.

이를 위해서는 탁월한 업무지식과 정보, 밝은 표정과 정중한 자세와 말씨 등이 필수적이다. 자기 자신에게 힘을 불어넣어 자신감을 발산하라.

마. 끊임없이 새로운 서비스를 준비하라

어느 곳엔가 전화를 걸어 이것저것 문의할 때 가끔은 너무 빠르거나 성의 없는 일정한 톤의 목소리에, 기계와 이야기를 하는지 의아해 본 적이 있지 않은가? 이처럼 어떤 사람들은 그들이 하는 일의 특정 부분에서 반복적으로 기계적인 태도를 취하는 경향이 있다.

진정으로 프로가 되기를 원한다면 고객서비스에 있어서 더 효과적이고 좋은 방법을 스스로 생각해 보고 찾아내도록 해야 한다. 자신만의 노하우(knowhow)에 만족하고 매너리즘에 빠지지 않기 위해서 틀에 박힌 태도와 습관적인 서비스는 지양하고 참신한 아이디어를 생각해야 한다. 자기만의 독특한 방식에 만족하고 있지 않은지, 다른 의견에 대해서 겸허하게 귀를 기울이고 있는지, 부단히 자기 성찰의 시간을 갖고 개선하는 노력을 게을리 하지 마라.

자신의 서비스 기술을 꾸준히 개선하고 고객서비스의 수준을 높이도록 하라. 더 나은 서비스를 하기 위해서 다양한 유형의 사람들과 어떻게 상호작용하고 의사소통할 것인가를 공부하라. 각 개개인의 독특한 행동에 대해 일반적으로 더 많이 알면 알수록 개개인 고객에게 더욱 잘 응대할 수 있다.

서비스를 배우려면 좋은 서비스를 체험해 보는 것도 좋다. 또한 자신의 주변 환경에서도, 여러 가지 서비스관련 전문 서적을 통해서도 지식은 습득할 수 있다. 다만 단순히 지식을 머릿속의 지식으로밖에 간직하지 못한다면 소용이 없다. 경험을 통해 자기의 것으로 소화해서 자신의 노하우(knowhow)로 만들어 보라.

외적인 매너의 체득은 물론, 내면의 서비스마인드, 업무지식 숙지, 고객의 니즈 파악, 글로벌 시대에 걸맞은 외국어 능력, 국제 매너, 기타 서비스 정보수집 등 다양한 범위에 걸친 자기 계발이 절실히 요구된다.

예전의 업무지식으로 근근이 버티고 있는 시대에 뒤떨어진 서비스맨, '이 정도면 되겠지' 하고 시대에 겨우 순응하는 서비스맨, 고객의 변화하는 니즈(needs)에 대해 통찰력을 발휘하는 서비스맨, 누가 바람직한지 판단할 수 있을 것이다.

바. 서비스맨의 품위를 지켜라

외부고객에 대한 품위

외부고객에 대한 서비스 주체자로서 친절하고 상냥한 서비스 종사자의 이미지 구축을 위해 각자 노력해야 한다. 또한 개개인의 이미지가 회사 전체를 대표하는 이미지를 형성하고 나타낸다는 사실을 인식해야 한다.

내부 조직에서의 품위

내부고객과의 상호이해와 협력을 바탕으로 업무의 활성화와 업무수행에 신뢰감을 줄수 있는 조직의 구성원으로서의 역할을 인식해야 한다. 회사 고유의 문화 속에 예의 바르고 세련된 자세와 태도로 품위를 유지하도록 해야 한다.

개인적인 품위

품위 있고 세련된 자신의 위상 정립을 위해 각자 노력해야 한다. 단정한 용모복장은 직장인의 기본적인 에티켓으로 언제 어디서든지 항상 유념해야 한다.

밝은 미소와 상냥한 인사의 생활화는 서비스 종사자로서 더욱 돋보일 수 있는 좋은 매너임을 항상 유념해야 한다.

철저한 직업의식을 가지고 행동하는 고객 위주의 서비스맨으로서 이미지에 맞는 외적인 자기 관리는 개개인의 자부심과 직결될 수 있으므로 각별히 유의해야 한다.

❖ 직업인이 갖춰야 할 품위에 대해 생각해보시오.

---

3. 서비스 리더십의 요건

누구나 지금 현재는 자신이 속한 조직의 팀장이나 리더의 직책이 아니라 하더라도 나 자신이 나만의 리더로서 서비스 리더십을 갖출 필요가 있다. 또 언젠가 누구나 자신이 속한 조직 내에서 리더로서의 역할을 맡게 될 것이다.

리더는 사람에게 초점을 맞추고 구성원들의 신뢰를 끌어내는 사람이며, 공식적이든 비공식적이든 구성원들이 리더를 자발적으로 받아들이고 따름으로써 생기는 파워를 갖게 된다.

리더십이란 공동의 목표를 위해서 노력하도록 사람들에게 영향력을 행사하도록 하는 행동을 말한다.

조직이나 집단의 공동목표를 달성하는 데 있어 큰 성과를 이끌어낸 리더의 공통점은 무엇일까?

가. 리더십의 개발단계와 구성

무슨 칭찬이든 무슨 상이든 혹은 무슨 실적이든 간에 '성공'했다고 이야기할 수 있는 사람들의 공통된 성공요소에는 '서비스'를 빼놓을 수가 없다.

스티븐 코비 박사의 저서 「원칙 중심의 리더십」에서도 성공하는 리더들의 8가지 공통점 중에서 두 번째로 '서비스 지향적이다'라는 점을 들고 있다. 성공하고 싶은 개인이나 회사라면 '서비스 지향적인 리더십'을 발휘해야 한다는 것이었다.

서비스 리더십을 개발하기 위해서는 다음과 같은 세 가지 단계를 들 수 있다.

첫째, 자기개발

일에 대한 자신감과 열정으로 서비스마인드를 높이고 비전을 갖고 시대에 변화하는 능력을 갖춘다.

둘째, 업무개발

전문지식을 배양하여 연구개발, 팀워크 형성, 상호 동기부여, 책임의식을 갖춘다.

셋째, 고객관계개발

커뮤니케이션 기술 등 고객만족 경영이념에 부합하는 서비스 전략 개발능력을 갖춘다.

어느 조직에서 무슨 일을 하든 모든 구성원은 결국 서비스 리더로서 서비스 리더십을 발휘해야만 한다. 친절서비스나 서비스 경영차원에서 서비스 리더십 단계로 접어들면 좀 더 고품질 서비스를 개발하여 고객만족을 높일 수 있다. 이를 위해 시스템적으로 뒷받침됨에 앞서 스스로를 관리·통제할 수 있는 셀프 리더십을 구축해야 한다.

〈표 11-1〉 리더십의 구성

하드웨어적 요소	신체, 외모, 커뮤니케이션 능력, 행동
소프트웨어적 요소	비전, 열정, 자신감, 책임감, 목표의식, 변화개혁의식, 창의성
휴먼웨어적 요소	자기계발, 전문지식, 연구능력, 전문가 기질, 기술, 컴퓨터능력

나. 잭 웰치의 현대 리더십 4E

　세계 최대 기업 제너럴일렉트릭(GE)의 전 CEO(최고경영자) 잭 웰치는 현대 리더십 필수인 4E는 Energy(활력), Energize(동기부여), Edge(결단력), Execute(실행력)라고 하였다.

　4E는 첫째, 활동과 변화를 좋아하는 '활력(Energy)'을 가지고 있을 것 둘째, 만약 산을 옮겨야 한다면 사람들이 그렇게 할 수 있다는 신념을 갖게 할 만큼 '동기를 부여(Energize)'할 수 있을 것 셋째, '예'와 '아니요'의 결정을 내릴 수 있는 '날카로운 결단력(Edge)'이 있을 것 넷째, 일을 '실행(Execute)'할 수 있는 능력이 있을 것 등이다.

　웰치는 "만약 '4E'가 모두 있다면, 마지막 요소로 삶과 일에 대해 '열정(Passion)'이 있는지 확인해야 한다"고 덧붙였다. 웰치는 또 '4E'와 '열정'이 있는지 확인하기 전에 반드시 체크해 봐야 할 두 가지 질문이 있다고 말했다. 하나는 그가 '성실성(integrity)'을 갖고 있느냐는 것이고, 또 하나는 다른 우수한 사람을 지휘할 만큼 폭넓은 지식을 가진 '똑똑한(intelligent)' 사람인가 하는 것이다.

Exercise

■ 셀프 리더십 테스트

- 나는 주인의식이 투철하다.
- 서비스맨에게 리더십이 필요하다고 생각한다.
- 고객이 주인이라는 생각을 갖고 있다.
- 서비스맨으로서 나를 분석해 본다.
- 서비스의 질을 높이기 위해 새로운 아이디어를 찾아내려고 한다.
- 훌륭한 서비스 사례에 대해 관심이 많다.
- 새로운 서비스 능력과 고객서비스 스킬 향상을 위해 교육받고 싶다.
- 나는 전문가이다.
- 나는 사명감이 뛰어나다.
- 나는 상대방의 입장에서 생각할 줄 안다.
- 상대방과 커뮤니케이션 능력이 뛰어나다.
- 동료들과 원만한 인간관계를 갖고 있다.
- 남의 문제를 잘 해결해 주는 편이다.
- 서비스맨에 대해 자부심을 갖고 있다.
- 남을 잘 웃긴다.

다. 서비스 리더에게 요구되는 감성

감성적 서비스리더가 되자

'감성 리더십'은 하버드 비즈니스 리뷰에서 다니엘 골먼이 「무엇이 리더를 만드는가」에서 처음 소개한 이래 세계적인 반향을 몰고 왔다. 조직이나 집단의 성과가 리더 개인의 노력과 조직 구성원들의 도움과 헌신 여부에 따라 달라진다고 할 때, 리더의 기본역할은 구성원들로부터 강한 호응을 얻어내는 것이다. 그리고 구성원들의 헌신을 가능하게 하는 가장 강력한 도구는 긍정적인 공감대의 형성이다.

결국 '감성지능(Emotional Intelligence, EI)'이 성공적인 리더십의 핵심이라고 할 수 있다. 리더십의 요소는 지능, 강인함, 결단, 비전, 감성지능 등이다. 그중 감성 리더십을 이루는 요소에는 자기 인식, 자기 통제, 동기 부여, 공감능력 그리고 대인관계 기술이 있다.

감성지능을 갖춘 리더의 힘

감성지능을 갖춘 리더는 언제 사람들과 같이 협력해야 할지, 언제 비전을 제시해야 할지, 언제 귀를 기울이고 언제 지시를 내려야 할지를 안다. 그는 중요한 사안에 대한 나름의 감각에 귀를 기울일 줄도 알고 자신이 이끌고 있는 사람들이 갖고 있는 가치관에 부응할 수 있는 사명을 이야기할 줄도 안다. 자연스럽게 인간관계를 중시하며 문제 있는 사안은 표면화시켜 개혁할 줄 알고 서로 조화를 이루는 집단 안에서 시너지 효과를 창출할 줄도 안다.

❖ 바람직한 리더십이란 어떠한 것인지 자신의 경험을 들어 생각해보시오.

Chapter 12 조직문화 및 직업윤리

1. 조직문화의 이해

모든 조직은 조직 자체가 하나의 '성격'을 가질 수 있다. 마치 하나의 생명체처럼 조직구성원이 바뀌더라도 '그곳에서 일이 이뤄지는 방식'은 항상 똑같이 유지된다.

우리가 작은 모임에 참가할 때를 생각해 보라. 처음 그 모임에 참여하면서 이른바 '분위기'라는 것을 파악하게 된다. 누가 의사결정을 주도하는지, 어떤 식으로 의사결정이 되어 가는지, 자유스러운 분위기인지, 아니면 조금은 딱딱한지 등 그 조직 특유의 '성격'을 파악하고 거기에 맞춰 가려고 한다.

이렇게 조직 구성원들 간에 공유되는 공통의 의미체계를 '조직문화'라고 한다. '여기서는 이런 식이다'라는 것이다. 그런데 조직문화가 왜 조직행동에 있어서 중요할까? 조직문화는 그 조직 특유의 판단기준에 영향을 미치기 때문이다. 이것은 옳고 이것은 아니다, 이런 행동은 좋게 평가되지만 이런 행동은 금기시된다 등의 형태로 각 구성원의 행동을 규정하고 또 만들어 가기 때문이다. 즉, 조직구성원은 그런 모든 것이 어우러진, 이른바 '분위기'에 맞게 행동을 하게 된다. 그것이 조직문화이다.

❖ 바람직한 조직문화는 어떠한 것인지 생각해보시오.

2. 서비스맨의 직업윤리

가. 직업인의 자세

직업은 경제적으로 생계의 수단이 됨과 동시에, 자신의 능력을 발휘하고 꿈과 포부를 성취함으로써 개인의 자아를 실현하는 중요한 수단이 된다. 또한 사회적 역할을 통해 자신이 속한 사회에 기여할 기회를 갖게 된다.

직장이란 연령, 지식수준, 성격, 사고방식 등이 다른 사람들이 모여 하나의 목표를 달성하기 위해 서로 협력하며 조직적으로 일하는 장소이며, 개인적으로는 인간의 삶을 실현하고 자아성취를 할 수 있는 터전이다. 그러므로 직업인은 집단을 통해 자기 개인의 가치를 발견하고 자기계발을 위해 항상 노력하는 자세와 마음가짐이 필요하다.

직업애와 봉사정신

직업에 대한 사랑과 자신의 일에 대한 긍지를 갖고 봉사하는 정신자세가 필요하다. 현대사회에서 개인은 직업을 통해 다른 사람들과 관계를 맺고 사회활동에 참여하게 되므로 공동사회 속에서 상호 협조하지 않으면 그 사회의 유지가 불가능하다. 서비스맨은 자신이 속한 사회 속에서 자신의 일을 소중히 여기고 사회에 봉사하려는 자세를 지녀야 한다.

이는 회사나 조직에 대한 관심도 포함된다. 회사와 조직에 기여한다는 긍지를 갖고 업무에 임해야 한다. 자신보다는 상대방의 입장을 먼저 고려하며, 고객 편에서 혹은 상사나 동료 편에 서서 자신을 앞세우기보다는 봉사와 희생정신이 필요하다.

투철한 사명감과 책임의식

직장인으로서의 책임의식을 갖고 자신의 일에 대한 사회적 역할과 맡은바 임무에 최선을 다해야 하며, 직무수행결과에 대해 책임지려는 자세가 필요하다.

또한, 직업과 관련된 업무수행에 있어 필요한 지식과 기술을 익히고 그 분야에서 자신을 더욱 발전시키려는 창의적인 자세로 임해야 한다.

직장예절 준수

직장에서 성공하는 데에는 그 사람의 능력이 중요하지만 그 능력이란 결국 물리적·외적 요소뿐만 아니라, 정신적·내적 요소들이 결합되어 나타나게 된다.

업무처리를 위한 개인의 능력과 함께 건전한 마음가짐이 중요하며, 그 마음가짐은 바로 직장에서의 예의범절로 나타난다.

밝은 표정, 명랑한 음성으로 언제나 마음의 여유를 갖고 행동하며, 세련된 용모, 복장, 매너로 상대방에게 편하고 호감 가는 이미지를 보여 준다. 언제나 상대방의 입장에서 생각하고 좋은 이미지를 위해 자기계발을 꾸준히 해야 한다.

일반적으로 다음과 같은 직장 에티켓은 각양각색의 사람들이 모여서 생활하고 있는 직장에서 좋은 인간관계 유지를 위해 필요한 몸가짐으로써 강조되고 있다.

- 회사의 모든 사람은 한 가족이다. 모든 사람에게 좋은 인상을 주도록 한다.
- 용모는 단정히, 마음자세도 바르게 한다.
- 상사, 동료의 이름과 직위는 기억하도록 한다.
- 지시사항은 경청하여 정확하게 파악하여 일을 처리한다.
- 의문이 생기는 문제는 그때그때 질문을 한다.
- 결과보고는 정확히 하며, 재확인하여 미비한 점이 없도록 한다.
- 자신의 행동에 책임을 질 수 있어야 한다.
- 일이 맡겨질 때는 고맙게 받아들이고, 최선을 다하는 자세가 필요하다.

지금 나에게 가장 중요한 것은 무엇인가?

반드시 가족, 친구, 동료의 얼굴을 떠올릴 것임에 틀림없다. 서로 같이 즐길 수 있는 사람, 기쁠 때는 마음으로 기뻐해 줄 수 있는 사람, 괴로울 때는 고통을 서로 나누어 가질 수 있는 사람이 주위에 몇 명이나 될까? 그 모든 사람이 나의 재산인 것이다.

인간은 이처럼 주위의 사람들에 의해서 발전되고 지원을 받으며 살아가고 있다. 매일 매일의 생활 속에서 보다 좋은 인간관계를 만들기 위해 어떤 노력을 하고 있는가? 인간관계는 거기에 '있는' 것이 아니고 자신이 속한 사회에서 서로의 노력으로 '만드는' 것이다.

나. 직업윤리

직업윤리란 어떤 집단에 속하는 사람들이 공동적으로 규정한 직업상의 윤리적 기준으로서 그 직업에 종사하는 구성원들이 일종의 행동규범을 정해 두고 본인 스스로 지킬 뿐만 아니라 그 직장에 들어오는 사람들에게 교육시킴으로써 전문인으로서의 긍지와 동시에 사회에 봉사하는 것을 주목적으로 하는 데 있다.

직장 내 조직을 구성하고 있는 조직구성원과의 대인관계 및 직장 내 매너는 직장에서의 존재 유무와 연계되며 업무의 효율성 제고를 위한 복합적인 의미에서 누구에게나 절대적으로 필요하다.

그 속에서 맡은바 책임을 다해 내기 위한 지식과 능력도 필요하지만, 그 일을 합리적으로 해내는 지혜를 갖고 다른 동료와 더불어 화합하여 성취하기 위한 서로 간의 예절도 필요하다. 직장이란 서로 다른 사람들끼리 인위적으로 구성된 조직집단이므로 직장 내에서 내부 고객 상호 간에 더욱 세심한 배려와 예의가 필요하다.

상호 존중

'나'보다는 '상대방'의 입장을 더 존중하고 이해하며, 주위 사람들에게 폐가 되지 않도록 행동한다. 자기를 알아 주기 바라는 마음이 남보다 강해서 남의 공도 자기 것으로 만드는 기질의 사람은 주변 사람으로부터 기피하는 인물이 된다.

약속 준수

회사에 채용되어 근무하는 것은 일종의 계약이다. 회사의 규칙을 잘 지키는 것도 약속이므로 약속한 것은 꼭 실행하는 태도를 갖는다.

무엇보다 출근시간을 지키는 것은 가장 기본적인 약속이며 직장매너이다.

정직성

정직은 서비스요원뿐만 아니라 모든 인간에게 기본적으로 요구되는 규범이다. 회사의 규칙과 규정에 따르고, 부정한 행동을 하지 않으며, 정당하게 일을 해주고, 그에 대한 보상으로 임금을 받는 투철한 직업정신이 바탕이 된다.

솔직한 태도는 상사나 선배에게 호감을 느끼게 하는 태도이다. 자기가 모르는 일에 대하여 솔직하게 질문하면 질문받은 상사는 자신을 신임하는 부하 직원에게 좋은 이미지를 가지게 된다.

공사 구분

회사의 비품을 아끼고 사적인 목적에 사용하지 않도록 한다. 일례로 사적인 전화사용 자제 등 매사에 공사구분을 해야 한다.

신뢰성

서비스 업무를 효과적으로 수행하기 위해 대부분 업무의 특성상 소집단(team) 중심의 팀워크를 필요로 하므로 상사와 동료 간의 신뢰관계가 중요하다. 상호 간에 바른 예절과 실수 없는 업무처리 등을 통하여 신뢰성을 쌓아야 한다.

기밀유지성

항상 고객을 응대하는 서비스맨은 업무상 취득한 정보에 대해 일정한 기밀을 유지해야 한다. 특히 고객에 대한 신분상의 정보를 필요 이상으로 파악하거나 이를 다른 목적에 사용하는 일이 없어야 한다.

다. 내부고객과의 관계

직장, 회사에서의 인간관계는 자신의 선택이 아닌 의무적으로 맺어지는 수직적·종적인 관계가 유지된다. 그러므로 직장에서의 인간관계는 개인의 이익만을 추구하는 것이 아니고 공동체의 이익을 추구해야 하는 관계이다.

서비스맨은 외부고객과의 관계 못지않게 내부고객인 직장동료와의 관계도 중요하다. 간혹 외부고객을 대할 때보다 동료들과의 관계가 더 어렵고 곤란한 경우도 있다. 결국 동료들과는 회사에서 관계가 지속되므로 외부고객에 대한 예절이 동일하게 적용되고 어떤 때는 더욱 필요한 경우도 있다. 동료들의 평가가 때로는 성공과 실패의 동기부여가 된다.

내부고객과의 좋은 관계를 유지하기 위해 다음 사항들에 유의하도록 한다.

관계를 유지하라

조직 내부의 관계는 매우 중요하므로 정기적인 접촉을 통해 관계를 강화한다. 같은 부서뿐 아니라 다른 부서 직원들과의 관계도 중요함을 인식해야 한다. 또한 선후배와 동료의 이름을 기억하도록 한다.

모든 약속을 지켜라

동료들과의 중요성은 간과하는 경우가 있으나 외부고객과의 관계만큼 동료들과의 약속 이행도 중요하다.

감정에 치우치지 마라

근무 중 어려움이 닥칠 때 쉽게 감정을 드러내거나 주위 사람에게 불편한 심기를 보이지 마라. 그들도 고객이다.

전문가로서 인정받아라

업무에 있어서 가장 측근에서 업무능력을 평가받을 수 있다. 고객보다 반응이 빠른 내부 고객으로부터 먼저 서비스 전문가로 인정받아라.

개인적인 문제를 내세우지 마라

누구나 각자 개인의 편의를 주장하고 싶을 것이다. 그러나 너무 자주 개인적인 문제로 인해 직장에 방해가 되지 않도록 한다.

예의 바르게 행동하라

사무실이나 작업장은 공공의 장소임을 명심하고 동료들의 권리도 존중해 준다. 소음, 대화, 잡담에 유의하며 단정한 몸가짐, 청결위생에 주의한다.

정직하게 행동하라

고객과 동료로부터 신뢰를 잃는 일은 거짓말을 하는 것이다.

감사의 표현을 하라

내부고객과는 업무적으로 협조받을 일이 많으므로, 항상 사후 감사의 인사를 잊지 않도록 한다.

구체적으로 대상별로 좋은 관계를 유지하는 데 다음과 같은 방법이 있다.

선배와의 관계

- 직장생활을 오래 해 온 상사와 선배는 조력자이자 지도자이다. 선임자의 지도에 고마움을 표시하라.
- 상사의 업무지시, 명령 등은 업무목표를 달성하기 위한 행위이며, 업무 중 착오가 생기더라도 책임을 지는 것은 상사이다.

- 상사와 선배에게는 항상 공손한 자세와 말씨로 대해야 한다.
- 상사에게 동료의 험담을 해서는 안된다.
- 상사에게 많은 문젯거리를 남기지 말고 창의적인 해결책을 제안하는 것이 좋다.
- 상사는 변명 듣기를 좋아하지 않는다.
- 자기의 직분을 다해야 한다.
- 명쾌하게 직설적으로 말하라.
- 업무 명령에는 "네"라고 대답하라.
- 이미 결정된 일에 대해서는 묻지 마라.

후배와의 인간관계

- 리더는 혼자 뛰는 것이 아니라 함께 뛰는 사람임을 명심한다.
- 명령보다 제의하거나 의뢰하라.
- 남 앞에서 질책하는 것을 삼가고 그 전에 사정을 들어 보는 것이 좋다.
- 사람을 신나게 일하게 하는 것은 질책보다 좋은 행위를 칭찬하는 것이다.
- 선배는 후배에게 질책하는 존재가 아닌, 도움을 주는 사람이어야 한다.
- 후배의 개선안을 환영하라
- 후배와의 약속은 철저히 지켜라.

동료와의 관계

- 경쟁관계가 아닌 협력자의 관계이다.
- 서로 존중해 주며, 서로 지닌 지식과 정보를 공유할 수 있는 조력자의 관계를 유지하도록 한다.
- 업무 중 대화는 조용히 나누어 잡담으로 인하여 서로의 업무를 방해하지 않도록 한다.

팀과의 관계

- 팀제로 운영되는 경우 한 개인으로서 업무를 수행하는 것이 아니며 전체 팀원이 공동 목표를 달성하기 위해 함께 일하는 팀워크의 중요성을 인식한다.
- 팀원 개개인으로서는 성취하기 불가능한 업무도 팀워크로 해결 가능한 경우가 많다.
- 팀의 일원으로서 효과적으로 일하기 위해, 팀워크의 가치를 알아야 하고, 다른 팀원의 입장에서 생각하고 행동하는 것이 바람직하다.
- 팀원 간에는 상호 존칭어를 사용하도록 한다.

사내 및 대외 관련 부서 직원과의 관계

서비스맨이 현장 최일선에서 고객을 대면하기까지, 이면에는 많은 사내 부서의 내부적인 연계 서비스가 바탕을 이루고 있다. 그러므로 서로의 책임을 전가하는 관계가 아닌 모두 회사의 한 가족이라는 연대의식이 필요하다.

- 사내 관련 부서 직원에게는 밝은 미소, 적극적인 태도로 항상 먼저 인사하며 직책명을 알아서 호칭한다.
- 업무협조를 요청할 때는 "저, 죄송합니다만…", "잘 부탁드립니다", "~해주시면 감사하겠습니다", "바쁘시지 않으시면, 이것 좀 도와주시겠습니까?", "감사합니다" 등의 말을 곁들여 부탁한다.

✧ 직업윤리에는 어떠한 내용이 중요한 사항이 될지 자신이 희망하는 직업을 기준으로 생각해보시오.

Exercise

- **'직장'이란 무엇이라고 생각하는가?**

  • 학교와 직장의 차이점은 무엇이라고 생각하는가?

  • 회사에서 상을 받는다면 어떤 상을 받고 싶은가?

  • 선배로부터 어떤 후배라는 말을 듣고 싶은가?

  • 동료들로부터 어떤 사람이라는 평을 듣고 싶은가?

  • 후배로부터는 어떤 선배라는 말을 듣고 싶은가?

Chapter 13
서비스맨의 자기관리

1. 변화를 위한 자기발견과 자기관리

가. 자신을 존중하며 사랑하라

바람직한 자기관리란 무엇인가? 자기 경영을 위한 서비스마인드와 리더십, 능력개발, 시간관리, 인간관계관리 등 모든 노력은 자아 존중으로부터 시작된다.

지금 어떠한 일을 하고 있는가? 왜 하고 있는가? 어떻게 하고 있는가?

스스로 목표를 정하고 행동하는 것이 중요하다. 자신과 약속하고 스스로 목표를 정하면 먼저 행동의 변화가 오고 궁극적으로는 자신감을 찾을 수 있다.

목표가 없는 인생은 소비되는 인생이다. 목표를 세우고 끊임없이 실천하라.

나. 자기관리의 법칙

어떻게 지속적인 환경의 변화를 성공적으로 이끌어 가는 사람이 될 수 있을까?

다음과 같은 전략적인 자기관리는 분명 성공적인 서비스맨의 삶을 보장해 줄 것이다.

첫째, 자신의 이상적 자아, 어떤 사람이 되고 싶은지 아는 것이 중요하다. 고객서비스에 있어서 고객의 심리를 알기 전에 자기 자신을 알아야 한다. 외형적인 자기관리도 중요하나 내면적 자기관리에 철저한 사람이야말로 타인을 기쁘게 할 수 있을 것이다. 지금으로부터 15년 뒤의 나를 상상하면서 자유롭게 글을 써 보든가, 친한 친구에게 이야기해 보라. 자신의 이상적인 미래를 그려보는 것은 주도적인 삶의 자세로서 실제적인 변화를 이끌어 낼 수 있는 아주 강력한 방법이다.

둘째, 자신의 현실적 자아, 즉 나는 어떤 사람이며 장점과 단점이 무엇인지 알도록 한다. 현실적 자아를 파악하기 위해 자신이 요즘 어떻게 행동하는지에 대한 몇 가지 질문에 답을 하고 과거의 자신과 비교해 보라. 매일 아침 설레는 마음을 안고 하루를 맞이하는가? 예전만큼 많이 웃는가? 예전만큼 즐거운 일들이 많은가? 만약 자신의 일, 인간관계와 삶 전반에서 미래에 대한 힘과 희망을 느끼지 못한다면 그것은 자신의 현실적 자아를 파악할 필요가 있음을 뜻한다.

셋째, 어떻게 나의 장점을 살리고 단점을 줄여 나갈지 학습계획을 세운다. 이때 세우는 목표는 자신의 장점을 기반으로, 구체적인 경험을 통해 실행 가능한 계획을 세우는 것이 중요하다. 철저하게 계획을 세우고 그것을 반드시 실천하겠다는 마음자세를 준비하는 것이 중요하다.

넷째, 확실한 신념과 뛰어난 추진력으로 새로 계획한 행동방식으로 목표를 향해 추진하는 것이다. 자신의 사고의 틀에서 벗어나는 것은 쉽지 않은 만큼 의식적으로 더 나은 방법을 훈련할 줄 알아야 한다.

다섯째, 솔직하고 신뢰할 만하며 자신을 뒷받침해 줄 든든하고 믿음직한 인간관계를 만들어 나간다. 새로운 리더십 유형을 키우기 위해 노력하고 공감하는 사람들과 함께 있는 것은 변화를 위한 최적의 환경이라고 할 수 있다. 긍정적인 대인관계는 직장에서의 생산성을 향상시키는 데 중요한 요건이 된다.

성공한 사람들 대부분은 이처럼 철저한 자기관리를 바탕으로 자신의 재능을 끊임없이 개발했다는 공통점이 있다. 특히 자신이 목표한 바를 이룰 때까지는 어떤 위기상황에 부딪히더라도 끝까지 포기하지 않고 실천하는 인내력을 갖고 있다.

다. 서비스맨의 마인드 컨트롤은 필수이다

세상에는 수없이 많은 직업이 있지만 사람을 대하는 것을 주업무로 하는 것만큼 신경을 피곤하게 하는 일도 드물 것이다. 그것도 상대방이 내 마음을 맞춰 주는 것이 아니라 내가 상대방의 마음을 읽고 맞추도록 애써야 하는 서비스맨에게는 사람을 대하는 일이 가끔은 짜증이요, 두려움일 수 있다. 게다가 모든 고객이 같은 계층, 같은 수준, 같은 성격이 아닌 불특정다수의 다양한 고객 수십, 수백 명을 매일 대해야 한다면 서비스는커녕 대인공포증이 생길지도 모를 일이다.

이렇듯 천차만별, 각양각색인 고객을 상대하면서도 한결같이 바람직한 고객응대를 창출하기 위해서는 무엇보다도 먼저 자기 자신의 감정을 조절할 줄 알아야 한다. 마인드 컨트롤은 복잡한 이 시대를 살아가는 현대인의 자세이자 서비스맨의 프로다운 지혜이다.

라. 인생의 지도에 목표와 비전을 세워라

현 시대의 '서비스맨'이란 직업의 영역은 국회의원, 공무원, 의사, 간호사, 탤런트, 변호사, 서비스 강사, 이미지 컨설턴트 등 점차 넓어져 가고 있다.

그러므로 과거와 달리 서비스맨은 자신의 경력을 바탕으로 자유로이 인생을 결정하고 삶의 방식을 선택할 수 있는 범위 또한 더욱 확장되었다고 볼 수 있다.

자신을 알고 자신의 인생에 목적을 갖고 그것을 달성했을 때 비로소 인생의 주역이 될 수 있는 것이다. 인생이란 두 번 다시 찾아오지 않는 모험의 여행이므로 가능한 풍부하고 즐거운 인생을 보내기 위해 최선을 다해야 한다.

서비스맨이 지닌 품위 있고 세련된 매너로, 향기 있는 이미지로, 직업적으로 대하게 되는 고객들만이 아닌 주위 사람들과 따뜻한 조화를 유지하면서 자신의 인생지도에 목표와 비전을 세우고 나아간다면 성공적인 삶을 누리게 될 것이다.

> ❖ 현재 자신이 하고 있는 자기관리는 어떠한 것이 있는가?

2. 시간관리

가. 효율적인 시간관리의 효과

고객서비스 업종에 종사하는 사람은 고객을 응대하는 일이 까다롭고 힘들며 많은 일에 책임을 지는 스트레스를 받게 된다. 가끔 직장과 개인의 여가생활의 균형을 맞추지 못할 정도로 시간에 쫓기기도 하고 업무의 성격상 시차로 고생하기도 한다.

그러나 서비스업이란 항상 웃어야 하고 숙달된 행동이 요구되며, 고객서비스에 최선을 다해야 한다. 이 과정에 있어서 효율적인 시간관리야말로 업무성과를 더욱 높여 줄 수 있다.

시간관리는 단지 직장에만 해당되지 않으며 시간관리기술은 개인의 생활을 생산적으로 이끌 수 있다. 누구에게나 똑같이 주어지는 시간을 어떻게 이용하느냐에 따라 직장에서의 업무뿐 아니라 개인적인 만족까지 도모할 수 있다.

효율적인 시간관리는 다음과 같은 효과가 있다.

- 효과적인 업무로 직무능력을 향상시키고 고객서비스에 있어 좀 더 나은 편의를 제공할 수 있다.
- 불필요한 시간을 줄여서 시간을 활용할 수 있게 된다.
- 일에 대한 자신감으로 자기만족을 높이고 스케줄에 얽매이지 않고 내가 중심이 되는 적극적인 생활을 할 수 있다.

나. 시간관리 요령

일을 미루지 마라

일을 미루는 사람은 해야 될 일을 늘 안고 지내게 되며 시간이 지날수록 그 일이 주는 무게의 느낌이 가중되기 마련이다. 한꺼번에 처리하기 힘든 일이라면 시간이 주어진 한도에서 처리할 수 있을 만한 양으로 나누고 우선 소규모의 양을 처리하라.

일의 우선순위를 정하라

하루에 해야 할 일의 목록을 작성하여 그 일의 우선순위를 정해 규칙적으로 체크하며 처리한다. 가장 소중하고 급한 것부터 처리하라. 그래야만 일의 진행상황을 파악하여 업무상 실패가 없고 혹여 그날까지 처리하지 못한 일은 다음날 최우선순위로 처리하면 된다.

우선순위를 정하는 기준은 다음과 같다.
1. 반드시 해야 하거나 중요한 항목
2. 해야 하는 항목
3. 하면 좋은 항목

실질적인 목표를 설정하라

성취할 수 있을 만한 목표를 세워놓고 지속적이고 계획적으로 실행하여 목표를 성취하라.

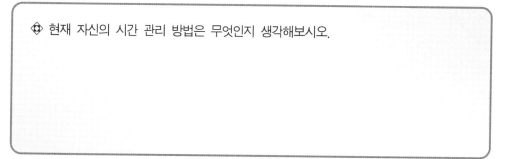

◈ 현재 자신의 시간 관리 방법은 무엇인지 생각해보시오.

Exercise

■ 나의 시간관리

• 자신만의 계획된 시간관리 방법을 갖고 있는가?
  있다면 어떻게 시간을 관리하는가?

• 일상 업무에 우선순위를 정해놓는가? 그 기준은 무엇인가?

3. 스트레스 관리

가. 스트레스는 무엇인가

직업 스트레스는 직업이 필요로 하는 조건, 능력, 환경이 노동자의 필요와 일치하지 않을 때 일어나는 신체적이고 감정적인 반응이라고 정의한다.

서비스맨들도 예외가 아니어서 때로는 자신의 직업에 많은 회의와 갈등을 겪게 된다. 또한 스트레스에 관한 일련의 통계자료에 따르면 고객서비스직이 스트레스가 많은 직업 중 상위로 평가되었다. 이유는 서비스맨이 만나는 다양한 사람들과 상황으로 인해 그에 따라 적절한 다양한 기술을 발휘하고 사고해야 하기 때문일 것이다.

기술의 유무, 임금의 고저와 관계없이 서비스맨과 같은 경계연결직은 특히 스트레스를 많이 받는 직무이다. 이러한 직무는 정신적, 신체적 기술과 더불어 엄청난 수준의 정서적인 노동을 요구하며, 개인 간 및 조직 간 갈등을 조정하는 능력을 필요로 하며, 직무수행에 있어서 품질과 생산성 간의 상쇄효과가 나타나기도 한다. 이 때문에 서비스직종의 채용면 접 때 면접관들은 '스트레스를 어떻게 푸는가' 하는 질문을 많이 하기도 한다.

스트레스도 긍정적인 효과를 가져다 줄 수 있다

그러나 스트레스가 부정적인 것만은 아니다. 아마도 스트레스가 없다면 삶에 어느 정도의 긴장감과 흥미를 느끼지 못하게 될 것이다. 스트레스가 문제가 되는 것은 늘 어느 정도 우리와 함께하면서 우리가 원하거나 감당할 수 있는 것보다 좀 더 스트레스를 느낄 때 문제들이 발생하는 것이다.

만약 "나 지금 열이 좀 있는데…"라고 말한다면 평소에는 절대 열이 없다는 말이 아니고 그날 평소보다 좀 높은 열을 갖고 있다는 의미일 것이다.

스트레스의 긍정적인 면은 열정과 감각을 자극한다는 데 흥미가 있다. 결국 중요한 것은 누구나 갖게 되는 스트레스를 주는 요인과 스트레스 반응의 강도와 시간 사이의 균형을 유지할 수 있는 능력이다.

그러나 우리의 삶에 도움을 줄 수 있을 것 같은 스트레스도 스스로 그 정도를 조절하지 못하면 생활에 위협이 될 수 있다. 그러므로 모든 사람들은 스트레스를 효과적으로 이용할 수 있는 방법들을 알아야 한다.

Exercise

■ 평소 개인적으로 갖고 있는 스트레스의 원인을 적어 보라(신체적, 사회적, 가족, 친구, 일, 환경적 요인 등). 그리고 각 스트레스의 해소방법은 무엇이 있을지 상세히 적어 보라.

스트레스 요인	해결방안	목표 달성 방안
(예 : 체중 증가)	(체중 감소)	(저녁식사를 줄인다)

나. 스트레스로 인한 일반적 증상

스트레스 신호를 재빨리 알아차려야 한다

자신의 고유한 스트레스 원인을 알고 있는 것이 유용하듯이 스트레스를 받을 때 자신 내부의 어떤 신호가 인지시켜 주는지를 아는 것 또한 중요하다. 이들 신호는 정신적인 것일 수도 있고 육체적, 감정적 또는 행위적인 것일 수도 있다.

스트레스 신호들은 마치 빨간불이나 경고음처럼 작용하여 그 작용이 더욱더 심각한 문제를 야기하는 것을 막아 준다. 문제는 자신이 그 경고를 인지하지 못하거나 심지어 그 경고를 못 봐서 그에 대해 항상 충분히 민첩하게 행동할 수 없다는 데 있다. 예를 들면, 위궤양을 치료하는 가장 좋은 시간은 위궤양에 걸리기 전, 즉 소화불량 증세가 있을 때라는 것을 의미한다.

신체적 증상

피로·두통·불면증·근육통이나 경직(특히 목, 어깨, 허리), 심계항진(맥박이 빠름), 흉부통증, 복부통증, 구토, 전율, 안면홍조, 땀, 자주 감기에 걸리는 증상이 나타난다.

정신적 증상

집중력이나 기억력 감소, 우유부단, 마음이 텅 빈 느낌, 혼동이 오고 유머감각이 없어진다.

감정적 증상

불안, 신경과민, 우울증, 분노, 좌절감, 근심, 걱정, 불안, 성급함, 인내부족 등의 증상이 나타난다.

행위적 증상

안절부절못함, 손톱 깨물기·발떨기 등의 신경질적인 습관, 먹는 것, 마시는 것, 흡연, 울거나 공격적 행동, 욕설, 비난이나 물건을 던지거나 때리는 행동이 증가한다.

이러한 스트레스의 부정적인 영향은 일반적으로 스트레스 반응을 풀어 줄 수 있는 적절한 방법을 취하지 못함으로써 특히 신체에 스트레스를 남겨 놓았을 때 나타난다. 이들 중 몇몇 증세는 즉각적으로 나타날 수 있으나 다른 것들은 스트레스를 장기적으로 받은 후 점차적으로 나타나는 경향이 있다.

많은 연구진들은 대부분의 질병과 스트레스 사이에 상관관계가 있다고 믿고 있다. 부정적인 스트레스는 누적되기 쉬운데 스트레스가 누적되어 있는 채로 신체로부터 빠져 나가지 않으면 다른 행동에 부정적인 영향을 주게 되므로 주의해야 한다.

다. 스트레스의 요인

스트레스는 그것을 인지하는 것으로서 90%가 해결된다.

무엇이 주된 스트레스인지 회피하지만 말고 그 원인을 파악해야 한다. 그래야만 필요한 다음 행동을 취할 수 있다.

고객의 다양하고도 불확실한 변화

일련의 조사에서는 특히 서비스 종사자들이 직업의 특수성으로 인해 많은 스트레스를 느낀다고 나타났으며 그 스트레스는 특히 다양한 이슈에 대한 다양한 고객응대에서 비롯된 것으로 밝혀졌다. 즉, 다양한 배경, 개성, 사고방식, 요구를 가진 다양한 고객 등과 같은 불확실한 변화를 다룬다는 사실이다.

서비스맨은 각기 새로운 고객의 성향을 읽을 수 있어야 하고 그것들에 어떻게 반응해야 하는가에 대한 즉각적인 평가를 해야 하는 순발력과 융통성, 인내심과 끊임 없는 자기계발로 인한 긴장감을 늦출 수 없는 탓에 스트레스를 느끼게 된다.

반복되는 서비스 업무

일의 반복성이 또 다른 스트레스 유발요인이 될 수도 있다.

특정한 일의 단조로움과 더불어 결코 끝이라는 것을 볼 수 없을 정도로 계속 똑같은 패턴, 눈을 감고도 반복할 수 있을 정도의 기계적인 서비스 방식의 단순함, 지겨움 등의 스트레스를 받을 수 있다. 서비스맨에게 있어 단지 반복되는 일에 단조로움을 깨는 것은 그저 불특정 다수의 새로운 고객이라는 사실 정도뿐이다. 즉 서비스맨의 프로젝트는 계속 이어지는 고객관련 프로젝트이기 때문에 일의 시작도 없고 끝도 없는 성향 탓에 스트레스를 느끼게 되는 것이다.

제약이 따르는 권한 없는 업무의 컨트롤

스트레스의 또 다른 이유 중 하나는 제약이 따르는 업무적인 컨트롤이다.

서비스맨이 이해도 동의도 할 수 없으며, 결과에 대해 미미하거나 전혀 컨트롤할 수 없는 정책이나 절차를 강요당하는 것에 있다. 말하자면 토털 서비스나 서비스 상품에서 발생되는 다양한 변수를 서비스맨이 통제할 수 없게 되는 경우가 생기기도 한다. 서비스맨이 전적으로 고객을 위해 긍정적인 결과를 의도할 수 없는 상태에서 결정하기에 더욱 어려운 입장에 있다는 사실이다. 회사의 최고 책임자만이 자신감 있게 답할 수 있는 어려운 곤경에 처하기도 한다. 그러나 고객은 고객이 만난 최초의 서비스맨에게서 모든 것을 해결하고자 한다.

일반적인 스트레스의 원인

환경적 요인

- 직장에서의 대인관계
- 신체적 요인(주위 환경의 온도, 소음, 냄새, 조명 등에 대한 영향)
- 직업상의 위험들(근무안전, 작업공간의 문제점)
- 회사(회사의 구조 변화)

직업적 요인

- 업무형태(밤샘근무, 근무지 변동, 초과근무 등)
- 업무성격(단조롭고 반복적인 일)
- 한정된 권위
- 직업적 발전성의 한계(평가절차, 승진의 기회, 안정성 및 경쟁)
- 역할 요인(역할 갈등, 역할의 모호성과 책임감 등에서 기인하는 것)

개인적 요인

- 개인적인 인간관계(가족, 친구)
- 신체 상태와 영양
- 개인시간 부족
- 업무과다
- 재정적 문제

라. 스트레스에서 벗어나기

스트레스는 서비스맨이 업무를 수행함에 있어 방해가 되는 주요 원인이다. 또한 스트레스는 전염성이 있기 때문에, 함께 일하는 다른 내부고객에게도 전가하게 되어 업무적인 공조체제에 문제를 일으킬 수도 있다.

또한 스트레스에 대처하는 것은 건강유지에 중요하다.

스트레스를 받아들이고 조절하라

누구나 인식을 하든지 못하든지 스트레스를 받고 있다. 스트레스는 직장의 능률을 떨어뜨리는 요인이 되고 정신과 신체적인 건강 면에서도 위험요인이 되기도 하나 반드시 나쁘지만은 않다.

그러나 스트레스를 만드는 요소를 파악하고 줄이거나 제거하는 전략을 찾아 그것을 조절할 준비가 되어 있어야 한다. 그러므로 자신의 스트레스 해소 방법을 개발할 필요가 있으며, 이미 어떤 방어 메커니즘을 가진 사람들도 있다. 예를 들면 근무 후 퇴근길에 체육관, 사우나, 노래방을 가거나 커피, 피로회복 음료수 등을 마시는 사람들이다.

진정 프로다운 서비스맨은 자신의 스트레스를 건전한 방식으로 조절, 극복하고 더 나은 자신의 모습으로 가다듬는 현명한 길을 늘 모색해야 한다.

결국 스트레스는 서비스맨에게 피할 수 없는 도전이다. 진정한 프로라면 업무에 대한 스트레스를 더욱 건실하고 탄탄한 베테랑이 되기 위한 자극제로 받아들여 자기계발에 더욱 매진해야 할 것이다. 이로써 업무능력을 더 향상시키고 더욱더 질 높은 고객서비스를 이룰 수 있을 것이다.

목적을 이루기 위해 노력하는 도중에 갖게 되는 부정적 스트레스가 있을 수 있으나 결국 목표에 이르렀을 때 성취의 자각을 느끼며 유쾌해질 수 있다.

스스로 만족하라

힘든 직장생활을 더 어렵게 만드는 것들이 우리 주위에 비일비재하다. 스스로 만족하지 못하는 마음과, 끊임없이 마음을 혼란스럽고 괴롭게 만드는 환경이 그러하다. 그러기 위해서는 즐겁게 일(서비스)해야 한다. 그래야 받는 고객에게도 즐거움을 줄 수 있다. 앞서 언급했듯이 고객이 구매하는 것은 궁극적으로 상품이나 서비스가 아니라 이를 통해 얻는 가치에 있다. 그 가치를 극대화하고 고객감동을 이루기 위해서는 눈에 보이지 않는 무형의 부가가치를 제공할 수 있어야 한다.

간혹 서비스 공간 뒤에서 고객을 비평하는 서비스맨들을 보게 된다. 자신은 그렇게 함으로써 스트레스가 해소된다고 생각할지 모르나 오히려 불쾌함이 가중되고 서비스맨으로서 직업에 대한 회의에 더 깊이 빠지게 될 뿐이다.

고객을 중요한 사람으로 인정함으로써 때때로 스트레스를 주는 고객에게 자신의 감정을 누그러뜨리도록 할 수 있으며 스트레스도 줄일 수 있다.

자기감정을 관리하라

어느 공항에 근무하는 항공사 직원은 아침마다 '오늘은 친절하자'가 아니고 '오늘은 화를 내지 말자'를 다짐했다고 한다. 그만큼 불특정 다수의 고객을 응대하는 일은 의지만큼 잘 해내기에는 매우 어려운 일이다.

천차만별의 고객을 응대하면서 끝까지 감정적 평온을 유지하려면 자기를 스스로 통제하는 감정관리의 요령을 터득해야 한다. 이것이 서비스맨으로서의 삶의 지혜이다. 고객이나 다른 누군가로 인해 실망하거나 감정이 생길 경우 냉정하고 예의 바르게 자신을 자제하고 잠깐 그 상황에서 벗어나 마음을 가라앉히는 것이 바람직하다. 그렇지 못할 경우 다른 사람에게 도움을 요청하는 쪽이 낫다.

자신만을 위한 시간을 계획하라

혼자만의 시간을 갖는 것은 건전한 정신건강을 위해 중요하다.

운동을 통해 건강을 유지하거나 영화, 전시회 등 문화생활을 하는 등 각자가 좋아하는 취미생활을 함으로써 스트레스로부터 벗어날 수 있으며, 일과 생활에 큰 활력소가 된다. 특히 규칙적인 운동은 스트레스 해소에 많은 도움이 될 것이다.

하루 중 짧은 휴식을 갖거나 점심시간 동안이라도 긴장을 풀고 편히 휴식을 취해 보라. 고객과의 업무로부터 벗어나 야외에서 동료와 시간을 보내며 직장에서의 관계를 강화시킬 수도 있으며, 재충전이 될 것이다. 이처럼 개인적인 생활과 직업적인 환경 사이의 균형을 유지하도록 자기 자신이 노력해야 하는 것이 중요하다.

일상생활에 변화를 시도하라

자신의 주변 일상을 변화시켜 보는 것도 새롭게 감정을 전환시키는 방법이 될 수 있다. 또한 이는 스트레스를 줄이고 업무수행을 개선시키며, 타인과의 상호작용에 있어 좋은 성과를 기대할 수 있다.

평소와는 다른 시간에 일어나거나 취침해 보라. 색다른 음식을 먹어 보거나 교통편을 바꿔 볼 수도 있다. 평소와는 다른 장소에서 쇼핑을 할 수도 있다.

업무의 준비 및 관리는 미리미리 완벽하게 준비한다

스트레스를 피하기 위해 할 수 있는 것 중 하나는 업무와 개인생활에서 자신을 완전히 준비하는 것이다. 기대되지 않은 것을 해결하는 일은 기대되는 것을 다루는 것보다 훨씬 어렵다. 자신의 일을 앞서 계획할 수 있는 노하우가 없다고 느낀다면 훈련을 더 받고 준비하는 과정에서도 만족감을 느낄 수 있다.

스트레스 조절 방법

- 충분히 쉬고 긴장을 완화시켜라
  신체는 일정한 휴식을 요구하므로 가능한 평소보다 잠을 충분히 자라.
- 재미있고 유쾌한 것을 보거나 읽고 들어라.
  정신적으로 휴식을 갖기 위해 요가, 반신욕을 하거나 편안한 의자에 앉아 눈을 감고 음악을 들으며 명상에 잠겨 보아라. 또는 차를 마셔라.
- 호흡을 조절해 본다
  스트레스 반응이 올 경우 첫 번째로 오는 것이 호흡의 변화이다. 다행히도 호흡은 혼자서 조용히 조절하기 쉽다. 천천히 숨을 내뱉고 또 천천히 들이마신다. 훨씬 기분이 나아질 것이다. 이 방법은 면접 직전에 활용하면 좋다.
- 건강식 다이어트를 한다
  신체의 과도한 카페인, 니코틴, 설탕 등은 스트레스 레벨을 높여 준다. 일상생활의 식단을 관리해 보라.

✥ 서비스맨이 갖는 스트레스 요인은 무엇이라고 생각하는가? 또한 그 해소방안은 어떠한 것이 있을지 생각해보시오.

Exercise

■ 그동안 자신이 어려운 상황을 극복하여 성취했던 한 가지 사례를 제시하고 그 성취요인을 분석해 보라.

  • 나의 당면목표는 무엇인가? 궁극적으로 나는 무슨 일을 하고 싶은가?

  • 다음의 시기별로 Life Plan을 적어 보라.
  - 올해

  - 5년 후

  - 10년 후

  - 일생 동안 하고 싶은 일

  • 위의 계획을 이루기 위해 필수사항은 무엇이라고 생각하는가?
    또 어려운 점은 무엇이라고 생각하는가?

부록

면접 전략

1. 면접 이미지메이킹

면접에서는 자신만이 가지고 있는 특성과 진가를 최고의 가치로 드러내어 '나를 뽑아 주세요'가 아니라 '나를 선택하도록' 만들어야 한다.

요즘 기업의 신입사원 채용시 점차 면접 비중을 강화하고, 면접이라는 확대경을 통해 원하는 인재상을 뽑으려고 한다. 면접은 개인의 기본적 인성과 자질, 적성, 대인관계 그리고 사회적 친밀도 등을 판단하는 중요한 수단이 되기 때문이다.

기업체에서 요구하는 인재상은 이 시대의 모든 직업인이라고 할 수 있는 서비스맨의 인성과 자질을 갖춘 사람이다. 면접의 관문은 훨씬 더 까다로워지고 있으며, 이에 대한 취업준비생들의 준비 역시 간단치만은 않게 되었다. 정해진 면접시간 안에 그간 자신이 준비해 온 모든 것을 보이고, 장점을 최대한 부각시킬 수 있는 철저한 면접 준비가 절대적으로 필요하다.

가. 면접은 소통하는 프레젠테이션이다

면접은 자신의 내재적, 외재적인 모든 모습을 보이고 자신의 생각을 정확히 표현하고 주장하는 스피치이다. 즉 프레젠테이션인 것이다. 그러나 여기에 덧붙여서 동시에 상대방(면접관)과 소통해야 한다는 점에서 고객서비스와 유사한 점이 있다.

바야흐로 세상은 자신의 의사표현을 잘하고 자신의 끼를 십분 발휘하는 사람이 인정받는 시대이다. 자신만의 독특한 캐릭터로 자신을 보다 효과적으로 표현하고 전달하여 자신의 브랜드를 높이는 전략이 필요하다.

5분 안에 나에 대해 좋은 이미지를 심어 주기 위해 어떠한 준비를 해야 하며, 어떻게 자신을 표현해야 하는가? 상대방에게 편안함과 신뢰감을 주고, 같이 일하고 싶은 생각이 들게끔 하는 긍정적인 이미지를 심어 주어야 한다.

면접이 취업의 당락을 좌우하는 상황에서 이미지메이킹은 취업의 열쇠라고 할 수 있다. 면접시 필요한 이미지메이킹은 원활한 직장생활과 사회생활을 할 수 있는 사람이라는 인상을 주는 것이 중요하다.

혹여 면접 이미지메이킹을 단지 외적인 용모를 예쁘게 잘 가꾸는 것으로 잘못 생각할 수도 있다. 그러나 얼굴이나 몸매보다도 단정한 옷차림이나 헤어스타일, 조리 있는 답변 등으로 온화하면서도 성실한 인상을 주는 것이 중요하다. 용모보다 더 중요하게 여기는 것은 기본적으로 서비스직을 감당할 만한 인성과 매너다. 준비된 이미지야말로 준비된 성공이라는 것을 기억하라.

시대가 급박해지고 경쟁이 치열해질수록, 경쟁력을 좌우하는 무기들은 점점 더 평준화된다. 그리고 '작은 차이'가 그 평준화된 틈을 비집고 성패를 결정하는 변수가 되기도 한다. 변화무쌍한 이 시대에 이미지의 차이 하나가 성패를 크게 좌우할 수도 있음을 기억하라.

나. 면접에서 보여 주어야 할 이미지는 자신감이다

우리는 늘 면접을 보면 회사 쪽에 모든 결정권이 있다고 생각한다. 면접관들에게 어떻게 하면 잘 보일까를 생각하다 보니 늘 긴장하고 떨게 된다. 이런 모습들은 알게 모르게 나 자신을 누가 봐도 소극적이고 초라하게 만들게 되며, 일상적인 질문에도 당황하기 쉽고 그로 인해 의사전달이 제대로 이루어지지 않는 경우가 많다.

"과연 이 회사에서 날 뽑아 줄까?" 하는 걱정스러운 이미지와 "내가 이 회사에 입사하면 이러한 일들을 펼쳐 보이겠다"는 여유 있고 자신감 있게 자신을 드러낸, 당당하고 솔직한 이미지하고는 누가 봐도 차이가 날 수밖에 없다.

'나는 이 직종과 자리에 꼭 맞는 유일한 사람'이라고 생각하고 스스로 자신감을 가질 때 자신을 잘 드러낼 수 있으며 성공적인 이미지메이킹이 가능하다. 물론 면접관들도 그러한 적극적인 자세의 지원자를 긍정적으로 보게 될 것이다.

자신에 대한 태도를 바꿔 보라. 회사 중심이 아닌 나를 중심으로 '나는 이러이러한 능력을 가진, 회사에 도움이 될 사람이다'라고 말이다.

남들이 나 자신을 존중하고 진지하게 대해 주기를 바란다면 면접을 할 때 상대의 믿음을 얻을 수 있는 사람처럼 행동하고, 면접을 하기 전에 그런 행동을 하는 자신을 머릿속에 떠올리면서 꾸준히 연습하면 좋은 결과를 얻을 수 있다.

다. 내 의지를 당당하게 전달하는 보이스 메이킹을 해 보자

취업을 희망하는 학생들이 면접을 준비하고 가슴 졸이는 시간에 비교하면 면접은 찰나의 순간에 끝나 버린다. 이 짧은 시간 동안 어떻게 하면 자신의 이미지를 효과적으로 창출할 수 있을까. 특히 대부분의 입사 면접이 질의와 응답 또는 토론으로 이뤄지고 있기 때문에 면접에서 좋은 점수를 얻는 데 음성이 끼치는 효과는 매우 크다.

어느 항공사 승무원채용 면접관은 지원자의 첫 음성만 들어도 당락을 결정할 수 있다고 말한다. 그만큼 사람의 서비스자질을 평가하는 데 음성이 큰 몫을 차지한다는 것이다.

미국의 심리학자 메라비안은 같은 말이라도 목소리에 따라 의사전달 효과가 38%나 좌우된다고 하였으며, 하버드대학에서 연구한 바에 따르면 청중의 80% 이상이 말하는 사람의 목소리만으로 그의 신체적, 성격적 특성을 규정짓는다고 하였다. 목소리는 연사의 이미지를 결정짓는 중요한 요소가 되며, 나아가 의미전달효과에도 큰 영향을 미치게 된다.

지원서류상에서 이미 파악된 지원자를 굳이 면접관들이 보려고 하는 이유는 무엇일까? 나의 외적인 것도 중요하지만 나와의 대화를 통해 보다 많은 것을 알아내려고 하기 때문이다. 보이스 메이킹에서 가장 중요한 것은 메시지와 메신저이다. 내가 아무리 많은 내용을 알고 있어도 그것을 전달하는 메신저가 뒷받침되지 않는다면 그것은 올바른 커뮤니케이션이 되는 데 어려움이 있을 것이다.

좋은 상품이라도 전달을 잘못했기 때문에 소비자의 손에 닿지 않고 사라지는 상품들이 얼마나 많은가?

보이스를 곧 '울림'이라고 표현한다면 이는 성대의 울림이 아닌 나의 내면의 모든 것이 함께 어우러져 나오는 것이 진정한 '울림'임을 명심하라.

라. 무엇을 어떻게 준비할 것인가

입사지원서를 충실히 작성하라

대부분의 면접관은 지원자가 제출한 입사지원서와 자기소개서를 중심으로 질문을 하게 된다. 그러므로 직무능력을 중심으로 면접관의 관심을 끌 만한 사항을 기록하여 면접관의 질문을 먼저 유도하는 것이 성공적인 면접의 첫걸음이다. 입사지원서에 질문의 실마리를 제대로 제공하지 못한다면 면접관은 여러 각도로 지원자를 테스트하게 되며, 이 과정에서 예상치 못한 질문을 받게 될 수 있다.

핵심적인 PR 내용을 준비하라

지금까지 나 자신이 무엇을 해왔는가, 타인과 차별화된 전문적이고 경쟁우위의 능력은 무엇인가. '회사 내에 저 사람이 없다면 이 분야에서 일이 안된다'는 소리를 듣는,

나만이 할 수 있는 영역은 무엇인가 등 자신의 강점이 바로 자신이 PR해야 할 핵심적인 부분이다. 자신을 정확히 알기 위해서는 친구, 가족 등 타인의 피드백을 받는 것도 좋은 방법이다.

사회적 이슈, 회사에 대한 정보 입수

인터넷이나 그 외 정보채널을 통해 회사에 관련된 정보, 주요 현안, 최근 기사 등을 검색해 읽어 둔다. 사례별로 자신의 의견을 정리해 두는 것도 필요하다.

면접 당일 반드시 신문을 읽어 그날의 화제(話題)를 미리 알고 있어야 한다. 그래야 침착하게 질문에 대응할 수 있다.

외국어 준비

자신 있는 외국어로 자신의 소개, 지원동기 등을 편안하게 준비한다. "my name is…"로 시작하는 천편일률적인 내용을 탈피하고 나의 장점을 중심으로 핵심적이고 인상적인 내용으로 준비한다.

전공 준비

전공 선택의 이유, 원하는 직종과 전공과의 연관성 등 자신의 전공과 관련된 질문사항에 대비한다.

스피치 훈련 및 모의면접 연습

발표불안을 극복하는 최상의 방법은 역설적이지만 대중 앞에서 스피치를 자주 경험하여 발표 불안의 면역성을 키우는 것이다. 면접 볼 회사의 성향과 지난 면접 관련 정보를 분석하여, 실전처럼 대답해 보는 연습을 한다. 머릿속으로 막연히 답변을 생각하는 것과 구체적인 말로 구술해 보는 것은 확연히 다르다.

타인들이 발표 기회를 만들어 주기 전에 자신이 적극적으로 기회를 만들어서 경험하는 것이 가장 효과적인 방법이기 때문에 생활 속에서 작은 것부터 자신이 할 수 있는 것을 실천한다. 평소에 친구와 가볍게 대화할 때도 기승전결에 의해 내용을 전달해 보는 습관을 길러 본다든가 혼자 스피치 훈련을 해 보는 것도 좋은 방법이다. 간혹 기업에 따라 Role-Play(역할연기)를 실시하는 경우도 있으므로 이에 대한 준비도 필요하다.

면접 당일 소지품 체크 포인트

소지품은 면접 전날 미리 점검하며, 언제나 외출시 갖고 있는 물건에 편리하고 안심되는 물건들을 플러스해서 준비한다.

- 사진(여분), 수험표
- 필기도구(연필, 지우개, 검정색 볼펜)
- 손수건, 티슈, 생리용품
- 지갑(잔돈)
- 화장도구, 향수
- 헤어스프레이, 빗
- 콘택트렌즈 케어 물품
- 스타킹
- 바늘, 반짇고리, 안전핀
- 정전기 스프레이
- 우천대비 우산
- 신발케어 세트
- 비스킷, 초콜릿 등 간식

2. 용모복장 준비

가. 단정한 Hair-Do

서비스맨의 헤어스타일은 단정함과 깔끔함이 중요하다. 반드시 인사동작시 앞, 옆머리가 흘러내리지 않아야 한다.

대체로 활동적인 직업 여성의 이미지를 주는 헤어스타일은 커트나 단발이다. 긴 머리인 경우에는 잔머리까지 말끔하게 처리하여 최대한 단정하고 깔끔한 인상을 주도록 한다.

특히 가급적 얼굴을 드러내도록 하며 앞머리가 눈을 가리지 않도록 주의한다.

그리고 짙은 염색이나 강한 웨이브는 삼간다.

나. 밝고 건강한 Make-Up

밝고 건강하며 상대방에게 부드러운 인상을 줄 수 있는 자연스러운 Make-Up이 되도록 한다. 마치 분장을 한 듯한 너무 진한 화장이나 어두운 느낌의 색조화장은 피한다.

또한 의상에 어울리는 색상의 Make-Up이 필요하다.

다. 깔끔한 인상의 복장은 핵심 포인트

자신의 이미지를 표현할 수 있는 중요한 변수 중의 하나가 옷차림이다. 옷 잘 입는 사람이 자기 관리도 철저하다는 인식이 확산되면서 면접에서도 옷차림에 대한 중요도가 높아지고 있다.

면접은 회사의 일꾼을 뽑기위한 일이며 그 회사의 일꾼은 언제 어디서나 회사를 대표할 수 있으므로 깔끔하고 정돈된 이미지를 가진 사람에게 호감을 갖는 것은 당연한 일이다. 그렇다면 청결하면서도 깔끔한 인상을 줄 수 있는 옷차림은 어떻게 만들어 낼 수 있을까?

유행을 지나치게 따른다든가 화려한 디자인은 역시 적합하지 않으며, 복잡한 장식보다는 심플한 라인으로 된 정장이 세련된 느낌을 준다.

- 면접시 기본 옷차림은 대체로 무릎길이의 스커트차림 정장이다. 색상은 차분한 회색 또는 화사한 베이지, 검정색, 감색 등이 좋다. 이러한 색상이 전체적으로 안정감을 주되 얼굴을 돋보이게 할 수 있기 때문이다.
- 옷 전체에 들어가는 색상이 세 가지 색 이내가 되도록 하며, 붉은색, 진한 핑크 등은 본인에게 어울린다고 해도 면접용으로는 화려한 인상을 주게 되므로 바람직하지 않다. 옷만 눈에 띄고 내적인 인상이 흐리게 되면 아무 의미가 없기 때문이다.
- 더운 여름에 무리해서 긴 옷을 입을 필요도 없으나 노출이 심한 복장은 피한다.

최근에는 자신의 개성을 살릴 수 있는 케주얼한 복장을 선호하는 기업들도 있으며 활동적인 정장 바지차림을 입는 경우도 있다. 이런 경우는 자신의 감각을 잘 표현할 수 있도록 입는 것이 원칙이나 대부분의 기업은 깔끔하고 단정한 정장을 선호한다.

라. 발끝까지 준비하라

구두는 하이힐이나 뒤축이 없는 스타일보다 굽이 적당하고 심플한 디자인이 무난하다. 서비스직종인 경우 여성스러운 플레인 스타일이 바람직하다. 또한 뒷모습을 고려해 구두

뒤까지 깨끗하게 닦아 놓는다.

새로 구입한 구두는 구입 후 반드시 몇 번 신어 보고 몸에 익혀 두도록 한다.

소매 끝이 딱딱해서 마음에 걸린다든지, 신발 끝이 살에 닿아서 아프거나 발가락이 아프다든지 등의 입고 신은 상태에 따라 알 수 없는 불편한 감촉이 있게 되므로 사전에 예방하는 것이 좋다.

옷이나 신발이 마음에 걸려서 시험에 집중하지 못한다면 곤란하므로 입고 있는 옷은 신경이 쓰이지 않을 정도로 몸에 익혀 놓는 것이 좋다.

치마를 입었을 경우에 색깔이 요란하거나 특이한 망사형 스타킹 등은 피하도록 한다.

3. 면접 시 유의사항

가. 심리와 신체를 이용하여 긴장을 줄이자

면접에 대한 심리적 부담과 실수하지 않고 잘해야 한다는 생각으로 누구나 면접에 임하기 전에는 늘 불안, 초조, 긴장이 고조된다. 그러나 지나친 긴장은 오히려 실수를 야기해 마이너스 요인이 되므로 자신이 적절히 컨트롤해야 한다. 이러한 심리적 갈등을 어떻게 극복하느냐에 따라 면접의 성패가 좌우되므로 심리적 안정감은 무엇보다 중요하다. 긴장하지 않도록 자신을 컨트롤할 수 있는 것도 성공적인 면접 준비이다.

- 시간의 여유는 마음의 여유이므로 교통상황을 감안하여 미리 서둘러 여유 있게 면접시간 전에 도착한다.
- 심리적 안정감을 위해 숨을 깊게 들이쉬고 몸을 느슨하게 한 뒤 공기를 천천히 내보내도록 한다.

나. 면접은 이미 대기실에서부터 시작이다

대기실에서는 인사담당자의 안내에 따르고 차분히 기다린다. 직원이 자리를 비운 사이에 주위 사람과 잡담을 늘어놓거나 여기저기 휴대폰으로 통화를 하는 것은 좋지 않다.

대기실에서부터 나의 첫인상이 결정된다고 해도 과언이 아니다.

면접평가는 면접 순서를 기다릴 때의 태도부터 시작해서 면접을 마치고 나가는 태도, 말씨와 행동, 남에 대한 배려 등을 종합적으로 평가하게 된다.

다. 내가 가진 최고의 가치를 보여라

'몸은 입보다 더 많은 말을 한다'는 이야기가 있다. 그만큼 스피치에 있어서 표정이나 제스처가 중요하다. 몸은 의사표현의 직접적인 수단이 되기도 하고 때로는 간접적인 의사 보충 효과를 나타내기도 한다. 냉정하고 침착하고 감정을 조절할 줄 아는 사람은 분명하며 침착한 몸짓을 사용한다.

걸음걸이

면접 장소에서 처음 중요하게 작용하는 것이 바로 걸음걸이다. 안내자의 안내를 받아 면접장에 들어가면 머뭇거리거나 주저하지 마라. 면접장소의 문을 통과할 때도 갑자기 걷는 속도를 줄이거나 하지 말고 같은 속도로 면접관을 향해 똑바로 자신감 있고 당당하게 걷는다.

인사

면접관 앞에서 인사할 때는 간단한 인사말과 함께 인사를 한다. 이때 고개를 들면서 불필요하게 손이 올라가지 않도록 머리를 단정히 정리해야 한다.

단정한 옷차림과 자신감 있는 태도, 밝고 명랑한 표정과 당당하면서도 예의 있는 인사는 면접 이미지메이킹에 필수적이다.

표정과 시선

표정은 첫인상을 결정하는 데 매우 중요한 요소이다. 실제로 면접에 들어가서 나올 때까지 시종 밝은 웃음을 잃지 않도록 하는 것이 중요하다. 생기 넘치는 표정으로 웃는 얼굴을 유지하도록 한다.

또한 표정만큼 중요한 것이 시선이다. 허공, 벽면이나 바닥에 시선을 고정시키거나 한쪽만 쳐다보는 일 없이 면접관 한 사람, 한 사람에게 골고루 시선을 보내고 교환하도록 한다.

면접관을 볼 때는 얼굴의 한 곳을 응시하기보다 얼굴 전체를 보아야 시선이 자연스러우며 멀리 떨어져 있는 면접관에게 응대를 할 경우 얼굴이나 눈동자만 돌리지 말고 몸 전체가 면접관을 향하도록 약간 움직이는 것이 자연스럽다. 별도로 질문을 받은 경우 질문을 한 면접관을 응시하며 답변하되 가끔 전체적으로 다른 면접관들과도 시선을 교환한다.

자세

선 자세로 면접을 할 경우 시간이 길어지더라도 흐트러지지 않는 바르게 선 자세를 유지하도록 한다.

의자에 앉을 때 의자 뒤에 기대서 앉은 자세는 지원자의 과도한 자신감을 보여 주며, 약간 거만한 분위기를 풍긴다. 거만한 자세보다 열성적인 자세를 훨씬 좋게 평가한다는 것을 기억하라. 하지만 너무 앞쪽으로 향해 앉는 것도 안정감과 여유가 없어 보이므로 주의한다. 말을 할 때는 몸을 세우고, 면접관의 말을 들을 때 몸을 약간 앞으로 숙여 경청하는 자세를 보이는 것도 무방하다.

여성의 경우 발을 교차하지 않고 한쪽 사선방향으로 다리를 나란히 두면 가지런하고 예뻐 보인다.

라. 주의해야 할 보디랭귀지

인터뷰에 응하는 사람들은 심문을 당하는 느낌을 받기 마련이다. 인터뷰를 하는 방은 대체로 갑갑하고 경직된 분위기이다. 말소리는 울리고, 모든 작은 행동도 강조되기 때문이다. 이런 환경에서 인터뷰 응시자의 보디랭귀지는 말보다 더 많은 것을 전달한다.

사실 말의 내용만큼이나 말을 할 때 상대방의 주목을 끄는 것이 바로 얼굴 표정, 눈빛, 손짓, 몸짓 등의 보디랭귀지라고 할 수 있다.

흔히 말을 하면서 손을 흔드는 사람을 볼 수 있는데 이 같은 보디랭귀지는 상대방의 시선과 정신만을 산란하게 할 뿐이다.

말을 하면서 손으로 제스처를 취하는 것이 적극적인 태도로 보이는 데 도움이 되기도 하나, 몸짓을 하되 과장하지 않으며 몸짓을 할 때는 손가락을 벌리지 말고 손은 턱선 위로 올라가지 않게 한다. 단, 이야기하지 않는 동안 여성은 손을 포개어 무릎 위에 살짝 두고, 남성의 경우 살짝 주먹을 쥐어 허벅지 위에 두도록 한다.

보디랭귀지를 효과적으로 사용하면 의미를 명확히 할 수 있을 뿐만 아니라 대화를 활기 있게 하고 다른 사람이 자기 자신에게 더욱 깊은 관심을 보이도록 할 수 있다. 그러나 말하고자 하는 내용과 상반되는 몸의 움직임은 오히려 하지 않느니만 못하다고 할 수 있다. 동작이 자신이 말하고 있는 내용과 일치하도록 하며 제스처가 분위기와 청중의 크기에 맞도록 사용한다.

면접 도중 무의식적으로 취하는 다음과 같은 몸짓은 부정적인 이미지를 주거나 거짓말을 하고 있는 것으로 오해를 받을 수 있다.

- 입 가리기, 입에 손가락 넣기
- 얼굴 만지기(코 만지기, 눈 문지르기, 귀 만지기 등)
- 목 긁기
- 옷의 목둘레 잡아당기기
- 손가락을 펴서 만지작거리기
- 머리를 긁적거리기
- 발, 다리를 까딱거리기
- 한숨쉬기

마. 면접관의 말을 성실하게 들어라

질문에 대한 답변시 면접관이 의도하는 바를 파악하는 것이 중요하므로 질문을 처음부터 끝까지 경청하면서 질문의 핵심과 의도를 잘 파악해야 한다.

지원자들은 짧은 시간에 자신을 소개하기 위해 많은 말을 한다. 하지만 면접관의 말을 진지하게 청취하는 것은 자신이 말을 많이 하는 것만큼 중요하다. 잘못하면 동문서답을 하는 실수를 할 수도 있다.

면접관의 질문이 끝나면 순간이나마 여유를 갖고 생각을 정리한 후 명료하게 대답한다. 질문이 채 끝나기도 전에 답변을 시작하려고 하면 매우 성급해 보인다.

무엇보다 응답은 논리정연하고 간결하되 설득력 있게 회사에 필요한 사람이라는 느낌을 면접관에게 줄 수 있어야 한다.

바. 자연스럽게 말한다

다수 앞에서 자연스럽게 스피치를 할 때는 그냥 평소 말을 하듯 하면 듣는 사람도 자연스럽다. 평소 생각을 정리해서 면접관 앞에서는 자신의 생각을 자연스럽게 풀어 낼 수 있어야 한다. 단, 면접관의 주의를 사로잡기 위해서 서두를 힘 있게 시작하며 관심 있는 내용으로 한다.

또한 일반적으로 대부분의 사람들은 웃고 있다가도 말을 하기 시작하면 미소가 사라지게 된다. 말의 내용에 신경을 쓰다 보면 인상을 찌푸리기까지 하는 사람들도 있다. 반드시 말을 하면서 스마일을 유지할 수 있도록 한다.

사. 준비한 질문을 기다리지 마라

미리 준비한 질문만을 기다리다가 초점을 흐리지 마라. 질문을 기다리고 있으면 기다리는 질문은 분명히 나오지 않을 것이며, 그 인터뷰는 면접관이 컨트롤하게 될 것이다. 일단 어느 질문이던지 일단 받아들이고 그 질문을 준비한 내용과 연결 짓도록 다리를 놓는다.

간혹 자신이 준비한 질문이 나왔을 경우, 일사천리로 외운 듯이 답변을 하는 지원자가 있다. 특히 외워 온 회사정보를 줄줄 잘 답변한다 해도 좋은 점수를 받을 수 없을 것이다.

아. 단답형보다는 구체적으로 얘기하라

면접관이 "자신의 장점이 무엇입니까?"라고 물어왔을 때 "책임감이 강한 편입니다"라는 단답형보다 학교생활 등에서 책임을 맡고 수행했던 일의 과정과 결과를 간략히 설명하면, 면접관으로부터 신뢰를 받을 수 있다.

질문의 의도를 파악하여 늘어진 설명보다는 답변은 간단히 하되 연역적 방법으로 결과와 요점을 먼저 대답하고, 그 다음 사례를 들어 강화하는 형태로 답변하는 것이 좋다.

자. 자신감 있게 말하되 겸손하라

질문사항에 대한 과장이나 거짓답변은 금물이다. 재치 있는 유머를 사용할 수도 있으나 지나쳐서는 안된다.

부담스러운 질문을 받더라도 머뭇거리지 말고 자신감 있는 태도를 유지한다.

질문에 대한 답이 빈약하더라도 당당히 이야기하도록 하고, 자신의 하고 싶은 일을 분명하게 말하지 못하는 우를 범해서는 안된다. 단, 남의 이야기나 외운 듯한 답변은 오히려 마이너스다.

자신의 부족한 점을 지적하는 질문이라고 해도 위축될 필요는 없다. 기본적인 능력사항은 이미 서류전형에서 평가가 이루어졌으므로 면접관의 의도는 다른 데 있다고 봐야 한다. 오히려 구체적인 보완책을 설득력 있게 제시해 앞으로의 가능성에 대한 기대를 충족시킬 수 있다면 강점으로 바꿀 수 있다.

차. 면접 중에도 남을 배려하는 모습을 보여라

아무리 준비한 내용이 많다 해도 정해진 답변시간을 초과해 사용하는 것은 오히려 마이너스이다. 어느 항공사 채용담당자의 한 인터뷰기사를 읽은 적이 있다. "승무원 면접시험을 한 사람당 3~5분을 할애하는데, 한 지원자는 준비한 게 많았나 봐요. 무려 15분 동안 춤, 노래, 무용 등 준비한 것을 모두 보여 줬죠. 물론 훌륭한 '무대'였지만 결과는 탈락이었죠. 자신이 돋보이기 위해 다른 사람을 배려하지 않는다면 승무원으로서 기본자질이 없는 것이니까요"

카. 대화의 기술을 활용하라

- 여유 있고 편안하게 말한다. 그래야 안정감이 있다.
- 얼굴에 생기를 띠고 활기 있게 말한다. 면접 분위기를 밝게 리드할 수 있다.
- 긍정적으로 얘기하며 말 한마디 한마디를 진지하게 말한다.
- 자신 있게 말하여 신뢰성을 확보하라.
- 자신이 말하고 있는 것을 분명히 알고 있다는 인상을 준다.
- 발음을 정확하게 하며, 적절히 끊어서 말한다.
- 변화 있는 화법을 구사하라.
- "에~, 저~" 등의 불필요한 말이나 "~같아요" 등 불분명한 어휘를 사용해서는 안된다.
- 쿠션어, 경어를 바르게 사용한다. "아까 내가 말했듯이…"와 같은 실수를 범하지 않도록 경어 사용에 유의한다.

타. 끝까지 긴장을 풀지 마라

"면접관 앞에서는 미소 지으며 예의 바르게 말하지만, 면접을 끝마치고 나갈 때는 험한 말을 하거나 자세가 흐트러지는 경우가 많아요. 그런 점들을 모두 체크하죠." 어느 기업 채용담당자의 말이다.

마지막 사람은 돌아서는 뒷모습까지 신경을 쓰도록 한다. 면접이 끝나고 걸어 나갈 때의 모습도 면접관에게 보여지는 중요한 순간이다. 경우에 따라서는 이때 인상을 어떻게 주느냐에 따라 평가가 완전히 달라지는 경우도 있다.

퇴장할 때 면접이 끝났다는 생각에 자세가 흐트러지는 모습을 보여선 안 된다. 입실할 때와 마찬가지로 예의 바른 자세와 태도를 끝까지 유지하며 혹시 의자에 앉았었다면 의자가 흐트러지지 않았는지 점검하고 마지막까지 최선을 다하는 모습을 보인다.

- 면접이 끝나면 자리에서 일어나 "감사합니다"라고 정중히 인사한 후 문 쪽으로 나간다.

- 어깨를 펴고 당당하게 걸어 나가며 마지막으로 나가는 경우 문을 조용히 닫는다. 이를 대비해 미리 구두 뒤까지 깨끗하게 닦아놓으며 발이 문을 향하게 한 후 옷의 뒷부분과 머리를 정리한다. 그래야 사무실을 나올 때 깔끔한 뒷모습을 보여 줄 수 있다.
- 문 앞에 가서는 몸을 돌려 천천히 미소를 지으며 목례를 하라. 당신의 웃는 얼굴을 면접관이 기억할 수 있도록 말이다.

돌아서자마자 축 늘어진 모습은 설령 면접점수를 잘 받았다 해도 한순간에 깎여 버릴 수 있다. 면접관은 수험생이 일어서 나가기까지의 일거수 일투족을 관찰하고 있음을 잊지 말아야 한다. 퇴실까지 면접관의 눈은 멈추지 않는다.

면접장에 들어오는 태도, 인사하는 법, 앉는 자세, 말하는 법 등을 통해 면접관은 아주 세세한 부분에서부터 지원자에 대해 점수를 매기게 될 것이다. 인사를 안 하고 뒤돌아 나오거나 허둥대는 모습은 지원자에 대한 신뢰를 허물어뜨릴 수도 있다. 면접 대기부터 회사를 나오는 순간까지 긴장을 풀지 마라.

면접 체크 리스트

- 건강해 보이는가?
- 복장은 청결하고 단정한가?
- 태도가 예의 바르고 침착한가?
- 기업이 요구하는 신선한 감각과 활기 있는 에너지를 갖고 있는가?
- 명랑하고 적극적인가?
- 타인과의 협조성은 어떠한가? 사고방식이나 견해가 합리적인가 독단적이지 않은가?
- 발음이 명료하고 성량이 알맞은가?
- 경솔하지 않게 질문에 답하는가?
- 상대방에게 호감을 주는가?
  (외모에 대해 종합적으로 평가하는 부분으로 면접시 매우 중요한 사항이다.)

참고문헌

계도원, 고객만족마케팅, 좋은책만들기, 2004.

김성혁, 관광서비스, 백산출판사, 1994.

김은영, 이미지메이킹, 김영사, 1991.

서성희 외, 스튜어디스로 멋지게 성공하기, 현실과미래사, 2003.

서성희 외, 매너는 인격이다, 현실과미래사, 1999.

손대현, 서비스는 이런 것이다, 백산출판사, 2000.

신정길 외, 감성경영 감성리더십, 넥스비즈, 2004.

원석희, 서비스운영관리, 형설출판사, 1998.

원석희, 서비스품질경영, 형설출판사, 1998.

이상문, 총체적 품질경영과 리더쉽, 형설출판사, 1998.

이상환 외, 서비스마케팅, 삼영사, 1999.

이유재, 서비스마케팅, 학현사, 2001.

이유재, 울고웃는 고객이야기, 연암사, 1997.

이준재 외, 고객감동 서비스 & 매너연출, 대왕사, 2009.

임붕영, 서비스리더쉽, 백산출판사, 2003.

임붕영, 서비스바이러스, 도서출판 무한, 2002.

정동성 외, 서비스마케팅, 동성사, 1999.

조관일, 서비스에 승부를 걸어라, 다움, 2000.

조인환, 국제매너, 대왕사, 2009.

한정선, 프리젠테이션 오! 프리젠테이션, 김영사, 2000.

한치규, 고객만족전략과 실천, 신세대, 1993.

다니엘 골먼, 감성의 리더십, 청아, 2003.

로버트 루카스, 고객서비스 어떻게 할 것인가, 석정, 2002.

리처드 코치, 공병호 역, 80/20 법칙, 21세기북스, 2000.

매리 미첼, 권도희 역, 이미지경영, 아세아미디어, 2000.

메리 하틀리, 서현정 역, 보디랭귀지, 좋은생각, 2004.

비트너 외, 전인수 역, 서비스마케팅, 도서출판 석정, 1998.

사토요시나오, 은영미 역, 위너스, 청아, 2002.

숀 스미스 외, 정우찬 역, 브랜드 가치를 높이는 고객경험, 다리미디어, 2003.

스티븐 코비, 김경섭 외 역, 원칙중심의 리더쉽, 김영사, 2001.

스티븐 코비, 김경섭 외 역, 성공하는 사람들의 7가지 습관, 김영사, 2000.

앨런 피즈 외, 서현정 역, 보디랭귀지, 베텔스만, 2005.

칩 벨 외, 김우열 역, 마그네틱 서비스, 가야넷, 2004.

칼 알브레히트 외, 장정빈 역, 서비스 아메리카, 물푸레, 2003.

켄 셸턴, 정성묵 역, 최고의 고객 만들기, 시아출판사, 2001.

페기 칼로 외, 안미헌 역, 내 고객을 10배로 늘려주는 서비스게임, 한국경제신문사,
　　2004.

피어갈 퀸, 김세중 역, 부메랑의 법칙, 바다출판사, 2003.

후나이 유키오 외, 구혜영 역, 고객의 마음을 사로잡는 32가지 기술, 오늘의 책, 2004.

Buttle, Customer Relationship Management, 1993.

Camille Lavington, You've Only Got Three Seconds, 1977.

Chip Bell, and Ron Zemke, Service Magic : The Art of Amazing Your Customers,
　　2000.

Chip R. Bell, and Bilijack R. Bell, Magnetic Service, 2003.

Disney Institute, BE OUR GUEST : Perfecting the art of customer service, 2003.

Jan Carlzon, Moments of Truth, 1989.

Jeff Gee, and Val Gee, The Customer Service Training Tool Kit : 60 Training
　　Activities for Customer Service Trainers, 2000.

Kristin Anderson, Great Customer Service on the Telephone (The Worksmart
　　Series), 1992.

Oretha D. Swartz, Service Etiquette, 1977.

Patricia Patton, Leadership skills, 1997.

Patricia Patton, Service with a heart, 1997.

Robert W. Lucas, Customer Service : Building Successful Skills for the Twenty-First
　　Century, 2000.

Valarie Zeithaml, Mary Jo Bitner, and Dwayne D. Gremler, Services Marketing,
　　2000.

■ 저자약력

박혜정

이화여자대학교 정치외교학과 졸업
세종대학교 관광대학원 관광경영학과 졸업(경영학 석사)
세종대학교 대학원 호텔관광경영학과 졸업(호텔관광학 박사)

대한항공 객실승무부 객실승무원
대한항공 객실훈련원 전임강사
동주대학교 항공운항과 교수
현) 수원과학대학교 항공관광과 교수

고객서비스실무

2010년 2월 27일 초 판 1쇄 발행
2024년 1월 30일 제2판 1쇄 발행

지은이 박혜정
펴낸이 진욱상   저자와의
펴낸곳 백산출판사   합의하에
교 정 박시내   인지첩부
본문디자인 오행복   생략
표지디자인 오정은

등 록 1974년 1월 9일 제406-1974-000001호
주 소 경기도 파주시 회동길 370(백산빌딩 3층)
전 화 02-914-1621(代)
팩 스 031-955-9911
이메일 edit@ibaeksan.kr
홈페이지 www.ibaeksan.kr

ISBN 979-11-6639-399-0 93190
값 25,000원